Apprendre à programmer avec OCaml

Sylvain Conchon et Jean-Chistophe Filliâtre

Apprendre à programmer avec OCaml

Algorithmes et structures de données

EYROLLES

ÉDITIONS EYROLLES
61, bd Saint-Germain
75240 Paris Cedex 05
www.editions-eyrolles.com

À nos épouses et nos filles

Sommaire

Avant-propos

L'apprentissage de la programmation est difficile. Bien programmer nécessite des connaissances algorithmiques, de l'imagination, de l'anticipation, la maîtrise d'un langage de programmation, et surtout beaucoup d'expérience car les difficultés se cachent souvent dans les détails. Cet ouvrage synthétise nos expériences à la fois de programmeurs et d'enseignants en programmation.

N'oubliez pas que le style de programmation est essentiel. Dans un langage donné, le même algorithme peut être écrit de multiples façons, et certaines peuvent être à la fois élégantes et efficaces. C'est cela que le programmeur doit rechercher à tout prix. C'est la raison pour laquelle nous avons choisi d'utiliser un langage de programmation particulier plutôt que du pseudo-code. Notre choix s'est ainsi porté sur le langage OCaml.

Cet ouvrage est découpé en trois parties. La première est une initiation au langage OCaml destinée aux débutants. Il peut s'agir autant de débutants en programmation, que de programmeurs plus expérimentés qui ne connaissent pas OCaml. À travers des petits programmes, le lecteur découvre les concepts fondamentaux de la programmation et du langage OCaml. Les deuxième et troisième parties sont dédiées à la présentation de concepts algorithmiques fondamentaux pour permettre au lecteur d'écrire ses propres programmes, de manière efficace et structurée. Les concepts algorithmiques sont présentés directement dans la syntaxe du langage OCaml et tous les programmes de cet ouvrage peuvent être immédiatement réutilisés.

À qui s'adresse ce livre

Ce livre s'adresse aux enseignants, étudiants et programmeurs qui souhaitent découvrir ou utiliser efficacement le langage OCaml. Pour les enseignants et les étudiants, cet ouvrage peut servir de base à un cours de programmation fonctionnelle ou à un cours d'algorithmique. En particulier, on y trouvera beaucoup de code et de nombreux exercices. Pour les programmeurs OCaml, ce livre peut devenir un ouvrage de référence dans lequel ils pourront piocher une structure de données ou un algorithme spécifique.

Site compagnon associé au livre

Tous les programmes de ce livre ont été compilés et testés avec la version 4.01.0 d'OCaml. Ils sont disponibles à l'adresse suivante :

`http://programmer-avec-ocaml.lri.fr/`

Remerciements

Nous remercions particulièrement François Pottier pour avoir participé aux discussions relatives à la création de cet ouvrage. Nous sommes également très reconnaissant envers nos collègues Arthur Charguéraud et Frédéric Voisin pour leur relecture soignée et constructive. Nous remercions également toutes les personnes qui ont contribué par leurs relectures et leurs remarques : Thomas Braibant, Martin Clochard, David Declerck, Léon Gondelman, Louis Mandel, Simão Melo de Sousa, Mattias Roux. Enfin, nous tenons à saluer toute l'équipe des éditions Eyrolles pour son aide précieuse dans la construction de ce livre.

Première partie

Programmation avec OCaml

1

Environnements de travail

Le langage OCaml est disponible pour de nombreux systèmes d'exploitation (Linux, Mac OS, Windows, etc.), à l'adresse suivante :

`http://caml.inria.fr/ocaml/release.fr.html`

Il est également disponible à travers les principaux systèmes de paquets (`apt-get`, `port`, `yum`, `brew`, etc.).

Une autre façon d'installer OCaml consiste à télécharger le gestionnaire de paquets OPAM disponible à l'adresse suivante :

`http://opam.ocaml.org`

1.1 Compilateur et interprète

Le langage OCaml propose deux compilateurs, `ocamlc` et `ocamlopt`, pour générer respectivement du code portable, indépendant des architectures matérielles, ou du code natif (X86, ARM, etc.) plus efficace. On pourra utiliser indifféremment ces deux outils pour compiler les programmes donnés dans cet ouvrage. Il existe également une version interactive du langage OCaml, le programme `ocaml`, qui se présente sous la forme d'un interpréteur (*toplevel* en anglais) exécutant une boucle d'interaction lecture-évaluation-affichage.

1.2 Premier programme avec OCaml

Nous illustrons l'utilisation de ces outils sur le premier programme, incontournable, qui consiste à afficher le message `Hello world!` à l'écran. Il peut s'écrire ainsi :

```
let () = print_string "Hello world!\n"
```

Tel qu'il est donné, ce programme est complet (le chapitre suivant explique la construction d'un tel programme). S'il est contenu dans un fichier `hello.ml`, on peut le compiler à partir d'un terminal[1] avec le compilateur `ocamlc` de la manière suivante :

```
> ocamlc hello.ml
```

On exécute ensuite le binaire obtenu, à savoir `a.out`, avec le résultat escompté :

```
> ./a.out
Hello world!
```

Si on le souhaite, on peut donner un autre nom au binaire avec l'option `-o` du compilateur :

```
> ocamlc -o hello hello.ml
> ./hello
Hello world!
```

Pour utiliser l'interpréteur, il suffit de taper la commande `ocaml` dans un terminal. Le programme affiche alors une invite (*prompt* en anglais), matérialisée par le caractère `#`, invitant l'utilisateur à entrer une expression.

```
> ocaml
        OCaml version 4.00.1
#
```

Pour être évaluée, l'expression doit se terminer par deux point-virgules `;;` suivis d'un retour-chariot. Après avoir vérifié que l'expression est syntaxiquement cor-

1. On suppose ici que le chevron > désigne l'invite du terminal depuis lequel on lance les commandes.

recte et bien typée, le *toplevel* l'évalue et affiche son résultat. Ainsi, il suffit de taper :

```
> ocaml
        OCaml version 4.00.1

# let () = print_string "Hello world!\n";;
Hello world!
#
```

pour voir s'afficher le message `Hello world!` à l'écran.

En plus de son résultat, le *toplevel* affiche également le type inféré par OCaml pour l'expression saisie. Par exemple, si on entre l'expression mathématique $1 + 4 \times 2$, on obtient la réponse suivante de l'interpréteur :

```
# 1 + 4 * 2;;
- : int = 9
#
```

qui indique que cette expression est de type `int` (le type des entiers) et que son résultat est 9. Par la suite, nous représenterons la boucle d'interaction en coloriant avec un fond gris l'expression entrée par l'utilisateur et la réponse de l'interpréteur. Ainsi, l'évaluation de l'expression précédente sera représentée de la manière suivante :

```
# 1 + 4 * 2 ;;
- : int = 9
```

Pour sortir du *toplevel*, il faut taper la commande `#quit` de la manière suivante :

```
# #quit;;
>
```

Plus simplement, on peut aussi taper simultanément sur les touches `ctrl` et `D`.

1.3 Environnements de programmation

Comme pour beaucoup d'autres langages de programmation, une façon classique de travailler avec OCaml consiste à utiliser son éditeur préféré (Emacs, gedit, Aquamacs, etc.) et, éventuellement, à le configurer pour obtenir la coloration syntaxique spécifique à OCaml, le positionnement sur erreur, etc.

Pour automatiser le processus de compilation, le plus simple est d'utiliser l'outil `ocamlbuild` fourni avec la distribution OCaml. Une autre solution, avec l'outil GNU `make`, nécessite l'écriture d'un fichier de configuration (`makefile`) spécifique à OCaml.

Une alternative à ces solutions consiste à utiliser un environnement de développement intégré (IDE). Par exemple, il existe un greffon Eclipse pour OCaml, OcaIDE, disponible à l'adresse suivante :

`http://www.algo-prog.info/ocaide/`

1.4 Installation de bibliothèques OCaml

Il existe de nombreuses bibliothèques pour OCaml développées par sa communauté d'utilisateurs. La façon la plus simple de les installer est d'utiliser le système de paquets OPAM, qu'on ait utilisé ou pas OPAM pour installer OCaml.

Environnements en ligne

Il existe également des solutions en ligne pour utiliser OCaml sans l'installer sur sa machine. Un exemple est l'interpréteur en ligne TryOCaml, disponible à l'adresse suivante :

`http://try.ocamlpro.com/`

2

Débuter avec OCaml en programmant

Parce qu'il n'y a rien de mieux que de programmer pour apprendre un langage de programmation, nous vous proposons quatorze (petits) codes pour débuter avec OCaml. Leur but premier est d'introduire les constructions et notions élémentaires du langage.

2.1 Années bissextiles

Notions introduites

- forme générale d'un programme
- construction `let`
- appel de fonction
- types de base (`int`, `bool`, `string`)
- bibliothèques (`Printf`, `Sys`, etc.), système de modules, directive `open`
- accès aux arguments d'un programme (`Sys.argv`)
- accès aux éléments d'un tableau (notation `t.(i)`)

Programme 1 [leap_year.ml] — Année bissextile

```
let year = read_int ()
let leap =
  (year mod 4 = 0 && year mod 100 <> 0) || year mod 400 = 0
let msg = if leap then "is" else "is not"
let () = Printf.printf "%d %s a leap year\n" year msg
```

Notre premier programme, `leap_year.ml`, détermine si une année est ou non bissextile. On peut le compiler en utilisant `ocamlc`.

```
> ocamlc -o leap_year leap_year.ml
```

Une fois lancé, le programme attend que l'on saisisse une année sur l'entrée standard, puis indique s'il s'agit d'une année bissextile.

```
> ./leap_year
2013
2013 is not a leap year
```

Expliquons maintenant la structure de ce programme. La première ligne du programme lit un entier sur l'entrée standard :

```
let year = read_int ()
```

À elle seule, cette ligne contient plusieurs notions du langage OCaml. Elle correspond tout d'abord à une *déclaration de variable* de la forme :

```
let year = ...
```

Cela a pour effet d'initialiser une (nouvelle) variable `year` avec le résultat de l'évaluation de l'expression à droite du symbole `=`. Notons que le type de la variable `year` n'a pas besoin d'être déclaré : il est automatiquement déduit par le compilateur ou l'interpréteur. L'expression à droite du symbole `=` est un *appel de fonction*. Il s'agit ici de l'appel à la fonction prédéfinie `read_int`.

```
... = read_int ()
```

Ici, `()` indique que la fonction `read_int` ne reçoit pas d'argument significatif ; elle ne fait que renvoyer un entier, lu sur l'entrée standard.

La deuxième ligne introduit une variable booléenne `leap` qui est vraie si et seulement si l'année `year` est bissextile, c'est-à-dire si elle est divisible par 4 mais pas par 100, ou si elle est divisible par 400.

```
let leap =
  (year mod 4 = 0 && year mod 100 <> 0) || year mod 400 = 0
```

L'opérateur infixe `mod` donne le reste de la division entière. Les opérateurs `&&` et `||` représentent respectivement le ET et le OU booléens. De même que pour `year`, le type de la variable `leap` est déduit automatiquement. La ligne suivante introduit une troisième variable `msg` contenant une chaîne de caractères :

```
let msg = if leap then "is" else "is not"
```

La variable `msg` contiendra donc la chaîne `"is"` (les chaînes de caractères sont délimitées par des guillemets `"`) si `leap` est vraie et la chaîne `"is not"` sinon. On remarque que la construction `if-then-else` est utilisée ici pour construire une expression, à savoir une chaîne de caractères.

Enfin, la dernière ligne affiche un message qui indique si l'année passée en paramètre est ou non bissextile.

```
let () = Printf.printf "%d %s a leap year\n" year msg
```

L'affichage est réalisé par un appel à la fonction de bibliothèque `Printf.printf` avec trois arguments : une chaîne de formatage `"%d %s a leap year\n"` et deux valeurs `year` et `msg` qui se substitueront respectivement à `%d` et `%s` dans le message imprimé. Comme on le voit, l'appel de fonction se note par une simple juxtaposition de la fonction et de ses arguments. Contrairement à d'autres langages, on n'utilise pas de parenthèses autour des arguments.

```
    ... = Printf.printf "%d %s a leap year\n" year msg
```

Nous renvoyons le lecteur au manuel d'OCaml pour plus d'information sur la bibliothèque, et notamment sur la fonction `printf` du module `Printf`. Le manuel peut être consulté en ligne à l'adresse `http://caml.inria.fr/pub/docs/`. Notons enfin que l'appel à la fonction `printf` est contenu dans une déclaration avec la forme particulière :

```
let () = ...
```

Elle est quelque peu énigmatique pour le moment, mais sera expliquée lorsque nous aborderons la technique de filtrage dans les sections *2.6 Tracé de courbe* et *2.12 Jouer une partition de musique*. Disons pour le moment que, d'une manière générale, un programme OCaml est une suite de déclarations, qui sont évaluées de haut en bas, c'est-à-dire dans l'ordre dans lequel elles apparaissent dans le fichier source. Contrairement à des langages comme C ou Java, il n'y a pas de point d'entrée de type `main`. Cette déclaration particulière `let () = ...` est utilisée pour conserver cette forme de programme, y compris pour les morceaux de programme qui ne renvoient pas de valeur. OCaml vérifie même dans ce cas que l'expression n'a effectivement pas de valeur.

Compléments d'information

La ligne de commande

Plutôt que de lire l'année sur l'entrée standard du programme, on peut choisir de la passer sur la ligne de commande. Dans ce cas, le programme est invoqué de la manière suivante :

```
> ./leap_year 2013
2013 is not a leap year
```

Pour cela, on remplace la ligne `let year = read_int ()` par la ligne :

```
let year = int_of_string Sys.argv.(1)
```

Il s'agit de l'appel à la fonction prédéfinie `int_of_string` avec `Sys.argv.(1)` comme argument. La valeur `Sys.argv.(1)` correspond à l'année passée en paramètre sur la ligne de commande. D'une manière similaire à d'autres langages de programmation (Java ou C par exemple), on récupère les valeurs passées au programme sous la forme d'un tableau de chaînes de caractères, désigné par `Sys.argv` en OCaml. Pour être plus précis, ce tableau se nomme `argv` et il est accessible depuis la bibliothèque `Sys` qui offre des fonctionnalités d'interface avec le système d'exploitation. La notation `Sys.argv` utilise le *système de modules* d'OCaml qui découpe les bibliothèques en unités, appelées modules, qui regroupent eux-mêmes différentes valeurs. Sans rentrer trop dans les détails de ce système de modules (nous donnerons plus de précision dans la section *2.11 Tortue logo* en particulier), il suffit pour le moment de savoir que l'on utilise une valeur d'un module en préfixant le nom de cette valeur avec le nom du module suivi d'un point. Ainsi, `Sys.argv` doit se lire comme « le tableau `argv` qui appartient au module `Sys` ».

On utilise la notation `t.(i)` pour accéder au `i`-ème élément d'un tableau `t`. Nous reviendrons plus en détail sur la notion de tableaux à la section *2.5 Crible d'Ératosthène*. Le premier élément de `Sys.argv`, c'est-à-dire `Sys.argv.(0)` car les tableaux sont indexés à partir de 0, est le nom du programme (ici `leap_year`). Le second élément, à savoir `Sys.argv.(1)`, est le premier paramètre passé au programme (2013 dans notre exemple). Comme il s'agit d'une chaîne de caractères, on la convertit en un entier avec un appel à la fonction `int_of_string`. Cette dernière appartient à la bibliothèque `Pervasives`, une bibliothèque particulière pour laquelle il n'est pas nécessaire d'écrire `Pervasives.`*f*.

Typage

Nous complétons nos explications en donnant quelques détails supplémentaires sur les types de données introduits dans ce premier programme. Bien que les types des variables soient calculés automatiquement, il est possible de les faire afficher par le compilateur, grâce à son option `-i` :

```
> ocamlc -i leap_year.ml
val year : int
val leap : bool
val msg : string
```

On voit ainsi que les variables `year`, `leap` et `msg` sont respectivement de types `int`, `bool` et `string`. Il s'agit ici de trois types prédéfinis d'OCaml. Détaillons ces trois types, ainsi que les types similaires, en nous servant du *toplevel*.

Types int, int32 et int64

Commençons par le type `int` correspondant aux entiers natifs de la machine. Une constante entière peut être écrite en décimal, en binaire (préfixe `0b`), en octal (préfixe `0o`) ou encore en hexadécimal (préfixe `0x`). Ainsi, la constante décimale 91 s'écrit `0b1011011` en binaire, `0o133` en octal et `0x5B` en hexadécimal.

Les opérations usuelles sur le type `int` sont l'addition (+), la soustraction (-), la multiplication (*), la division euclidienne (/) et son reste (`mod`).

```
# 2 * (7 / 2) + 7 mod 2;;
- : int = 7
```

Pour gagner en clarté, les chiffres peuvent être séparés par des caractères soulignés (_).

```
# 0x2f_ff_ff_ff + 268_435_456;;
- : int = 1073741823
```

La précision du type `int` dépend de l'architecture de la machine. Les valeurs minimale et maximale du type `int` sont données par les deux constantes `min_int` et `max_int`.

```
# min_int;;
- : int = -1073741824
```

Sur une machine 32 bits, les valeurs de type `int` sont codées sur 31 bits signés [1], d'où les valeurs -2^{30} et $2^{30} - 1$ de `min_int` et `max_int`. Sur une machine 64 bits, le type `int` est codé sur 63 bits signés. La représentation machine des entiers, en complément à deux, peut être explicitement manipulée à l'aide d'opérations de décalage (`lsl`, `lsr` et `asr`) et d'opérations bit-à-bit (`land`, `lor`, `lxor` et `lnot`). Par exemple, on peut tester le cinquième bit de la représentation de l'entier 42 avec :

```
# 42 land (1 lsl 5);;
- : int = 32
```

Pour manipuler explicitement des entiers 32 ou 64 bits signés, OCaml fournit deux types spécifiques `int32` et `int64`. Les constantes entières de type `int32` (resp. `int64`) s'écrivent avec le suffixe `l` (resp. `L`).

```
# 123l;;
- : int32 = 123l
# 10_000_000_000_000L;;
- : int64 = 10000000000000L
```

Les opérations arithmétiques sur ces deux types sont fournies dans les bibliothèques `Int32` et `Int64` d'OCaml.

Type bool

Le type `bool` représente les valeurs booléennes, à savoir vrai (`true`) et faux (`false`). Les opérations sur le type `bool` sont la conjonction (`&&`), la disjonction (`||`) et la négation (`not`).

```
# not true && false || true;;
- : bool = true
```

1. Un bit est utilisé par le système de gestion automatique de la mémoire d'OCaml ; voir la section *3.2 Modèle d'exécution* du chapitre 3.

La négation a la priorité la plus forte, devant la conjonction puis la disjonction. La phrase précédente se lit donc comme :

```
# ((not true) && false) || true;;
- : bool = true
```

L'ordre d'évaluation des opérations && et || est fixé de gauche à droite. De plus, le second argument n'est évalué que si nécessaire, c'est-à-dire uniquement si le premier argument est vrai (resp. faux) pour l'opération && (resp. ||). Ce sont les seules opérations pour lesquelles l'ordre d'évaluation soit spécifié. De même, ce sont les seules opérations pour lesquelles l'évaluation soit paresseuse.

Les opérations de comparaison =, <>, <, >, <= ou >= renvoient un booléen.

```
# 1 < 2 && 3 = 4;;
- : bool = false
```

Les expressions booléennes sont essentiellement utilisées dans la construction conditionnelle `if e1 then e2 else e3` qui évalue, soit l'expression `e2`, soit l'expression `e3`, selon que l'expression `e1` est vraie ou fausse.

```
# if 1 < 2 then 3 else 4;;
- : int = 3
```

Comme on le voit sur cet exemple, la construction `if then else` est une expression comme une autre. En particulier, pour que cette expression soit bien typée, les deux branches `e2` et `e3` doivent avoir le même type ; c'est alors le type de l'expression toute entière.

Types char et string

Les caractères sont représentés par le type `char`. Un caractère se note entre apostrophes, comme `'a'`. Les caractères non imprimables sont saisis avec une notation de la forme '*c*' où *c* peut être un caractère (`n`, `r`, `t`, \\) ou un code ASCII (entre 0 et 255) écrit sur trois chiffres décimaux (*ddd*) ou deux chiffres hexadécimaux (\\x*dd*).

```
# 'a';;
- : char = 'a'
# '\n';;
- : char = '\n'
# '\\';;
- : char = '\\'
# '\126';;
- : char = '~'
# '\x7E';;
- : char = '~'
```

On peut passer d'un caractère à son code ASCII et inversement à l'aide des fonctions `Char.code` et `Char.chr` de la bibliothèque `Char`.

Les chaînes de caractères sont représentées par le type `string`. Une chaîne se note entre guillemets, comme `"abc"`. Les caractères non imprimables d'une chaîne peuvent être saisis avec la même syntaxe que pour le type `char`.

```
# "a";;
- : string = "a"
# "hello world\n";;
- : string = "hello world\n"
# "";;
- : string = ""
# "abc\126def";;
- : string = "abc~def"
```

Comme on le voit sur cet exemple, la chaîne `"a"` n'a pas le même type que le caractère `'a'`. De manière générale, il n'y a pas de conversion entre ces deux types. On accède au i-ième caractère de la chaîne s avec la notation s`.[`i`]`, le premier caractère ayant l'indice 0.

```
# "abc".[1];;
- : char = 'b'
```

La longueur d'une chaîne est donnée par la fonction `String.length` de la bibliothèque `String`. Enfin, deux chaînes peuvent être concaténées avec l'opérateur `^`.

```
# String.length ("abc" ^ "def");;
- : int = 6
```

Nous renvoyons le lecteur au manuel d'OCaml pour de plus amples informations sur les bibliothèques présentées dans ce chapitre.

Entrées-sorties

Les fonctions d'entrées-sorties les plus simples sont celles qui permettent d'afficher les valeurs des types de base, comme `print_string` déjà utilisée plus haut pour `hello world`. On trouve également `print_char`, `print_int` et `print_float`, ainsi que `print_newline` pour afficher un retour-chariot et `print_endline` pour afficher une chaîne suivie d'un retour-chariot. Ces six fonctions d'affichage écrivent sur la sortie standard ; pour écrire sur la sortie d'erreur, il existe six autres fonctions `prerr_char`, `prerr_string`, etc. De même, on dispose de fonctions pour lire sur l'entrée standard, à savoir `read_int`, `read_float` et `read_line` et il existe une variante de la fonction `printf` pour écrire sur la sortie d'erreur, à savoir `Printf.eprintf`. On trouvera plus de détails sur les entrées-sorties dans la section *2.7 Copie d'un fichier*.

2.2 Méthode de Monte-Carlo

Notions introduites

- effets de bord, séquences d'instructions, références (mot-clé `ref`)
- variables locales (construction `let-in`)
- boucles `for`
- nombres flottants (type `float`)
- bibliothèque de nombres aléatoires `Random`

Notre deuxième programme (voir page 17), `approx_pi.ml`, calcule expérimentalement la valeur de π en utilisant la méthode de Monte-Carlo. Elle consiste à tirer des points au hasard dans un carré de côté 1, dont l'aire vaut donc 1, et à compter le nombre de ces points qui tombent dans le quart de cercle de rayon 1 inscrit dans ce carré, dont l'aire vaut $\pi/4$. La figure 2.1 illustre cette idée.

On compile `approx_pi.ml` en utilisant par exemple `ocamlopt` (pour plus d'efficacité), de la manière suivante :

```
> ocamlopt -o approx_pi approx_pi.ml
```

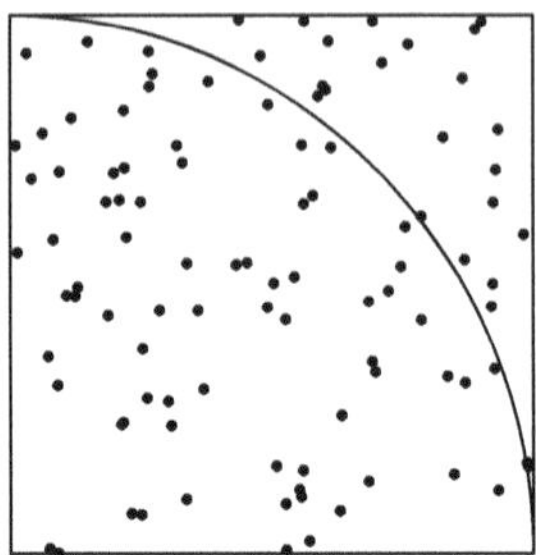

Figure 2.1
Calcul de π par la méthode de Monte-Carlo

On l'exécute en lui donnant le nombre de points à tirer. Si ce nombre est assez élevé, la proportion de points contenus dans le quart de cercle approche le rapport de l'aire du quart de cercle sur l'aire du carré, c'est-à-dire $\pi/4$. On obtient les résultats suivants :

```
> ./approx_pi
500
3.136000
> ./approx_pi
5000
3.113600
> ./approx_pi
50000
3.149920
> ./approx_pi
500000
3.142184
```

Cette méthode ne permet cependant pas d'espérer plus de quelques décimales. Ainsi, avec 10 millions de points, on n'obtient généralement que 3 décimales correctes.

Comme pour notre premier programme, la première ligne de `approx_pi.ml` récupère le nombre `n` de points à tirer en lisant un entier sur l'entrée standard :

```
let n = read_int ()
```

Programme 2 [approx_pi.ml] — Approximation de π

```
let n = read_int ()

let () =
  let p = ref 0 in
  for k = 1 to n do
    let x = Random.float 1. in
    let y = Random.float 1. in
    if x *. x +. y *. y <= 1. then
      p := !p + 1
  done;
  let pi = 4. *. float !p /. float n in
  Printf.printf "%f\n" pi
```

Le reste du programme utilise une boucle pour tirer `n` points au hasard. À chaque tour de boucle, on incrémente le contenu d'une variable (initialisée à 0) si le point tiré tombe dans le quart de cercle de rayon 1. À la fin, on affiche la valeur approchée de π, qui est égale à quatre fois le rapport du nombre de points tombés dans le quart de cercle au nombre de points total.

Cette façon de calculer par modification du contenu d'une variable s'appelle le calcul par *effet de bord*. Plus généralement, ce terme est utilisé pour parler d'une expression qui ne rend pas de valeur après avoir été évaluée. Comme nous l'avons dit dans la section précédente, on utilise une déclaration de la forme `let () = ...` pour évaluer de telles expressions.

La suite du programme est donc contenue dans l'expression qui suit le symbole `=` et commence par initialiser une variable `p` à l'aide d'une déclaration de la forme :

```
let p = ... in
...
```

Cette déclaration introduit une *variable locale* dont l'utilisation, ou la *portée*, est restreinte à l'expression qui suit le mot-clé `in`. Ce genre de déclaration est utile lorsqu'on veut restreindre la visibilité d'une variable, soit pour s'assurer qu'elle n'est pas utilisée à n'importe quel endroit du programme, soit parce que l'on souhaite occulter temporairement la visibilité d'une variable de même nom.

La variable `p` est initialisée avec une *référence*, c'est-à-dire une case mémoire dont le contenu peut être modifié, qui contient initialement la valeur 0. Cette référence va être utilisée pour compter le nombre de points appartenant au quart de cercle.

```
let p = ref 0 in
...
```

La création de `p` se fait en appelant la fonction prédéfinie `ref` (définie dans la bibliothèque `Pervasives`) avec l'entier 0 comme argument. L'application de cette fonction a pour effet d'allouer une nouvelle case mémoire et d'initialiser son contenu avec 0. Le type des références porte le même nom que la fonction utilisée pour les créer. Ainsi, le type de `p` inféré par OCaml est `int ref`, c'est-à-dire le type d'« une référence contenant une valeur de type `int` ».

La ligne suivante introduit une *boucle* `for` qui évalue `n` fois l'expression située entre les mots-clés `do` et `done` en faisant varier le contenu d'une variable `k` de `1` à `n` :

```
for k = 1 to n do
  ...
done
```

La variable `k` est l'*indice* de la boucle et l'expression entre `do` et `done` est le *corps* de la boucle. L'indice `k` est initialisé avec la valeur `1` puis le corps est évalué : c'est le premier tour de boucle. Puis `k` est incrémenté et le corps est de nouveau évalué : c'est le deuxième tour de boucle. Et ainsi de suite. La boucle se termine après l'évaluation du corps de la boucle pour `k` valant `n`.

L'expression du corps de boucle commence par tirer au hasard un point de coordonnées (`x`, `y`) dans le carré de côté de longueur 1.

```
let x = Random.float 1. in
let y = Random.float 1. in
```

Pour cela, deux variables locales `x` et `y` sont initialisées par deux appels à la fonction `Random.float` avec le nombre à virgule flottante (ou simplement appelé nombre *flottant*) 1 comme argument. Chacun de ces appels renvoie un nombre flottant entre 0 inclus et 1 exclu. Comme nous le verrons plus loin, OCaml fait une distinction forte entre ces nombres flottants, de type `float`, et les nombres entiers de type `int`. En particulier, il faut ajouter un point après le chiffre `1` pour représenter le nombre flottant 1.

Le test qui suit incrémente le contenu de la référence p si le point (x, y) appartient au quart de cercle, c'est-à-dire si $x^2 + y^2 \leq 1$.

```
if x *. x +. y *. y <= 1. then
  p := !p + 1
```

Comme on le voit dans l'expression `x *. x +. y *. y`, les opérateurs arithmétiques sur les flottants sont également distingués *syntaxiquement* des opérateurs sur les entiers : il faut ajouter un point `.` après chaque symbole `+`, `-`, etc. Ainsi, `+.` est l'opérateur d'addition sur les flottants, `*.` la multiplication, etc. En revanche, on utilise le même opérateur `<=` pour comparer des flottants et des entiers (voir chapitre 3 pour plus de détails sur ces opérateurs de comparaison).

L'incrémentation de la référence `p` est réalisée par l'expression `p := !p + 1`. L'opérateur d'affectation `:=` permet de modifier le contenu d'une référence. Pour accéder au contenu d'une référence, on utilise l'opérateur unaire de *déréférencement* `!` en position de préfixe. Ainsi, si `p` est une référence de type `int ref`, la valeur `!p` est de type `int`. La boucle se termine après l'exécution du corps pour `k` valant `n`. On enchaîne alors l'évaluation de la boucle avec l'expression qui suit l'opérateur `;`

```
for k = 1 to n do
  ...
done;
```

Cet enchaînement est appelé une *séquence* d'expressions. Pour qu'une séquence soit acceptée par OCaml, il faut que l'expression située avant le point-virgule ne rende pas de valeur, c'est-à-dire qu'elle ne fasse que des effets de bord.

La déclaration qui suit la boucle `for` définit une variable locale `pi` contenant l'approximation de π.

```
let pi = 4. *. float !p /. float n in
```

Afin de calculer une division sur nombres flottants, on convertit les valeurs entières `!p` et `n` en flottants à l'aide de la fonction `float` (définie dans la bibliothèque `Pervasives`). Enfin, on affiche l'approximation de π ainsi calculée à l'aide de la fonction `Printf.printf` :

```
Printf.printf "%f\n" pi
```

De même que nous avions utilisé `%d` dans une chaîne de formatage pour afficher un entier, on utilise ici `%f` pour afficher un flottant.

Compléments d'information

Nous complétons nos explications en donnant quelques détails supplémentaires sur les notions introduites dans ce deuxième programme.

Type float

Les nombres réels (ou à virgules) sont représentés en machine à l'aide d'un codage particulier qu'on appelle *nombres à virgule flottante*, ou plus simplement nombres *flottants*. En OCaml, le codage des nombres flottants est le standard IEEE 754 à double précision (64 bits) ; il n'y a pas de flottants simple précision en OCaml.

Comme nous l'avons dit précédemment, le type des nombres flottants est `float`. Une constante de type `float` est écrite soit avec un point décimal, comme `3.14`, soit en notation scientifique, comme `6.02214e23`. Dans la notation décimale, la présence du point est obligatoire, pour faire une distinction avec le type `int`. Dans la notation scientifique, en revanche, le point n'est pas obligatoire.

```
# 3 ;;
- : int = 3
# 3. ;;
- : float = 3.
# 1e6 ;;
- : float = 1000000.
```

Les opérations sur le type `float` sont distinctes de celles sur le type `int`. Elles sont suivies d'un point qui rappelle celui des flottants (`+.`, `-.`, `*.` et `/.`). À la différence d'autres langages, les opérations arithmétiques portent des noms différents, selon qu'il s'agit d'entiers ou des flottants, et il n'y a pas non plus de conversion implicite entre les types `int` et `float`.

```
# 2 +. 3.14;;
Error: This expression has type int but an expression was
expected of type float
```

Il faut utiliser les fonctions de conversion `float` et `truncate` pour passer respectivement des entiers aux flottants et inversement.

```
# 3.14 /. float 2;;
- : float = 1.57
# truncate 3.141592;;
- : int = 3
```

De nombreuses opérations sont disponibles sur le type `float` dans la bibliothèque `Pervasives`, comme l'exponentiation `**`, la racine carrée `sqrt`, les fonctions trigonométriques, logarithmiques, etc. Ainsi, on peut calculer la valeur de π, non prédéfinie en OCaml, avec l'expression suivante :

```
# 4. *. atan 1.;;
- : float = 3.14159265358979312
```

Contrairement au type `int`, le type `float` contient par ailleurs trois valeurs particulières `neg_infinity`, `infinity` et `nan`, qui représentent les résultats de calculs sans signification.

```
# -1. /. 0.;;
- : float = neg_infinity
# 1. /. 0.;;
- : float = infinity
# 0. /. 0.;;
- : float = nan
```

À la différence d'autres langages, OCaml ne fournit qu'un seul type de flottants qui désigne des nombres en double précision (64 bits) conformes à la norme IEEE 754. Les flottants sont compris entre une valeur minimale `min_float` et une valeur maximale `max_float`.

```
# min_float;;
- : float = 2.22507385850720138e-308
# max_float;;
- : float = 1.79769313486231571e+308
```

Constructions let et let-in

Les constructions `let` et `let-in` définissent respectivement des variables globales et locales. Deux points importants méritent d'être soulignés concernant les variables :

- Une variable est nécessairement initialisée.
- Le type d'une variable est inféré automatiquement.

Le premier point résulte simplement du fait que les variables peuvent uniquement être définies à l'aide des constructions `let` et `let-in`, dont la syntaxe exige une expression d'initialisation. Le deuxième point est une des spécificités du langage OCaml.

On peut utiliser le *toplevel* pour connaître le type inféré pour une variable. Ainsi, lorsque l'on tape la déclaration :

```
# let x = 1+2;;
```

L'interpréteur affiche la réponse :

```
val x : int = 3
```

Elle indique que l'on a introduit une variable globale `x` initialisée avec l'entier `3`. Le type de `x` est celui inféré pour l'expression `1+2`, c'est-à-dire `int`.

Il est également important de bien maîtriser la *règle de portée* des variables déclarées par une construction `let` ou `let-in`. La portée d'une variable globale `x` commence juste après la déclaration `let x = ...` qui l'a définie et s'étend jusqu'à la fin du programme. La portée d'une variable locale introduite avec la construction `let-in` est limitée à l'expression qui suit le mot-clé `in`. Ainsi, les trois déclarations suivantes provoquent des erreurs de portée :

```
# let x = x + 1;;
Error: Unbound value x
# (let v = 1 + 2 in v * v) + v;;
Error: Unbound value v
# let z = 1 + z in z * 2;;
Error: Unbound value z
```

Les trois déclarations précédentes illustrent une règle importante sur l'utilisation des variables : pour être utilisée, une variable doit avoir été déclarée au préalable. Ainsi, le programme suivant est correct :

```
let x = 10
let y = x+2
```

En revanche, celui-ci ne l'est pas :

```
let y = x+2
let x = 10
```

Il est important de remarquer que dans l'expression `let x = e1 in e2; e3`, la portée de la variable `x` s'étend à toute l'expression `e2; e3`. En effet, la priorité de l'opérateur `;` est plus forte que celle de la construction `let`. Dit autrement, cette expression doit se lire comme `let x = e1 in (e2; e3)`. Le programme 2 utilise cette règle de portée dans la déclaration de la variable locale `p`.

```
let () =
  let p = ... in
  for k = 1 to n do
    ...
    p := !p + 1
  done;
  let pi = 4. *. float !p /. float n in
  ...
```

Ainsi, la variable `p` est visible dans la boucle `for` ainsi que dans le corps de la déclaration de la variable `pi`.

On peut utiliser le même nom pour plusieurs variables, y compris pour des types différents. L'utilisation d'une variable `x` fait toujours référence à la déclaration la plus proche. Prenons par exemple le programme suivant :

```
let x = 10
let y = x + 2
let x = 20
let () = Printf.printf "x=%d y=%d\n" x y
```

La déclaration `let x = 20` définit une *nouvelle* variable `x`, qui cache la portée de l'ancienne. Le message affiché quand on exécute le programme est donc `x=20 y=12`.

Boucle for

Comme nous l'avons vu dans notre exemple, les boucles `for` sont utilisées pour évaluer un certain nombre de fois une expression donnée. Elles ont la forme suivante :

```
for i = e1 to e2 do
  e
done
```

L'indice de la boucle, la variable `i`, est introduite par la construction `for`. Sa valeur n'est pas modifiable par l'utilisateur. Sa portée est limitée au corps de la boucle (l'expression e) et elle n'est donc pas utilisable dans les expressions e_1 et e_2. Les expressions e_1 et e_2 sont évaluées une seule fois, avant l'exécution de la boucle. On peut l'observer expérimentalement avec le programme suivant :

```
let () =
  for i = (Printf.printf "*"; 0) to (Printf.printf "."; 5) do
    Printf.printf "%d" i
  done
```

Lorqu'on l'exécute, ce programme affiche la suite de caractères `*.012345`. En effet, l'évaluation de la boucle `for` commence par l'initialisation de l'indice `i` avec l'expression `(Printf.printf "*"; 0)`. L'évaluation de cette séquence conduit tout d'abord à afficher le symbole `*`, puis à renvoyer l'entier `0`. Le deuxième caractère affiché étant le point `.`, cela signifie que l'expression `(Printf.printf "."; 5)` pour la valeur de l'indice final est ensuite évaluée. Le reste du message n'étant constitué que des chiffres affichés par l'expression `Printf.printf "%d" i` du corps de boucle, on en déduit que les expressions e_1 et e_2 ne sont plus évaluées. Il est également important de noter que si la valeur de e_1 est strictement plus grande que celle de e_2, le corps de la boucle n'est jamais exécuté.

Pour être complet, mentionnons qu'il existe une variante de la construction `for` pour compter à rebours. Par exemple, le programme suivant affiche les chiffres `9 8 7 6 5 4 3 2 1 0` dans cet ordre.

```
let () =
  for i = 9 downto 0 do
    Printf.printf "%d " i
  done
```

Notons enfin qu'il n'existe pas de variante pour compter de n en n. Pour cela, on peut utiliser une boucle `while`, qui sera décrite plus loin.

2.3 Dessin d'une cardioïde

Notions introduites

- bibliothèque de code objet (extension `.cma`)
- bibliothèque `Graphics`
- fonction `ignore`

Notre troisième programme, `cardioide.ml`, dessine une cardioïde, c'est-à-dire une courbe qui représente la trajectoire d'un point fixe sur un cercle tournant (sans glisser) autour d'un autre cercle (de même diamètre), comme décrit dans la figure 2.2.

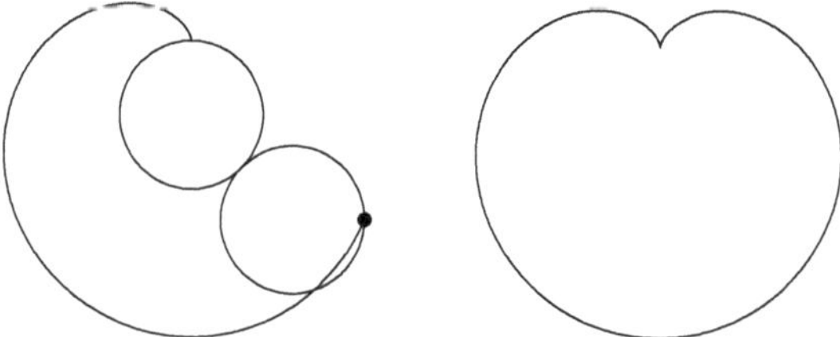

Figure 2.2
Dessin d'une cardioïde

D'un point de vue mathématique, cette cardioïde est une courbe algébrique plane qui peut être définie par les équations paramétriques suivantes :

$$\begin{cases} x(\theta) = a\,(1 - sin(\theta))\,cos(\theta) \\ y(\theta) = a\,(1 - sin(\theta))\,sin(\theta) \end{cases}$$

où a représente le rayon des deux cercles.

Pour tracer cette cardioïde, on utilise la bibliothèque `Graphics` d'OCaml qui permet d'ouvrir une fenêtre graphique 2D et d'y dessiner à l'aide de fonctions graphiques élémentaires. Comme nous allons utiliser de nombreuses fonctions de cette bibliothèque, notre programme commence par une directive d'ouverture de module :

```
open Graphics
```

Nous pourrons ainsi utiliser les valeurs et fonctions de cette bibliothèque sans les préfixer systématiquement par le nom de module `Graphics`.

Programme 3 [cardioide.ml] — Dessin d'une cardioïde

```
open Graphics

let () = open_graph " 300x200"

let () =
  moveto 200 150;
  for i = 0 to 200 do
    let th = atan 1. *. float i /. 25. in
    let r = 50. *. (1. -. sin th) in
    lineto (150 + truncate (r *. cos th))
           (150 + truncate (r *. sin th))
  done;
  ignore (read_key ())
```

La ligne suivante ouvre une fenêtre graphique avec la fonction `open_graph`. Cette fonction prend en argument une chaîne de caractères indiquant les dimensions de la fenêtre.

```
let () = open_graph " 300x200"
```

Cette instruction ouvre une fenêtre de taille 300×200, c'est-à-dire avec 300 pixels de large et 200 pixels de haut (l'espace au début de la chaîne est nécessaire). On dessine alors dans cette fenêtre avec des coordonnées entières, l'origine étant située en bas à gauche de la fenêtre, les abscisses prenant des valeurs de 0 à 299 et les ordonnées des valeurs de 0 à 199 (voir figure 2.3).

La suite du programme affiche la cardioïde. Comme c'est une partie de code qui ne rend pas de valeur, on l'englobe dans une déclaration de la forme :

```
let () = ...
```

Pour tracer la cardioïde, on utilise des fonctions qui font référence à une notion de *point courant*. Ce point peut être positionné avec `moveto`. Un appel à `lineto x y` trace alors un segment de droite du point courant vers celui de coordonnées `(x,y)`, qui devient alors le nouveau point courant.

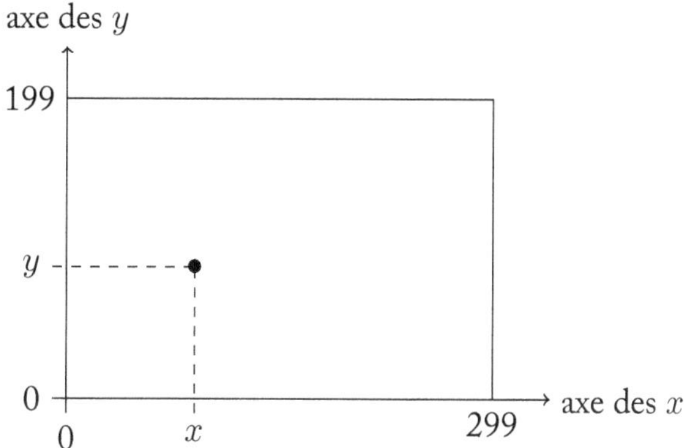

Figure 2.3
Système de coordonnées de la bibliothèque `Graphics`

On commence par déplacer le point courant en $(200, 150)$, à l'aide d'un appel à la fonction `moveto`, pour dessiner la cardioïde à partir de ce point-là :

```
moveto 200 150;
```

À l'aide d'une boucle `for`, on fait varier l'angle θ entre 0 et 2π. Pour cela, on fait varier un indice entier `i` de 0 à 200 et on utilise le fait que $\arctan(1) = \pi/4$ pour calculer θ comme étant égal à $\arctan(1) \times i/25$.

```
for i = 0 to 200 do
 let th = atan 1. *. float i /. 25. in
 ...
done
```

En OCaml, l'arc tangente d'un angle, exprimé en radians, est calculé avec la fonction `atan` de la bibliothèque `Pervasives`.

La ligne suivante définit une variable locale intermédiaire `r` pour calculer la sous-expression $a\,(1 - sin(\theta))$, où le rayon de la cardioïde a est fixé à 50 pixels :

```
let r = 50. *. (1. -. sin th) in
```

L'utilisation de cette variable intermédiaire permet de factoriser une partie du calcul des coordonnées du point $(x(\theta), y(\theta))$.

Enfin, à l'aide de la fonction `lineto`, on trace un segment entre le point courant et le point de coordonnées $(x(\theta), y(\theta))$. Les coordonnées graphiques étant des valeurs entières, on utilise la fonction `truncate` pour renvoyer la partie entière des expressions calculées pour les coordonnées.

```
lineto (150 + truncate (r *. cos th))
       (150 + truncate (r *. sin th))
```

Après la boucle `for`, la dernière ligne du code attend qu'une touche soit pressée, afin d'éviter que la fenêtre graphique ne soit immédiatement refermée une fois le dessin terminé.

```
ignore (read_key())
```

Comme on souhaite seulement attendre qu'une touche soit pressée, on ignore le caractère renvoyé par la fonction `read_key` en utilisant la fonction prédéfinie `ignore`.

Compilation

Contrairement aux modules comme `Sys`, `Arg` ou `Printf` vus précédemment, qui appartiennent à la *bibliothèque standard* d'OCaml, il faut indiquer *explicitement* au compilateur OCaml que l'on souhaite utiliser la bibliothèque `Graphics` pour compiler le programme `cardioide.ml`. Cela se fait simplement en ajoutant le fichier `graphics.cma` sur la ligne de commande, de la manière suivante :

```
> ocamlc -o cardioide graphics.cma cardioide.ml
```

Dans le cas où l'on souhaite compiler avec le compilateur de code natif, il faut remplacer le suffixe `.cma` par `.cmxa`. Comme nous le verrons dans la section *2.10 Un casse-briques sans briques*, l'ordre des fichiers sur la ligne de commande du compilateur est important : ici, il faut obligatoirement que `graphics.cma` soit passé avant le fichier `cardioide.ml` sur la ligne de commande, car ce dernier utilise la bibliothèque `Graphics`.

Pour utiliser la bibliothèque `Graphics` avec le *toplevel* `ocaml`, il suffit de taper dans le terminal la commande suivante :

```
> ocaml graphics.cma
        OCaml version 4.00.1

#
```

Enfin, on peut directement utiliser la bibliothèque `Graphics` avec TryOCaml.

La bibliothèque Graphics

En plus des fonctions `moveto` et `lineto` utilisées dans notre programme `cardioide.ml`, la bibliothèque `Graphics` offre des fonctions telles que `plot` pour afficher un point, `set_color` pour modifier la couleur d'affichage, `draw_circle` pour dessiner un cercle, `set_line_width` pour changer l'épaisseur des traits, `fill_rect` pour remplir un rectangle, `draw_string` pour afficher une chaîne de caractères, etc. Le lecteur est invité à visiter la page web du manuel OCaml pour une description complète de cette bibliothèque. Il est important de noter que, bien que les fonctionnalités de `Graphics` soient limitées, cette bibliothèque a l'avantage d'être disponible sur de nombreuses architectures. Si on souhaite une bibliothèque plus sophistiquée, on pourra utiliser (selon le système d'exploitation) :

- LablTk : bibliothèque Tcl/Tk fournie avec OCaml, qui permet de concevoir des interfaces graphiques (GUI) avec menus déroulants, boutons, etc.
- LablGtk : similaire à LablTk mais basée sur la bibliothèque graphique Gtk. Elle ne fait pas partie de la distribution du langage OCaml ; on peut la télécharger à l'adresse `http://lablgtk.forge.ocamlcore.org/`.
- OCamlsdl : bibliothèque SDL pour OCaml utilisée principalement pour réaliser des jeux vidéos (`http://ocamlsdl.sourceforge.net/`).

2.4 Ensemble de Mandelbrot

Notions introduites

- déclaration de fonctions
- fonctions récursives
- type `unit` et valeur `()`

Notre programme 4 (voir page 32) dessine l'ensemble de Mandelbrot de la figure 2.4, défini comme l'ensemble des points (a, b) du plan pour lesquels aucune des deux suites récurrentes suivantes ne tend vers l'infini (en valeur absolue).

$$\begin{aligned} x_0 &= 0 \\ y_0 &= 0 \\ x_{n+1} &= x_n^2 - y_n^2 + a \\ y_{n+1} &= 2x_n y_n + b \end{aligned}$$

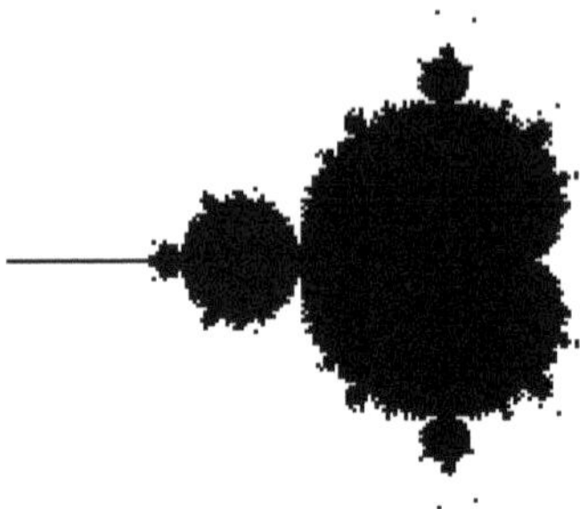

Figure 2.4
Ensemble de Mandelbrot

Bien qu'il n'y ait pas de méthodes exactes pour déterminer cette condition, on peut démontrer que l'une de ces suites tend vers l'infini dès que $x_n^2+y_n^2 > 4$. Ce résultat permet tout d'abord de déduire que les points de l'ensemble de Mandelbrot appartiennent au disque de rayon 2 centré en $(0,0)$. Ensuite, il permet de dessiner une approximation de l'ensemble de Mandelbrot que l'on définit comme l'ensemble des points (a,b) pour lesquels $x_n^2 + y_n^2 \leq 4$ pour les k premières valeurs de ces suites. Notons que la précision de cette approximation dépend alors uniquement du nombre k de valeurs calculées.

Le programme commence par une directive `open Graphics` pour simplifier l'utilisation des fonctions de la bibliothèque graphique. Il définit ensuite deux variables globales `width` et `height` contenant respectivement la largeur et la hauteur de la fenêtre graphique que l'on souhaite ouvrir (800 × 800 par exemple) :

```
let width = 800
let height = 800
```

On fixe ensuite le nombre maximal k de valeurs à calculer (pour une bonne approximation, 100 valeurs sont suffisantes) :

```
let k = 100
```

La déclaration suivante définit une fonction `norm2` qui prend deux *arguments* `x` et `y` et renvoie la valeur de l'expression $\mathsf{x}^2 + \mathsf{y}^2$.

```
let norm2 x y = x *. x +. y *. y
```

Nous donnons plus de détails sur cette construction syntaxique à la fin de cette section. Néanmoins, notons dès à présent que, comme pour un appel de fonction, les noms des arguments sont juste séparés par des espaces et que le *corps* de la fonction, c'est-à-dire l'expression à droite du symbole =, est une expression arbitraire.

La fonction suivante, `mandelbrot`, détermine si un point de coordonnées $(\texttt{a}, \texttt{b})$ appartient à l'ensemble de Mandelbrot en calculant les `k` premières valeurs des suites récursives (x_n) et (y_n). De manière similaire à la déclaration de `norm2`, on déclare la fonction `mandelbrot` avec deux arguments `a` et `b` de la manière suivante :

```
let mandelbrot a b = ...
```

Pour calculer les valeurs des deux suites récurrentes, on définit une fonction *récursive* locale `mandel_rec` avec trois arguments `x`, `y` et `i`.

```
let rec mandel_rec x y i =
  ...
in
```

Les deux premiers arguments `x` et `y` de `mandel_rec` contiennent les `i`-ièmes valeurs x_i et y_i des suites récurrentes et l'indice `i` est contenu dans le troisième argument de la fonction.

Avant de détailler le corps de cette fonction, remarquons tout d'abord que, d'un point de vue syntaxique, il est nécessaire d'utiliser une déclaration de la forme `let rec` pour définir une fonction récursive, c'est-à-dire pour utiliser le nom de la fonction dans son propre corps. Ensuite, de manière similaire aux déclarations de variables locales, la portée d'une fonction *locale*, qu'elle soit introduite par `let-rec-in` ou simplement `let-in`, est limitée à l'expression qui suit le mot-clé `in`.

Le corps de la fonction commence par un test pour déterminer si on a atteint le calcul des `k`-ièmes valeurs de la suite, ou si la condition d'arrêt $x_i^2 + y_i^2 > 4$ est vérifiée :

```
if i = k || norm2 x y > 4. then i = k
else
```

Dans ces deux cas, la fonction `mandel_rec` se termine et renvoie un booléen indiquant si le point est dans l'ensemble. Si aucune de ces conditions d'arrêt n'est vérifiée, on calcule les valeurs de x_{i+1} et y_{i+1}, respectivement dans deux variables locales `x'` et `y'`, en appliquant les équations des suites récurrentes :

```
let x' = x *. x -. y *. y +. a in
let y' = 2. *. x *. y +. b in
```

Programme 4 [mandelbrot.ml] — Dessin de la fractale de Mandelbrot

```
open Graphics

let width = 800
let height = 800
let k = 100

let norm2 x y = x *. x +. y *. y

let mandelbrot a b =
  let rec mandel_rec x y i =
    if i = k || norm2 x y > 4. then i = k
    else
      let x' = x *. x -. y *. y +. a in
      let y' = 2. *. x *. y +. b in
      mandel_rec x' y' (i + 1)
  in
  mandel_rec 0. 0. 0

let draw () =
  for w = 0 to width - 1 do
    for h = 0 to height - 1 do
      let a = 4. *. float w /. float width -. 2. in
      let b = 4. *. float h /. float height -. 2. in
      if mandelbrot a b then plot w h
    done
  done

let () =
  let dim = Printf.sprintf " %dx%d" width height in
  open_graph dim;
  draw ();
  ignore (read_key ())
```

Puis on rappelle la fonction `mandel_rec` pour calculer les valeurs suivantes :

```
    mandel_rec x' y' (i + 1)
  in
```

Enfin, la fonction `mandelbrot` démarre le calcul en effectuant un appel à cette fonction locale avec les valeurs initiales de x_0 et y_0 comme arguments :

```
  in
  mandel_rec 0. 0. 0
```

Pour dessiner l'ensemble de Mandelbrot, il suffit alors de parcourir chaque ligne et chaque colonne de la fenêtre graphique et d'afficher les pixels $($`a`$,$ `b`$)$ pour lesquels `mandelbrot a b` renvoie la valeur `true`.

Le code du dessin est regroupé dans une fonction `draw` déclarée de la manière suivante :

```
let draw () =  ...
```

Cette forme de déclaration est utilisée pour déclarer des fonctions « sans arguments ». Pour être plus précis, cette déclaration définit une fonction avec *un unique argument* noté `()`. Il s'agit de l'unique valeur d'un type particulier, `unit`. Comme nous le verrons dans la section *2.6 Tracé de courbe*, il s'agit d'une déclaration de fonction par *filtrage*.

La fonction `draw` parcourt les lignes et les colonnes de la fenêtre graphique à l'aide de deux boucles `for` imbriquées :

```
for w = 0 to width - 1 do
  for h = 0 to height - 1 do
    ...
  done
done
```

Pour dessiner l'ensemble de Mandelbrot dans une fenêtre de taille `width` $\times$ `height` pour des points (a, b) dans $[-2, 2] \times [-2, 2]$, on définit deux variables locales `a` et `b` de la manière suivante :

```
let a = 4. *. float w /. float width -. 2. in
let b = 4. *. float h /. float height -. 2. in
```

Il ne reste plus qu'à déterminer si le point (a, b) appartient à l'ensemble en appelant la fonction `mandelbrot` puis à afficher ce point, en utilisant la fonction `plot` :

```
        if mandelbrot a b then plot w h
      done
    done
```

Pour terminer ce programme, on ouvre une fenêtre graphique de taille `width` × `height` en construisant une chaîne de caractères de la forme "wxh", où w et h sont remplacées par les valeurs contenues dans les variables `width` et `height`.

```
let () =
  let dim = Printf.sprintf " %dx%d" width height in
  open_graph dim;
```

Cette chaîne est construite à l'aide d'un appel à la fonction `Printf.sprintf`, similaire à la fonction `printf`, avec une chaîne de formatage `" %dx%d"` et deux arguments `width` et `heigth`. La fonction `Printf.sprintf`, plutôt que d'imprimer cette chaîne, la renvoie en résultat.

Enfin, on dessine l'ensemble de Mandelbrot par un appel à la fonction `draw`, puis on attend qu'une touche soit pressée pour terminer le programme :

```
  draw ();
  ignore (read_key ())
```

Notons enfin que l'appel à la fonction `draw` a la même syntaxe que sa déclaration.

Déclaration de fonctions

Revenons sur la notion de fonction en OCaml. Une fonction est déclarée avec le mot-clé `let`. Ainsi la fonction globale `f`, qui à x associe $x + 1$, s'écrit simplement comme :

```
# let f x = x + 1;;
val f : int -> int = <fun>
```

Comme pour une variable, son type est inféré. Plus précisément, le type de son argument (ici `int`) et celui de son résultat (`int` également) sont tous les deux inférés.

Le type de `f` est affiché sous la forme `int -> int`, où le type à *gauche* de la flèche `->` est celui de l'argument et le type à *droite* est celui du résultat. En revanche, la valeur de `f` n'est pas affichée ; seul `<fun>` est indiqué, signalant qu'il s'agit là d'une fonction.

Comme les variables, les fonctions peuvent être locales et obéissent aux mêmes règles de portée.

```
# let sqr x = x * x in sqr 3 + sqr 4;;
- : int = 25
# (let sqr x = x * x in sqr 3) + sqr 4;;
Error: Unbound value sqr
```

Par défaut, les fonctions ne sont pas récursives.

```
# let fact x = if x = 0 then 1 else x * fact (x-1);;
Error: Unbound value fact
```

Il faut utiliser explicitement la construction `let rec` pour introduire une fonction récursive.

```
# let rec fact x = if x = 0 then 1 else x * fact (x-1);;
val fact : int -> int = <fun>
# fact 10;;
- : int = 3628800
```

On remarque que dans l'exemple précédent, on a écrit `fact (x-1)` et non pas `fact x-1`. En effet, la seconde expression est comprise comme `(fact x) - 1` car l'application de fonction est l'opération la plus prioritaire.

Les fonctions mutuellement récursives doivent être définies *simultanément* à l'aide du mot-clé `and`. Par exemple, on définira deux fonctions mutuellement récursives `f` et `g` de la manière suivante :

```
let rec f x = ... g ...
and     g x = ... f ...
```

Une fonction peut prendre plusieurs arguments, qui sont simplement juxtaposés, dans la définition comme dans l'appel. Par exemple, la déclaration suivante définit une fonction `plus` à deux arguments :

```
# let plus x y = x + y ;;
val plus : int -> int -> int = <fun
# plus 3 4;;
- : int = 7
```

Le type inféré par OCaml pour cette fonction est `int -> int -> int`. En ajoutant explicitement les parenthèses (l'opérateur `->` est associatif *à droite*), on obtient le type `int -> (int -> int)`, qui se lit « une fonction qui prend une valeur de type `int` et qui renvoie une fonction de `int` vers `int` ». La fonction `plus` est donc vue comme une fonction à *un* argument qui, après l'avoir reçu, renvoie une fonction qui attend le *deuxième* argument. Ainsi, il n'y a pas à proprement parler de fonctions à plusieurs arguments en OCaml, mais seulement des fonctions d'*ordre supérieur* à un argument, c'est-à-dire des fonctions qui prennent un *unique* argument et renvoient une autre fonction. Nous donnerons plus d'explications sur ces fonctions par la suite (section *2.6 Tracé de courbe*).

2.5 Crible d'Ératosthène

Notions introduites

- tableaux
- boucle `while`
- bloc `begin-end`

Notre programme suivant détermine la primalité de tous les entiers $n \leq N$ pour un certain entier N donné. Il utilise pour cela l'algorithme connu sous le nom de *crible d'Ératosthène*. Illustrons son fonctionnement avec $N = 23$. On écrit tous les entiers de 0 à N. On va éliminer progressivement tous les entiers qui ne sont pas premiers — d'où le nom de *crible*. Initialement, on se contente de dire que 0 et 1 ne sont pas premiers.

Programme 5 [sieve.ml] — Crible d'Ératosthène

```
let max = read_int ()

let prime = Array.make (max + 1) true

let () =
  prime.(0) <- false;
  prime.(1) <- false;
  let limit = truncate (sqrt (float max)) in
  for n = 2 to limit do
    if prime.(n) then begin
      let m = ref (n * n) in
      while !m <= max do
        prime.(!m) <- false;
        m := !m + n
      done
    end
  done

let () =
  for n = 2 to max do
    if prime.(n) then Printf.printf "%d\n" n
  done
```

Puis on détermine le premier entier non encore éliminé. Il s'agit de 2. On élimine alors tous ses multiples, à savoir tous les entiers pairs supérieurs à 2, ici coloriés.

Puis on recommence. Le prochain entier non éliminé est 3. On élimine donc à leur tour tous les multiples de 3, ici encore coloriés.

On note que certains étaient déjà éliminés (les multiples de 6, en l'occurrence) mais ce n'est pas grave.

Le prochain entier non éliminé est 5. Comme $5 \times 5 > 23$, le crible est terminé. En effet, tout multiple de 5, c'est-à-dire $k \times 5$, est soit déjà éliminé si $k < 5$, soit au-delà de 23 si $k \geq 5$. Les nombres premiers inférieurs ou égaux à N sont ceux qui n'ont pas été éliminés, c'est-à-dire ici 2, 3, 5, 7, 11, 13, 17, 19 et 23.

Le programme `sieve.ml` réalise le crible d'Ératosthène, pour une valeur de N passée sur l'entrée standard. On la stocke dans une variable `max`.

```
let max = read_int ()
```

On crée ensuite un tableau de booléens `prime`, de taille `max+1`. Pour cela, on utilise la fonction de bibliothèque `Array.make`. Elle prend en arguments la taille du tableau et une valeur par défaut pour tous les éléments, ici `true`.

```
let prime = Array.make (max + 1) true
```

On rappelle que les tableaux sont indexés à partir de 0. Les indices du tableau `prime` sont donc les entiers de 0 à `max`, inclus. On commence par indiquer que les entiers 0 et 1 ne sont pas premiers, en mettant à `false` les deux éléments du tableau `prime` correspondants.

```
let () =
  prime.(0) <- false;
  prime.(1) <- false;
```

Pour cela, on a utilisé la construction `t.(i) <- v`, qui affecte la valeur v à la case d'indice i du tableau t. Il s'agit là d'une syntaxe particulière pour la fonction de bibliothèque `Array.set`. On aurait donc pu écrire également `Array.set prime 0 false`.

On poursuit le programme en déterminant la limite au-delà de laquelle il ne sera pas nécessaire d'aller. Il s'agit de $\lfloor\sqrt{\texttt{max}}\rfloor$, que l'on peut calculer ainsi :

```
  let limit = truncate (sqrt (float max)) in
```

La boucle principale du crible parcourt alors les entiers de 2 à `limit` et teste à chaque fois leur primalité. Elle a donc la structure suivante :

```
  for n = 2 to limit do
    if prime.(n) then begin
      ...
    end
```

La construction `begin-end` introduit un *bloc*, c'est-à-dire un morceau de programme délimité, ici dénoté par les points de suspension. En OCaml, il n'y a pas de distinction entre expressions et instructions ; il n'y a que des expressions. Ce morceau de code délimité n'est donc rien d'autre qu'une expression. Il aurait donc pu être délimité par de simples parenthèses. Cependant, l'utilisation de `begin-end` met en avant le caractère impératif de cette expression.

Écrivons maintenant ce bloc. C'est une seconde boucle qui élimine les multiples de `n` dans le tableau `prime`. La même raison qui nous permet d'arrêter le crible dès que $n \times n > N$ nous permet de démarrer cette élimination à $n \times n$ (plutôt que 2n), les multiples plus petits ayant déjà été éliminés. Pour parcourir tous les entiers multiples de `n` à partir de n^2, on initialise une référence `m` à la valeur de départ :

```
let m = ref (n * n) in
```

Puis, on utilise une boucle qui affecte `prime.(!m)` à `false` et incrémente `m` de `n`, tant que l'expression `!m <= max` est vraie. Une telle boucle s'écrit avec la construction `while` de la manière suivante :

```
while !m <= max do
  prime.(!m) <- false;
  m := !m + n
done
```

On note que, comme pour la boucle `for`, le corps de la boucle `while` est délimité par les mots clés `do` et `done`.

Ceci achève le crible. Le tableau `prime` contient maintenant la primalité de tous les entiers inférieurs ou égaux à `max`. On affiche alors tous les nombres premiers avec une autre boucle.

```
let () =
  for n = 2 to max do
    if prime.(n) then Printf.printf "%d\n" n
  done
```

On aurait pu afficher les nombres premiers pendant le crible, au fur et à mesure de leur découverte, mais la boucle du crible s'arrête à $n = \lfloor\sqrt{max}\rfloor$. Une autre boucle aurait donc été tout de même nécessaire, pour afficher les nombres premiers entre $\lfloor\sqrt{max}\rfloor + 1$ et `max`.

Compléments d'information

On revient ici sur les constructions `while` et `begin-end` introduites dans cette section, puis sur les tableaux.

La boucle while

De manière générale, la syntaxe de la boucle `while` est :

```
while e1 do
  e2
done
```

L'expression e_1 doit être de type `bool` et l'expression e_2 de type `unit`.

Bloc begin-end

La construction `begin-end` est rigoureusement équivalente à une paire de parenthèses. Ainsi, on peut écrire :

```
# 2 * begin 1 + 2 end;;
- : int = 6
```

Néanmoins, l'usage est de limiter son utilisation à des expressions qui font des effets de bord, par analogie avec la notion de bloc dans des langages comme C ou Java.

Tableaux

Un tableau peut être construit explicitement à l'aide des valeurs qui le constituent.

```
# let t = [| 12; 32; 3; 8 |];;
val t : int array = [|12; 32; 3; 8|]
```

Pour allouer un tableau de taille arbitraire, et en particulier non connue statiquement, on utilise la fonction de bibliothèque `Array.make` qui prend en arguments la taille du tableau et la valeur servant à initialiser toutes ses cases (comme pour toute valeur OCaml, un tableau doit être nécessairement initialisé).

```
# let u = Array.make 1024 'a';;
val u : char array = [|'a'; 'a'; 'a'; ... |]
```

La taille d'un tableau est donnée par la fonction de bibliothèque `Array.length`.

```
# Array.length u;;
- : int = 1024
```

Signalons enfin qu'un accès en dehors des bornes d'un tableau provoque une erreur à l'exécution, signalée par une exception.

```
# u.(4012);;
Exception: Invalid_argument "index out of bounds".
```

Les exceptions seront décrites en détail un peu plus loin.

Matrices

Il n'y a pas de type prédéfini pour les matrices ni, plus généralement, pour les tableaux multidimensionnels. On utilise simplement des tableaux de tableaux. Ainsi, la matrice :

$$M = \begin{pmatrix} 1 & 0 \\ 2 & 3 \end{pmatrix}$$

est représentée par l'expression :

```
# let m = [| [| 1; 0 |];
             [| 2; 3 |] |];;
  val m : int array array = [|[|1; 0|]; [|2; 3|]|]
```

On accède à l'élément $M_{i,j}$ avec `m.(i).(j)`, ce qui n'est rien d'autre que deux accès successifs à des tableaux, c'est-à-dire l'accès à la ligne `i` avec `m.(i)`, puis à son élément d'index `j`.

```
# m.(1).(0);;
- : int = 2
```

Toutes les opérations sur les matrices se font à l'aide de celles sur les tableaux. Le module `Array` fournit néanmoins une opération de création de matrice, `make_matrix`, qui prend en arguments les dimensions de la matrice et la valeur initiale de ses éléments. La section *10.4 Calcul matriciel* du chapitre 10 reviendra sur les matrices.

Alias

Les structures impératives doivent être manipulées avec précaution. En particulier, si une structure impérative peut être référencée de plusieurs façons différentes, cela donne parfois l'illusion de modifier plusieurs données différentes, sans pour autant que ce soit le cas.

Un exemple typique d'alias est obtenu en allouant un tableau dont toutes les cases sont initialisées avec le même tableau. Ainsi, on peut avoir l'illusion de construire une matrice 3×4 dont tous les éléments valent `v` avec l'expression `Array.make 3 (Array.make 4 v)`. En réalité, ceci construit un *unique* tableau de taille 4 dont les éléments valent `v`, appelons-le a, puis construit un tableau de taille 3 dont les trois éléments sont le *même* tableau a. Autrement dit, le résultat est le suivant :

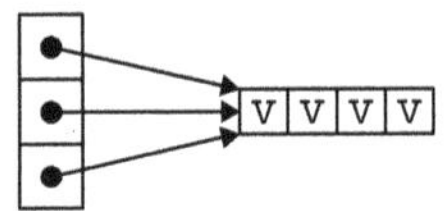

Bien entendu, ce n'est pas ce que l'on souhaite, avec seulement quatre éléments au lieu de douze. Pour construire correctement le tableau de tableaux, on peut utiliser la fonction `Array.make_matrix` de la bibliothèque standard, en écrivant `Array.make_matrix 3 4 v`, ce qui a pour effet de construire la matrice attendue, c'est-à-dire :

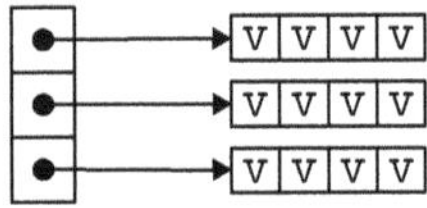

2.6 Tracé de courbe

Notions introduites

- paires, n-uplets
- ordre d'évaluation
- fonctions de première classe, ordre supérieur, fonctions anonymes
- définition par filtrage, motif universel

Notre sixième programme (voir page 45), `plot.ml`, réalise un tracé de courbe à partir d'un ensemble de points du plan. L'algorithme consiste à relier ces points avec un trait par ordre croissant selon l'axe des abscisses. Par exemple, la courbe tracée pour l'ensemble de points $\{(20, 15), (2, 2), (30, 10), (10, 15)\}$ est représentée figure 2.5.

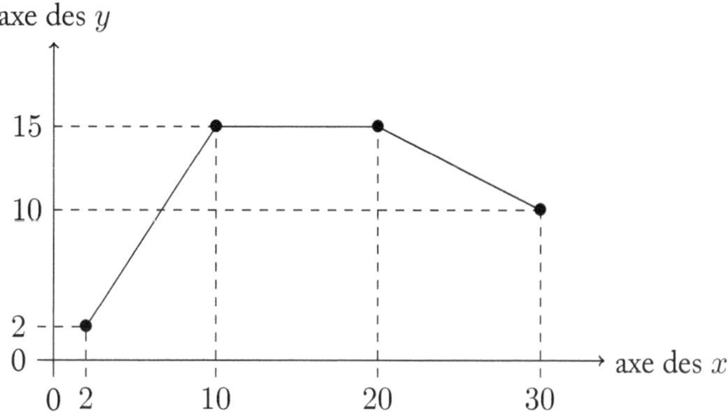

Figure 2.5
Tracé d'une courbe

Pour réaliser ce tracé, on commence par lire sur l'entrée standard un entier qui indique le nombre de points dans l'ensemble.

```
let n = read_int ()
```

On définit ensuite une fonction pour lire les coordonnées d'un point sur l'entrée standard :

```
let read_pair () =
  let x = read_int () in
  let y = read_int () in
  (x, y)
```

Après avoir lu un premier entier `x`, puis un deuxième `y`, sur l'entrée standard à l'aide de deux appels à `read_int`, la fonction `read_pair` renvoie la paire d'entiers (`x`, `y`), construite tout naturellement avec la syntaxe `(x,y)`. Le type de cette paire est noté `int * int` en OCaml. Nous donnerons plus de détails sur les paires, et plus généralement les n-uplets, à la fin de cette section.

On crée alors un tableau `data` de taille `n` que l'on initialise avec des paires d'entiers lues depuis l'entrée standard. Pour cela, on utilise la fonction de bibliothèque `Array.init` qui prend en arguments la taille du tableau et une fonction qui sert pour initialiser les cases du tableau :

```
let data = Array.init n (fun i -> read_pair ())
```

L'appel à la fonction `Array.init` illustre deux nouvelles notions. Premièrement, l'expression `fun i -> ...` passée en argument à `Array.init` est une fonction *anonyme*. Le symbole `i` à gauche de la flèche `->` représente l'argument de la fonction et l'expression à droite son corps. Deuxièmement, cet appel montre que les fonctions en OCaml sont des valeurs comme les autres — on dit aussi que ce sont des valeurs de *première classe*. Elles peuvent être passées en arguments, mais également, comme nous le verrons par la suite, renvoyées comme résultat d'autres fonctions. Une fonction comme `Array.init`, qui prend une fonction en argument, est dite d'*ordre supérieur*.

Le tableau renvoyé par la fonction `Array.init` est obtenu en initialisant chaque case d'indice k (de 0 à $\mathtt{n}-1$) avec la valeur renvoyée par l'application de la fonction `(fun i -> read_pair ())` à l'indice k.

Ainsi, si les entiers saisis sur l'entrée standard correspondent à la séquence `4 20 15 2 2 30 10 10 15`, les déclarations précédentes définissent une variable `n` contenant l'entier `4` et un tableau `data` dont le contenu est graphiquement représenté de la manière suivante :

(20,15)	(2,2)	(30,10)	(10,15)

Pour dessiner la courbe, il faut commencer par trier les cases de ce tableau par ordre croissant selon l'axe des abscisses. Pour cela, on commence par définir une fonction qui compare deux paires selon leur première composante :

```
let compare (x1, y1) (x2, y2) = x1 - x2
```

Cette fonction renvoie un entier dont le signe sera interprété par l'algorithme de tri de la manière suivante :

- si `x1 - x2` $=$ `0` alors les deux paires sont considérées égales,
- si `x1 - x2` $>$ `0` alors la première paire est considérée plus grande,
- si `x1 - x2` $<$ `0` alors la première paire est considérée plus petite.

Avant de poursuivre la description de notre programme, arrêtons-nous un instant sur la forme de cette déclaration.

Les arguments de la fonction `compare` ne sont pas de simples identificateurs, mais des *motifs* : ils ont tous les deux la forme d'une paire $(\mathtt{x}_i, \mathtt{y}_i)$. L'utilisation de motifs permet ici de récupérer facilement les composantes $\mathtt{x}_i$ et $\mathtt{y}_i$ des paires passées en arguments à la fonction. Il s'agit d'une déclaration par *filtrage* (ou *pattern-matching* en anglais). Cette forme de déclaration est très fréquente dans les programmes OCaml et nous la réutiliserons à de nombreuses occasions dans ce livre.

Programme 6 [plot.ml] — Tracé de courbe

```
let n = read_int ()

let read_pair () =
  let x = read_int () in
  let y = read_int () in
  (x, y)

let data = Array.init n (fun i -> read_pair ())

let compare (x1, y1) (x2, y2) = x1 - x2
let () = Array.sort compare data

open Graphics
let () =
  open_graph " 200x200";
  set_line_width 3;
  let (x0,y0) = data.(0) in moveto x0 y0;
  for i = 1 to n-1 do
    let (x,y) = data.(i) in
    lineto x y
  done;
  ignore (read_key ())
```

Pour trier le tableau, on utilise alors la fonction d'ordre supérieur `Array.sort` qui, en plus du tableau à trier, attend comme premier argument une fonction pour comparer les valeurs stockées dans les cases du tableau. Ce tri se fait en place, c'est-à-dire directement dans le tableau `data`. L'appel à `Array.sort` ne fait que des effets de bord.

```
let () = Array.sort compare data
```

À l'issue de cet appel, le contenu de `data` est le suivant :

(2,2)	(10,15)	(20,15)	(30,10)

Il ne nous reste plus qu'à tracer la courbe en reliant les points ainsi ordonnés par des traits. On commence par une directive `open Graphics`, puis on ouvre une fenêtre graphique de taille 200×200. L'appel `set_line_width 3` fixe l'épaisseur des traits.

```
open Graphics
let () =
 open_graph " 200x200";
 set_line_width 3;
```

On récupère ensuite la première paire `(x0, y0)` dans la case d'indice `0` du tableau `data` afin de fixer les coordonnées du point courant avec la fonction `moveto` :

```
  let (x0,y0) = data.(0) in moveto x0 y0;
```

Là encore, on utilise une déclaration par filtrage pour extraire les composantes de la paire stockée dans le tableau : la valeur contenue dans `data.(0)` est filtrée par le motif `(x0, y0)` qui définit deux variables locales `x0` et `y0`.

On parcourt ensuite toutes les cases du tableau `data` à l'aide d'une boucle `for` pour relier les points :

```
  for i = 1 to n-1 do
    let (x,y) = data.(i) in
    lineto x y
  done;
```

Le corps de la boucle consiste à récupérer les coordonnées `(x,y)` de chaque point à l'aide d'une déclaration locale par filtrage identique à la déclaration précédente, et à tracer un trait du point courant à celui de coordonnées `(x,y)`.

Compléments d'information

Paires et n-uplets

Une paire de deux valeurs `v1` et `v2` peut être construite avec la notation traditionnelle `(v1, v2)`. Le type des paires utilise la notation mathématique du produit.

```
# (1, true);;
- : int * bool = (1, true)
```

On notera que la virgule est utilisée pour construire *la paire* alors que le symbole * est utilisé pour construire *le type* de la paire. Les deux projections sont notées `fst` et `snd` respectivement.

```
# fst (1 + 2, true);;
- : int = 3
# snd (1, not true);;
- : bool = false
```

Les paires peuvent être arbitrairement imbriquées.

```
# ((1, true), (3.14, false));;
- : (int * bool) * (float * bool) = ((1, true), (3.14, false))
```

Les paires ne sont qu'un cas particulier des n-uplets, qui utilisent exactement la même syntaxe que celle des paires pour les valeurs et les types.

```
# (1, true, 3.14);;
- : int * bool * float = (1, true, 3.14)
```

Il faut souligner que le type `(int * int) * int`, le type `int * (int * int)` et le type `int * int * int` ne sont pas les mêmes :

- le premier est celui d'une paire dont la première composante est une paire ;
- le second est celui d'une paire dont la seconde composante est une paire ;
- le troisième est celui d'un triplet.

Projections par filtrage et motif universel

Il n'existe pas de fonctions de projection pour les n-uplets. Il faut utiliser une déclaration par filtrage pour récupérer chaque composante, par exemple :

```
# let (x, (y, z), t) = (1, (true, "hello"), 3.4);;
val x : int = 1
val y : bool = true
val z : string = "hello"
val t : float = 3.4
```

Si on souhaite uniquement accéder à certains composants d'un n-uplet, on peut utiliser un *motif universel*, noté `_`, pour ne pas introduire de noms de variables inutiles. Par exemple, si on souhaite seulement accéder aux composantes x et z du triplet précédent, on écrira le filtrage suivant :

```
# let (x, (_, z), _) = (1, (true, "hello"), 3.4);;
val x : int = 1
val z : string = "hello"
```

Les motifs universels permettent aussi de représenter une valeur quelconque. Ainsi, si on souhaite seulement accéder aux composantes x et t, on utilisera un motif universel pour représenter la deuxième composante du triplet précédent :

```
# let (x, _, t) = (1, (true, "hello"), 3.4);;
val x : int = 1
val t : float = 3.4
```

Fonctions à plusieurs arguments et n-uplets

Il est également important de bien faire la différence entre une fonction à plusieurs arguments et une fonction prenant un n-uplet en argument. Ainsi, la fonction pyth suivante :

```
# let pyth (x, y, z) = x*x + y*y = z*z;;
val pyth : int * int * int -> bool = <fun>
```

prend un triplet d'entiers en argument. On l'appelle donc avec un *unique* argument de la forme (e_1, e_2, e_3), comme dans l'appel suivant :

```
# pyth (3, 4, 5);;
- : bool = true
```

Tandis que la même fonction écrite comme une fonction à plusieurs arguments :

```
# let pyth x y z = x*x + y*y = z*z;;
val pyth : int -> int -> int -> bool = <fun>
```

doit être appelée en juxtaposant son nom avec *trois* arguments, comme dans l'appel suivant :

```
# pyth 3 4 5;;
- : bool = true
```

Les types `int * int * int -> bool` et `int -> int -> int -> bool` illustrent clairement la différence entre ces deux variantes. Dans cet ouvrage, on adopte un style d'écriture *à la Curry* où les fonctions prennent n arguments plutôt qu'un n-uplet. En particulier, cela permet d'appliquer *partiellement* une fonction, c'est-à-dire lui passer moins d'arguments qu'attendu et obtenir ainsi une fonction. Par exemple, on obtient une fonction à deux arguments en appliquant la fonction pyth à un entier :

```
# let f = pyth 3;;
val f : int -> int -> bool = <fun>
```

On peut alors l'appliquer plusieurs fois :

```
# f 4 5;;
- : bool = true
# f 6 7;;
- : bool = false
```

Enregistrements

Les n-uplets sont utiles pour rassembler plusieurs valeurs, mais il est facile de confondre les différentes composantes d'un n-uplet lorsqu'elles ont le même type. Ainsi, une date représentée par un triplet d'entiers, de type `int * int * int`, n'indique pas clairement quels entiers désignent respectivement le jour, le mois et l'année. Pour remédier à ce défaut, le langage OCaml fournit une notion d'*enregistrement*, c'est-à-dire de n-uplet dont les champs sont explicitement nommés. Pour créer un enregistrement, il faut au préalable déclarer un nouveau type décrivant les noms et les types de ses différents champs.

```
# type date = { day : int; month : int; year : int };;
type date = { day : int; month : int; year : int; }
```

On peut alors construire une valeur de type date avec la syntaxe suivante.

```
# let valentine's_day = { day = 14; month = 2; year = 2014 };;
val valentine's_day : date = { day = 14; month = 2; year = 2014 }
```

On accède à un champ f d'un enregistrement e avec la notation $e.f$.

```
# valentine's_day.month;;
- : int = 2
```

Un nouvel enregistrement peut être construit à partir d'un autre enregistrement du même type, en conservant les valeurs de certains champs et en donnant de nouvelles valeurs pour d'autres champs. On utilise alors la construction `with` pour cela.

```
# let d = { valentine's_day with day = 15 };;
val d : date = {day = 15; month = 2; year = 2014}
```

Ceci est rigoureusement identique à la déclaration suivante :

```
# let d = { day = 15;
            month = valentine's_day.month;
            year = valentine's_day.year };;
val d : date = {day = 15; month = 2; year = 2014}
```

Un autre avantage des enregistrements sur les n-uplets est que l'ordre des champs n'est pas significatif. On peut ainsi écrire :

```
# let us_valentine's_day = { month = 2; day = 14; year = 2014; };;
val us_valentine's_day : date = {day = 14; month = 2; year = 2014}
# us_valentine's_day = valentine's_day;;
- : bool = true
```

Les n-uplets restent cependant utiles, notamment parce qu'ils évitent d'avoir à déclarer un type.

Enregistrements à champ mutable

Le mot-clé `mutable` déclare qu'un champ d'enregistrement pourra être modifié.

```
# type student = { number : int; mutable age : int };;
type student = { number : int; mutable age : int; }
```

On modifie le champ d'un enregistrement avec la construction <-.

```
# let birthday e = e.age <- e.age + 1;;
val birthday : student -> unit = <fun>
```

Cette modification ne renvoie pas de valeur, d'où son type `unit`. On peut observer cet effet de bord sur l'exemple suivant :

```
# let e = { number = 123456; age = 21 };;
val e : student = {number = 123456; age = 21}
# birthday e;;
- : unit = ()
# e;;
- : student = {number = 123456; age = 22}
```

On peut utiliser un enregistrement à champ `mutable` pour simuler la notion traditionnelle de variable modifiable. Par exemple, pour une variable de type `int`, il suffit de déclarer un type avec un unique champ modifiable `value`.

```
# type variable = { mutable value : int };;
type variable = { mutable value : int; }
```

On utilise alors `x.value` pour accéder au contenu de la variable `x` et l'affectation `x.value <- e` pour la modifier.

```
# let x = { value = 41 };;
val x : variable = {value = 41}
# x.value <- x.value + 1;;
- : unit = ()
# x.value;;
- : int = 42
```

À proprement parler, on ne modifie donc pas la variable `x` mais uniquement la valeur contenue dans l'enregistrement vers lequel `x` pointe. C'est donc plus précisément la notion de pointeur qui est ici utilisée.

Pour éviter d'avoir à redéfinir un tel type chaque fois qu'on a besoin d'une variable modifiable, OCaml fournit un type prédéfini de *références*, que nous avons déjà utilisé plus haut (voir section *2.2 Approximation de* π). Une référence est construite avec le mot-clé `ref`.

```
# let x = ref 41;;
val x : int ref = {contents = 41}
```

Comme on peut le voir, le type d'une référence, noté `int ref`, est celui d'un enregistrement, avec un unique champ `contents`. On accède à ce champ avec la notation `!` et on modifie son contenu avec la notation `:=`.

```
# x := !x + 1;;
- : unit = ()
# !x;;
- : int = 42
```

Ordre d'évaluation

Le langage OCaml ne fixe pas l'ordre d'évaluation des composantes d'un n-uplet ou d'un enregistrement. Ainsi, dans la paire `(e1, e2)`, il n'est pas possible de prévoir *a priori* si l'expression `e1` sera évaluée avant `e2`, ou réciproquement.

Bien sûr, on peut facilement découvrir l'ordre d'évaluation d'une implémentation particulière d'OCaml avec une expression qui construit une paire de la manière suivante :

```
# (read_int (), read_int ());;
4
5
- : int * int = (5, 4)
```

On voit ici que c'est l'expression `e2` qui est évaluée en premier, puisque le premier entier saisi, ici `4`, est stocké dans la deuxième composante de la paire.

De manière générale, c'est une très mauvaise idée que d'écrire un programme qui repose sur l'ordre d'évaluation implémenté par un compilateur particulier. On utilisera de préférence des déclarations locales pour maîtriser l'ordre d'évaluation. Ainsi, on écrira plutôt :

```
# let x = read_int () in let y = read_int () in (x, y);;
4
5
- : int * int = (4, 5)
```

Fonctions anonymes

Les définitions de fonctions anonymes ne sont pas limitées à un argument. On peut définir des fonctions à plusieurs arguments de la manière suivante :

```
# fun x y -> x + y;;
- : int -> int -> int = <fun>
```

Il est intéressant de noter que les deux déclarations suivantes sont strictement équivalentes :

```
# let f = fun x -> x + 1;;
val f : int -> int = <fun>
# let f x = x + 1;;
val f : int -> int = <fun>
```

2.7 Copie d'un fichier

Notions introduites

- entrées-sorties
- exceptions

Notre programme suivant, `copy_file.ml`, copie le contenu d'un premier fichier dans un second, les deux noms de fichiers étant passés sur la ligne de commande.

On écrit pour cela une fonction `copy_file` prenant en arguments deux chaînes de caractères `f1` et `f2`, qui sont les noms de fichiers. On commence par construire deux canaux `c1` et `c2` à partir des noms de fichiers `f1` et `f2`, respectivement.

```
let copy_file f1 f2 =
  let c1 = open_in f1 in
  let c2 = open_out f2 in
```

Le premier, `c1`, est ouvert en lecture et le second, `c2`, en écriture. Puis on exécute une boucle infinie (`while true`) qui écrit sur `c2` chaque caractère lu sur `c1`.

```
    while true do output_char c2 (input_char c1) done
```

Lorsqu'il n'y a plus de caractères à lire dans le fichier, la fonction `input_char` va lever une *exception*, à savoir l'exception prédéfinie `End_of_file`. Ceci va interrompre l'exécution de la boucle `while` et plus généralement du programme en cours d'exécution, jusqu'à ce que cette exception soit *rattrapée*. Ici, on choisit de rattraper cette exception juste à l'extérieur de la boucle `while`. On le fait avec la construction `try-with`.

```
let () =
  try
    while true do ... done
  with End_of_file ->
    close_in c1; close_out c2
```

Le sens de la construction `try` e_1 `with E ->` e_2 est le suivant. On commence par évaluer l'expression e_1. Si on obtient une valeur, c'est la valeur de toute l'expression `try-with`. Si en revanche, l'évaluation de e_1 lève l'exception `E`, alors on évalue l'expression e_2 et c'est là le résultat de l'expression toute entière. Enfin, si e_1 lève une exception autre que `E`, celle-ci n'est pas rattrapée et c'est l'expression `try-with` toute entière qui la lève.

Dans notre cas, l'expression e_1 est une boucle infinie, dont l'évaluation ne terminera pas. En revanche, elle finira par lever l'exception `End_of_file`, qui sera alors rattrapée et les deux fichiers `c1` et `c2` seront fermés.

Il ne reste plus alors qu'à appeler la fonction `copy_file` avec les deux premiers arguments de la ligne de commande, à savoir `Sys.argv.(1)` et `Sys.argv.(2)`.

Programme 7 [`copy_file.ml`] — Copie d'un fichier

```
let copy_file f1 f2 =
  let c1 = open_in f1 in
  let c2 = open_out f2 in
  try
    while true do output_char c2 (input_char c1) done
  with End_of_file ->
    close_in c1; close_out c2

let () = copy_file Sys.argv.(1) Sys.argv.(2)
```

Compléments d'information

Canaux d'entrées-sorties

Les périphériques d'entrées-sorties sont représentés par des *canaux*. Les canaux d'entrée sont du type prédéfini `in_channel` et les canaux de sortie de type `out_channel`. Trois valeurs prédéfinies, `stdin` de type `in_channel`, `stdout` et `stderr` de type `out_channel`, représentent respectivement l'entrée standard, la sortie standard et la sortie d'erreur du programme en cours d'exécution.

Des fonctions permettent de lire et d'écrire sur les canaux. Ainsi la fonction `input_char`, de type `in_channel -> char`, lit un unique caractère sur le canal passé en argument. On peut ainsi lire un caractère sur l'entrée standard `stdin` de la manière suivante :

```
# let c = input_char stdin;;
a
val c : char = 'a'
```

Une fonction plus générale `input` sert à lire n caractères depuis un canal d'entrée et à les stocker à une certaine position dans une chaîne de caractères. De la même manière, une fonction `output_char`, de type `out_channel -> char -> unit`, écrit un caractère sur un canal de sortie et une fonction plus générale `output` écrit un fragment donné d'une chaîne de caractères. Il existe également une fonction `Printf.fprintf` pour écrire dans un canal de sortie à la manière de la fonction `Printf.printf` déjà utilisée.

Les fichiers sont également manipulés comme des canaux. Ainsi, on ouvre un fichier en lecture avec la fonction `open_in`, de type `string -> in_channel`, et en écriture avec la fonction `open_out`, de type `string -> out_channel`. La chaîne désigne ici le nom du fichier. Symétriquement, on referme un canal avec les fonctions `close_in` et `close_out`. Les opérations d'entrées-sorties sur les canaux peuvent échouer (lecture ou écriture sur un canal fermé, permissions non accordées, etc.), ce qui est systématiquement traduit par la levée d'une exception. Ainsi, la lecture au-delà de la fin d'un fichier lève l'exception prédéfinie `End_of_file`.

Sérialisation

Au-delà des simples caractères, il est possible d'écrire et de lire dans des canaux des valeurs OCaml de types arbitraires. C'est ce qu'on appelle la *sérialisation* (en anglais *marshalling*). La fonction `output_value` écrit une valeur d'un type quelconque dans un canal de sortie.

```
# let c = open_out "foo" in
  output_value c (1, 3.14, true);
  close_out c;;
- : unit = ()
```

Le format utilisé pour écrire cette valeur est spécifique au langage OCaml (et même à sa version). La fonction permettant de réaliser l'opération inverse est `input_value`. Lorsqu'on lit une valeur sérialisée avec la fonction `input_value`, son type est *inféré* selon l'usage que l'on en fait. Une bonne pratique consiste à indiquer le type de la valeur qui est lue par une annotation de type. Ici, on relit la valeur écrite dans le fichier `"foo"` en précisant que son type est `int * float * bool` :

```
# let c = open_in "foo";;
val c : in_channel = <abstr>
# let v : int * float * bool = input_value c;;
val v : int * float * bool = (1, 3.14, true)
```

Il n'y a pas d'information de type dans la valeur sérialisée. En particulier, la sûreté d'exécution liée au typage n'est plus garantie si on fait un usage de la valeur qui n'est pas cohérent, en termes de types, avec la valeur effectivement sérialisée. Dans l'exemple précédent, on peut prétendre que la valeur lue est une paire dont la première composante est une paire. Cela conduit ici à un arrêt brutal du programme.

```
# let c = open_in "foo";;
val c : in_channel = <abstr>
# let v = input_value c in fst (fst v);;

Process caml-toplevel segmentation fault
```

Cette erreur n'est même pas une exception qu'on aurait pu rattraper, mais une erreur plus bas niveau, correspondant ici à un accès illégal et irrémédiable à la mémoire.

Exceptions

Certaines opérations sont partielles, c'est-à-dire qu'elles ne sont pas définies pour toutes les valeurs de leurs arguments. Ainsi, la division entière par zéro n'est pas définie. Si on tente d'effectuer tout de même l'opération, une *exception est levée.*

```
# 1/0;;
Exception: Division_by_zero.
```

L'évaluation de l'expression n'aboutit pas à une valeur mais échoue sur la levée d'une exception, comme le montre le message commençant par `Exception`. Ici, il s'agit d'une exception prédéfinie, `Division_by_zero`. Une autre exception prédéfinie du langage OCaml, `Invalid_argument`, est plus souvent utilisée pour signaler une utilisation de fonction en dehors de son domaine de définition.

```
# Random.int (-4);;
Exception: Invalid_argument "Random.int".
# Char.chr 257;;
Exception: Invalid_argument "Char.chr".
```

Comme on le voit sur ces exemples, une chaîne de caractères est associée à l'exception `Invalid_argument`, qui précise ici le nom de la fonction ayant levé cette exception.

La levée d'une exception *interrompt* le calcul, comme on peut le vérifier avec l'évaluation de l'expression suivante.

```
# print_endline "before"; print_int (1/0); print_endline "after";;
before
Exception: Division_by_zero.
```

Il est cependant possible de *rattraper* une exception, pour permettre de continuer l'évaluation sur une autre expression. On utilise pour cela la construction `try with`, de la manière suivante :

```
# let test x y =
    try let q = x / y in Printf.printf "quotient = %d\n" q
    with Division_by_zero -> Printf.printf "error\n";;
val test : int -> int -> unit = <fun>
# test 4 0;;
error
- : unit = ()
```

Ici, on tente de calculer `x / y` et d'afficher sa valeur. En cas d'échec, c'est-à-dire quand la division provoque la levée de l'exception `Division_by_zero`, on rattrape cette exception et on affiche un message d'erreur. L'évaluation de la fonction `test` se termine donc toujours sur une valeur de type `unit`.

De manière générale, l'expression `try` e_1 `with E ->` e_2 est évaluée de la manière suivante :

- L'expression e_1 est tout d'abord évaluée. Si elle ne lève pas d'exception, le calcul est terminé et sa valeur est celle de e_1.

- Si en revanche elle lève une exception, alors deux cas se présentent :
  - s'il s'agit de l'exception E, alors le calcul se poursuit avec l'évaluation de e_2 ;
  - s'il s'agit d'une exception autre que E, alors cette exception est *propagée*, sans que e_2 soit évaluée.

Dans l'expression `try` e_1 `with E ->` e_2, les deux sous-expressions e_1 et e_2 doivent avoir le même type, qui est aussi celui de l'expression toute entière.

L'utilisateur définit ses propres exceptions avec la déclaration `exception` suivi du nom de l'exception, qui doit commencer par une majuscule. Il peut s'agir d'une exception sans argument comme `Division_by_zero` :

```
# exception Stop;;
exception Stop
```

Il peut s'agir aussi d'une exception avec un ou plusieurs arguments comme `Invalid_argument` :

```
# exception Error of string;;
exception Error of string
```

Pour lever une exception, on utilise la construction `raise`. Cette construction prend en argument une exception.

```
# let f x =
    if x < 0 then raise (Error "negative argument");
    123 mod x;;
val f : int -> int = <fun>
```

Ici, l'exception est construite en appliquant le constructeur `Error` à la chaîne `"invalid argument"`. On peut observer la levée de cette exception en appelant `f` avec un argument négatif.

```
# f (-1);;
Exception: Error "invalid argument".
```

Les exceptions sont en réalité des valeurs comme les autres, du type prédéfini `exn`. Ce type peut être vu comme un type construit possédant un nombre non borné de constructeurs. Les exceptions prédéfinies sont autant de constructeurs prédéfinis. Chaque déclaration `exception` ajoute un nouveau constructeur. On peut construire une valeur de type `exn` et la passer en argument à `raise` :

```
# let e = Error "invalid argument";;
val e : exn = Error "invalid argument"
# raise e;;
Exception: Error "invalid argument".
```

La construction `raise` n'est autre qu'une fonction qui prend un argument de type `exn`. L'expression `raise` *e* peut prendre un type quelconque. Dans l'exemple précédent, l'expression `raise (Error "invalid argument")` prend le type `unit`, mais elle prend tout aussi bien le type `int` si on préfère écrire la fonction `f` avec un `else` :

```
# let f x =
    if x < 0 then raise (Error "invalid argument") else 123 mod x;;
val f : int -> int = <fun>
```

Les exceptions peuvent être utilisées pour signaler des comportements exceptionnels, comme dans les exemples précédents, mais également pour modifier le cours de l'exécution d'un programme. Un exemple typique est celui d'une boucle infinie dont on sort à l'aide d'une exception. C'est le cas en particulier pour un programme interactif que l'on quitte en appuyant sur une touche. Avec la bibliothèque `Graphics`, une telle boucle peut prendre la forme suivante :

```
try
  while true do
    let st = wait_next_event [Key_pressed] in
    if st.keypressed && st.key = 'q' then raise Exit;
    ...
  done
with Exit ->
  close_graph ();
  ...
```

La levée de l'exception `Exit` fait sortir de la boucle infinie `while true`. On rattrape l'exception, on ferme la fenêtre graphique avec `close_graph` puis on poursuit le programme. D'autres exemples d'utilisation des exceptions pour modifier le flot de contrôle sont donnés dans les exercices 2.15 et 5.7.

Enfin, notons que la bibliothèque du langage OCaml fournit deux fonctions, `failwith` et `invalid_arg`, qui, lorsqu'elles sont appelées avec une chaîne de caractères `s`, lèvent respectivement les exceptions `Failure s` et `Invalid_argument s`.

OCaml fournit également une construction particulière `assert e` qui évalue l'expression `e` de type `bool` et lève l'exception `Assert_failure` si `e` vaut `false`.

2.8 Renverser les lignes d'un texte

Notions introduites

- listes
- filtrage
- pile d'appels, appel terminal

Notre programme suivant, `tac.ml`, lit des lignes de texte sur l'entrée standard, puis les affiche dans l'ordre inverse. Son utilisation est très simple. Après l'avoir compilé, on l'exécute et on entre par exemple les trois lignes suivantes sur l'entrée standard :

```
première ligne
deuxième ligne
troisième ligne
```

Après avoir signifié la fin de l'entrée (par exemple en appuyant sur les touches `ctrl` et `D`), le programme affiche les lignes dans l'ordre inverse :

```
troisième ligne
deuxième ligne
première ligne
```

Pour réaliser cet effet, le programme doit stocker toutes les lignes lues avant de pouvoir les afficher, puisque la première ligne à afficher est la dernière qui est lue. Il nous faut donc une structure de données pour stocker les lignes lues. Un tableau n'est pas adapté, car nous ne connaissons pas le nombre total de lignes[2]. Aussi, nous allons utiliser une *liste*.

Le langage OCaml fournit un type primitif de listes, que l'on construit à partir de la liste vide, notée `[]`, et de l'ajout d'un élément x au début d'une liste l, noté x :: l. Les listes d'OCaml sont *immuables* : une fois une liste construite, on ne peut plus la modifier.

2. Une notion de tableau redimensionnable sera présentée au chapitre 4, et nous pourrions l'utiliser ici.

Programme 8 [tac.ml] — Renverser les lignes d'un texte

```
let lines = ref []

let () =
  try
    while true do lines := read_line () :: !lines done
  with End_of_file ->
    ()

let rec print l =
  match l with
  | []     -> ()
  | s :: r -> print_endline s; print r

let () = print !lines
```

Notre programme commence par l'introduction d'une référence, `lines`, contenant la liste des lignes qui ont été lues. Initialement, cette liste est vide.

```
let lines = ref []
```

Puis on procède à la lecture des lignes, à l'aide de la fonction de bibliothèque `read_line`, qui lit une ligne de texte sur l'entrée standard et la renvoie sous la forme d'une chaîne de caractères. Pour lire toutes les lignes, on écrit une boucle infinie :

```
while true do lines := read_line () :: !lines done
```

Chaque ligne lue avec `read_line` est ajoutée à la liste contenue dans la référence `lines`. Plus précisément, on construit une nouvelle liste, dont le premier élément est la ligne qui vient d'être lue et les éléments suivants sont ceux qui se trouvaient auparavant dans `lines`, c'est-à-dire `!lines`, puis on modifie la valeur de la référence `lines` avec cette nouvelle liste. Lorsqu'il n'y a plus de ligne à lire, la fonction `read_line` va lever une l'exception `End_of_file`.

On rattrape cette exception juste à l'extérieur de la boucle :

```
try  while true do ... done
with End_of_file -> ()
```

Cela achève la lecture. On a maintenant la liste de toutes les lignes lues dans la référence `lines`. Par construction, cette liste contient les lignes dans l'ordre inverse, la dernière ligne lue ayant été ajoutée en tête de liste. Cela nous convient parfaitement, puisqu'il s'agit justement d'afficher les lignes en ordre inverse. Commençons par écrire une fonction récursive `print` qui affiche une liste `l` de chaînes de caractères, une par ligne.

```
let rec print l =
```

Cette fonction examine la liste `l`, pour traiter différemment le cas d'une liste vide et celui d'une liste contenant au moins un élément. On fait cette discrimination à l'aide de la construction `match-with` d'OCaml, de la manière suivante :

```
  match l with
  | []     -> ...cas 1...
  | s :: r -> ...cas 2...
```

Cette construction de filtrage se lit ainsi : Si la liste `l` est de la forme `[]`, c'est-à-dire s'il s'agit de la liste vide, alors on évalue le code ici désigné par `...cas 1...`. Si en revanche la liste `l` est de la forme `s :: r`, c'est-à-dire si elle contient un premier élément `s` et d'autres éléments formant une liste `r`, alors on évalue le code ici désigné par `...cas 2...`, les variables `s` et `r` prenant alors respectivement la valeur du premier élément et des éléments suivants de `l`. Dans l'exemple, on ne fait rien dans le premier cas ; dans le second cas, on affiche la chaîne `s` puis on appelle récursivement `print` sur la liste `r`. On a donc le code suivant comme corps de la fonction `print` :

```
  match l with
  | []     -> ()
  | s :: r -> print_endline s; print r
```

Il ne reste plus qu'à appliquer cette fonction sur la liste contenue dans la référence `lines` pour achever notre programme, c'est-à-dire :

```
let () = print !lines
```

Compléments d'information

Listes

Le type des listes est prédéfini en OCaml ; il s'agit de `list`. Ce type est « générique », au sens où on peut construire des listes de valeurs de n'importe quel type, à condition que toutes les valeurs d'une même liste soient d'un même type.

```
# 1 :: 2 :: 3 :: [];;
- : int list = [1; 2; 3]
```

```
# 1 :: 'a' :: 3 :: [];;
Error: This expression has type char but an expression
       was expected of type int
```

Comme on le voit sur le premier exemple, le *toplevel* affiche la valeur d'une liste sous la forme `[1; 2; 3]`. Cette notation peut être utilisée directement pour construire une liste à partir de ses éléments.

```
# ['a'; 'b'; 'c'];;
- : char list = ['a'; 'b'; 'c']
```

Filtrage

Quand nous avons présenté les n-uplets, nous avons notamment expliqué qu'on peut déstructurer une paire avec la construction `let (x,y) =` e_1 `in` e_2. En réalité, il s'agit d'un filtrage tout à fait identique à celui que nous venons de présenter sur les listes. En effet, la construction `let` ci-dessus n'est qu'un raccourci pour l'expression `match` e_1 `with (x,y) ->` e_2. D'une manière générale, la construction `let` admet un motif arbitraire comme premier argument, même si celui-ci est souvent réduit à une variable.

La fonction `print` procède par filtrage sur son argument `l`. De telles fonctions sont si courantes en OCaml qu'il existe un mot-clé, `function`, qui introduit une fonction procédant immédiatement par filtrage. Ainsi on peut écrire :

```
let rec print = function
  | []     -> ()
  | s :: r -> print_endline s; print r
```

Dit autrement, le mot-clé `function` est un raccourci pour `fun x -> match x with`. Notons également que `function` introduit uniquement une fonction à *un* argument, avec un filtrage à un ou plusieurs motifs, alors que `fun` définit une fonction à plusieurs arguments, mais en se limitant à *un seul* filtrage par argument. Ainsi, on peut écrire :

```
fun x (y, z) -> x + y * z
```

Parcours d'une liste

La fonction `print` que nous avons écrite pour afficher tous les éléments de la liste `!lines` est un exemple de *parcours* de liste, où un même traitement est effectué sur tous les éléments de la liste, dans l'ordre où ils apparaissent. Il est si fréquent d'effectuer un tel parcours qu'une fonction de bibliothèque existe pour cela, à savoir `List.iter`. Il s'agit d'une fonction d'ordre supérieur, à l'instar de `Array.init` ou `Array.sort` déjà présentées. Elle prend en argument la fonction à appliquer sur chaque élément. Ainsi, on peut réécrire `print` aussi simplement que :

```
let print l = List.iter print_endline l
```

Plus simplement, on peut remplacer les cinq dernières lignes par :

```
let () = List.iter print_endline !lines
```

Pile d'appels

Supposons que nous souhaitions compléter notre programme par l'affichage du nombre total de lignes qui ont été lues et renversées, dans un message de la forme :

```
113 lines read
```

Pour cela, on écrit une fonction `length` qui calcule la longueur d'une liste. Comme pour `print`, on l'écrit sous la forme d'une fonction récursive qui procède par filtrage :

```
let rec length = function
  | []     -> 0
  | _ :: r -> 1 + length r
```

On note le motif universel `_` utilisé à la place du premier élément de la liste dans le second motif. En effet, il n'y a pas lieu de nommer cette valeur, car elle n'est pas utilisée dans le calcul de la longueur de la liste. Il ne reste plus qu'à afficher la longueur ainsi calculée :

```
let () = Printf.printf "%d lines read\n" (length !lines)
```

Si on fait quelques tests, on observe que le programme donne bien le résultat attendu. Toutefois, si on s'amuse à appliquer notre programme à un très grand nombre de lignes, par exemple 700 000, alors on a la désagréable surprise d'obtenir une erreur[3] alors que tout fonctionnait très bien avant qu'on cherche à afficher le nombre de lignes :

```
seq 700000 | ./tac
Fatal error: exception Stack_overflow
```

Pour expliquer ce phénomène, il faut comprendre le principe de l'exécution d'une fonction récursive comme `length`.

Prenons comme exemple l'exécution de l'appel `length [1; 2; 3]`. On peut dérouler « symboliquement » cet appel de la manière suivante :

```
length [1; 2; 3] = 1 + length [2; 3]
                 = 1 + (1 + length [3])
                 = 1 + (1 + (1 + length []))
                 = 1 + (1 + (1 + 0))
                 = 1 + (1 + 1)
                 = 1 + 2
                 = 3
```

Chaque appel à `length` alloue une case mémoire pour stocker l'argument de la fonction. De manière générale, l'appel d'une fonction, récursive ou non, alloue l'espace mémoire nécessaire pour ses arguments et ses variables locales. Cet espace mémoire est libéré une fois l'appel de fonction terminé. Dans le cas de la fonction récursive `length`, l'appel n'est terminé que lorsque l'appel récursif est terminé et que l'addition `1 + ...` a été effectuée. En particulier, l'appel `length [1; 2; 3]` va nécessiter jusqu'à quatre appels de fonctions imbriqués pour arriver au dernier appel `length []`. Cela va donc occuper quatre cases mémoire pour stocker chaque argument des quatre appels, comme représenté sur le schéma de la figure 2.6.

3. Le programme `seq` est un utilitaire Unix qui permet d'afficher tous les entiers de 1 à n, un par ligne. C'est donc le moyen le plus simple d'obtenir exactement n lignes de texte.

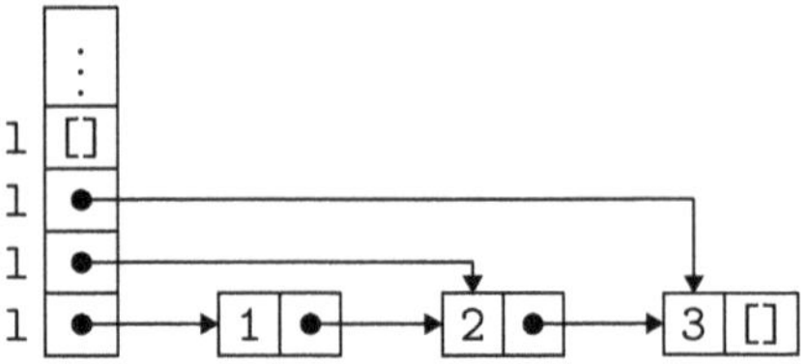

Figure 2.6
Représentation de la pile d'appels

Comme on le comprend sur ce schéma, l'imbrication des appels de fonction permet d'organiser la mémoire nécessaire aux appels sous la forme d'une *pile*, d'où le terme de *pile d'appels*. En effet, chaque appel de fonction empile l'espace mémoire nécessaire à ses variables (ici la seule variable `l`) et la fin de son exécution dépile cet espace.

L'erreur `Stack_overflow` obtenue plus haut en essayant de calculer la longueur d'une liste de 700 000 éléments s'explique par la limitation de la taille de la pile d'appels. Cette limite dépend du système d'exploitation et du compilateur, mais elle est en général relativement basse, de l'ordre de quelques Mo. Lorsque la pile atteint cette limite, on parle de *débordement de pile*. Le programme est alors interrompu, ce qui se manifeste en OCaml par l'exception `Stack_overflow` ou par une interruption brutale du programme.

Appel terminal

On peut se demander pourquoi l'appel `print !lines` ne provoque pas de débordement de pile, contrairement à `length !lines`. La différence entre les deux fonctions est que, dans la fonction `print`, l'appel récursif se trouve être la toute dernière expression à évaluer dans le corps de la fonction, contrairement à la fonction `length` où il reste une addition à effectuer. Dans le cas de la fonction `print`, le compilateur effectue une *optimisation* qui consiste à dépiler avant d'effectuer l'appel récursif. Ainsi, la pile d'appels ne contient toujours que le dernier appel à `print`. En particulier, elle ne grossit pas.

D'une manière générale, quand l'appel à une fonction est la dernière expression à évaluer dans le corps d'une fonction, on parle d'*appel terminal*. Notons qu'il ne s'agit pas nécessairement d'une fonction récursive. Quand c'est le cas, on parle de *fonction récursive terminale* lorsque tous les appels récursifs se trouvent être des appels terminaux. Ainsi, `print` est récursive terminale et `length` ne l'est pas. Notons qu'une fonction récursive peut avoir à la fois des appels terminaux et non terminaux. C'est le cas de la célèbre fonction 91 de McCarthy.

```
let rec f91 n =
  if n > 100 then n - 10 else f91 (f91 (n + 11))
```

On peut éviter le débordement de pile de la fonction `length` en la réécrivant différemment, avec un argument supplémentaire représentant le nombre d'éléments déjà parcourus. Ainsi, on peut écrire :

```
let rec length_term acc = function
  | []      -> acc
  | _ :: r -> length_term (1 + acc) r
```

Dans cette version, l'appel récursif à `length_term` est terminal. Pour calculer la longueur d'une liste, il suffit d'appeler `length_term` avec `0` comme premier argument.

```
let length l = length_term 0 l
```

Plus simplement, on peut définir la fonction `length` comme le résultat de l'application partielle de `length_term` à `0`.

```
let length = length_term 0
```

2.9 Conversion d'entiers en base quelconque

Notions introduites

- itérateurs
- polymorphisme
- fonction `exit`

Notre programme suivant (voir page 69), `radix.ml`, convertit en base 10 des nombres écrits dans une base B, avec $2 \leq B \leq 36$. La base est donnée sur la ligne de commande et le programme lit ensuite des nombres sur l'entrée standard dont il affiche la valeur en base 10.

Voici un premier exemple d'utilisation en base 16 :

```
> radix 16
7FFF
  -> 32767
A0
  -> 160
```

Après avoir lancé notre programme en indiquant la base, on entre le nombre `7FFF` sur l'entrée standard et le programme affiche le résultat de la conversion : `32767`. Puis, on entre le nombre `A0`, et on obtient `160`.

Voici un deuxième exemple d'utilisation où on calcule dans la base 36 :

```
> radix 36
ZORRO
  -> 59942292
```

Comme on le voit sur ces exemples, les nombres sont écrits avec les caractères `0` à `9` et les caractères `A` (pour 10) à `Z` (pour 35).

Passons maintenant à la réalisation de ce programme. Pour commencer, on récupère la base sur la ligne de commande, dans une variable `base`.

```
let base = int_of_string Sys.argv.(1)
```

Pour bien faire, on pourrait vérifier qu'il s'agit bien d'un entier entre 2 et 36, et échouer sinon.

On poursuit en définissant une fonction `list_of_string` qui convertit une chaîne de caractères (de type `string`) en une liste de caractères (de type `char list`).

```
let list_of_string s =
  let digits = ref [] in
  for i = 0 to String.length s - 1 do
    digits := s.[i] :: !digits
  done;
  !digits
```

Notons que l'on parcourt la chaîne `s` en commençant par son premier caractère, de manière à construire une liste dans laquelle le dernier caractère de `s`, c'est-à-dire le chiffre de poids faible, se retrouve en tête de liste.

Programme 9 [radix.ml] — Conversion d'entiers en base quelconque

```
let base = int_of_string Sys.argv.(1)

let list_of_string s =
  let digits = ref [] in
  for i = 0 to String.length s - 1 do
    digits := s.[i] :: !digits
  done;
  !digits

let digit_of_char c =
  match c with
    | '0'..'9' -> Char.code c - Char.code '0'
    | 'A'..'Z' -> 10 + Char.code c - Char.code 'A'
    | c -> Printf.eprintf "invalid character %c\n" c; exit 1

let check_digit d =
  if d < 0 || d >= base then begin
    Printf.eprintf "invalid digit %d\n" d; exit 1
  end

let () =
  while true do
    let s = read_line () in
    let cl = list_of_string s in
    let dl = List.map digit_of_char cl in
    List.iter check_digit dl;
    let v = List.fold_right (fun d acc -> d + base * acc) dl 0 in
    Printf.printf " -> %d\n" v
  done
```

On écrit ensuite une fonction `digit_of_char` pour convertir un caractère représentant un chiffre vers l'entier correspondant.

```
let digit_of_char c =
  match c with
    | '0'..'9' -> Char.code c - Char.code '0'
    | 'A'..'Z' -> 10 + Char.code c - Char.code 'A'
    | c -> Printf.eprintf "invalid character %c\n" c; exit 1
```

Le premier cas de filtrage `| '0'..'9' ->` traite le cas d'un caractère `c` compris entre `'0'` et `'9'`. Sa valeur est obtenue simplement comme la différence des codes ASCII de `c` et du caractère `0`. Le deuxième cas de filtrage procède de la même manière pour les caractères compris entre `'A'` et `'Z'`. Pour tout autre caractère, le dernier cas de filtrage affiche un message sur la sortie d'erreur avec `Printf.eprintf` et termine le programme à l'aide de la fonction prédéfinie `exit`.

On écrit enfin une fonction `check_digit` qui vérifie qu'un chiffre `d` est un chiffre valide pour la base donnée, c'est-à-dire qu'il est bien compris entre 0 et `base` − 1.

```
let check_digit d =
  if d < 0 || d >= base then begin
    Printf.eprintf "invalid digit %d\n" d; exit 1
  end
```

Cette fonction ne renvoie pas de résultat. Elle interrompt le programme si le chiffre `d` n'est pas valide.

Le programme principal est une boucle infinie qui lit une chaîne `s` sur l'entrée standard et convertit le nombre correspondant en base 10.

```
let () =
  while true do
    let s = read_line () in
    ...
  done
```

On commence par convertir la chaîne `s` en une liste de caractères `cl` avec la fonction `list_of_string`.

```
let cl = list_of_string s in
```

Pour convertir ensuite la liste `cl` en une liste de chiffres, on applique la fonction `digit_of_char` à *chaque* élément de `cl`. Pour cela, on utilise la fonction de bibliothèque `List.map` qui construit une nouvelle liste en appliquant une fonction donnée à tous les éléments d'une liste.

```
let dl = List.map digit_of_char cl in
```

Par exemple, si `cl` est la liste `['A'; '0']`, alors `dl` est la liste `[10; 0]`. Plus généralement, étant données une fonction f et une liste l égale à $[e_1;e_2;...;e_n]$, alors :

$$\texttt{List.map}\ f\ l = [f\ e_1; f\ e_2;\ ...\ ; f\ e_n]$$

On vérifie ensuite que chaque chiffre de la liste `dl` est valide, en appliquant successivement la fonction `check_digit` à chaque élément de `dl`.

```
List.iter check_digit dl;
```

Ici, il ne s'agit pas de construire une nouvelle liste, mais simplement d'appliquer `check_digit`. Le programme complet sera interrompu si `check_digit` détecte un chiffre invalide. De manière générale, étant données une fonction f et une liste l égale à $[e_1;e_2;...;e_n]$, l'application `List.iter` $f\ l$ est équivalente à la séquence suivante :

$$\texttt{List.iter}\ f\ l = f\ e_1; f\ e_2;\ \cdots\ ; f\ e_n$$

Enfin, on calcule la valeur en base 10 et on l'affiche. La liste `dl` est de la forme $[d_0;d_1;\ldots;d_{n-1}]$, où d_0 est le chiffre correspondant au dernier caractère de la chaîne, soit le chiffre le moins significatif. Il faut donc calculer la valeur suivante :

$$\sum_{i=0}^{n-1} d_i \times \texttt{base}^i$$

La méthode la plus efficace pour minimiser le nombre de multiplications (en particulier pour éviter le calcul coûteux de $\texttt{base}^i$) est le schéma de Horner, qui reformule la somme précédente :

$$d_0 + \texttt{base} \times (d_1 + \texttt{base} \times (\ldots (d_{n-2} + \texttt{base} \times (d_{n-1} + \texttt{base} \times 0)) \ldots))$$

Nous pouvons programmer facilement ce schéma à l'aide de la fonction de bibliothèque `List.fold_right` qui permet de parcourir la liste `dl` du dernier élément d_{n-1} au premier élément d_0, en appliquant une fonction f à tous les éléments de la manière suivante :

$$\texttt{List.fold\_right}\ f\ l\ acc = f\ d_0\ (\ldots (f\ d_{n-2}\ (f\ d_{n-1}\ acc) \ldots))$$

La valeur calculée pour chaque élément de la liste est systématiquement passée à la fonction f comme un second argument qu'on appelle *accumulateur*. Sa valeur initiale, utilisée pour appeler f sur le dernier élément d_{n-1} de la liste, est le troisième argument de `List.fold_right`, ici appelé acc. Pour obtenir la formule de Horner, il suffit de prendre pour f la fonction `fun d acc -> d + base * acc`. Ainsi, la fin de notre programme est simplement :

```
let v = List.fold_right (fun d acc -> d + base * acc) dl 0 in
Printf.printf " -> %d\n" v
```

Compléments d'information

Polymorphisme

Pour être utiles, les fonctions de la bibliothèque `List` comme `iter`, `map` ou `fold_right` se doivent d'être génériques vis-à-vis du type des valeurs de la liste sur laquelle elles s'appliquent, mais également vis-à-vis de l'opération effectuée sur ces valeurs. Cette généricité s'appelle le *polymorphisme*. Illustrons cette notion à l'aide de la fonction `length` calculant la longueur d'une liste :

```
let rec length l =
  match l with
  | []     -> 0
  | _ :: r -> 1 + length r
```

Cette fonction peut bien sûr s'appliquer à une liste d'entiers, par exemple :

```
# length [1; 6; 2; 8; 3] ;;
- : int = 5
```

Cependant, comme elle n'utilise pas directement les éléments de la liste `l` passée en argument (comme en témoigne le filtrage `_ :: r`), cette fonction peut en fait s'appliquer à n'importe quelle liste, comme une liste de chaînes de caractères, ou une liste de listes de nombres flottants :

```
# length ["hello"; "world"; "!"] ;;
- : int = 3
# length [ [3.4; .2]; []; [1.2]; [5.]] ;;
- : int = 4
```

Pour que tous ces appels soient possibles, il faudrait que la fonction `length` prenne en entrée à la fois une liste de type `int list`, de type `string list` ou encore de type `float list list`. En fait, cette fonction est applicable à *n'importe quel type* de liste et le langage OCaml lui donne le type

```
'a list -> int
```

où « n'importe quel type » est représenté par la *variable de type* `'a`. Un type comme celui de `length`, qui contient au moins une variable de type, est dit *polymorphe*.

Au-delà de représenter « n'importe quel type », l'intérêt d'une variable de type est de relier les parties génériques de types polymorphes. Par exemple, dans la fonction `f` définie par `let f g x = (g x) + 1`, les types des arguments `g` et `x` doivent être reliés, puisque la fonction `g` est appliquée à `x`. Néanmoins, `x` (et donc `g`) reste polymorphe car il n'y a aucune autre contrainte de type liée à cette valeur dans le corps de `f`. Ainsi, dans le type de `f`, à savoir `('a -> int) -> 'a -> int`, la variable `'a` relie le type de l'argument de `g` avec le type de `x`, sans ajouter de contraintes supplémentaires. De la même manière, la fonction `iter` de la bibliothèque `List` a un type polymorphe :

```
iter  :  ('a -> unit) -> 'a list -> unit
```

qui relie le type de la fonction passée en argument à celui des éléments de la liste sur lesquels elle est itérée.

Un type polymorphe peut contenir plusieurs variables de type, pour représenter des types génériques qui ne sont pas reliés. Ainsi, dans la fonction `make_pair` définie par :

```
let make_pair x y = (x, y)
```

les types des arguments `x` et `y` peuvent être quelconques, et pas nécessairement reliés, d'où le type polymorphe à deux variables `'a -> 'b -> 'a * 'b` pour cette fonction.

De la même manière, les fonctions `map` et `fold_right` de la bibliothèque `List` ont les types polymorphes suivants :

```
map        :  ('a -> 'b) -> 'a list -> 'b list
fold_right :  ('a -> 'b -> 'b) -> 'a list -> 'b -> 'b
```

Ces types sont bien les plus généraux possibles.

Itérateurs droite-gauche et gauche-droite sur les listes

La combinaison de l'ordre supérieur et des types polymorphes permet en particulier de définir des *itérateurs*, c'est-à-dire des fonctions parcourant les éléments de structures de données génériques comme les listes.

Ainsi, l'itérateur `fold_right` utilisé dans le programme `radix.ml` peut être défini de la manière suivante :

```
# let rec fold_right f l e =
    match l with
    | [] -> e
    | x :: r -> f x (fold_right f r e);;
val fold_right : ('a -> 'b -> 'b) -> 'a list -> 'b -> 'b = <fun>
```

Comme nous l'avons vu dans le programme `radix.ml`, l'utilisation d'un tel itérateur évite d'écrire des fonctions récursives. Supposons par exemple qu'on souhaite multiplier tous les éléments d'une liste de flottants. On peut alors simplement écrire la fonction `mult` suivante :

```
# let sum l = fold_right (fun x y -> x *. y) l 1. ;;
val mult : float list -> float = <fun>
```

La raison fondamentale pour laquelle cet itérateur s'appelle ainsi est qu'il traite les éléments de la liste de la droite vers la gauche. En effet, la liste est parcourue de la gauche vers la droite, mais l'appel récursif est effectué *avant* d'appliquer la fonction passée en argument, ce qui signifie que le reste de la liste est traité avant le premier élément. On peut le constater en appliquant `fold_right` à une fonction qui imprime son premier argument :

```
# fold_right (fun x () -> print_int x) [1;2;3;4] ();;
4321- : unit = ()
```

Il est naturel de considérer l'autre itérateur, qui parcourt et traite les éléments de la gauche vers la droite. Il s'appelle naturellement `fold_left` et s'écrit ainsi :

```
# let rec fold_left f e = function
    | [] -> e
    | x :: r -> fold_left f (f e x) r;;
val fold_left : ('a -> 'b -> 'a) -> 'a -> 'b list -> 'a = <fun>
```

On peut constater que les éléments sont effectivement traités de la gauche vers la droite :

```
# fold_left (fun () x -> print_int x) () [1;2;3;4];;
1234- : unit = ()
```

On peut écrire la fonction `mult` avec `fold_left` aussi bien qu'avec `fold_right` :

```
# let mult l = fold_left (fun x y -> x *. y) 1. l ;;
val mult : float list -> float
```

Il y a cependant une petite différence. Sur une liste de plusieurs centaines de milliers d'éléments, la fonction `mult` écrite avec `fold_right` pourra provoquer un dépassement de pile (qui se traduit soit par une exception `Stack_overflow` soit par un arrêt inopiné du programme). En effet, l'appel récursif à `fold_right` n'est pas terminal (l'appel devant être fait avant d'effectuer l'opération, il est nécessaire de conserver la valeur du premier élément de la liste). En revanche, dans le cas de `fold_left`, l'appel récursif est terminal (la pile n'est pas nécessaire car la valeur `x` de l'élément est utilisée avant l'appel récursif à `fold_left`).

Il est important de noter qu'un itérateur comme `fold_left` ou `fold_right` parcourt *tous* les éléments de la liste passée en argument. Si on souhaite stopper le calcul sur un certain élément, on a au moins deux possibilités[4] : soit écrire directement

4. Le chapitre 9 présentera un autre type d'itérateur adapté à ce problème.

une fonction récursive qui effectue le parcours et s'interrompt quand elle le souhaite, soit utiliser un itérateur et lever une exception pour interrompre le parcours. Reprenons l'exemple de la fonction `mult`. On peut souhaiter interrompre le calcul dès que la valeur 0 est rencontrée. La version avec exception s'écrit ainsi :

```
let mult l =
  try
    List.fold_left
      (fun x y -> if y = 0. then raise Exit else x *. y) 1. l
  with Exit -> 0.
```

Dans ce cas cependant, écrire directement une fonction récursive qui s'interrompt quand elle rencontre 0 est plus simple et plus élégant.

2.10 Un casse-briques sans briques

Notions introduites

- unité de compilation, compilation séparée
- module, interface

Notre dixième programme (voir page 78) est un petit jeu de casse-briques, mais sans les briques. Il consiste simplement à faire rebondir une balle dans un cadre à l'aide d'une raquette que l'on déplace avec la souris.

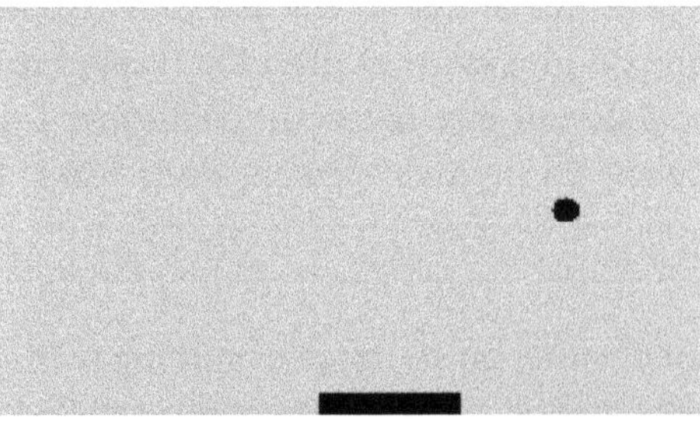

Figure 2.7
Jeu du casse-briques sans briques

Graphiquement, la fenêtre de jeu se présente comme sur la figure 2.7. Elle est symbolisée par un cadre gris, la balle par le cercle noir et la raquette par le rectangle noir en bas de la fenêtre de jeu.

La programmation d'un tel jeu repose sur trois ingrédients principaux. Tout d'abord, il faut définir les *constantes* du jeu, à savoir les dimensions (en nombre de *pixels*) de la fenêtre (hauteur et largeur), de la balle (*i.e.* le rayon du cercle) et de la raquette (largeur et hauteur du rectangle). Ensuite, il faut déterminer l'*état* du jeu, c'est-à-dire les valeurs qui le caractérisent à tout instant : ici, il s'agit des coordonnées (du centre) de la balle, son vecteur vitesse et la position de la raquette (que l'on peut réduire aux coordonnées de son coin en bas à gauche). Pour simplifier, nous utiliserons le même système de coordonnées que celui de la bibliothèque `Graphics`, c'est-à-dire un repère dont le point de coordonnées $(0, 0)$ est situé en bas à gauche de la fenêtre et les axes des x et y respectivement en abscisses et ordonnées. Enfin, le jeu est réalisé à l'aide d'un algorithme qui effectue les étapes suivantes :

1. Initialiser l'état du jeu (position et vecteur vitesse de la balle, position de la raquette).
2. Effacer la fenêtre graphique.
3. Calculer la position de la raquette, en fonction de l'abscisse de la souris.
4. Afficher la balle et la raquette.
5. Calculer le nouvel état du jeu, c'est-à-dire :
   - la nouvelle position de la balle, en fonction de sa position et de son vecteur vitesse actuels ;
   - le nouveau vecteur vitesse de la balle, en fonction des rebonds sur les bords de la fenêtre ou de la position de la raquette.
6. Revenir à l'étape 2.

Comme on peut le voir, les actions effectuées dans ces étapes peuvent être classées en deux catégories : celles qui sont purement graphiques (étapes 2, 3, 4) et celles qui manipulent uniquement l'état du jeu (étapes 1, 5, 6). On décide de répartir le code OCaml dans deux fichiers `draw.ml` et `breakout.ml`. Le premier rassemble toutes les constantes et fonctions graphiques du jeu et le deuxième maintient l'état courant et implémente l'algorithme. D'une manière générale, pour clarifier l'écriture de programmes importants, on cherche à les découper en plusieurs fichiers, appelés unités de compilation.

Programme 10 [draw.ml] — Casse-briques

```
open Graphics

let left = 0.
let right = 300.
let down = 0.
let up = 200.

let ball = 5
let paddle = 50
let thick = 8

let gray = rgb 220 220 220

let init () =
  let s = Printf.sprintf " %dx%d" (truncate right) (truncate up) in
  open_graph s;
  auto_synchronize false

let clear () =
  set_color gray;
  fill_rect 0 0 (truncate right) (truncate up)

let get_paddle_pos () =
  let x = fst (mouse_pos ()) in
  max 0 (min x (truncate right - paddle))

let game x y =
  clear ();
  set_color black;
  fill_circle (truncate x) (truncate y) ball;
  let x = get_paddle_pos () in
  fill_rect x 0 paddle thick;
  synchronize ();
  x
```

Pour compiler ce programme réparti en deux fichiers, on utilise la ligne de compilation suivante :

```
> ocamlc -o breakout graphics.cma draw.ml breakout.ml
```

Comme nous le verrons par la suite, l'ordre des noms de fichiers dans la ligne de commande est important.

La partie graphique (fichier `draw.ml`, donné programme 10), commence par définir les dimensions de la fenêtre de jeu avec les déclarations de quatre constantes `left`, `right`, `down` et `up`.

```
let left = 0.
let right = 300.
let down = 0.
let up = 200.
```

Ces constantes sont des valeurs de type `float` car nous allons par la suite utiliser des flottants pour garantir une bonne précision des calculs de trajectoire.

Les trois constantes suivantes définissent respectivement le rayon de la balle, la largeur et l'épaisseur de la raquette (en nombre de *pixels*).

```
let ball = 5
let paddle = 50
let thick = 8
```

Enfin, on déclare une couleur `gray`, obtenue en spécifiant, à l'aide de la fonction `rgb`, les valeurs de ses trois composantes rouge, vert et bleu.

```
let gray = rgb 240 240 240
```

La fonction `init` initialise la fenêtre de jeu en ouvrant un écran graphique de dimensions `right` × `up`.

```
let init () =
  let s = Printf.sprintf " %dx%d" (truncate right) (truncate up) in
  open_graph s;
  auto_synchronize false
```

Puisque les constantes `right` et `up` sont des valeurs de type `float`, on utilise la fonction prédéfinie `truncate` de la bibliothèque standard pour tronquer leur valeur et récupérer des entiers. L'appel `auto_synchronize false` active le mode *double buffering* de l'écran graphique. Lorsque ce mode est activé, tous les affichages graphiques (dessin d'un cercle, d'un rectangle, etc.) sont effectués dans une zone de la mémoire (appelée *backing store*) et non pas directement à l'écran. Il faut alors utiliser explicitement la fonction `synchronize` pour recopier le contenu du *backing store* vers l'écran. Cette recopie, instantanée, évite les effets de « scintillement » pendant l'animation.

On écrit maintenant une fonction pour chaque étape graphique de l'algorithme. L'étape 2 est réalisée par une fonction `clear` qui efface l'écran en dessinant un rectangle gris de même dimension que la fenêtre graphique.

```
let clear () =
  set_color gray;
  fill_rect 0 0 (truncate right) (truncate up)
```

L'étape 3 de l'algorithme est réalisée par une fonction `get_paddle_pos`. Elle commence par récupérer l'abscisse `x` de la position courante de la souris (avec la fonction `mouse_pos`). Pour assurer que la raquette ne sort pas de la fenêtre de jeu côté droit, on majore la valeur obtenue par `truncate right - paddle`.

```
let get_paddle_pos () =
  let x = fst (mouse_pos ()) in
  max 0 (min x (truncate right - paddle))
```

La fonction graphique principale, `game`, prend en arguments les coordonnées `x` et `y` de la balle et réalise les étapes 2, 3 et 4 de l'algorithme.

```
let game x y =
  clear ();
  set_color black;
  fill_circle (truncate x) (truncate y) ball;
  let x = get_paddle_pos () in
  fill_rect x 0 paddle thick;
  synchronize ();
  x
```

Le deuxième fichier, `breakout.ml` (voir page 82), réalise les étapes 1, 5 et 6 de l'algorithme. L'état du jeu est encodé par deux paires de nombres flottants `(x, y)` et `(vx, vy)`, représentant respectivement les coordonnées de la balle et son vecteur vitesse.

La première fonction de ce fichier, `bounce`, calcule le nouveau vecteur vitesse de la balle, en prenant en compte les rebonds éventuels sur les bords et sur la raquette. La fonction `bounce` prend également en argument la position `xp` de la raquette.

```
let bounce (x, y) (vx, vy) xp =
  ...
```

Pour calculer la nouvelle composante `vx`, il faut comparer l'abscisse `x` de la balle avec les bords gauche et droit de la fenêtre de jeu. Les constantes `left` et `right` étant définies dans le fichier `draw.ml`, il faut utiliser la notation d'accès `Draw.left` et `Draw.right` pour y faire référence. En effet, chaque unité de compilation définit un module portant le même nom que le fichier mais avec la première lettre en majuscule.

```
    let vx =
      if x <= Draw.left || x >= Draw.right then -. vx else vx in
```

De la même manière, le calcul de la nouvelle composante `vy` nécessite de comparer l'ordonnée `y` de la balle avec le haut de la fenêtre `Draw.up`. Le vecteur vitesse de la balle change également de direction si la balle est sur la raquette, c'est-à-dire si l'abscisse `x` est entre `xp` et `xp +. float Draw.paddle`, et si l'ordonnée `y` est inférieure à l'épaisseur de la raquette `Draw.thick`.

```
    let vy =
      if y <= float Draw.thick && x >= xp &&
         x <= xp +. float Draw.paddle || y >= Draw.up
      then -. vy else vy
    in
    (vx, vy)
```

Programme 11 [breakout.ml] — Casse-briques

```
let bounce (x, y) (vx, vy) xp =
  let vx =
    if x <= Draw.left || x >= Draw.right then -. vx else vx in
  let vy =
    if y <= float Draw.thick && x >= xp &&
       x <= xp +. float Draw.paddle || y >= Draw.up
    then -. vy else vy
  in
  (vx, vy)

let new_position (x, y) (vx, vy) = x +. vx, y +. vy

let rec play (x, y) (vx, vy) =
  if y <= Draw.down then failwith "game over";
  let xp = Draw.game x y in
  let vx, vy = bounce (x, y) (vx, vy) (float xp) in
  let x', y' = new_position (x, y) (vx, vy) in
  play (x', y') (vx, vy)

let () =
  Draw.init();
  let speed = 0.1 in
  let vx = speed *. Random.float 1. in
  let vy = speed *. Random.float 1. in
  play (Draw.right /. 2., float Draw.thick) (vx, vy)
```

La fonction suivante renvoie la nouvelle position de la balle en additionnant les coordonnées `x` et `y` avec, respectivement, les coordonnées `vx` et `vy` du vecteur vitesse.

```
let new_position (x, y) (vx, vy) = x +. vx, y +. vy
```

La fonction `play` réalise la boucle entre les étapes 2 et 6. À partir de l'état courant du jeu, passé en argument, on commence par vérifier que la balle ne sort pas par le bas de la fenêtre de jeu en comparant l'ordonnée `y` à la constante `Draw.down`.

Si cela est le cas, on termine la partie par un appel à la fonction `failwith` de la bibliothèque standard :

```
let rec play (x, y) (vx, vy) =
  if y <= Draw.down then failwith "game over";
```

Si la partie n'est pas terminée, on affiche la balle et la raquette à l'aide de la fonction `Draw.game`, qui en retour renvoie l'abscisse de la raquette.

```
  let xp = Draw.game x y in
```

On calcule ensuite les nouvelles coordonnées du vecteur vitesse, puis celles de la balle.

```
  let vx, vy = bounce (x, y) (vx, vy) (float xp) in
  let x', y' = new_position (x, y) (vx, vy) in
```

On revient à l'étape 2 par un appel récursif à la fonction `play` avec comme argument le nouvel état du jeu.

```
  play (x', y') (vx, vy)
```

Puis, le programme principal ouvre la fenêtre de jeu par un appel à `Draw.init`.

```
let () =
  Draw.init();
```

Il crée ensuite de manière aléatoire un vecteur vitesse `(vx, vy)` :

```
  let speed = 0.1 in
  let vx = speed *. Random.float 1. in
  let vy = speed *. Random.float 1. in
```

Enfin, le jeu démarre après un appel à la fonction `play` en plaçant la balle au dessus de la raquette et au centre de la fenêtre :

```
  play (Draw.right /. 2., float Draw.thick) (vx, vy)
```

Compléments d'information

Compilation séparée et édition de liens

La ligne de commande donnée plus haut pour compiler le casse-briques peut être décomposée en plusieurs commandes. En effet, on peut commencer par compiler le fichier `draw.ml` seul, avec la commande :

```
> ocamlc -c draw.ml
```

L'option `-c` du compilateur spécifie qu'on ne cherche pas à construire un exécutable, mais seulement à compiler le code. Le résultat est composé de deux fichiers `draw.cmi` et `draw.cmo`. Le premier contient des informations de typage et le second du code. Ce code n'est pas complet ; en particulier, il fait ici référence à des fonctions du module `Graphics` qui ne sont pas incluses dans ce fichier.

On peut ensuite compiler le second fichier, avec la même commande.

```
> ocamlc -c breakout.ml
```

Ce fichier faisant référence au module `Draw`, il était nécessaire de compiler le fichier `draw.ml` au préalable. Les informations nécessaires au typage de `breakout.ml` sont en effet contenues dans le fichier `draw.cmi`. Là encore, le code obtenu n'est pas complet : le fichier `breakout.cmo` fait référence à des valeurs et fonctions du module contenues seulement dans `draw.cmo`.

Pour obtenir un exécutable, il faut procéder à une *édition de liens* qui consiste à lier ensemble divers morceaux de code en vérifiant que toute référence peut être résolue. En l'occurrence, les trois morceaux sont ici la bibliothèque `graphics.cma` d'OCaml (qui regroupe un ensemble de fichiers `cmo`) et les deux fichiers `draw.cmo` et `breakout.cmo`.

```
> ocamlc -o breakout graphics.cma draw.cmo breakout.cmo
```

Comme nous l'avions expliqué plus haut, l'ordre des fichiers sur cette ligne de commande est important. En particulier, il doit être compatible avec les dépendances. Ici, `breakout.cmo` *dépend* de `draw.cmo` qui lui-même dépend de `graphics.cma`. Par ailleurs, il faut comprendre qu'un programme OCaml n'a pas de point d'entrée particulier. Le code obtenu après l'édition de liens se contente d'exécuter les codes des différents fichiers de la ligne de commande, dans l'ordre qui a été spécifié.

Programme 12 [draw.mli] — Casse-briques

```
val left : float
val right : float
val down : float
val up : float

val paddle : int
val thick : int

val init : unit -> unit
val game : float -> float -> int
```

Interface

Le fichier `draw.cmi` produit par la compilation contient les informations de typage de toutes les valeurs définies dans le fichier `draw.ml`. Ce sont les mêmes que celles données par l'option `-i` du compilateur.

```
> ocamlc -i draw.ml
val left : float
val right : float
...
val game : float -> float -> int
```

On peut cependant souhaiter que certaines de ces valeurs ne soient pas accessibles dans le reste du programme, par exemple cacher la fonction `clear`. Pour cela, on peut définir une *interface* à `draw.ml`, sous la forme d'un fichier `draw.mli`.

Un tel fichier est donné programme 12. On l'écrit en utilisant la même syntaxe que celle utilisée par l'option `-i` du compilateur. On compile `draw.mli` avant de compiler `draw.ml`.

```
> ocamlc -c draw.mli
> ocamlc -c draw.ml
```

La première commande construit le fichier `draw.cmi`. La seconde construit le fichier `draw.cmo` et vérifie qu'il est compatible avec le fichier `draw.cmi`, c'est-à-dire qu'il définit bien des valeurs ayant les noms et les types promis dans le fichier `draw.cmi`. Lorsqu'il existe un fichier `draw.mli`, le compilateur refuse de compiler `draw.ml` tant que `draw.mli` ne l'est pas. Si on tente d'utiliser maintenant dans `breakout.ml` une valeur qui n'est pas mentionnée dans `draw.mli`, par exemple `clear`, on obtient une erreur.

```
> ocamlc -c breakout.ml
Error: Unbound value Draw.clear
```

Les interfaces ne sont pas uniquement un moyen de limiter la visibilité des valeurs définies dans une unité de compilation. Elles permettent également une vraie *compilation séparée*, c'est-à-dire que le code de chaque unité de compilation peut être compilé indépendamment de celui des autres unités, car il ne dépend que de leur interface. Une fois que `draw.mli` est compilé, on peut compiler indifféremment `draw.ml` ou `breakout.ml`. Cela permet notamment de partager le travail entre plusieurs développeurs, une fois les interfaces mises au point. Par ailleurs, la compilation séparée évite de recompiler inutilement du code. Par exemple, un changement du code de la fonction `Draw.clear` nécessite seulement de recompiler `draw.ml` puis de refaire l'édition de liens. Aucune unité utilisant `Draw`, comme `breakout.ml`, n'a à être recompilée.

Modules

Les modules utilisés jusqu'à présent, que ce soit ceux de la bibliothèque standard, comme `Array` ou `List`, ou les modules `Draw` et `Breakout` dans l'exemple précédent, correspondaient toujours à des unités de compilation, c'est-à-dire à des couples de fichiers `.ml` et `.mli`. Ces notions de module et d'interface sont en réalité plus fines que les fichiers et correspondent à des constructions du langage. Ainsi, on peut définir une interface `I` contenant une constante a et une fonction `f` avec la syntaxe suivante :

```
module type I = sig
  val a: int
  val f: int -> int
end
```

On peut ensuite définir un module `M` ayant cette interface avec la syntaxe suivante :

```
module M : I = struct
  let a = 42
  let b = 3
  let f x = a * x + b
end
```

Le compilateur réalise alors les mêmes opérations que si nous avions écrit l'interface `I` dans un fichier `m.mli` et le module `M` dans un fichier `m.ml`. En particulier, on accède à la constante a avec la notation `M.a` et la constante `b` n'est pas accessible à l'extérieur du module `M`.

2.11 Tortue Logo

Notions introduites

- types abstraits
- types privés
- encapsulation
- foncteurs

Notre programme suivant, `turtle.ml`, est un embryon de tortue Logo. Même s'il est aujourd'hui tombé en désuétude, le concept du langage de programmation Logo n'en reste pas moins intéressant. Le principe est celui d'une tortue que l'on peut déplacer, à l'aide d'instructions de la forme « avancer de 3 unités » ou « tourner à droite de 30 degrés », et dont le cheminement est dessiné à l'écran.

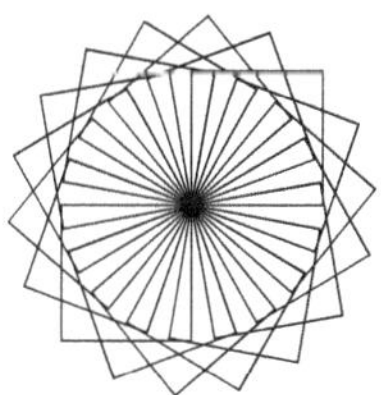

Figure 2.8
Exemple de dessin avec la tortue Logo

On peut ainsi dessiner très facilement un carré en répétant quatre fois la séquence « avancer puis tourner à gauche de 90 degrés » ou encore dessiner la figure 2.8 en répétant plusieurs fois la séquence « dessiner un carré puis tourner de 20 degrés ».

Notre objectif ici est de réaliser quelques opérations élémentaires de la tortue, comme avancer, tourner ou encore lever le crayon.

Une question naturelle se pose au moment d'écrire le code de la tortue : comment représenter l'angle qui détermine la direction de la tortue ?

On peut choisir un angle en degrés ou en radians, sous la forme d'un entier ou d'un flottant, etc. On prend ici le parti de ne pas choisir et d'écrire un code *paramétré* par un module `A` fournissant un type d'angle.

On commence donc par se donner une signature pour un tel module, à savoir :

```
module type ANGLE = sig
  type t
  val of_degrees: float -> t
  val add: t -> t -> t
  val cos: t -> float
  val sin: t -> float
end
```

Le type `t` est celui des angles. Il n'a pas de définition ; on dit que c'est un *type abstrait*. On peut néanmoins s'en servir pour réaliser notre tortue, car une fonction `of_degrees` est fournie pour convertir un angle exprimé en degrés vers le type `t`, une fonction `add` est fournie pour ajouter deux angles et enfin deux fonctions `cos` et `sin` sont fournies pour calculer le cosinus et le sinus d'un angle.

On peut alors écrire la tortue Logo sous la forme d'un module `Turtle` paramétré par un module `A` de signature `ANGLE`. Un tel module s'appelle un *foncteur* et est défini ainsi :

```
module Turtle(A: ANGLE) = struct
```

À l'intérieur du module `Turtle`, le module `A` de signature `ANGLE` est visible et s'utilise comme tout autre module. Par exemple, on peut introduire une référence `angle` contenant la direction courante de la tortue avec :

```
  let angle = ref (A.of_degrees 0.)
```

On peut encore écrire une fonction `rotate_left` pour faire tourner la tortue de `d` degrés vers la gauche :

```
let rotate_left d = angle := A.add !angle (A.of_degrees d)
```

Le code complet de notre tortue paramétrée est donné dans le programme 13 (voir page suivante). On y trouve la position courante de la tortue, dans les références `tx` et `ty`, et une fonction `advance` pour faire avancer la tortue. La référence booléenne `draw` indique si le crayon de la tortue est levé ou baissé, ce qui est modifié avec les fonctions `pen_up` et `pen_down`.

Pour utiliser notre foncteur `Turtle`, il faut commencer par se donner un module particulier d'interface `ANGLE`. Si on fait le choix d'un module représentant un angle en radians et par un flottant, on peut définir un tel module `Angle` de la façon suivante :

```
module Angle: ANGLE = struct
  type t = float
  let add = (+.)
  let pi_over_180 = atan 1. /. 45.
  let of_degrees d = d *. pi_over_180
  let cos = Pervasives.cos
  let sin = Pervasives.sin
end
```

On obtient alors un module `T` en appliquant le foncteur `Turtle` au module `Angle`, ce qui s'écrit ainsi :

```
module T = Turtle(Angle)
```

Programme 13 [turtle.ml] — Une tortue Logo

```
module type ANGLE = sig
  type t
  val of_degrees: float -> t
  val add: t -> t -> t
  val cos: t -> float
  val sin: t -> float
end

module Turtle(A: ANGLE) = struct

  let draw = ref true
  let pen_down () = draw := true
  let pen_up   () = draw := false

  let angle = ref (A.of_degrees 0.)
  let rotate_left d = angle := A.add !angle (A.of_degrees d)
  let rotate_right d = rotate_left (-. d)

  open Graphics
  let tx = ref 400
  let ty = ref 300
  let () = open_graph " 800x600"; moveto !tx !ty; set_line_width 2

  let advance d =
    tx := !tx + truncate (d *. A.cos !angle);
    ty := !ty + truncate (d *. A.sin !angle);
    if !draw then lineto !tx !ty else moveto !tx !ty

end
```

On peut enfin utiliser le module `T` pour dessiner la figure 2.8, en écrivant par exemple :

```
let square d =
  for k = 1 to 4 do T.advance d; T.rotate_left 90. done
let squares d a =
  for k = 1 to truncate (360. /. a) do
    square d; T.rotate_left a
  done
let () = squares 100. 20.
```

où `square d` dessine un carré de côté `d` et `squares d a` un ensemble de carrés de côté `d` avec une rotation de `a` degrés entre chaque.

L'intérêt d'avoir écrit le module `Turtle` comme un foncteur, paramétré par une représentation des angles, est que nous pouvons l'appliquer une seconde fois, à un autre module de signature `ANGLE`, et obtenir ainsi une autre tortue où les angles sont représentés différemment.

Compléments d'information

Types abstraits

Dans l'exemple précédent, le type des angles `A.t` est un type abstrait, car on ne sait pas encore par quel type il sera réalisé. On peut se servir également de la notion de type abstrait pour *cacher* une réalisation particulière, même lorsqu'elle est déjà connue. C'est ce qu'on appelle l'*encapsulation*. Supposons par exemple qu'on souhaite définir un module pour manipuler des entiers compris entre 0 et 30, en ayant la garantie qu'il s'agit bien d'entiers compris dans cet intervalle. On commence par définir une signature `INT31` pour un tel module, à savoir :

```
module type INT31 = sig
  type t
  val create : int -> t
  val value : t -> int
end
```

Cette signature déclare un type abstrait `t` et deux fonctions `create` et `value`. On note en particulier que, de par le caractère abstrait du type `t`, seule la fonction `create` permettra de construire une valeur de ce type. On peut ensuite construire un module `Int31` ayant cette signature.

```
module Int31 : INT31 = struct
  type t = int
  let check x = if x < 0 || x > 30 then invalid_arg "Int31.create"
  let create x = check x; x
  let value x = x
end
```

À l'intérieur du module, on donne une définition au type `t`, à savoir `int` ici. De l'extérieur du module `Int31`, en revanche, le type `t` est bien abstrait, *i.e.* on ne sait pas que les valeurs de type `Int31.t` sont des entiers. En particulier, on peut garantir l'*invariant* que toute valeur de type `Int31.t` est bien comprise entre 0 et 30, ce qu'on ne pourrait pas faire si on avait écrit `type t = int` dans l'interface `INT31`.

Le caractère abstrait du type `t` est notamment illustré par la façon dont les valeurs sont affichées par l'interprète OCaml :

```
# let x = Int31.create 7;;
x : Int31.t = <abstr>
```

Ici, la valeur affichée pour `x` est `<abstr>`, qui dénote une valeur d'un type abstrait. En particulier, `x` ne peut être utilisé comme un entier :

```
# x + 10;;
Error: This expression has type Int31.t
       but an expression was expected of type int
```

Le système de types distingue donc les deux types `Int31.t` et `int`. En revanche, la valeur de `x`, c'est-à-dire l'entier 7, est exactement la même que si `x` avait le type `int`. L'utilisation d'un type abstrait n'introduit aucun surcoût à l'exécution. Si on souhaite vraiment ajouter la valeur de `x` à 10, il faut appliquer la fonction `Int31.value` à `x` et retrouver une valeur de type `int`.

```
# Int31.value x + 10;;
- : int = 17
```

Types privés

Comme nous l'avons vu avec le type `Int31.t`, l'utilisation d'un type abstrait permet de garantir un invariant. Prenons encore un autre exemple, à savoir un module `Polar` pour représenter des nombres complexes en coordonnées polaires avec le type :

```
type t = { rho : float; theta : float; }
```

Pour garantir l'invariant $0 \leq \texttt{rho}$ sur ce type, ou encore que $0 \leq \texttt{theta} < 2\pi$, une solution consiste à en faire un type abstrait. Cependant, on ne peut plus accéder alors aux champs `rho` et `theta` depuis l'extérieur du module `Polar` et on doit donc fournir deux fonctions d'accès :

```
val rho : t -> float
val theta : t -> float
```

Une solution plus élégante consiste à faire du type `t` un *type privé*. On donne au module une signature dans laquelle apparaît la définition du type `t` avec le qualificatif `private`.

```
type t = private { rho : float; theta : float; }
```

La définition du type `t` à l'intérieur du module reste inchangée. Le caractère privé du type `t` a pour conséquence qu'il n'est plus possible de construire un enregistrement du type `Polar.t` à l'extérieur du module. Ainsi, si on écrit l'expression `{ Polar.rho = 1.; Polar.theta = 0. }`, on obtient l'erreur suivante :

```
Error: Cannot create values of the private type Polar.t
```

En revanche, il reste possible de construire des valeurs de ce type à l'intérieur du module `Polar`. On peut donc fournir une fonction (ou plusieurs) pour créer des valeurs de type `t`, par exemple :

```
val create : float -> float -> t
```

et la réaliser à l'intérieur du module par une fonction qui garantit l'invariant. Ici, on a le choix entre échouer si les valeurs de `rho` et `theta` ne satisfont pas l'invariant, ou normaliser ces valeurs pour assurer l'invariant. L'intérêt des types privés est de ne pas occulter la représentation des types et donc de laisser la possibilité d'accéder à la structure des valeurs, à défaut de pouvoir les construire. Dans notre exemple, on peut accéder aux champs `rho` et `theta` avec la notation habituelle dans une expression ou dans un filtrage. En revanche, la modification d'un champ `mutable` d'un enregistrement privé ne serait pas possible. Le caractère privé n'est pas limité aux types enregistrements.

Itérateurs et types abstraits

Les itérateurs permettent de parcourir les éléments d'une structure de données (voir section *2.9 Conversion d'entiers en base quelconque*). Quand il s'agit d'un type concret comme les listes, on a toujours l'alternative de définir directement une fonction récursive. En revanche, lorsqu'il s'agit d'un type *abstrait*, ce n'est plus possible. Il est alors souhaitable qu'un itérateur soit également fourni, sous la forme d'une fonction `iter` ou `fold`. Si par exemple un module `S` fournit un type abstrait d'ensembles d'entiers, appelons-le `set`, alors il pourra fournir également une fonction :

```
fold: (int -> 'a -> 'a) -> set -> 'a -> 'a
```

Ainsi, on pourra l'utiliser pour calculer la somme des éléments d'un ensemble donné, sans pour autant connaître la représentation de cet ensemble.

Foncteurs

Les foncteurs permettent notamment de construire des structures de données paramétrées par d'autres structures de données. La bibliothèque standard d'OCaml contient quatre exemples de structures de données définies comme des foncteurs : `Hashtbl.Make`, `Set.Make`, `Map.Make` et `Weak.Make`. La partie II de cet ouvrage en contient également de nombreux exemples. Les foncteurs peuvent également servir à écrire des algorithmes paramétrés par des structures de données ou même d'autres algorithmes (voir les nombreux exemples de la partie III). De manière générale, les foncteurs sont un moyen élégant pour réutiliser du code, en l'écrivant de la manière la plus générique possible. Ils peuvent être rapprochés des *templates* de C++, bien que les différences soient nombreuses.

2.12 Jouer une partition de musique

Notions introduites

- types algébriques
- filtrage

Notre programme suivant (voir page 97), `music.ml`, sert à jouer une partition de musique. Les partitions très simples que nous allons jouer se présentent graphiquement comme sur la figure 2.9.

Figure 2.9
Partition de musique

On y distingue plusieurs *signes* :

- Des *notes* qui sont déterminées par leur *hauteur* (ou position) sur la partition et leur *durée*. Par la suite, on s'intéresse uniquement à des notes de deux durées différentes, blanches ou noires, sachant qu'une note blanche dure deux fois plus longtemps qu'une note noire.
- Des silences. De la même manière, on ne manipule que des silences dont les durées sont équivalentes à des notes noires ou blanches.

À ces signes s'ajoute le *tempo*, qui détermine le nombre de notes noires par minute (sur l'exemple, le tempo est de 60 noires par minute).

Pour jouer des notes, il faut déterminer à quel son, c'est-à-dire à quelle fréquence (en Hz), elles correspondent. Afin de faciliter ce calcul, on représente la hauteur d'une note, non pas par sa position sur la partition, mais à l'aide de deux informations :

- une *note* principale *do*, *ré*, *mi*, *fa*, *sol*, *la*, ou *si* ;
- une octave 0, 1, 2, 3, etc.

Cette représentation permet de déterminer facilement la fréquence d'une note à l'aide de la formule suivante :

$$f = f_0 \times 2^o$$

où f_0 est la fréquence de sa note principale à l'octave 0 et o son octave. Le tableau de la figure 2.10 donne les fréquences à l'octave 0 des notes principales.

Note	Fréquence (Hz) à l'octave 0
do	33
ré	37
mi	41
fa	44
sol	49
la	55
si	62

Figure 2.10
Fréquences à l'octave 0 des notes de musique

Pour représenter tous les éléments qui constituent une partition, notre programme commence par définir plusieurs types. Les notes principales sont représentées par le type `note` suivant[5] :

```
type note = Do | Re | Mi | Fa | Sol | La | Si
```

Il s'agit d'un type *énuméré* qui définit un domaine fini constitué de sept éléments (`Do`, `Re`, etc.), appelés *constructeurs*. Syntaxiquement, le langage OCaml impose de commencer le nom d'un constructeur par une lettre en majuscule.

Une fois ce type défini, on manipule des valeurs de type `note` simplement par le nom de leur constructeur :

```
# Re;;
- : note = Re
```

5. On utilise ici la désignation française des notes, qui est aussi la notation de nombreux pays dans le monde.

Programme 14 [music.ml] — Jouer une partition de musique

```
type note = Do | Re | Mi | Fa | Sol | La | Si
type pitch = { note : note; octave : int }
type duration = Half | Quarter
type symbol = Note of pitch * duration | Rest of duration
type score = { symbols : symbol list;  metronome : int }

let frequency { note = n; octave = o} =
  let f0 =
    match n with
      | Do -> 33
      | Re -> 37
      | Mi -> 41
      | Fa -> 44
      | Sol -> 49
      | La -> 55
      | Si -> 62
  in
  f0 * truncate (2. ** float o)

let millisecondes d t =
  let quarter = 60000 / t in
  match d with
    | Half -> quarter * 2
    | Quarter -> quarter

let sound t s =
  match s with
    | Note (p, d) ->
        let f = frequency p in
        Graphics.sound f (millisecondes d t)
    | Rest r ->
        Graphics.sound 0 (millisecondes r t)

let play_score { symbols = l; metronome = t } =
    List.iter (sound t) l
```

Les hauteurs des notes sont représentées par des enregistrements de type `pitch` avec un champ `note` et un champ `octave`, supposé contenir un entier positif ou nul.

```
type pitch = { note : note; octave : int }
```

Les durées, de type `duration`, sont représentées par les deux constructeurs `Half` (notes blanches) et `Quarter` (notes noires).

```
type duration = Half | Quarter
```

Pour représenter les deux sortes de signes qui peuvent apparaître sur les partitions, on définit le type `symbol` suivant :

```
type symbol = Note of pitch * duration | Rest of duration
```

Il s'agit d'un *type algébrique* qui permet de distinguer notes et silences à l'aide de deux constructeurs `Note` et `Rest`. Contrairement aux constructeurs des types énumérés `note` et `duration`, les constructeurs `Note` et `Rest` sont associés à des arguments. Pour `Note`, il s'agit de deux valeurs de type `pitch` et `duration` et pour `Rest` d'une valeur de type `duration`. Par exemple, pour créer un silence d'une durée égale à une noire, on écrira simplement :

```
# Rest Quarter;;
- : symbol = Rest Quarter
```

De même, pour créer une note égale à un ré à l'octave 1 et d'une durée égale à une blanche, on écrira :

```
# Note ({ note = Re; octave = 1 }, Half);;
- : signe = Note ({note = Re; octave = 1}, Half)
```

Enfin, les partitions sont représentées par le type enregistrement `score`, composé d'une liste de signes et d'un tempo qui donne le nombre de notes noires par minute.

```
type score = { symbols : symbol list;  metronome : int }
```

La première fonction du programme calcule la fréquence associée à la hauteur d'une note selon la formule et le tableau de correspondance donnés.

```
let frequency { note = n; octave = o } =
```

Étant données une note `n` de type `note` et une octave `o`, la fonction `frequency` commence par déterminer la fréquence `f0` de la note principale `n` à l'aide de la construction de filtrage `match n with` de la manière suivante :

```
let f0 =
 match n with
   | Do -> 33
   | Re -> 37
   | Mi -> 41
   | Fa -> 44
   | Sol -> 49
   | La -> 55
   | Si -> 62
in
...
```

Cette construction renvoie des valeurs différentes selon le constructeur utilisé pour créer `n`. Ainsi, si `n` est égale au constructeur `Do`, la construction `match n with` renvoie l'entier `33`, sinon, si `n` est égale au constructeur `Re`, c'est l'entier `37` qui est renvoyé, etc. La fréquence principale `f0` est ensuite utilisée dans la formule finale pour calculer la fréquence de la note :

```
f0 * truncate (2. ** float o)
```

La deuxième fonction calcule le temps (en millisecondes) associé à une durée `d` (blanche ou noire) pour un tempo `t` donné.

```
let millisecondes d t = ...
```

On commence par calculer le temps d'une noire (`quarter`) pour le tempo donné :

```
let quarter = 60000 / t in
```

Puis on renvoie, selon la valeur de la durée d, quarter * 2 millisecondes pour une noire et quarter millisecondes pour une blanche :

```
match d with
| Half -> quarter * 2
| Quarter -> quarter
```

La fonction suivante, sound, joue soit une note de musique, soit un silence :

```
let sound t s = ...
```

Étant donnés un tempo t et un symbole s, sound effectue un filtrage sur s afin de déterminer s'il s'agit d'une note de musique ou d'un silence :

```
match s with
  | Note (p, d) ->
      ...
  | Rest r ->
      ...
```

Cette construction de filtrage permet non seulement de distinguer le constructeur utilisé pour construire s, mais également de récupérer les arguments associés à ce constructeur. Ainsi, si la forme de s correspond au premier *motif* Note (p,d), les deux variables p et d représentent respectivement la hauteur et la durée associées à ce constructeur. Dans le deuxième motif, la variable r représente le silence associé au constructeur Rest. Dans les deux cas, les variables introduites par les motifs ont une portée limitée à l'expression à droite de la flèche ->.

Dans le cas où s est de la forme Note (p, d), on calcule la fréquence f associée à la hauteur p de note à l'aide de la fonction frequency, puis on utilise la fonction Graphics.sound pour émettre un son de fréquence f d'une durée égale à (millisecondes d t) :

```
| Note (p, d) ->
  let f = frequency p in
  Graphics.sound f (millisecondes d t)
```

Dans le cas où s est un silence de la forme Rest r, on émet un son de fréquence nulle pendant (millisecondes r t) millisecondes.

```
    | Rest r ->
      Graphics.sound 0 (millisecondes r t)
```

Enfin, la dernière fonction joue les notes d'une partition une à une à l'aide de la fonction sound :

```
let play_score { symbols = l; metronome = t } =
  List.iter (sound t) l
```

Compléments d'information

Filtrage

D'une manière générale, la construction de filtrage match v with généralise ce que nous avons vu plus haut dans le cas des listes (section *2.8 Renverser les lignes d'un texte*). Elle contient k branches, chacune de ces branches associant un motif à une expression :

```
match v with
  | motif_1 -> e_1
  | motif_2 -> e_2
  | ...
  | motif_k -> e_k
```

La valeur v est tout d'abord évaluée, puis elle est comparée, de *haut* en *bas*, à chaque motif. L'unique expression e_i évaluée par cette construction est celle qui correspond au premier motif *compatible* avec la forme de v.

La syntaxe des motifs est très expressive. Elle sert à décomposer facilement des valeurs complexes, comme celles définies par exemple à l'aide des types t et u suivants :

```
type t = A of int * float | B of string
type u = { a : t; b : int * t }
```

Ainsi, le motif `{ b = (_, A (x, _)) }` permet de récupérer l'entier `1` passé en argument au constructeur `A` dans la valeur suivante :

```
{ a = B "foo"; b = (10, A(1, 4.5)) }
```

De manière informelle, le motif `{ b = (_, A (x, _)) }` se lit « un enregistrement dont le champ `b` contient une paire, dont la partie droite est une valeur construite avec `A`, avec deux arguments dont le premier est nommé `x` ».

Le langage OCaml propose également une analyse d'exhaustivité du filtrage qui vérifie que tous les cas de construction sont couverts. Ainsi, pour n'importe quelle valeur `v` de type `u`, le compilateur détecte que le filtrage suivant n'est pas exhaustif :

```
match v with
  | { a = A(_, x); b = (_, B y) } -> ...
  | { a = A(_, x); b = (_, A (y, _)) } -> ...
  | { a = B x; b = (_, B y) } -> ...
```

Il indique même que les valeurs de la forme `{ a=B _; b=(_, A (_, _)) }` ne seront pas traitées par ce filtrage, ce qui peut conduire à une erreur à l'exécution. Le compilateur affirme cependant que la construction suivante est exhaustive, ce qui n'est pas évident *a priori* :

```
match v with
  | { a = A(_, x); b = (_, B y) } -> ...
  | { a = A(_, x); b = (_, A (y, _)) } -> ...
  | { a = B x; b = (_, B y) } -> ...
  | { a = _;  b = (_, A(_, y)) } -> ...
```

La construction de filtrage permet également d'associer la même expression à plusieurs motifs. Ces motifs, appelés motifs *ou* (on dit aussi *or patterns*) prennent la forme suivante :

```
match v with
  | motif_1 | motif_2 | ... | motif_k -> e
  | ...
```

La seule contrainte syntaxique est que chaque motif doive introduire les mêmes noms de variables et de même type. Par exemple, on peut écrire le motif *ou* suivant sur des valeurs de type u :

```
match v with
  | { a = A(x, _) } | { b = (x, _) } -> ...
  | ...
```

Il est également possible d'associer des noms de variables à des sous-parties d'un motif à l'aide de la notation as comme dans l'exemple suivant :

```
match v with
  | { a = B _ ; b = (_, (A (y, _) as z)) } -> (y, z)
  | ...
```

où la variable z fait référence à la valeur filtrée par le (sous-)motif `A (y, _)`. Ainsi, l'application de ce filtrage à `{ a = B "foo"; b = (10, A(1, 4.5)) }` permet de construire la paire `(1, A(1, 4.5))`.

Enfin, le filtrage syntaxique par motif peut être étendu par des conditions booléennes arbitraires à l'aide de la notation when de la manière suivante :

```
match v with
  | motif_1 when e -> e_1
  | ...
```

Par exemple, on peut filtrer les valeurs de type u ayant un champ a de la forme `A(x, _)` et tel que l'argument x soit supérieur à 10, de la manière suivante :

```
match v with
  | { a = A(x, _) } when x > 10 -> ...
  | ...
```

Il est important de noter que l'analyse d'exhaustivité ne tient pas compte de ces conditions booléennes et que tout motif contraint par une telle expression est simplement ignoré.

Types algébriques

Il est également possible de définir des types algébriques polymorphes. Pour cela, on doit indiquer la liste des variables (ou paramètres) de type qui apparaissent dans la définition. Dans l'exemple suivant :

```
type ('a, 'b) t = C of 'a * int | D of 'b | E of int
```

le type `t` est paramétré par deux variables `'a` et `'b`. Les constructeurs `C` et `D` sont polymorphes. Ainsi, comme pour une fonction polymorphe, ces constructeurs peuvent être appliqués à des arguments de types quelconques :

```
# let v = C(3, "foo");;
val v : (int, string) t = C(3, "foo")
```

Le type `'a list` des listes polymorphes prédéfini dans la bibliothèque standard d'OCaml est un exemple de type algébrique polymorphe. Si la syntaxe le permettait, il serait défini comme :

```
type 'a list = [] | :: of 'a * 'a list
```

Un autre exemple de type algébrique polymorphe de la bibliothèque standard est le type `option` défini par :

```
type 'a option = None | Some of 'a
```

Il sert en particulier à représenter une valeur non encore initialisée, ou un résultat optionnel. Par exemple, la fonction suivante renvoie soit `None` quand il n'est pas possible de diviser `x` par `y`, soit `Some (x/y)` sinon :

```
let division x y = if y = 0 then None else Some (x / y)
```

```
# division 2 0;;
- : int option = None
```

2.13 Arbres quaternaires

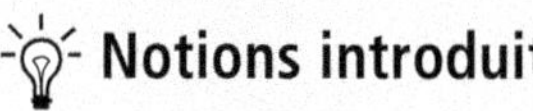

Notions introduites

- arbres, arbres binaires
- partage

Notre prochain programme (page 107), `quad.ml`, manipule des images carrées de taille $2^n \times 2^n$ en noir et blanc, en les représentant selon le principe suivant : si l'image est complètement blanche ou complètement noire, on la représente directement par une constante qui désigne sa couleur ; sinon, on la décompose en quatre images de taille $2^{n-1} \times 2^{n-1}$, par exemple en suivant l'ordre indiqué dans la figure 2.11.

4	3
1	2

Figure 2.11
Découpage d'une image

L'image complète est la réunion de ces quatre images. Dans notre programme, le type `quad` correspond à cette représentation.

```
type quad = White | Black | Node of quad * quad * quad * quad
```

Les constantes `White` et `Black` désignent respectivement une image complètement blanche ou complètement noire. Le constructeur `Node` correspond à une image décomposée en quatre sous-images qui sont les quatre arguments de ce constructeur.

Considérons l'image de la figure 2.12. Elle est représentée par la valeur de type `quad` suivante :

```
Node (Node (Black, Black, Black, White),
      Black,
      Node (Black, Black, Black, White),
      White)
```

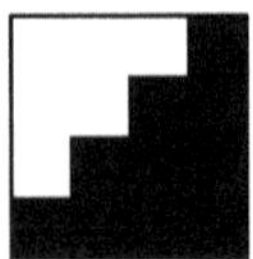

Figure 2.12
Une image de taille 4×4

Graphiquement, on peut aussi représenter cette valeur de la manière suivante :

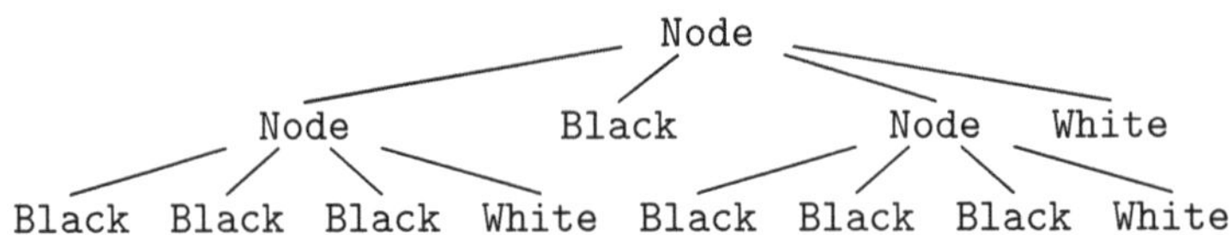

C'est pourquoi on parle d'*arbre* pour une telle valeur.

Écrivons maintenant une fonction `checker_board` qui construit un arbre quaternaire correspondant à un damier de taille $2^n \times 2^n$. Ainsi, `checker_board 3` correspond à l'image de la figure 2.13.

Figure 2.13
Un damier 8×8

On procède par récurrence sur n. Si n vaut 0, on choisit arbitrairement de renvoyer un carré noir.

```
let rec checker_board = function
  | 0 -> Black
```

Si $n = 1$, on renvoie un damier de taille 2×2 :

```
  | 1 -> Node (White, Black, White, Black)
```

Programme 15 [quad.ml] — Arbres quaternaires

```
type quad = White | Black | Node of quad * quad * quad * quad

let rec checker_board = function
  | 0 -> Black
  | 1 -> Node (White, Black, White, Black)
  | n -> let q = checker_board (n - 1) in Node (q, q, q, q)

let rec draw x y w = function
  | White ->
      ()
  | Black ->
      Graphics.fill_rect x y w w
  | Node (q1, q2, q3, q4) ->
      let w = w / 2 in
      draw x       y       w q1;
      draw (x + w) y       w q2;
      draw (x + w) (y + w) w q3;
      draw x       (y + w) w q4

let () = draw 0 0 256 (checker_board 3)
```

Enfin, si $n > 1$, on construit un damier de dimension $2^{n-1} \times 2^{n-1}$ que l'on utilise quatre fois pour construire un damier de dimension $2^n \times 2^n$.

```
| n -> let q = checker_board (n - 1) in Node (q, q, q, q)
```

Écrivons enfin une fonction draw qui dessine l'image représentée par un arbre quaternaire. Elle prend en arguments les coordonnées du carré dans lequel on veut dessiner l'image, par exemple sous la forme de la position (x, y) du point inférieur gauche de l'image et de la dimension w du carré. On procède alors récursivement sur la structure de l'arbre quaternaire.

```
let rec draw x y w = function
```

Si l'arbre est réduit à une feuille, on distingue deux cas : pour une feuille blanche, on ne fait rien ; pour une feuille noire, on remplit le carré défini par x, y et w.

```
| White -> ()
| Black -> Graphics.fill_rect x y w w
```

Si en revanche il s'agit du constructeur `Node`, on commence par calculer la dimension des quatre sous-images, c'est-à-dire w/2.

```
| Node (q1, q2, q3, q4) ->
    let w = w / 2 in
```

Puis on dessine les sous-images avec quatre appels récursifs à `draw`, en passant à chaque fois les coordonnées de son coin inférieur gauche.

```
      draw x       y       w q1;
      draw (x + w) y       w q2;
      draw (x + w) (y + w) w q3;
      draw x       (y + w) w q4
```

On peut ainsi dessiner un damier de taille 8×8 dans un carré de côté 256 avec `draw 0 0 256 (checker_board 3)`.

Compléments d'information

Invariant

On peut souhaiter garantir la propriété qu'un arbre quaternaire n'est jamais constitué de quatre feuilles de la même couleur, car c'est là une représentation inutilement compliquée. Pour maintenir cet invariant, il faut faire de `quad` un type abstrait, ou encore un type privé, et fournir, comme alternative aux constructeurs `White`, `Black` et `Node`, deux constantes `white` et `black` et une fonction `node`. Cette fonction peut alors être définie de manière à garantir l'invariant.

```
let node = function
  | White, White, White, White -> White
  | Black, Black, Black, Black -> Black
  | q1, q2, q3, q4 -> Node (q1, q2, q3, q4)
```

On parle de constructeur intelligent (en anglais *smart constructor*).

Partage

Le lecteur attentif aura remarqué que la fonction `checker_board` fait *un unique* appel récursif et réutilise quatre fois son résultat. Dès lors, ce n'est pas vraiment un arbre que l'on a construit mais un DAG. Une représentation du résultat de `checker_board 3` fidèle à ce qui est construit en mémoire est donc :

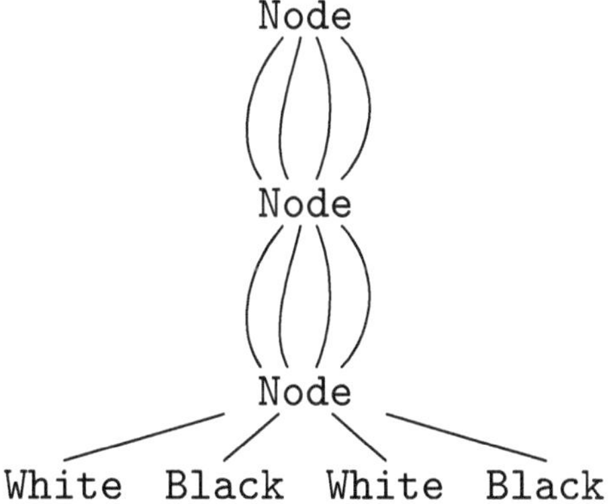

En particulier, `checker_board` n s'exécute en temps et en espace $O(n)$. En revanche, le *dessin* de son résultat s'exécute en temps $O(4^n)$ car la fonction `draw` va parcourir successivement les quatre sous-images. Dit autrement, la fonction `draw` parcourt un arbre, en ignorant le partage qui existe en mémoire. La section *11.4 Hash-consing* du chapitre 11 explique comment exploiter un tel partage.

Arbres binaires

Dans un arbre binaire, chaque nœud interne contient exactement deux sous-arbres. Les feuilles comme les nœuds peuvent être étiquetés. Par exemple, des arbres binaires dont les nœuds internes sont étiquetés par des entiers correspondent au type :

```
type tree = Leaf | Node of tree * int * tree
```

De manière similaire, des arbres dont les feuilles sont étiquetées par des chaînes de caractères correspondent au type :

```
type tree = Leaf of string | Node of tree * tree
```

Le reste de cet ouvrage contient de nombreux exemples d'arbres binaires.

Arbres n-aires

Le nombre de sous-arbres d'un nœud interne n'est pas nécessairement fixé. Il peut être variable, parfois même non borné. Dans ce cas, on peut par exemple représenter les sous-arbres d'un nœud par une liste d'arbres. Ainsi on écrira :

```
type tree = Node of tree list
```

Il est intéressant de noter qu'il n'y a plus lieu d'introduire de constructeur pour représenter une feuille, car la valeur particulière `Node []` remplit ce rôle. Bien entendu, on peut étiqueter les nœuds d'un tel arbre si on le souhaite. La section *5.4 Arbres de préfixes* du chapitre 5 contient un exemple de tel arbre.

2.14 Résoudre le problème des N reines

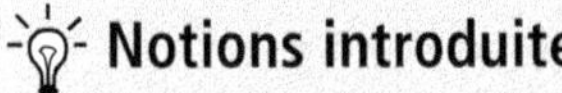
Notions introduites

- rebroussement *(backtracking)*
- persistance

On s'intéresse ici au problème classique des N reines. Il s'agit de placer N reines sur un échiquier $N \times N$ de telle sorte qu'aucune reine ne soit en prise avec une autre. La figure 2.14 montre l'une des 92 solutions pour $N = 8$.

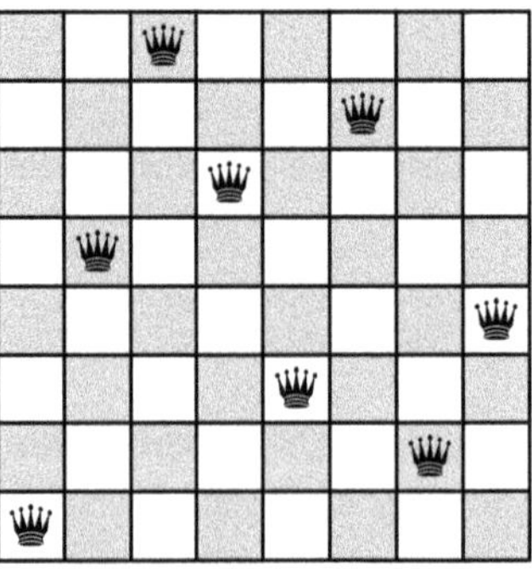

Figure 2.14
Une solution du problème des 8 reines

Plus précisément, on s'intéresse au problème du dénombrement des solutions, sans tenir compte des symétries du problème. On va procéder de façon relativement brutale, par exploration de toutes les possibilités. On fait cependant preuve d'un peu d'intelligence en remarquant qu'une solution comporte nécessairement une et une seule reine sur chaque ligne de l'échiquier. De ce fait, on va chercher à remplir l'échiquier ligne par ligne, en positionnant à chaque fois une reine sans qu'elle soit en prise avec les reines déjà posées. Ainsi, si on a déjà posé trois reines sur les trois premières lignes de l'échiquier, alors on en vient à chercher une position valide sur la quatrième ligne :

				♛			
						♛	
			♛				
?	?	?	?	?	?	?	?

Si on en trouve une, alors on place une reine à cet endroit et on poursuit l'exploration avec la ligne suivante. Sinon, *on fait machine arrière* sur l'un des choix précédents, et on recommence. Si on parvient à remplir la dernière ligne, on a trouvé une solution. En procédant ainsi de manière systématique, on ne ratera pas de solution. Cette technique s'appelle *rebroussement* — en anglais *backtracking*.

Notre programme va maintenir, pour chaque ligne de l'échiquier, les colonnes sur lesquelles on peut encore placer une reine. Ainsi, plutôt que d'essayer systématiquement les N colonnes de la ligne courante, on peut espérer avoir à en examiner « beaucoup moins » que N et, en particulier, faire machine arrière plus rapidement. Illustrons cette idée avec $N = 8$.

Supposons qu'on ait déjà placé des reines sur les trois premières lignes. Alors seules cinq colonnes doivent être considérées pour la quatrième ligne (en bas de l'échiquier).

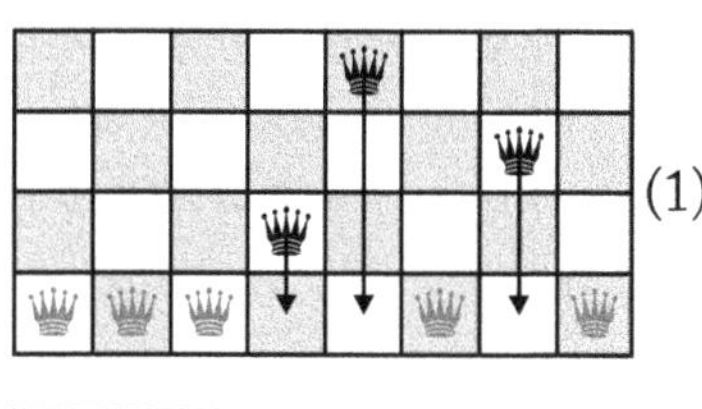

Par ailleurs, trois positions de la quatrième ligne sont en prise avec les reines déjà placées le long d'une diagonale ascendante. Ces trois positions ne doivent pas être considérées.

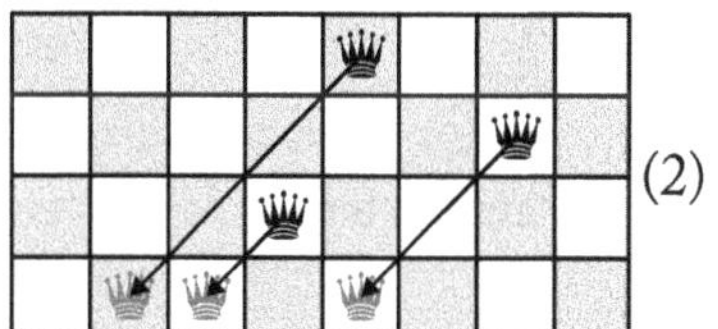

Programme 16 [queens.ml] — Le problème des N reines

```
module S = Set.Make(struct type t = int let compare = compare end)

let map f s = S.fold (fun x s -> S.add (f x) s) s S.empty

let rec upto n = if n < 0 then S.empty else S.add n (upto (n-1))

let rec count cols d1 d2 =
  if S.is_empty cols then
    1
  else
    S.fold
      (fun c res ->
        let d1 = map succ (S.add c d1) in
        let d2 = map pred (S.add c d2) in
        res + count (S.remove c cols) d1 d2)
      (S.diff (S.diff cols d1) d2)
      0

let () =
  let n = int_of_string Sys.argv.(1) in
  Format.printf "%d@." (count (upto (n - 1)) S.empty S.empty)
```

De même, deux positions de la quatrième ligne sont en prise avec des reines déjà placées le long d'une diagonale descendante. Ces deux positions ne doivent pas être considérées.

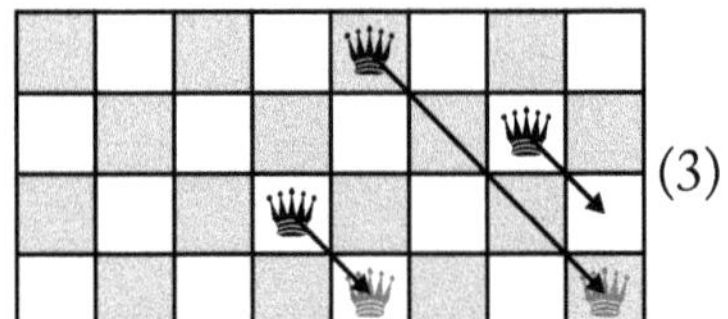
(3)

Ce sont donc six positions de la quatrième ligne qui ne peuvent plus être utilisées. Il ne reste finalement que deux positions à considérer, au lieu de 8 dans le programme précédent.

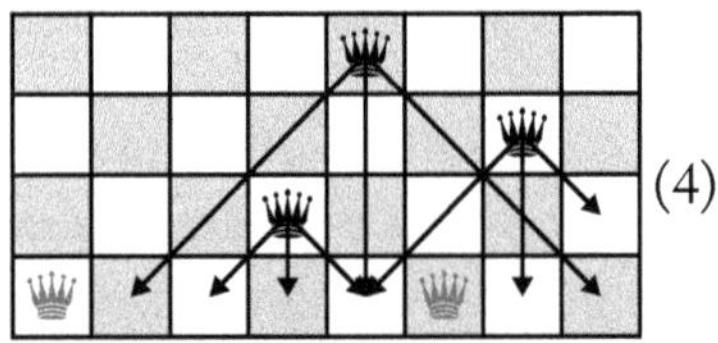
(4)

Notre programme va procéder récursivement en maintenant, à chaque instant, trois ensembles de colonnes : un ensemble `cols` de colonnes restant à considérer ; un ensemble `d1` de colonnes à ne pas considérer car en prise le long d'une diagonale ascendante ; et un ensemble `d2` de colonnes à ne pas considérer car en prise le long d'une diagonale descendante. Sur notre exemple, en numérotant les colonnes à partir de la droite, on a `cols` $= \{0, 2, 5, 6, 7\}$, `d1` $= \{3, 5, 6\}$ et `d2` $= \{0, 3\}$, illustrés sur la figure précédente (respectivement en 1, 2 et 3). On obtient les colonnes à considérer en calculant la différence ensembliste `cols`$\backslash$`d1`$\backslash$`d2`, ce qui donne ici l'ensemble $\{2, 7\}$ illustré sur la figure (4).

Pour manipuler de tels ensembles d'entiers, on utilise le module `Set.Make` de la bibliothèque standard d'OCaml. Il s'agit d'un foncteur, qu'on instancie avec un type et un ordre total sur ce type (le code d'un tel foncteur sera expliqué plus loin dans cet ouvrage, à la section *AVL* du chapitre 5).

On choisit ici l'ordre usuel sur les entiers, fourni par la fonction `compare` de la bibliothèque `Pervasives`.

```
module S = Set.Make(struct type t = int let compare = compare end)
```

Le module `S` obtenu offre une structure de données `S.t` représentant un ensemble d'entiers, une constante `S.empty` pour l'ensemble vide et des opérations telles que `S.add` (ajout d'un élément), `S.remove` (suppression d'un élément), `S.diff` (différence ensembliste), etc. Une propriété importante de cette structure de données est sa *persistance*. Cela signifie que les opérations appliquées à cette structure ne la modifient pas, mais renvoient au contraire de *nouvelles* structures de données. Ainsi, si on dispose d'un ensemble `s` de type `S.t`, alors l'expression `S.add 4 s` désigne un nouvel ensemble (contenant 4 et tous les éléments de `s`) et l'ensemble `s` n'est pas modifié.

Écrivons alors notre programme sous la forme d'une fonction récursive `count` qui prend en arguments les trois ensembles `cols`, `d1` et `d2` décrits plus haut :

```
let rec count cols d1 d2 =
```

et qui renvoie le nombre de solutions compatibles avec ces arguments. La recherche parvient à son terme lorsque `cols` devient vide. On signale alors la découverte d'une solution.

```
if S.is_empty cols then 1 else
```

Dans le cas contraire, on calcule les colonnes à considérer avec l'expression `S.diff (S.diff cols d1) d2`, comme expliqué précédemment. Puis on parcourt les éléments de cet ensemble avec l'itérateur `S.fold`, avec pour accumulateur le nombre de solutions trouvées.

```
S.fold
  (fun c res -> ...)
  (S.diff (S.diff cols d1) d2)
  0
```

Pour chaque colonne `c` à considérer, il nous suffit de faire un appel récursif à `count`, avec les trois ensembles mis à jour. Pour mettre à jour `cols`, il suffit de lui enlever l'élément `c`, avec `S.remove`. Pour mettre à jour `d1` et `d2`, il faut commencer par leur ajouter la colonne `c`, avec `S.add`, puis décaler correctement leurs éléments d'une unité. Pour cela, on se donne une fonction `map` qui applique une fonction f à tous les éléments d'un ensemble s, c'est-à-dire qui construit l'ensemble $\{f(x) \mid x \in s\}$. On peut l'écrire par exemple avec `S.fold`.

```
let map f s = S.fold (fun x s -> S.add (f x) s) s S.empty
```

Dès lors, la mise à jour de `d1` peut se faire avec `map succ`, où `succ` est la fonction prédéfinie `fun x -> x + 1`. De même, la mise à jour de `d2` se fait avec `map pred`, où `pred` est la fonction prédéfinie `fun x -> x - 1`. La fonction passée en argument à `S.fold` prend donc la forme suivante :

```
(fun c res ->
  let d1 = map succ (S.add c d1) in
  let d2 = map pred (S.add c d2) in
  res + count (S.remove c cols) d1 d2)
```

Cela achève la fonction `count`. Il est important de noter ici le caractère crucial de la persistance des ensembles `cols`, `d1` et `d2`. En effet, ils sont réutilisés pour chaque valeur différente de `c` et ne doivent donc pas être modifiés par les opérations `S.add` et `S.remove`.

Pour résoudre le problème des N reines, il ne reste plus qu'à appeler `count` avec l'ensemble $\{0, 1, \ldots, N-1\}$ pour `cols` et l'ensemble vide pour `d1` et `d2`. On se donne pour cela une fonction `upto` qui construit l'ensemble $\{0, 1, \ldots, n\}$.

```
let rec upto n = if n < 0 then S.empty else S.add n (upto (n-1))
```

Le programme principal récupère la valeur de N sur la ligne de commande puis affiche le résultat obtenu par count.

```
let () =
  let n = int_of_string Sys.argv.(1) in
  Format.printf "%d@." (count (upto (n - 1)) S.empty S.empty)
```

On peut ainsi dénombrer les 365 596 solutions du problème des 14 reines en moins d'une minute.

Compléments d'information

Les structures de données que l'on trouve dans la littérature algorithmique sont en majorité de nature *impérative* : elles sont modifiées en place par les opérations qu'elles fournissent. Les tableaux et les listes chaînées sont les premiers exemples qui viennent à l'esprit. Ainsi, une écriture dans une case d'un tableau écrase l'ancienne valeur par la nouvelle. De même, l'ajout d'un élément dans une liste chaînée telle que :

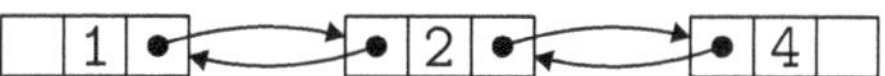

consiste à modifier deux de ses pointeurs, de la manière suivante :

Comme dans le cas du tableau, on a modifié *en place* la structure de la liste. Dans les deux cas, on peut revenir à l'état précédent, mais il faut pour cela effectuer une autre modification en place.

Une structure *persistante* est une structure de données dont les opérations ne modifient jamais leurs arguments ; seules de *nouvelles* valeurs sont renvoyées. Bien entendu, on pourrait rendre une structure de données persistante en effectuant systématiquement des copies, mais ce serait grossièrement inefficace. Il existe d'autres moyens pour rendre persistante une structure impérative, plus efficacement ; c'est par exemple le cas dans la section *4.4 Tableaux persistants* du chapitre 4.

Il y a toute une classe de structures de données pour lesquelles la persistance est possible et efficace : ce sont les structures *immuables*, c'est-à-dire non modifiables une fois construites. En effet, pour de telles structures, il est possible d'éviter des copies inutiles par du partage. Le plus simple est de l'illustrer avec les listes.

Si on définit la liste `l` par `let l = [1; 2; 3]` alors `l` est, en termes de représentation mémoire, un pointeur vers un premier bloc contenant `1` et un pointeur vers un second bloc, etc. :

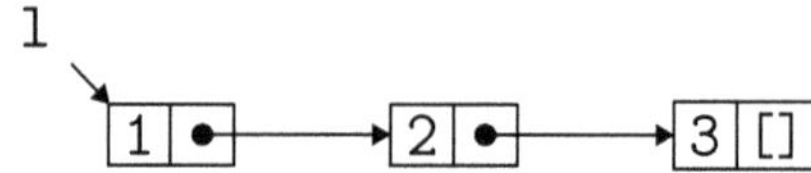

Si on définit maintenant la liste `l'` comme l'adjonction d'un autre élément à la liste `l`, avec la déclaration `let l' = 0 :: l`, on a la situation suivante :

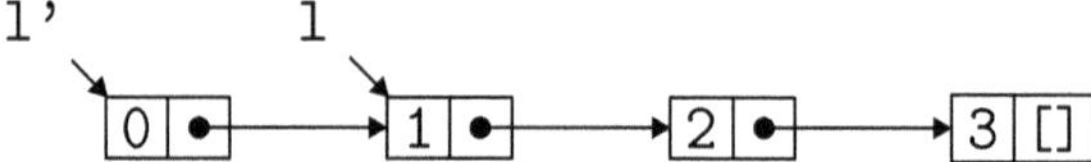

L'application du constructeur `::` a eu pour effet d'allouer un nouveau bloc, dont le premier élément est `0` et le second un pointeur ayant la même valeur que `l`. La variable `l` continue de pointer sur les mêmes blocs qu'auparavant. D'une manière générale, n'importe quelle fonction que l'on pourra écrire sur les listes aura cette propriété de ne pas modifier les listes qui lui sont passées en arguments.

Il est très important de comprendre qu'il y a ici *partage*. La déclaration de `l'` n'alloue pas plus qu'un seul bloc (puisqu'un seul constructeur est appliqué), les blocs formant `l` étant réutilisés mais non modifiés. On a bien deux listes de 3 et 4 éléments respectivement, à savoir `[1;2;3]` et `[0;1;2;3]`, mais seulement quatre blocs mémoire. En particulier, il n'y a *pas eu de copie*. D'une manière générale, OCaml ne copie jamais de valeurs, sauf si l'on écrit explicitement une fonction de copie. Une telle fonction est inutile car une liste ne peut être modifiée en place. Les fonctions de copie ne sont utiles que lorsque les structures de données sont susceptibles d'être modifiées.

On comprend maintenant qu'il n'y ait pas de possibilité d'ajouter un élément en queue de liste aussi facilement qu'en tête, car cela signifierait une modification en place de la liste `l` :

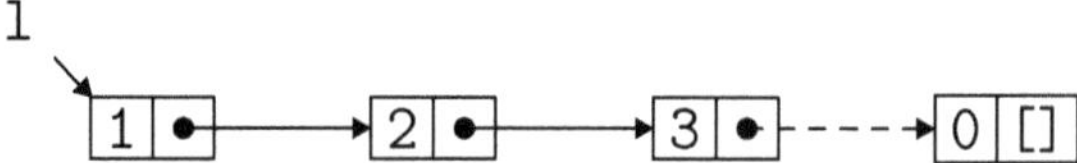

Pour ajouter un élément en queue de liste, il faut copier tous les blocs de la liste. C'est ce que fait en particulier la fonction append suivante, qui construit la concaténation de deux listes (voir exercice 2.24) :

```
let rec append l1 l2 = match l1 with
  | [] -> l2
  | x :: l -> x :: append l l2
```

On constate que cette fonction recrée autant de blocs qu'il y en a dans l1, pour ne partager que ceux de l2. Ainsi, si on déclare `let l' = [4; 5]` et si on réalise la concaténation de l et de l' avec `let l'' = append l l'`, on aura la situation suivante :

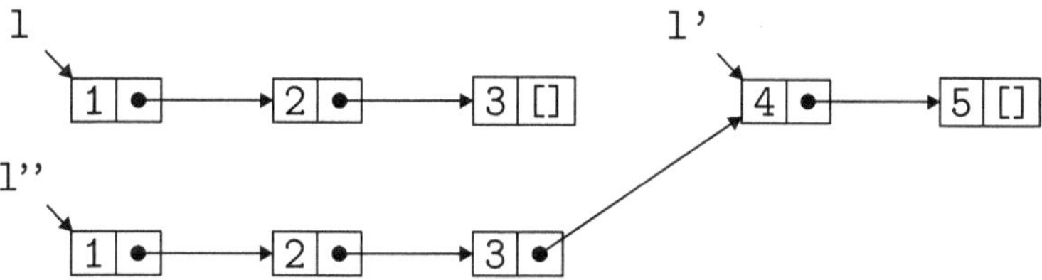

Les blocs de l ont été copiés et ceux de l' partagés. Pour cette raison, les listes doivent être utilisées lorsque les opérations naturelles sont l'ajout et le retrait en tête (structure de *pile*). Lorsque les accès et/ou modifications doivent se faire à des positions arbitraires, il est préférable d'utiliser une autre structure de données.

Note importante : les *éléments* de la liste eux-mêmes, en revanche, ne sont pas copiés par la fonction append. En effet, x désigne un élément de type quelconque et aucune copie n'est effectuée sur x lui-même. Sur des listes d'entiers, ce n'était pas significatif; mais si on a une liste l contenant trois éléments d'un type plus complexe, par exemple la liste `[(1,2,3); (4,5,6); (7,8,9)]`, alors ceux-ci resteront partagés entre l et `append l [(10,11,12)]` :

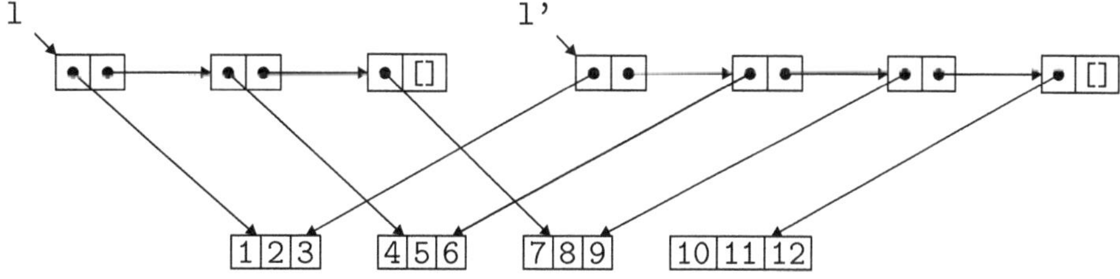

Tout ceci peut paraître inutilement coûteux lorsqu'on a l'habitude d'utiliser des listes modifiées en place, ce qui est la manière traditionnelle de faire dans le contexte de langages impératifs. Pourtant, ce serait sous-estimer l'intérêt pratique de la persistance. Il est d'ailleurs important de noter que le concept de persistance peut être facilement mis en œuvre dans un langage impératif : il suffit de manipuler les listes chaînées exactement comme le compilateur OCaml le fait. Inversement, on peut tout à fait manipuler des listes modifiables en place en OCaml, par exemple en définissant le type suivant :

```
type 'a mlist = Nil | Cons of 'a * 'a mlist ref
```

où le second argument du constructeur `Cons` est une référence. À l'inverse des langages impératifs, OCaml offre la possibilité de définir des structures de données immuables de manière naturelle et sûre (car même si on code une structure persistante en C, le système de types ne peut empêcher sa modification en place, les données étant par nature modifiables).

Enfin, il ne faut pas oublier que la mémoire inutilisée est automatiquement récupérée. Ainsi, dans une expression telle que :

```
let l = [1;2;3] in append l [4;5;6]
```

les trois blocs de `l` sont effectivement copiés lors de la construction de la liste `[1;2;3;4;5;6]` mais immédiatement récupérables car ils ne sont plus nulle part référencés (le chapitre 3 donne plus de détails sur la gestion de la mémoire).

Intérêts pratiques de la persistance

Les intérêts pratiques de la persistance sont multiples. De manière immédiate, on comprend qu'elle facilite la lecture du code et sa correction. En effet, on peut alors raisonner sur les valeurs manipulées par le programme en termes « mathématiques », puisqu'elles sont immuables, de manière équationnelle et sans même se soucier de l'ordre d'évaluation. Ainsi est-il facile de se persuader de la correction de la fonction `append` précédente une fois qu'on a énoncé ce qu'elle est censé faire (*i.e.* `append l1 l2` construit la liste formée des éléments de `l1` suivis des éléments de `l2`) : une simple récurrence sur la structure de `l1` suffit. Avec des listes modifiables en place et une fonction `append` allant modifier le dernier pointeur de `l1` pour le faire pointer sur `l2`, l'argument de correction est nettement plus difficile. L'exemple est encore plus flagrant avec le renversement d'une liste. La correction d'un programme n'est pas un aspect négligeable et doit toujours l'emporter sur son efficacité : qui se soucie en effet d'un programme rapide mais incorrect ?

La persistance n'est pas seulement utile pour augmenter la correction des programmes, elle est également un outil puissant dans les contextes où le *backtracking* est nécessaire. Supposons par exemple qu'on écrive un programme cherchant la sortie dans un labyrinthe, sous la forme d'une fonction `find` prenant en argument un état, persistant, et renvoyant un booléen indiquant une recherche réussie. Les déplacements possibles à partir d'un état sont donnés sous forme d'une liste par une fonction `possible_moves` et une autre fonction `move` calcule le résultat d'un déplacement à partir d'un état, sous la forme d'un nouvel état puisqu'il s'agit d'un type de données persistant. On suppose qu'une fonction booléenne `is_exit` indique si un état correspond à la sortie. On écrit alors trivialement la fonction `find` sous la forme suivante :

```
let rec find e =
  is_exit e || try_move e (possible_moves e)
and try_move e = function
  | [] -> false
  | d :: r -> find (move d e) || try_move e r
```

où `try_move` est une fonction testant un par un les déplacements possibles d'une liste de déplacements. C'est la persistance de la structure de données codant les états qui permet une telle concision de code. En effet, si l'état était une structure globale modifiée en place, il faudrait effectuer le déplacement avant d'appeler récursivement `find` dans `try_move` mais aussi *annuler* ce déplacement en cas d'échec avant de passer aux autres déplacements possibles. Le code ressemblerait alors à quelque chose comme :

```
let rec find () =
  is_exit () || try_move (possible_moves ())
and try_move = function
  | [] -> false
  | d :: r -> (move d; find ()) || (undo_move d; try_move r)
```

C'est indubitablement moins clair et plus propice aux erreurs. Cet exemple n'est pas artificiel : le *backtracking* est une technique couramment utilisée en informatique (parcours de graphes, coloriage, dénombrement de solutions, etc.).

Donnons un second exemple de l'utilité de la persistance. Supposons un programme manipulant une base de données. Il n'y a qu'une seule instance de cette base à chaque instant et donc *a priori* il n'y a pas lieu d'utiliser une structure persistante pour cette base. Supposons que les mises à jour effectuées dans cette base soient complexes, *i.e.* impliquent chacun un grand nombre d'opérations dont certaines peuvent échouer. On se retrouve alors dans une situation difficile où il faut savoir *annuler* les effets du début de la mise à jour. Schématiquement, le code pourrait ressembler à ceci :

```
try
  ... effectuer l'opération de mise à jour ...
with e ->
  ... rétablir la base dans un état cohérent
      traiter ensuite l'erreur ...
```

Si on utilise une structure persistante pour la base de données, il suffit de stocker la base dans une référence, soit bd, et l'opération de mise à jour devient une mise à jour de cette référence :

```
let bd = ref ( ... base initiale ... )
...
try
  bd := ... opération de mise à jour de !bd ...
with e ->
  ... traiter l'erreur ...
```

Dès lors, il n'y a pas lieu d'annuler quoi que ce soit. En effet, l'opération de mise à jour, si complexe qu'elle soit, ne fait que construire une nouvelle base de données et une fois seulement cette construction terminée, la référence bd est modifiée pour pointer sur cette nouvelle base. Cette toute dernière modification est atomique et ne peut échouer. S'il y a une quelconque exception levée pendant l'opération de mise à jour proprement dite, alors la référence bd restera inchangée. La gestion automatique de la mémoire récupère alors ce qui a été alloué inutilement pendant l'opération de mise à jour.

Interface et persistance

Le type de données des listes est persistant d'une manière évidente, car c'est un type construit dont on connaît la définition, *i.e.* concret et immuable. Lorsqu'un module OCaml implante une structure de données sous la forme d'un type *abstrait*, son caractère persistant ou non n'est pas immédiat. Bien entendu, un commentaire approprié dans l'interface peut renseigner le programmeur sur cet état de fait. En pratique toutefois, ce sont les types des opérations qui fournissent cette information. Prenons l'exemple d'une structure de données persistante représentant des ensembles finis d'entiers. L'interface d'un tel module ressemblera à ceci :

```
type set
val empty : set
val add : int -> set -> set
val remove : int -> set -> set
...
```

Le caractère persistant des ensembles est implicite dans l'interface. En effet, l'opération `add` renvoie une valeur de type `set`, *i.e.* un nouvel ensemble ; de même pour la suppression. De manière encore plus flagrante, l'ensemble vide `empty` est une constante et non une fonction ; toutes les occurrences de `empty` seront donc partagées quelle que soit sa représentation, ce qui ne serait pas possible avec une structure modifiable.

Une structure de données modifiable en place pour des ensembles d'entiers présentera plutôt une interface de la forme :

```
type set
val create : unit -> set
val add : int -> set -> unit
val remove : int -> set -> unit
...
```

Ici, la fonction d'ajout `add` ne renvoie rien, car elle a ajouté l'élément en place dans la structure de données et il en sera de même pour les autres opérations. D'autre part, la valeur `empty` est remplacée par une *fonction* `create` qui prend un argument de type `unit`. En effet, chaque appel à `create` doit construire une nouvelle instance de la structure de données, afin que les modifications en place sur l'une n'affectent pas l'autre.

Malheureusement, le système de types d'OCaml n'empêche pas un mélange des genres. Ainsi, on peut toujours donner le type `int -> set -> set` à une fonction qui ajoute un élément à un ensemble par effet de bord, par exemple en renvoyant l'ensemble passé en argument. Inversement, on peut donner le type `unit -> set` à une fonction `empty` qui renvoie un ensemble persistant vide. Dans les deux cas, c'est inutile et potentiellement dangereux.

Cela ne signifie pas pour autant qu'une structure de données persistante soit nécessairement codée sans aucun effet de bord. La bonne définition de *persistant* est :

$$persistant = observationnellement\ immuable$$

et non *purement applicatif* (au sens de l'absence d'effet de bord). On a seulement l'implication dans un sens :

$$purement\ applicatif \Rightarrow persistant$$

La réciproque est fausse, à savoir qu'il existe des structures de données persistantes faisant usage d'effets de bord. Cet ouvrage contient plusieurs exemples de telles structures. La situation est illustrée figure 2.15.

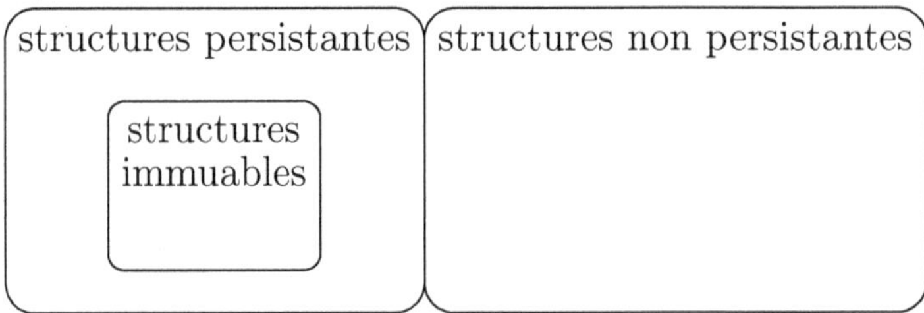

Figure 2.15
Différentes classes de structures de données

2.15 Exercices

Dessin d'une cardioïde

2.1 Modifier le programme 2 pour afficher le nuage de points et obtenir un résultat identique à la figure 2.1.

2.2 Écrire un programme qui dessine la rosace de la figure ci-dessous.

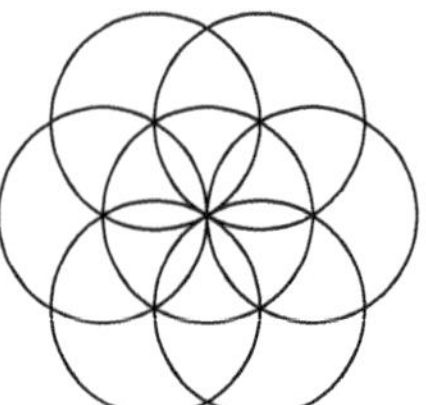

Ensemble de Mandelbrot

2.3 On peut embellir le dessin de l'ensemble de Mandelbrot en donnant aux points n'appartenant pas à l'ensemble une couleur qui dépend de la première valeur de i pour laquelle $x_i^2 + y_i^2 > 4$. On pourra par exemple choisir la couleur par une interpolation linéaire entre deux couleurs prédéfinies en utilisant la fonction `Graphics.rgb` (voir section *2.10 Un casse-briques sans briques*) et une simple règle de trois.

2.4 Modifier le code de l'exercice précédent pour permettre, une fois le dessin terminé, de le recentrer sur un point particulier de l'ensemble désigné à l'aide de la souris et de relancer le dessin avec une échelle 10 fois plus petite.

2.5 Écrire un programme qui dessine un flocon de von Koch. Ce flocon s'obtient en traçant trois courbes de von Koch le long des trois côtés d'un triangle équilatéral. Une courbe de von Koch de profondeur n entre deux points A et B est définie de la manière suivante. Pour $n = 0$, c'est directement le segment reliant A et B.

Pour $n > 0$, on découpe le segment $[A, B]$ en trois segments de même longueur, $[A, C]$, $[C, E]$ et $[E, B]$. On définit le point D comme le troisième sommet d'un triangle équilatéral CED :

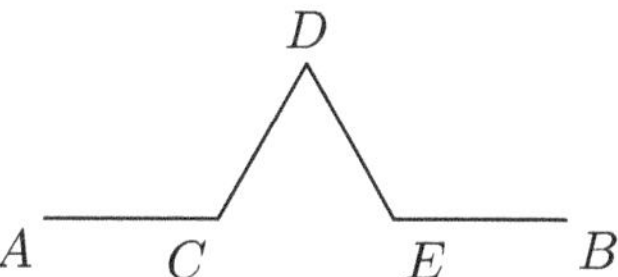

On dessine alors quatre courbes de von Koch de profondeur $n - 1$ le long des quatre segments $[A, C]$, $[C, D]$, $[D, E]$ et $[E, B]$. En choisissant une profondeur initiale suffisamment grande, on obtient un dessin de la forme suivante :

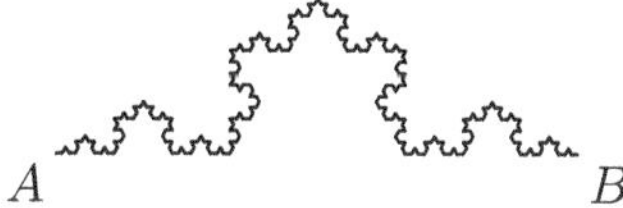

2.6 Soit u_0 un entier plus grand que 1 et (u_n) la suite définie par :

$$u_{n+1} = \begin{cases} u_n/2 & \text{si } u_n \text{ est pair} \\ 3u_n + 1 & \text{sinon} \end{cases}$$

Écrire un programme qui lit la valeur de u_0 à l'aide de `read_int` et affiche les valeurs successives de la suite (u_n) tant que $u_n > 1$. (La conjecture de Syracuse affirme que, pour toute valeur de u_0, on aboutit toujours au cycle $1 \to 4 \to 2 \to 1 \to \dots$. Énoncée en 1928, cette conjecture défie toujours les mathématiciens.)

2.7 Le problème des tours de Hanoï consiste à déplacer n disques de taille décroissante, empilés les uns sur les autres, d'un premier emplacement vers un second emplacement, en utilisant un troisième emplacement de manière temporaire. On ne peut déplacer qu'un seul disque à la fois, en le prenant au sommet d'une pile et en ne le déposant que sur un disque plus grand.

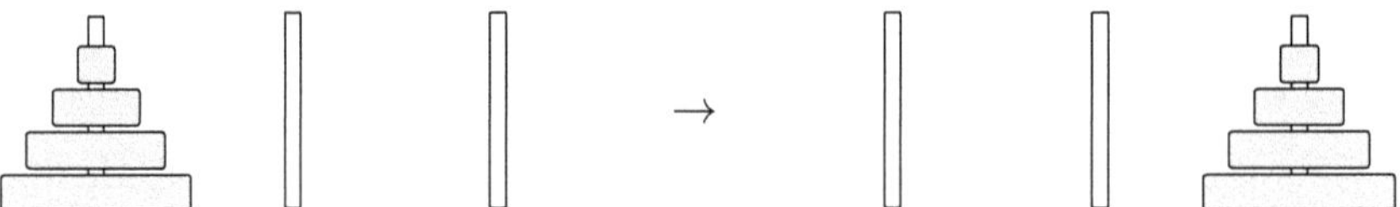

Écrire un programme `hanoi` qui lit la valeur de n puis affiche une séquence valide de déplacements menant à la solution, par exemple sous la forme suivante :

```
> ./hanoi
4
moving disk from 1 to 3
moving disk from 1 to 2
moving disk from 3 to 2
moving disk from 1 to 3
...
```

Crible d'Ératosthène

2.8 Écrire une fonction `sum: int array -> int` qui calcule la somme des éléments d'un tableau, d'abord avec une boucle `for` puis avec une fonction récursive.

2.9 Écrire une fonction `occurs: int array -> int -> bool` qui détermine, pour un tableau d'entiers a et une valeur entière v, si v apparaît dans a. On écrira deux variantes, l'une avec une boucle `while` et l'autre avec une fonction récursive.

2.10 Écrire une fonction `binary_search: int array -> int -> bool` qui détermine, pour un tableau d'entiers a supposé trié par ordre croissant et une valeur entière v, si v apparaît dans a. On procédera par une recherche dichotomique (en anglais *binary search*), de manière à obtenir une complexité $O(\log n)$ si n est la taille du tableau a.

2.11 Écrire une fonction `shuffle: int array -> unit` qui mélange aléatoirement les éléments d'un tableau en utilisant l'algorithme suivant appelé « mélange de Knuth » (*Knuth shuffle*), où n est la taille du tableau :

pour i de 1 à $n-1$

soit j un entier aléatoire entre 0 et i (inclus)

échanger les éléments d'indices i et j

On obtient un entier aléatoire entre 0 et $k-1$ avec `Random.int` k. Bien entendu, cet algorithme est valable quel que soit le type des éléments du tableau.

Tracé de courbe

2.12 Écrire une fonction `sum: (int -> int) -> int -> int -> int` qui prend en arguments une fonction f, deux entiers i et j et calcule la somme suivante :

$$\sum_{k=i}^{k=j} f(k).$$

2.13 Écrire une fonction `dicho` de type :

```
dicho : (float -> float) -> float -> float -> float
```

qui cherche le zéro d'une fonction monotone f sur un intervalle $[a, b]$ par dichotomie. Le principe est le suivant. On calcule le milieu x de $[a, b]$ et on compare les signes de $f(a)$ et de $f(x)$. Selon le cas, on réitère le calcul sur l'intervalle $[a, x]$ ou $[x, b]$. On s'arrête lorsque a et b sont suffisamment proches. On pourra supposer que $[a, b]$ contient effectivement un zéro de f.

Copie d'un fichier

2.14 Modifier le programme 7 pour qu'il traite correctement le cas où l'un des deux fichiers ne peut être ouvert. Cela se manifeste par une exception de la forme `Sys_error` s où s est une chaîne de caractères expliquant la nature de l'erreur (fichier inexistant, permission non accordée, etc.). Il conviendra d'afficher ce message, avant de terminer le programme avec `Sys.exit 1`.

2.15 Dans des langages comme C et Java, il existe des instructions `break` et `continue` qui permettent respectivement de sortir de la boucle englobante la plus proche et de sauter immédiatement au prochain tour de celle-ci. Ainsi, le code C suivant affiche `124567` :

```
int i;
for (i = 0; i < 10; i++) {
  if (i == 3) continue;
  if (i == 8) break;
  printf("%d", i);
}
```

En utilisant deux exceptions `Break` et `Continue` définies à cet effet, écrire comment traduire ces deux instructions.

Renverser les lignes d'un texte

2.16 Écrire une fonction `mult : int list -> int` qui multiplie tous les éléments d'une liste d'entiers. On prendra soin de renvoyer 0 à la première occurrence de l'entier 0 rencontrée.

2.17 Reprendre l'exercice précédent, en levant une exception si la valeur 0 est rencontrée. On évite ainsi des multiplications inutiles correspondant aux premiers éléments de la liste.

2.18 Reprendre l'exercice 2.16 en écrivant la fonction `mult` de manière récursive terminale.

2.19 Écrire une fonction `insert : int -> int list -> int list` qui insère un entier dans une liste d'entiers supposée triée par ordre croissant. On fera en sorte de ne pas reconstruire inutilement la partie de la liste initiale située au delà du point d'insertion.

2.20 En utilisant la fonction `insert` précédente, écrire une fonction `insertion_sort : int list -> int list` qui trie une liste d'entiers par ordre croissant en utilisant l'algorithme du tri par insertion suivant : partant d'une liste vide, on y insère successivement chaque élément avec la fonction `insert`. Le tri par insertion est décrit en détail au chapitre 12.

Conversion d'entiers en base quelconque

2.21 Écrire une fonction `mem : 'a -> 'a list -> bool` qui détecte la présence d'un élément dans une liste, en utilisant l'opérateur d'égalité `=`. Cette fonction existe dans la bibliothèque standard, sous le nom `List.mem`.

2.22 Écrire une fonction `count : 'a -> 'a list -> int` qui compte le nombre d'occurrences d'un élément dans une liste, en utilisant l'opérateur d'égalité `=`.

2.23 Réécrire la fonction `count` de l'exercice précédent en utilisant un itérateur.

2.24 Écrire une fonction `append : 'a list -> 'a list -> 'a list` qui concatène deux listes. Si $l_1 = [x_1; \dots; x_n]$ et $l_2 = [y_1; \dots; y_m]$, alors le résultat de `append` l_1 l_2 doit être la liste $[x_1; \dots; x_n; y_1; \dots; y_m]$ de longueur $n + m$. On procédera par récurrence sur la première liste, en effectuant donc n appels récursifs. La bibliothèque standard d'OCaml fournit cette fonction sous le nom `List.append` et, de manière équivalente, avec la syntaxe infixe `@`.

2.25 En utilisant la fonction `append` précédente, écrire une fonction `rev` de type `'a list -> 'a list` qui renverse l'ordre des éléments dans une liste, c'est-à-dire telle que `rev` $[x_1; \dots; x_n] = [x_n; \dots; x_1]$. Dans la section suivante, on indiquera une méthode plus efficace pour réaliser cette fonction.

2.26 Écrire une fonction `subseq: 'a list -> 'a list -> bool` qui détermine si une liste w_1 est une sous-séquence d'une autre liste w_2, c'est-à-dire si w_1 peut être obtenue en effaçant zéro ou plusieurs éléments de w_2 (on parle aussi de sous-mot). Par exemple, $[1; 5; 4; 1]$ est une sous-séquence de $[3; 1; 1; 5; 0; 4; 1]$.

2.27 Écrire une fonction `exists: ('a -> bool) -> 'a list -> bool` qui prend en arguments une fonction booléenne p et une liste l et détermine si l contient au moins un élément x tel que $p(x)$ vaut `true`.

2.28 Écrire une fonction `forall: ('a -> bool) -> 'a list -> bool` qui teste si tous les éléments d'une liste de type `'a list` vérifient une condition donnée par une fonction de type `'a -> bool`, en utilisant `List.fold_left`. Quel est le défaut de cette solution ? Proposer une version plus efficace.

2.29 Écrire une fonction `filter: ('a -> bool) -> 'a list -> 'a list` qui prend en arguments une fonction booléenne p et une liste l et renvoie la liste de tous les éléments x de l pour lesquels $p(x)$ vaut `true`. On conservera l'ordre initial de ces éléments. Cette fonction existe dans la bibliothèque standard, sous le nom `List.filter`.

2.30 En utilisant un itérateur, écrire une fonction `max_seq: bool list -> int` renvoyant la longueur de la plus longue séquence de valeurs `true` consécutives dans une liste donnée.

2.31 Écrire une fonction `first: ('a -> bool) -> 'a list -> 'a` qui renvoie le premier élément de la liste passée en argument qui vérifie la condition donnée, s'il existe, et lève l'exception `Not_found` sinon.

2.32 Écrire un itérateur `fold_pairs`, de type :

```
fold_pairs: ('a -> 'b -> 'b -> 'a) -> 'a -> 'b list -> 'a
```

qui prend en argument une fonction f, une valeur v et une liste $[x_1; \dots; x_n]$ et renvoie :

$$f(f(\dots f(f(v, x_1, x_2), x_2, x_3), \dots, x_{n-1}, x_n), x_n, x_1)$$

c'est-à-dire parcourt toutes les paires d'éléments adjacents (x_i, x_{i+1}), la liste étant considérée comme circulaire.

2.33 Proposer une fonction d'initialisation de matrice `init_matrix` analogue à `Array.init`, de type :

```
init_matrix: (int -> int -> 'a) -> int -> int -> 'a array array
```

2.34 Écrire une fonction de parcours :

```
iter_matrix: (int -> int -> 'a -> unit) -> 'a array array -> unit
```

qui applique une fonction donnée à tous les éléments d'une matrice, les deux premiers arguments de cette fonction étant les indices de l'élément correspondant. Expliquer pourquoi il est plus efficace de parcourir la matrice par lignes plutôt que par colonnes.

Un casse-briques sans briques

2.35 Étant donnés un fichier `a.ml` dont le contenu est `let () = Printf.printf "A\n"` et un fichier `b.ml` dont le contenu est `let () = Printf.printf "B\n"`, compiler séparément ces deux fichiers et vérifier qu'on obtient des résultats différents suivant l'ordre dans lequel ces deux fichiers sont passés à l'édition de liens.

2.36 Étant donnés six fichiers `a.mli`, `a.ml`, `b.ml`, `c.ml`, `d.mli` et `d.ml`, et sachant que `A` et `B` dépendent de `C` et que `C` dépend de `D`, donner toutes les façons possibles de compiler et réaliser l'édition de liens d'un programme contenant les quatre unités de compilation `A`, `B`, `C` et `D`.

2.37 Réécrire le code du casse-briques dans un seul fichier, mais en utilisant deux modules `Draw` et `Breakout` contenus dans ce fichier. Donner au module `Draw` la même interface que celle définie dans `draw.mli`.

Tortue Logo

2.38 Reprendre l'exercice 2.5 pour dessiner un flocon de Von Koch en utilisant la tortue Logo.

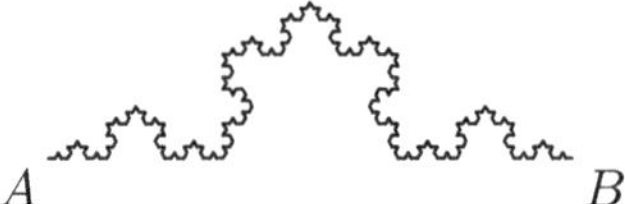

Indication : écrire une fonction récursive `von_koch: int -> float -> unit` dont le premier paramètre est le nombre d'étapes récursives et le second la longueur du segment $[A, B]$.

2.39 Réécrire le foncteur `Turtle` pour qu'il soit également paramétré par un module de dessin graphique de signature :

```
val open_graph: int -> int -> unit
val draw_line: int -> int -> int -> int -> unit
```

où `open_graph` w h ouvre une fenêtre de dimensions $w \times h$ et `draw_line` x_1 y_1 x_2 y_2 trace un segment entre les points (x_1, y_1) et (x_2, y_2). Réaliser ensuite un module de telle interface avec `Graphics`.

2.40 On souhaite définir un module pour représenter des fichiers munis de permissions en lecture et en écriture. On introduit un type `permission` pour cela.

```
type permission = Read | Write
```

Définir un module `Access` pour manipuler des droits d'accès en lecture et en écriture. Ce module fournira un type abstrait `t`, une valeur `default` de type `t` représentant un accès en lecture et en écriture, et deux fonctions `get` et `set` permettant respectivement de tester et de modifier une permission.

```
val get : t -> permission -> bool
val set : t -> permission -> bool -> t
```

Définir ensuite un autre module `File` pour représenter un fichier muni de droits d'accès. Ce module exportera un type enregistrement privé `t`, contenant le nom du fichier dans un champ de type `string` et ses droits d'accès dans un champ `mutable` de type `Access.t`. On fournira une fonction `create : string -> t` prenant en argument le nom du fichier, une fonction `chmod` permettant de modifier les droits d'accès et deux fonctions pour ouvrir respectivement un fichier en lecture et en écriture, `open_in : t -> in_channel` et `open_out : t -> out_channel`. Ces deux dernières fonctions lèveront une exception `PermissionDenied` en cas de permission insuffisante.

2.41 On souhaite écrire différents modules pour manipuler des valeurs monétaires dans différentes devises. Tous ces modules ont la même signature.

```
module type MONEY = sig
  type t = private { i : int; f : int }
  val create : int -> int -> t
  val add : t -> t -> t
end
```

Une valeur monétaire est représentée par une partie entière `i` et une partie fractionnaire `f` qui représente un nombre de « centimes » entre 0 et 99. La partie entière `i` est signée. Écrire un module `Money` réalisant la signature `MONEY`. En déduire deux modules `Euro` et `Dollar` ayant tous les deux la signature `MONEY`, ayant tous les deux la structure `Money` mais tels que les types `Euro.t` et `Dollar.t` soient distincts. Écrire enfin une fonction `euros_to_dollars : float -> Euro.t -> Dollar.t` qui, étant donné un taux de change, convertit des euros en dollars.

2.42 Écrire un module pour représenter des ensembles d'entiers par des listes triées par ordre croissant, dont la signature est la suivante :

```
module type ISET = sig
  type t
  val empty : t
  val add : int -> t -> t
  val union : t -> t -> t
  val mem : int -> t -> bool
end
```

Quel est ici l'intérêt de faire du type `t` un type abstrait ?

2.43 Réécrire le code de l'exercice précédent sous la forme d'un foncteur paramétré par le type des éléments et une fonction définissant un ordre total sur ces éléments, c'est-à-dire :

```
module type ELT = sig type t val compare: t -> t -> int end
module Set(E: ELT) : ... = struct ... end
```

où la valeur de `compare` x y est strictement négative si $x < y$, nulle si $x = y$ et strictement positive si $x > y$.

2.44 Appliquer le foncteur de l'exercice pour obtenir des ensembles de paires d'entiers, en munissant ces dernières d'un ordre total arbitraire.

2.45 On se propose d'écrire une structure de données pour des polynômes à une variable. L'idée est de représenter un polynôme par la liste triée de ses monômes, chaque monôme étant représenté par la paire d'un coefficient et d'un exposant. Ainsi, le polynôme $X^7 - 3X^4 + 2$ est représenté par la liste $[(1, 7); (-3, 4); (2, 0)]$. Pour être générique vis-à-vis de l'anneau des coefficients, on écrira la structure de polynômes comme un foncteur `Poly` paramétré par un module de signature :

```
module type Ring = sig
  type t
  val zero : t
  val one : t
  val add : t -> t -> t
  val mul : t -> t -> t
  val equal : t -> t -> bool
end
```

Si `R` désigne l'argument du foncteur `Poly`, ce dernier doit fournir les fonctions suivantes :

```
type t
val create: (R.t * int) list -> t
val add: t -> t -> t
val eval: t -> R.t -> R.t
```

où `t` est le type des polynômes, `create` construit un polynôme à partir d'une liste de monômes, `add` fait la somme de deux polynômes et `eval` évalue un polynôme en un point. Indications : on pourra commencer par la fonction add (en s'inspirant du code de l'exercice 2.42), puis écrire la fonction create à l'aide de la fonction add.

2.46 Poursuivre l'exercice précédent en ajoutant deux constantes zero et one et deux fonctions mul et equal à la signature du foncteur Poly. On obtient ainsi des polynômes qui sont eux-mêmes munis d'une structure d'anneau ; dit autrement, la signature du foncteur Poly peut s'écrire en réutilisant la signature Ring (la construction include est un raccourci syntaxique pour inclure la définition d'une signature dans une autre) :

```
sig
  include Ring
  val create: (R.t * int) list -> t
  val eval: t -> R.t -> R.t
end
```

Ainsi, on peut obtenir des polynômes à plusieurs variables en appliquant plusieurs fois successivement le foncteur Poly. Ainsi, une structure de polynômes à trois variables et à coefficients entiers est obtenue aussi facilement que :

```
module P = Poly(Poly(Poly(Int)))
```

en supposant que Int réalise la signature Ring pour les entiers.

Arbres quaternaires

2.47 Écrire une fonction rotate: quad -> quad qui tourne une image de 90 degrés dans le sens direct.

2.48 Écrire une fonction mirror: quad -> quad qui construit la symétrie verticale de l'image représentée par un arbre quaternaire. Ainsi la fonction mirror permet de passer de l'une à l'autre de ces deux images :

2.49 Écrire une fonction `fractal: int -> quad` qui construit un arbre quaternaire représentant une fractale de type carré de Sierpiński, en itérant le processus de décomposition suivant :

Résoudre le problème des N reines

2.50 Modifier le programme 16 pour renvoyer la première solution trouvée, sous la forme d'un tableau a donnant la colonne $a[i]$ de la reine située sur la ligne i. Lorsqu'il n'y a pas de solution, on lèvera l'exception `Not_found`.

3

Approfondir les concepts d'OCaml

Que faire quand son programme est mal typé ou qu'il consomme trop de ressources (mémoire ou temps) ? Pour faire les bons diagnostics, il est nécessaire de comprendre le fonctionnement du compilateur et du code qu'il produit.

Dans ce chapitre, on donne quelques éléments de réponse pour les problèmes liés au typage, à l'occupation mémoire et au temps d'exécution.

3.1 Algorithme de typage

Bien que le compilateur infère automatiquement les types de toutes les valeurs définies dans un programme, il peut être utile pour le programmeur de connaître, au moins intuitivement, les règles de typage du langage OCaml afin de comprendre d'éventuels messages d'erreurs.

Pour calculer le type d'une expression, il suffit de parcourir sa définition de gauche à droite, en partant du type le plus générique qui soit, à savoir `'a`, et en accumulant les contraintes de types.

Prenons par exemple la définition de la fonction suivante :

```
let f x y = if x y then [] else [y + 1]
```

Tout d'abord, on réécrit cette définition de la manière suivante :

```
let f = fun x -> fun y -> if x y then [] else [y + 1]
```

et on pose :

```
val f : 'a
```

Puisque `f` est une expression de la forme `fun x -> e1`, on déduit que `'a` est le type `'a1 -> 'a2` d'une fonction, soit :

```
val f : 'a1 -> 'a2
```

De même, `e1` est une fonction de la forme `fun y -> e2`, donc `'a2` est égale à un type `'b1 -> 'b2`, c'est-à-dire :

```
val f : 'a1 -> 'b1 -> 'b2
```

On extrait maintenant les contraintes de type sur les variables `'a1`, `'b1` et `'b2` de l'expression `e2` égale à :

```
if x y then [] else [y + 1]
```

Tout d'abord, de l'application de fonction `x y`, on déduit que `x` est une fonction, c'est-à-dire que `'a1` est égale à un type `'c1 -> 'c2`. On obtient donc :

```
val f : ('c1 -> 'c2) -> 'b1 -> 'b2
```

Ensuite, puisque `y` est passée en argument à `x`, on déduit que la variable `'c1` est égale à `'b1`, soit le type pour `f` :

```
val f : ('b1 -> 'c2) -> 'b1 -> 'b2
```

De plus, puisque `x y` est utilisée comme condition dans une construction `if`, on déduit que `'c2` est de type `bool` :

```
val f : ('b1 -> bool) -> 'b1 -> 'b2
```

La première branche du `if` renvoie la liste vide `[]`, donc `'b2` est égale à `'d list` :

```
val f : ('b1 -> bool) -> 'b1 -> 'd list
```

Enfin, la deuxième branche [y + 1] apporte les dernières contraintes. De l'addition y + 1, on déduit que y est de type int. La liste [y + 1] a donc le type int list et la variable 'd est égale au type int. Le type final de la fonction f est donc :

```
val f : (int -> bool) -> int -> int list
```

Étudions maintenant le cas d'une définition de fonction mal typée. La fonction g qui suit prend deux arguments x et y en paramètres. L'algorithme d'inférence de type détecte l'erreur suivante :

```
# let g x y = if x y then [x] else [y] ;;
Error: This expression has type 'a but an expression was expected
       of type 'a -> bool
       The type variable 'a occurs inside 'a -> bool
```

Les premières étapes du typage de g sont les mêmes que celles de f. Ainsi, après avoir examiné l'expression x y, on déduit que g a le type suivant :

```
val g : ('b1 -> bool) -> 'b1 -> 'b2
```

La première branche du if renvoie la liste [x], donc la variable 'b2 doit être égale à ('b1 -> bool) list. De même, la deuxième branche renvoie la liste [y], donc 'b2 doit être égale au type 'b1 list. Par conséquent, pour que g soit bien typée, il est nécessaire que l'égalité entres les types ('b1 -> bool) list et 'b1 list soit possible. Cela nécessite que l'équation de types 'b1 = 'b1 -> bool ait une solution, ce qui n'est pas possible en OCaml (à moins d'activer l'option -rectypes du compilateur ou de l'interpréteur). On comprend alors le message d'erreur qui indique que la variable y a le type 'a alors qu'elle devrait avoir le type 'a -> bool, ce qui n'est pas possible car la variable 'a apparaît dans le type 'a -> bool.

De manière générale, pour déterminer le type d'un programme, ou comprendre les erreurs de typage, il est nécessaire de connaître les contraintes de type liées aux constructions du langage. Voici une liste (non exhaustive) de ces contraintes.

If-then-else

Dans une conditionnelle if e1 then e2 else e3, l'expression e1 doit être de type bool et les expressions e2 et e3 sont de même type, que qu'il soit. Le type de la conditionnelle est celui de e2 (et donc e3).

If-then

Une expressions conditionnelle `if e1 then e2` (sans branche `else`) a comme type `unit`. L'expression `e1` doit être de type `bool` et `e2` de type `unit`.

While

Dans une boucle `while e1 do e2 done`, l'expression `e1` doit être de type `bool` et `e2` de type `unit`. La boucle `while` a comme type `unit`.

For

Dans une boucle `for i = e1 to e2 do e3 done`, les expressions `e1` et `e2` doivent être de type `int` et l'expression `e3` de type `unit`. La boucle `for` a comme type `unit`.

Séquence

Dans une séquence `e1; e2`, l'expression `e1` doit être de type `unit` et `e2` est d'un type quelconque. Le type de `e2` donne celui de la séquence. Lorsque `e1` n'est pas de type `unit` on peut écrire `let _ = e1 in e2` ou encore `ignore (e1); e2`.

Déclaration

Dans une déclaration *locale* `let p = e1 in e2`, le motif `p` et l'expression `e1` doivent être de même type. Le type de `e2` est quelconque et constitue le type de la déclaration. Dans une déclaration *globale* `let p = e`, le type de `p` est celui de `e`.

Fonction

Une fonction de la forme `function p -> e` ou `fun p -> e` a pour type `t1 -> t2`, où `t1` est le type du motif `p` et `t2` est le type de l'expression `e`.

Application

L'application `e1 e2` nécessite que `e1` soit de type `t1 -> t2` et que `e2` soit de type `t2`. Le type du résultat de l'application est `t2`.

Filtrage

Les contraintes dans la construction de filtrage :

```
match e with
 | p1 when b1 -> e1
 | ...
 | pk when bk -> ek
```

sont que les expressions `e1`, ..., `ek` doivent avoir le même type et que les expressions `b1`, ..., `bk` doivent être de type `bool`. Les motifs `p1`, ..., `pk` doivent avoir le même type que `e`. Le type global de cette construction est celui des expressions `e1`, ..., `ek`.

Exception

Dans un bloc `try-with` de la forme :

```
try
 e
with
 | p1 -> e1
 | ...
 | pk -> ek
```

les expressions `e`, `e1`, ..., `ek` doivent toutes être de même type. Les motifs `p1`, ..., `pk` doivent désigner des exceptions (du type prédéfini `exn`). Le type du bloc `try-with` est celui de l'expression `e`.

3.2 Modèle d'exécution

Pour utiliser au mieux un langage de programmation, il convient de comprendre son modèle d'exécution ; OCaml ne fait pas exception. Par modèle d'exécution, on entend notamment le coût en temps (voir section suivante) et en espace des différentes constructions du langage. Même si on peut les ignorer le plus souvent, en restant à un certain niveau d'abstraction, on gagne à les connaître et à les comprendre.

Représentation des valeurs

On commence par expliquer la représentation mémoire des valeurs OCaml. Une valeur OCaml occupe exactement un mot mémoire (32 ou 64 bits, selon l'architecture). Si on considère ce mot comme un entier, on distingue alors deux cas selon sa parité :

- s'il s'agit d'un entier impair $2n + 1$, on l'interprète comme la valeur entière n ;
- s'il s'agit d'un entier pair, on l'interprète comme un pointeur.

Plus simplement, on peut dire qu'une valeur OCaml est soit un entier, soit un pointeur. Lorsqu'il s'agit d'un entier, il peut représenter une valeur de type `int`, un caractère, un booléen, ou encore un constructeur constant comme `[]` ou `None`. Ceci explique notamment la limitation du type `int` à 31 bits (63 sur une machine 64 bits), déjà évoquée plus haut. Lorsqu'il s'agit d'un pointeur, il pointe vers un *bloc* alloué en mémoire. Un bloc occupe $k + 1$ mots mémoire, avec $k \geq 1$. Le premier mot du bloc, appelé *en-tête*, joue un rôle particulier que nous expliquons plus loin. Les k mots suivants contiennent des valeurs OCaml et on dit que k est la taille du bloc. On représentera ainsi un bloc de taille 5 :

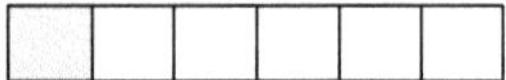

Ainsi la paire `(1,2)` est représentée par un pointeur vers un bloc contenant deux valeurs, à savoir les valeurs entières 3 et 5 représentant respectivement les entiers 1 et 2 :

	3	5

Plus généralement, un n-uplet est représenté par un pointeur vers un bloc de taille n. Les tableaux et les enregistrements sont également représentés en mémoire par pointeurs vers des blocs. Ainsi le tableau `[|1; 2|]` et l'enregistrement `{a=1; b=2}` sont représentés en mémoire *exactement* comme la paire `(1,2)` précédente. On a expliqué plus haut qu'une référence n'était qu'un cas particulier d'enregistrement, avec un unique champ `contents` (voir le complément d'information de la section *2.6 Tracé de courbe* du chapitre 2). On en déduit que la valeur `ref 1` est représentée en mémoire sous la forme d'un bloc de taille 1, c'est-à-dire :

	3

Le caractère `mutable` du champ `contents` signifie que la valeur contenue dans ce bloc, ici 3, peut être modifiée en place. Il en va de même pour les valeurs d'un tableau.

Intéressons-nous maintenant à la représentation des types construits. L'idée est très simple : les constructeurs constants sont représentés par des entiers et les autres constructeurs par des (pointeurs vers des) blocs. Prenons l'exemple du type :

```
type t = A | B of t * t | C | D of char
```

Ses deux constructeurs constants `A` et `C` sont représentés respectivement par les entiers 1 et 3, et ses deux constructeurs non constants `B` et `D` par des pointeurs vers des blocs de tailles respectives 2 et 1. Ainsi la valeur `B (A, B (D 'a', C))` correspond à trois blocs de la forme suivante :

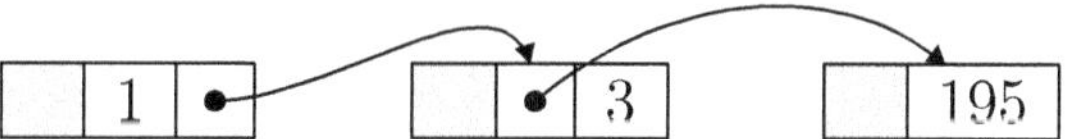

Ici, la valeur 195 correspond à $2 \times 97 + 1$, car 97 est le code du caractère `'a'`.

Pour un accès plus rapide au premier champ, le pointeur vers un bloc pointe vers celui-ci, et non pas vers son en-tête. C'est ce dernier qui contient la nature du constructeur, ici `B` ou `D`. Cette information est notamment utilisée par le filtrage.

Considérons le type des listes comme second exemple : le constructeur constant `[]` est représenté par l'entier 1 et le constructeur `::` est représenté par (un pointeur vers) un bloc de taille 2. La liste `1 :: 2 :: 3 :: []` est donc représentée en mémoire de la façon suivante :

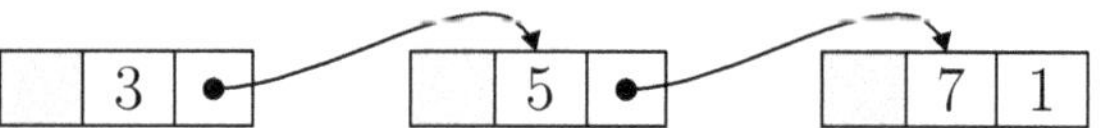

On constate en particulier que les listes d'OCaml ne sont fondamentalement pas différentes des listes chaînées que l'on utiliserait en C ou en Java. Lorsqu'un programme OCaml manipule des listes (pour les passer en arguments à des fonctions, les renvoyer, etc.), il ne fait que manipuler des pointeurs vers des blocs, exactement comme le ferait un programme C ou Java. La différence essentielle est qu'OCaml ne permet de construire que des listes bien formées, en particulier parce que les pointeurs ne sont pas explicités. Là où un programmeur C ou Java doit *penser* à tester si un pointeur est `null`, le programmeur OCaml utilisera une construction de filtrage qui l'*obligera* à considérer ce cas, mais avec une grande concision syntaxique.

De manière générale, l'en-tête indique la nature du bloc. Au-delà des cas que nous avons déjà illustrés, l'en-tête peut indiquer un nombre flottant, un tableau de flottants, une chaîne de caractères, un objet, une fonction, etc. Il est important de noter que cette information sur la nature de la valeur est bien plus pauvre que le type de la valeur. La représentation mémoire des valeurs OCaml ne contient pas de types. La bibliothèque standard d'OCaml fournit un module `Obj` permettant d'explorer la représentation des valeurs OCaml. On peut ainsi tester si une valeur correspond à un bloc, le cas échéant accéder à sa nature, sa taille et ses champs, etc. Ce module reste à utiliser avec précaution, de par sa nature fortement non typée.

Notation

Dans la suite de cet ouvrage, on simplifiera la représentation graphique des valeurs OCaml : les en-têtes ne seront pas dessinés et les valeurs entières ne subiront pas la transformation $n \mapsto 2n+1$. Ainsi, la liste `[1;2;3]` sera simplement représentée comme :

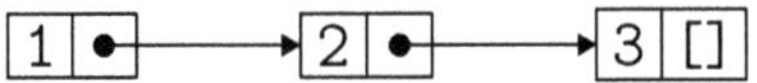

Opérateurs de comparaison

L'opérateur d'égalité `=` que nous avons déjà utilisé de nombreuses fois s'applique à n'importe quelles valeurs, pourvu qu'elles aient le même type. Ainsi, on peut s'en servir pour comparer des valeurs du type suivant :

```
# type ty = D | A of int | B of bool | C;;
type ty = D | A of int | B of bool | C
# A 1 = A 1 ;;
- : bool = true
# D = B true ;;
- : bool = false
```

Cet opérateur compare les structures des deux valeurs et correspond donc à l'égalité usuelle des mathématiques. On parle d'*égalité structurelle*. Sa négation s'écrit `<>`.

Le langage OCaml fournit par ailleurs un autre opérateur d'égalité, `==`, dit d'*égalité physique*. Sa négation s'écrit `!=`. L'opérateur `==` compare directement les valeurs en tant qu'entiers, même si ces entiers représentent des adresses mémoire. Ainsi, on peut observer que deux applications de constructeurs allouent deux blocs mémoire différents :

```
# A 1 == A 1 ;;
- : bool = false
```

Maintenant qu'on connaît la représentation des valeurs OCaml, on en déduit par ailleurs que les fonctions `=` et `==` coïncident sur des valeurs comme les entiers, les caractères, ou encore les constructeurs constants. Sur les types plus complexes, prédire le résultat d'une comparaison avec l'opérateur d'égalité physique est plus difficile. Cela revient à comprendre précisément ce qui est fait par le compilateur en terme d'allocation mémoire.

L'égalité physique répond *toujours* en temps constant, là où l'égalité structurelle peut prendre un temps arbitraire, voire boucler sur des données cycliques. Illustrons ce dernier point sur un exemple. On construit une liste cyclique `l` en utilisant la possibilité offerte par OCaml de définir une valeur avec `let-rec` :

```
# let rec l = 1 :: l ;;
l : int list = [1; 1; 1; ... ]
```

L'évaluation de `l == l` termine, tandis que celle de `l = l` ne termine pas.

```
# l == l ;;
- : bool = true
# l = l ;;
```

Le langage OCaml fournit d'autres opérateurs de comparaison structurelle : d'une part, <, >, <= et >= de type `'a -> 'a -> bool`, et d'autre part, une relation d'ordre `Pervasives.compare` de type `'a -> 'a -> int`, compatible avec les opérateurs précédents.

```
# C < A 1 ;;
- : bool = true
# A 1 < B true ;;
- : bool = true
# Pervasives.compare (A 1) (B true);;
- : int = -1
```

Ces relations de comparaison sont rendues possibles par la représentation uniforme des valeurs expliquée plus haut. Cependant, leur définition reste arbitraire et entièrement liée à la représentation interne des valeurs du langage. Cela reste néanmoins utile de disposer d'une relation d'ordre « générique », même arbitraire.

Par exemple, on s'en sert pour construire des structures complexes nécessitant une relation d'ordre, comme les ensembles :

```
# module S = Set.Make(
     struct type t = ty
            let compare = Pervasives.compare
     end);;
```

Ici, peu importe la définition de `Pervasives.compare`, du moment que c'est une relation d'ordre. Si en revanche on a besoin d'une comparaison particulière, on la définit.

Autres fonctions génériques

Le langage OCaml fournit d'autres fonctions génériques, comme :

- une fonction de hachage `Hashtbl.hash` de type `'a -> int`;
- des fonctions de sérialisation, déjà évoquées plus haut (voir le complément d'information de la section *2.7 Copie d'un fichier* du chapitre 2).

Gestion automatique de la mémoire

Comme dans d'autres langages tels que Lisp ou Java, la gestion de la mémoire en OCaml est automatisée. Cela signifie que le programmeur explicite son allocation (en construisant un tableau ou un enregistrement, en appliquant un constructeur, etc.) mais pas sa *désallocation*. Celle-ci est effectuée automatiquement, par le GC (pour *garbage collector* en anglais). Le fonctionnement du GC est intimement lié à la représentation des valeurs OCaml. D'une part, la parité de la valeur indique au GC s'il s'agit ou non d'un pointeur. D'autre part, dans le cas d'un bloc, l'en-tête contient de l'information nécessaire au GC : la nature du bloc, comme nous l'avons expliqué plus haut, mais aussi sa taille, ainsi que quelques bits pour marquer le bloc comme utilisé. Ainsi, sur une architecture 32 bits, l'en-tête est de la forme suivante :

31 … 10	9 8	7 … 0
taille	GC	nature

La taille du bloc étant codée sur 22 bits, elle est relativement limitée (à $2^{22} - 1$, soit 4 194 303). C'est notamment la taille maximale des tableaux OCaml, qu'on obtient avec `Sys.max_array_length`. La taille maximale des chaînes de caractères est quatre fois plus grande car les chaînes bénéficient d'une représentation plus compacte que les tableaux. Ainsi, `Sys.max_string_length` = $2^{24} - 5 = 16\,777\,211$. Sur une machine 64 bits, en revanche, ces limites sont bien au-delà de ce que la mémoire permet d'allouer (respectivement $2^{54} - 1$ et $2^{57} - 9$).

Représentation des fonctions

Lorsqu'une fonction est utilisée comme une valeur de première classe (voir section *2.6 Tracé de courbe* du chapitre 2), elle est également représentée par un pointeur vers un bloc. On parle alors de *fermeture*. Une fermeture contient deux choses :

- un pointeur vers le code à exécuter ;
- les valeurs des variables susceptibles d'être utilisées par ce code ; cette partie s'appelle l'environnement.

La construction d'une fermeture consiste donc à allouer un bloc, dont la taille est déterminée par celle de l'environnement, c'est-à-dire par le nombre de variables libres dans le corps de la fonction. Inversement, l'application d'une fermeture f à une valeur v consiste à appeler la fonction indiquée par le pointeur de code de f, en lui passant deux arguments, à savoir l'environnement, sous la forme de la fermeture f elle-même, et la valeur v. Prenons l'exemple suivant :

```
let diff_quotient dx f x = (f (x +. dx) -. f x) /. dx

let derivative = diff_quotient 1e-10

let my_cos = derivative sin
```

La valeur `derivative` est une fonction, obtenue en appliquant partiellement la fonction `diff_quotient`. Elle est représentée par une fermeture, dont le pointeur de code correspond à `fun f -> fun x -> ...` et dont l'environnement contient la valeur de `dx`, à savoir `1e-10`. De même, la valeur de `my_cos` est une fermeture dont le pointeur de code correspond à `fun x -> ...` et dont l'environnement contient la valeur de `dx`, à savoir `1e-10`, et celle de `f`, à savoir `sin`. La valeur `sin` elle-même est un autre exemple de fermeture, dont l'environnement est vide.

3.3 Analyser le temps d'exécution d'un programme

De ce qui précède, on peut déduire un certain nombre de faits concernant le coût en temps des opérations du langage OCaml :

- L'application d'un constructeur non constant est proportionnelle au nombre de ses champs, puisqu'elle se limite à l'affectation, aux champs d'un bloc, des valeurs correspondant aux arguments du constructeur. Le nombre d'arguments d'un constructeur étant connu statiquement, c'est donc une opération en temps et espace constant.
- L'application d'une fonction se fait également en temps constant, quelle que soit la manière utilisée pour construire cette fonction. Bien entendu, on parle ici de l'opération d'application proprement dite, et non du coût de l'évaluation des arguments ni de la fonction elle-même, qui peuvent être arbitrairement coûteux.

Dans ce qui suit, on donne quelques outils pratiques et théoriques pour mesurer et analyser le temps d'exécution d'un programme.

Mesurer le temps d'exécution

Il est facile de mesurer le temps d'exécution total d'un programme, avec sa montre ou, mieux encore, avec un outil fourni par le système d'exploitation. On peut mesurer aussi facilement, et même très précisément, le temps d'exécution d'une *partie* d'un programme OCaml, à l'aide de la fonction `Unix.times` de la bibliothèque. Cette fonction renvoie un enregistrement, dont le champ `tms_utime` contient le temps passé dans l'exécution du programme depuis son lancement. Il s'agit là d'un nombre flottant, exprimé en secondes et dont la précision dépasse la milliseconde. En calculant la différence entre les deux valeurs renvoyées par cette fonction à deux instants différents du programme, on en déduit le temps d'exécution précis de cette partie du code. On écrira typiquement quelque chose comme :

```
let start = (times ()).tms_utime in
...
let stop = (times ()).tms_utime in
```

On calculera ensuite le laps de temps `stop -. start`. Les exercices 3.3 et 3.4 proposent d'écrire un code générique pour de telles mesures.

	$f(n) =$					
n	$\log n$	n	$n \log n$	n^2	n^3	2^n
10^1	–	–	–	–	–	–
10^2	–	–	–	–	–	∞
10^3	–	–	–	–	1 s	∞
10^4	–	–	–	–	17 m	∞
10^5	–	–	–	10 s	12 j	∞
10^6	–	–	–	17 m	∞	∞
10^7	–	–	–	1 j	∞	∞
10^8	–	–	2 s	116 j	∞	∞
10^9	–	1 s	21 s	∞	∞	∞

Figure 3.1
Temps d'exécution de $f(n)$ opérations, en supposant un milliard d'opérations par seconde. On note « – » lorsque le temps est en dessous d'une seconde et « ∞ » lorsqu'il dépasse une année.

Notion informelle de complexité

La mesure du temps d'exécution nous intéresse pour évaluer l'efficacité de notre programme, par exemple pour le comparer à un autre programme, mais aussi pour chercher à déterminer si on pourra résoudre un problème donné. Si on a écrit un programme qui trie un tableau de n entrées, on peut mesurer son temps d'exécution sur de petites valeurs de n et tenter d'extrapoler son temps d'exécution sur de plus grandes valeurs. Si par exemple on a pu trier $n = 1\,000$ entrées en un centième de seconde et si on observe que le temps d'exécution est multiplié par quatre chaque fois que n est multiplié par deux, alors on peut estimer grossièrement qu'il faudra plus de deux heures et demie pour trier un million d'entrées.

La *complexité* d'un programme, ou plus généralement d'un algorithme, est définie comme le nombre d'opérations élémentaires qu'il devra effectuer, en fonction de la taille des données en entrée. Dans l'exemple précédent, la complexité peut être exprimée comme une fonction f du nombre n des entrées : $f(n)$ est le nombre d'opérations élémentaires effectuées pour trier n entrées. Par opérations élémentaires, on peut désigner les opérations qui sont atomiques pour la machine, une addition par exemple. En supposant qu'une machine d'aujourd'hui en effectue un milliard par seconde, la figure 3.1 donne alors le temps d'exécution de $f(n)$ opérations pour différentes fonctions f.

En pratique, la nature précise des opérations élémentaires et leur coût respectif importent peu. On peut désigner par opération élémentaire toute opération dont le coût est constant, comme une opération arithmétique, l'application d'une fonction, d'un constructeur, une affectation, etc. On peut se contenter de retenir le principe suivant : on effectue un million d'opérations élémentaires de façon instantanée, un milliard en quelques dizaines de secondes et il faudra des heures pour en effectuer mille milliards.

Analyse de la complexité

Mieux qu'une évaluation expérimentale, on peut *analyser* le code d'un programme pour calculer le nombre d'opérations élémentaires qu'il va effectuer. Supposons par exemple que notre programme de tri soit écrit sous la forme de deux boucles imbriquées telles que :

```
for i = 1 to n - 1 do
  for j = i downto 1 do
    ...
```

où le code omis (dénoté par ...) ne contient qu'un nombre fini, appelons-le C, d'opérations élémentaires. Alors, on peut en déduire que la complexité totale est exactement :

$$f(n) = \sum_{i=1}^{n-1} C \times i = C\frac{n(n-1)}{2}.$$

Ceci confirme notre évaluation expérimentale qu'une multiplication par deux de n multiplie $f(n)$ par quatre, approximativement. En pratique, il est rarement aussi simple d'analyser la complexité. Certaines opérations ne seront effectuées que dans certains cas, selon les tests effectués par le programme, qui dépendent généralement des entrées. On se contente généralement d'une complexité *dans le pire des cas* qui majore le nombre total d'opérations effectuées. On peut aussi calculer une complexité *en moyenne*, sur l'ensemble des entrées possibles de taille n et pour une distribution donnée de ces entrées.

Notation de Landau

En pratique, on utilise la notation O de Landau pour borner la complexité d'un programme. Pour exprimer qu'une fonction f sur les entiers naturels ne croît pas plus vite qu'une autre fonction g sur les entiers naturels, on écrit :

$$f(n) = O(g(n))$$

Cela signifie qu'il existe une constante C telle que $f(n) \leq Cg(n)$ à partir d'un certain rang, c'est-à-dire, plus formellement :

$$\exists C \exists N, \forall n \geq N, \ f(n) \leq Cg(n)$$

Si $f(n)$ désigne la complexité d'un algorithme, comme fonction d'un paramètre n, on dira « la complexité de l'algorithme est en $O(g(n))$ » pour signifier $f(n) = O(g(n))$. Dans notre exemple de tri, la complexité est en $O(n^2)$.

Un algorithme dont la complexité est en $O(1)$ s'exécute en temps constant, indépendamment de la taille des données. C'est donc un ensemble constant d'opérations élémentaires, deux additions et une multiplication par exemple. On dit d'un algorithme qu'il est *logarithmique* si sa complexité est en $O(\log n)$, *linéaire* si elle est en $O(n)$, *linéarithmique* si elle est $O(n \log n)$, *quadratique* si elle est en $O(n^2)$ et plus généralement *polynomial* s'il existe une constante k telle que sa complexité soit en $O(n^k)$ et *exponentielle* si elle est en $O(2^n)$.

En général, on ne cherchera pas à exhiber les constantes C et N cachées dans la notation O. Seul nous intéresse l'ordre de grandeur asymptotique, par exemple pour affirmer qu'un algorithme est meilleur qu'un autre. Bien entendu, pour *une* valeur donnée de n, un algorithme en $O(n^2)$ peut tout à fait prendre moins de temps à s'exécuter qu'un autre en $O(\log n)$, par le biais des constantes derrière les O.

Complexité amortie

Il est souvent intéressant de calculer la complexité totale d'une suite de n opérations et de la diviser ensuite par n, pour obtenir le coût moyen de chaque opération. Ce coût moyen peut se révéler inférieur à la complexité dans le pire des cas. On parle alors de *complexité amortie* pour désigner la complexité moyenne ainsi obtenue, par opposition à celle dans le pire des cas. Nous donnerons des exemples de complexité amortie dans les chapitres 4 et 6.

3.4 Exercices

Algorithme de typage

3.1 Les fonctions suivantes sont-elles bien typées ? Si oui, donner leur type, sinon préciser pourquoi.

```
let f1 x = let y = !x + 2 in y
let f2 n = for i = 1 to n do i + 4 done
let f3 m n = if n = m then 1 else 2
let f4 l = match l with [] -> [] | y :: s -> [s]
let f5 x y = let z = x + 1 in y || z > 10
let f6 x = let z = ref x in z + 1
let f7 x y = for i = x to 10 do y := x :: !y done; !y
let f8 x y z = x y z
```

3.2 Soient les deux fonctions suivantes :

```
let foo x = x.a := (snd x.b) + 1
let bar x = x.c <- (fst x.b) :: x.c
```

Donner un type enregistrement `'a t` de façon à ce que l'on ait :

```
val foo : 'a t -> unit
val bar : 'a t -> unit
```

Analyser le temps d'exécution d'un programme

3.3 Écrire une fonction `time: (unit -> unit) -> float` qui mesure le temps d'exécution de la fonction passée en argument. On utilisera la fonction `Unix.times` comme expliqué plus haut.

3.4 Écrire une fonction `time5: (unit -> unit) -> float` qui exécute cinq fois la fonction passée en argument, en mesurant à chaque fois le temps d'exécution, élimine la plus petite et la plus grande des valeurs obtenues et renvoie la moyenne des trois valeurs restantes.

3.5 Écrire un programme qui construit le tableau de la figure 3.1.

Deuxième partie

Structures de données

4

Tableaux

Une des structures de données les plus simples est le tableau, représenté par le type `array` d'OCaml. Dans ce chapitre, on présente des variantes de cette structure. On montre comment obtenir des tableaux redimensionnables, des tableaux compacts de booléens, des tableaux avec une opération efficace de concaténation et enfin des tableaux persistants.

4.1 Tableaux redimensionnables

Un tableau redimensionnable est un tableau dont on peut changer la taille à tout moment, avec une opération `resize`, aussi bien pour l'agrandir que pour la diminuer. La signature de tels tableaux est donnée dans le programme 17. Ces tableaux redimensionnables seront notamment réutilisés dans les chapitres 5 et 6.

L'idée derrière la réalisation d'un tableau redimensionnable est très simple : on utilise un tableau usuel pour stocker les éléments et, lorsqu'il devient trop petit, on en alloue un plus grand dans lequel on recopie les éléments du premier. Pour éviter de passer notre temps en allocations et en copies, on s'autorise à ce que le tableau de stockage soit trop grand, les éléments au-delà d'un certain indice n'étant pas significatifs.

Programme 17 — Signature minimale pour des tableaux redimensionnables

```
module type ResizeableArray = sig
  type 'a t
  val length : 'a t -> int
  val make : int -> 'a -> 'a t
  val resize : 'a t -> int -> unit
  val get : 'a t -> int -> 'a
  val set : 'a t -> int -> 'a -> unit
end
```

Le type des tableaux redimensionnables est donc un enregistrement contenant un tableau usuel dans un champ `data` et le nombre d'éléments significatifs dans un champ `size`.

```
type 'a t = {
  mutable size: int;
  mutable data: 'a array;
}
```

Si `v` est un tel tableau redimensionnable, on peut donc schématiser ainsi la situation :

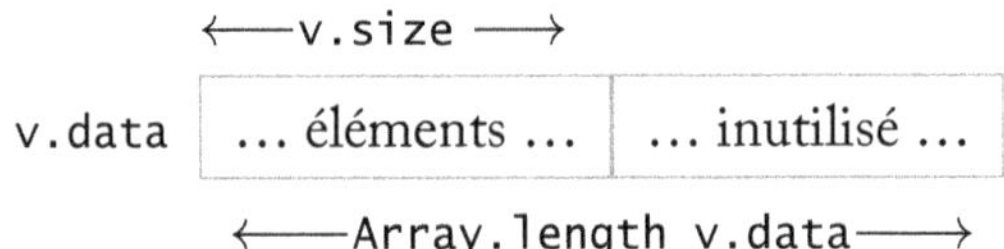

On maintiendra donc toujours l'invariant suivant :

$$0 \leq \texttt{v.size} \leq \texttt{Array.length v.data}$$

Lorsque l'on souhaite augmenter la taille du tableau `v`, deux cas de figure peuvent se présenter. Si la nouvelle taille demandée n'excède pas la capacité du tableau `v.data`, il suffit de modifier `v.size`. Dans le cas contraire, on alloue un nouveau tableau, suffisamment grand, on y recopie les éléments de `v.data` puis on affecte `v.data` à ce nouveau tableau. Lorsque l'on souhaite diminuer la taille du tableau `v`, il suffit de modifier `v.size`.

Il y a cependant une petite difficulté concernant ce dernier point : il ne faut pas conserver de pointeurs sur les éléments qui ne sont plus significatifs, afin que le GC puisse les récupérer lorsque cela est possible. Dès lors, il nous faut une valeur du bon type pour remplacer les éléments qui disparaissent. Pour cela, on va exiger une valeur par défaut lors de la création du tableau, qu'on conservera dans un troisième champ de la structure. On a donc au final le type suivant :

```
type 'a t = {
  mutable size: int;
  mutable data: 'a array;
}
```

Écrivons maintenant le code des différentes opérations. La longueur du tableau redimensionnable est donc directement donnée par le champ `size`.

```
let length a = a.size
```

Pour créer un nouveau tableau redimensionnable, il suffit d'utiliser `Array.make` et de stocker la valeur par défaut et la taille.

```
let make n d = { default = d; size = n; data = Array.make n d }
```

D'une manière plus générale, on va maintenir l'invariant suivant sur le type `t` : tous les éléments à partir de l'indice `size`, c'est-à-dire tous les éléments non significatifs, ont la valeur par défaut stockée dans le champ `default`.

Pour accéder au `i`-ième élément du tableau redimensionnable `a`, il convient de vérifier la validité de l'accès, car le tableau `a.data` peut contenir plus de `a.size` éléments.

```
let get a i =
  if i < 0 || i >= a.size then invalid_arg "get";
  a.data.(i)
```

On note qu'une fois la vérification faite, on pourrait même accéder à `a.data` avec `Array.unsafe_get` pour plus d'efficacité. L'affectation est analogue :

```
let set a i v =
  if i < 0 || i >= a.size then invalid_arg "set";
  a.data.(i) <- v
```

Programme 18 — Tableaux redimensionnables

```
type 'a t = {
  default: 'a;
  mutable size: int;
  mutable data: 'a array;
}

let length a = a.size

let make n d = { default = d; size = n; data = Array.make n d }

let get a i =
  if i < 0 || i >= a.size then invalid_arg "get";
  a.data.(i)

let set a i v =
  if i < 0 || i >= a.size then invalid_arg "set";
  a.data.(i) <- v

let resize a s =
  if s <= a.size then
    Array.fill a.data s (a.size - s) a.default
  else begin
    let n = Array.length a.data in
    if s > n then begin
      let n' = max (2 * n) s in
      let a' = Array.make n' a.default in
      Array.blit a.data 0 a' 0 a.size;
      a.data <- a'
    end
  end;
  a.size <- s
```

Toute la subtilité est dans la fonction `resize` qui modifie la taille d'un tableau redimensionnable a pour lui donner une nouvelle valeur `s`. Plusieurs cas de figure se présentent. Si la nouvelle taille `s` est inférieure ou égale à `a.size`, il suffit de remplacer les éléments compris entre `s` et `a.size-1` par `a.default`.

```
let resize a s =
  if s <= a.size then
    Array.fill a.data s (a.size - s) a.default
```

On pourrait aussi réallouer les éléments dans un tableau plus petit ; l'exercice 4.2 propose de le faire sous certaines conditions. Si en revanche `s` est plus grand que `a.size`, il faut tester si le tableau `a.data` est assez grand pour contenir `s` éléments. On calcule donc la taille `n` du tableau `a.data` et on la compare à `s`.

```
  else begin
    let n = Array.length a.data in
    if s > n then begin
```

Si `s` est plus grand que `n`, il convient de redimensionner le tableau. On choisit ici la stratégie consistant à doubler la taille du tableau `a.data` (l'exercice 4.1 propose une autre stratégie). Comme cela pourrait ne pas suffire, on calcule la nouvelle taille comme le maximum de `2 * n` et `s`.

```
      let n' = max (2 * n) s in
```

Pour être parfait, il faudrait également se limiter à la taille maximale des tableaux, c'est-à-dire `Sys.max_array_length`, et échouer si la valeur `s` demandée est trop grande. Ceci est laissé en exercice.

On alloue alors un nouveau tableau de taille `n'` dans lequel on recopie les éléments significatifs de `a.data`. On utilise pour cela la fonction `Array.blit` qui copie une portion de tableau dans un autre.

```
      let a' = Array.make n' a.default in
      Array.blit a.data 0 a' 0 a.size;
```

Puis on remplace le tableau `a.data` par le nouveau tableau.

```
      a.data <- a'
    end
  end;
```

Dans le cas où `s <= n`, il n'y a rien à faire. Enfin, dans tous les cas de figure, on conclut en mettant à jour le champ `size`.

```
a.size <- s
```

Ceci achève le code des tableaux redimensionnables. L'intégralité du code est donnée programme 18 (voir page 156).

Complexité

Une application typique d'un tableau redimensionnable consiste à y accumuler des valeurs dont on ne connaît pas le nombre initialement (voir l'exercice 4.3). Supposons donc qu'on parte d'un tableau redimensionnable de longueur 0 et qu'on augmente n fois sa longueur d'une unité, pour obtenir au final un tableau de longueur n. Avec une stratégie naïve consistant à donner au tableau `data` exactement la longueur du tableau redimensionnable, chaque `resize` avec une longueur i aurait alors un coût i, soit un coût total quadratique :

$$1 + 2 + \cdots + n = \frac{n(n+1)}{2} = O(n^2).$$

Cependant, la stratégie de `resize` est plus subtile, car elle consiste à doubler (au minimum) la taille du tableau lorsqu'il doit être agrandi. Montrons que le coût total est alors linéaire. Supposons, sans perte de généralité, que $n \geq 2$ et posons $k = \lfloor \log_2(n) \rfloor$ c'est-à-dire $2^k \leq n < 2^{k+1}$. Au total, en partant d'un tableau vide, on aura effectué $k+2$ redimensionnements pour arriver à un tableau `data` de taille finale 2^{k+1}. Après le i-ième redimensionnement, pour $i = 0, \ldots, k+1$, le tableau a une taille 2^i et le i-ième redimensionnement a donc coûté 2^i. Le coût total est alors :

$$\sum_{i=0}^{k+1} 2^i = 2^{k+2} - 1 < 4n.$$

Autrement dit, certaines opérations `resize` ont un coût constant (lorsque le redimensionnement n'est pas nécessaire) et d'autres au contraire un coût non constant, mais la complexité totale reste linéaire. Ramené à l'ensemble des n opérations, tout se passe comme si chaque opération d'ajout d'un élément avait eu un coût constant. L'extension d'un tableau redimensionnable d'une unité a donc une *complexité amortie* $O(1)$.

4.2 Tableaux de bits

Si un programme a besoin de manipuler un ensemble d'entiers, si ces entiers sont compris dans un intervalle raisonnable et si la persistance n'est pas exigée, alors un simple tableau de booléens suffit. C'est par exemple ce que nous avons fait dans la section *2.5 Crible d'Ératosthène*. Cependant, un booléen étant typiquement représenté par un mot en mémoire, soit 32 ou 64 bits selon l'architecture, le gaspillage de place est énorme : le tableau de booléens occupe 32 ou 64 fois plus de place qu'il n'en faut, puisqu'un unique bit par élément suffirait. La structure de tableau de bits, en anglais *bit vector*, permet précisément de n'utiliser qu'un seul bit par élément.

La signature d'une telle structure est exactement celle des tableaux, à ceci près que les éléments sont du type `bool`. Le début d'une telle signature est donné programme 19 (voir page suivante).

La réalisation consiste à utiliser un simple tableau d'entiers et à stocker plusieurs booléens dans chacun de ces entiers, précisément 31 sur une architecture 32 bits et 63 sur une architecture 64 bits (OCaml réservant un bit de chaque entier à l'usage du GC). Introduisons dès à présent le nombre `bpi` de booléens stockés dans chaque entier.

```
let bpi = Sys.word_size - 1
```

La taille maximale d'un tableau de bits est donc donnée par la valeur suivante :

```
let max_length = Sys.max_array_length * bpi
```

Pour représenter un tableau de bits, on introduit le type `t` suivant :

```
type t = {
  length : int;
  bits : int array;
}
```

Le champ `length` contient le nombre effectif de booléens présents dans le tableau de bit, car celui-ci n'est pas nécessairement un multiple de `bpi`. Le champ `bits` contient le tableau d'entiers. Si $b_0, b_1, \dots, b_{\texttt{bpi}-1}$ sont les `bpi` premiers éléments du tableau de booléens, ils sont représentés dans la première case du tableau `bits` par l'entier :

$$b_0 + 2b_1 + \cdots + 2^{\texttt{bpi}-1} b_{\texttt{bpi}-1}$$

Programme 19 — Signature minimale des tableaux de bits

```
module type Bitv = sig
  type t
  val create : int -> bool -> t
  val length : t -> int
  val get : t -> int -> bool
  val set : t -> int -> bool -> unit
end
```

Les `bpi` éléments suivants sont représentés de la même façon par le second entier du tableau `bits`, et ainsi de suite. Dans le cas où le nombre d'éléments n'est pas un multiple de `bpi`, certains bits de poids fort du dernier entier du tableau ne sont pas utilisés. Afin de permettre la comparaison structurelle des tableaux de bits, on choisit d'imposer l'invariant suivant sur la représentation :

les bits de poids fort inutilisés valent 0 (4.1)

On pourra ainsi utiliser les opérations d'OCaml `=` ou `<>` sur des tableaux de bits, quelle que soit la façon dont ils ont été construits.

Création

Commençons par la fonction `create`, qui construit un tableau de bits de taille `n` où tous les éléments prennent la même valeur `b`. Si on omet l'entier le plus haut, tous les éléments du tableau `bits` vont contenir la même valeur, à savoir 0 si `b` vaut `false` et -1 si `b` vaut `true`. En effet, en complément à deux, -1 s'écrit en binaire avec uniquement des chiffres 1, c'est-à-dire $-1 = (1 \cdots 1)_2$. La fonction `create` commence donc par construire la valeur d'initialisation 0 ou -1 en fonction de `b`.

```
let create n b =
  let initv = if b then -1 else 0 in
```

Le nombre d'éléments du tableau `bits` est ensuite déterminé par la division euclidienne de `n` par `bpi`.

```
  let q = n / bpi and r = n mod bpi in
```

Programme 20 — Création d'un tableau de bits

```
let create n b =
  let initv = if b then -1 else 0 in
  let q = n / bpi and r = n mod bpi in
  if r = 0 then
    { length = n; bits = Array.make  q initv }
  else begin
    let a = Array.make  (q + 1) initv in
    if b then a.(q) <- (1 lsl r) - 1;
    { length = n; bits = a }
  end
```

Si le reste `r` vaut 0, alors tous les éléments du tableau sont entièrement utilisés et il suffit de construire un tableau de taille `q` initialisé par `initv`.

```
if r = 0 then
  { length = n; bits = Array.make q initv }
```

Si en revanche le reste `r` est non nul, il faut construire un tableau de $q + 1$ entiers. Tous les éléments contiennent `initv`, à l'exception du dernier dont les éléments de poids fort doivent être nuls pour respecter l'invariant. Plus précisément, si `b` vaut `true`, alors le dernier élément du tableau doit contenir exactement `r` bits de poids faible à 1, ce qui s'obtient facilement par l'expression `(1 lsl r) - 1`. Ceci achève la fonction `create` :

```
else begin
  let a = Array.make (q + 1) initv in
  if b then a.(q) <- (1 lsl r) - 1;
  { length = n; bits = a }
end
```

La totalité du code est donnée programme 20.

Lecture

Pour accéder en lecture au n-ième élément d'un tableau de bits, il faut déterminer d'une part l'élément i du tableau correspondant, et d'autre part le bit j de cet entier qui représente le bit n. Les valeurs de i et j s'obtiennent par une division euclidienne de n par `bpi`. Étant donné le i-ième élément du tableau, pour extraire le j-ième bit proprement dit, il suffit de décaler cet entier de j positions vers la droite avec `lsr`, puis de tester le bit de poids faible. Au final, on a donc la fonction d'accès suivante :

```
let get v n =
  let i = n / bpi and j = n mod bpi in
  (v.bits.(i) lsr j) land 1 <> 0
```

De manière équivalente, on peut aussi réaliser une opération *et* bit à bit avec l'entier contenant un unique bit à la position j, qui s'obtient avec l'expression `1 lsl j` :

```
  v.bits.(i) land (1 lsl j) <> 0
```

Écriture

Pour positionner le n-ième élément d'un tableau de bits `v` à la valeur `b`, de type `bool`, on commence par déterminer sa position exactement comme pour la lecture, par une division euclidienne de n par `bpi`.

```
let set v n b =
  let i = n / bpi and j = n mod bpi in
```

On considère alors séparément les deux cas possibles. Si `b` vaut `true`, c'est-à-dire s'il faut mettre le bit j de `v.bits.(i)` à 1, on effectue un *ou logique* avec l'entier contenant exactement un bit à 1 à la j-ième position.

```
  if b then
    v.bits.(i) <- v.bits.(i) lor (1 lsl j)
```

Sinon, il faut mettre le bit j à 0, ce qui peut être fait avec un *et logique* sur un entier contenant tous les bits à 1 sauf le j-ième.

```
  else
    v.bits.(i) <- v.bits.(i) land lnot (1 lsl j)
```

La totalité du code des fonctions `get` et `set` est donnée programme 21. Ces deux opérations ont clairement un coût $O(1)$.

Programme 21 — Lecture et écriture dans un tableau de bits

```
let get v n =
  let i = n / bpi and j = n mod bpi in
  (v.bits.(i) lsr j) land 1 <> 0

let set v n b =
  let i = n / bpi and j = n mod bpi in
  if b then
    v.bits.(i) <- v.bits.(i) lor (1 lsl j)
  else
    v.bits.(i) <- v.bits.(i) land lnot (1 lsl j)
```

Opérations ensemblistes

Les tableaux de bits prennent tout leur intérêt lorsqu'ils sont utilisés pour représenter des ensembles. En particulier, les opérations d'union, d'intersection ou encore de complémentaire sont efficacement réalisées par les opérations bit à bit correspondantes.

Considérons par exemple l'opération de *et logique* sur deux tableaux de bits, `inter`, qui réalise donc l'intersection des ensembles correspondants. Cette opération n'est significative que sur deux tableaux de bits de même taille, ce que l'on commence par vérifier.

```
let inter v1 v2 =
  let l1 = v1.length in
  if l1 <> v2.length then invalid_arg "Bitv.inter";
```

Étant maintenant assuré que les deux tableaux ont la même taille, on réalise l'opération de *et logique* proprement dite. Pour cela, on utilise avantageusement la fonction `Array.mapi` qui construit un tableau en appliquant une fonction à tous les éléments d'un tableau.

```
  let b = Array.mapi (fun i ei -> ei land v2.bits.(i)) v1.bits in
  { length = l1; bits = b }
```

Ceci achève la fonction `inter`. On écrirait de même la fonction `union` effectuant un *ou logique* et donc une union ensembliste.

Programme 22 — Opérations *et* et *non* sur les tableaux de bits

```
let inter v1 v2 =
  let l1 = v1.length in
  if l1 <> v2.length then invalid_arg "Bitv.inter";
  let b = Array.mapi (fun i ei -> ei land v2.bits.(i)) v1.bits in
  { length = l1; bits = b }

let normalize v =
  let r = v.length mod bpi in
  if r > 0 then
    let s = Array.length v.bits - 1 in
    v.bits.(s) <- v.bits.(s) land (1 lsl r - 1)

let compl v =
  let b = Array.map lnot v.bits in
  let r = { length = v.length; bits = b } in
  normalize r;
  r
```

On note que l'invariant (4.1) est bien respecté, car le *et* ou le *ou* préservent les 0 inutiles de poids fort. Ce n'est pas le cas d'autres opérations bit à bit comme la *négation* ou le *ou exclusif*. Pour celles-ci, il faut rétablir l'invariant en annulant les bits de poids fort inutiles *a posteriori*. Écrivons une fonction `normalize` pour cela. Elle commence par identifier le nombre `r` de bits significatifs dans l'entier à rectifier.

```
let normalize v =
  let r = v.length mod bpi in
```

Si ce nombre est non nul, il convient d'annuler tous les bits à partir du bit d'indice `r`, ce qui peut être réalisé avec le masque contenant exactement les `r` bits de poids faible à 1, c'est-à-dire `1 lsl r - 1`.

```
  if r > 0 then
    let s = Array.length v.bits - 1 in
    v.bits.(s) <- v.bits.(s) land (1 lsl r - 1)
```

Ceci achève la fonction `normalize`.

On en déduit aisément une fonction `compl` qui calcule la négation bit à bit d'un tableau de bits, c'est-à-dire le complémentaire de l'ensemble correspondant.

```
let compl v =
  let b = Array.map lnot v.bits in
  let r = { length = v.length; bits = b } in
  normalize r;
  r
```

Les fonctions `inter` et `compl` sont résumées programme 22 (voir page 164). Elles ont un coût $O(n)$ en temps et en espace, où n est la taille des tableaux de bits concernés.

Parmi les opérations ensemblistes intéressantes, on peut également considérer le parcours de tous les éléments. Pour un tableau de bits, cela revient à parcourir l'ensemble des indices pour lequels le booléen correspondant est `true`. Un tel parcours peut être proposé sous la forme d'une fonction telle que :

```
val iteri_true : (int -> unit) -> t -> unit
```

Pour réaliser cette fonction, il faut parcourir les bits à 1 dans le tableau. Il suffit donc de parcourir les différents éléments du tableau avec `Array.iteri`. Puis, pour chaque élément, on parcourt les bits à 1 avec une boucle testant successivement chaque bit. On obtient alors le code suivant :

```
let iteri_true f v =
  Array.iteri
    (fun i ei ->
       let index = i * bpi in
       for j = 0 to bpi - 1 do
         if ei land (1 lsl j) <> 0 then f (index + j)
       done)
    v.bits
```

Il n'est pas nécessaire de faire un cas particulier pour le dernier élément du tableau, car l'invariant garantit justement que les bits inutiles valent 0.

Programme 23 — Parcours des bits à 1 d'un tableau de bits

```
let iteri_true f v =
  Array.iteri
    (fun i ei ->
       let index = i * bpi in
       let rec visit x =
         if x <> 0 then begin
           let b = x land -x in
           f (index + ntz b);
           visit (x - b)
         end
       in
       visit ei)
    v.bits
```

Bien que correcte, cette solution est relativement peu efficace, car elle teste successivement *tous* les bits du tableau. On aimerait que le coût du parcours soit plus faible s'il y a peu de bits à 1. Autrement dit, il nous faut un moyen efficace de parcourir les bits à 1 d'un entier.

Il se trouve que la représentation en complément à deux permet d'extraire facilement le bit à 1 le plus faible d'un entier `x`, par un *et logique* entre `x` et `-x` (voir exercice 4.5). On obtient ainsi un moyen efficace de parcourir les bits à 1 d'un entier, en extrayant et en supprimant successivement chaque bit à 1, du plus faible vers le plus fort.

Il reste cependant une difficulté : l'expression `x land -x` n'indique pas la *position* i du bit à 1 le plus faible de `x`, mais vaut 2^i. Il faut donc calculer le logarithme à base 2 de cette valeur ou, de manière équivalente ici, le nombre de 0 de poids faible.

Supposons donnée une fonction `ntz`, pour *number of trailing zeros*, calculant justement le nombre de 0 de poids faible d'un entier.

On peut alors réécrire la partie du code de `iteri_true` qui examine les bits à 1 de `ei`, à l'aide d'une fonction récursive `visit` plutôt qu'une boucle `for`.

```
let rec visit x =
  if x <> 0 then begin
    let b = x land -x in
    f (index + ntz b);
    visit (x - b)
  end
in
visit ei
```

La fonction `visit` termine dès que son argument est nul, c'est-à-dire ne contient plus de bit à 1. Sinon, on extrait le bit à 1 le plus faible, `b`, on appelle `f` sur l'indice correspondant `index + ntz b`, puis on rappelle `visit` sur `x-b` c'est-à-dire `x` auquel on a oté le bit `b`. L'intégralité du code de `iteri_true` est donnée programme 23 (voir page 166). La fonction `ntz` est l'objet de l'exercice 4.6.

Écrivons enfin une fonction `cardinal: t -> int` qui calcule le nombre de bit à 1 dans le tableau de bits, c'est-à-dire le cardinal de l'ensemble. Il suffit de faire la somme du nombre de bits à 1 pour chaque élément du tableau. Si on suppose donnée une fonction `pop` de type `int -> int` calculant précisément le nombre de bits à 1 d'un entier, alors la fonction `cardinal` est immédiate.

```
let cardinal v =
  Array.fold_left (fun n x -> n + pop x) 0 v.bits
```

Il reste à écrire la fonction `pop`, dont le nom vient de *population count*. On peut l'écrire très facilement en extrayant les bits un par un, toujours grâce à l'expression `x land -x` :

```
let pop x =
  let rec count n x =
    if x = 0 then n else count (n + 1) (x - (x land -x)) in
  count 0 x
```

On peut rendre cette fonction plus efficace encore en la tabulant (voir exercice 4.12).

Autres opérations sur les tableaux de bits

Pour être complète, une bibliothèque de tableaux de bits doit également proposer d'autres opérations : d'une part des opérations identiques à celles que l'on trouve pour les tableaux, comme `append`, `sub`, `fill` ou encore `blit` ; et d'autre part des opérations arithmétiques interprétant un tableau de bits comme un entier sur n bits, telles que l'addition, les décalages ou encore les conversions avec les différents types d'entiers d'OCaml. Certaines de ces opérations sont proposées en exercice (voir les exercices 4.8 à 4.11).

Pour en savoir plus

L'ouvrage de Warren *Hacker's Delight* [24] détaille de nombreuses techniques de manipulation des bits d'un entier, telles que celles que nous avons utilisées pour la réalisation des arbres de Patricia et des tableaux de bits. En particulier, plusieurs variantes des fonctions `ntz` et `pop` sont données.

4.3 Cordes

Cette section présente la structure de *corde*. À l'origine, cette structure a été introduite comme une alternative aux chaînes de caractères, pour remédier aux problèmes suivants :

- Les chaînes ne sont pas persistantes (vrai pour OCaml mais par pour tous les langages de programmation ; les chaînes de caractères de Java, par exemple, sont immuables).
- Les chaînes sont limitées en taille (c'est particulièrement vrai en OCaml où la limite est de $2^{24} - 5$ caractères sur une machine 32 bits).
- Les opérations de concaténation et d'extraction de sous-chaîne ont un coût important, notamment en espace, car elles impliquent des copies.

Pour remédier à ces différents problèmes, la structure de corde s'appuie sur une idée très simple : une corde n'est rien d'autre qu'un arbre binaire dont les feuilles sont des chaînes (usuelles) de caractères et dont les nœuds doivent être vus comme des concaténations. Une corde correspond donc au type suivant :

```
type t =
  | Str of string
  | App of t * t
```

Ainsi, la chaîne "a very long string" peut être représentée, parmi de nombreuses autres solutions, par la valeur suivante :

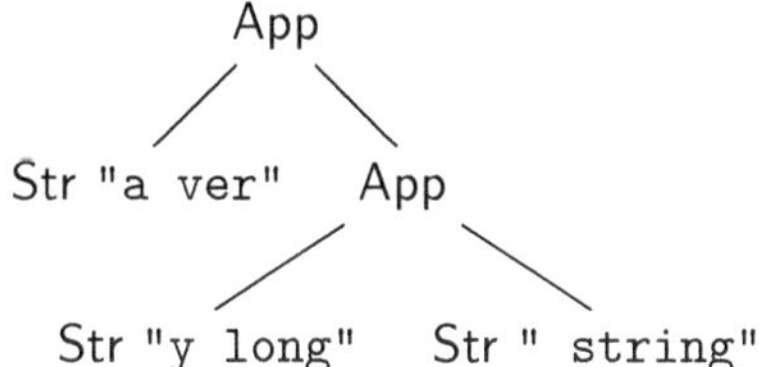

Deux considérations nous poussent à raffiner légèrement le type t proposé. D'une part, de nombreux algorithmes auront besoin d'un accès efficace à la longueur d'une corde, notamment pour décider de descendre dans le sous-arbre gauche ou dans le sous-arbre droit d'un nœud App. Il est donc souhaitable d'ajouter la taille de la corde comme une décoration de chaque nœud interne. D'autre part, il est important de pouvoir partager des sous-chaînes entre les cordes elles-mêmes et avec les chaînes usuelles qui ont été utilisées pour les construire. Dès lors, plutôt que d'utiliser un nœud Str pointant sur une chaîne OCaml complète, on va préférer un nœud désignant une sous-chaîne de cette chaîne OCaml. Une sous-chaîne est représentée par un triplet (s, o, n) dénotant $\mathtt{s}[o..o+n-1]$ c'est-à-dire la portion de la chaîne s de longueur n située au caractère o. On obtient donc le type suivant :

```
type t =
  | Str of string * int * int
  | App of t * t * int
```

Un nœud App(r_1, r_2, n) représente la concaténation des deux cordes r_1 et r_2, dont la longueur totale est n. On aurait pu tout aussi bien stocker les tailles de r_1 et r_2 dans le nœud ; mais ne garder que la taille totale est plus économe en taille mémoire, sans perte d'efficacité en pratique.

Généricité

On remarque que la notion de corde n'est pas liée à celle de chaîne de caractères. Plutôt que le type `string`, nous pourrions tout aussi bien utiliser des tableaux ou des listes de caractères et, plus généralement encore, des séquences de valeurs d'un autre type que celui des caractères. En fait, il suffit de disposer d'une structure de données pour des *séquences* d'un certain *type de caractères*. On peut alors construire des cordes dont les feuilles seront réalisées par ces séquences-là.

La structure de données obtenue a *la même signature* que celle de départ, à savoir celle de séquences pour le même type de caractères.

Le programme 24 donne une signature minimale `STRING` pour une structure de chaînes. Le type abstrait `t` est celui des chaînes et le type `char` celui de leurs caractères. Cette signature contient uniquement les opérations dont on a besoin pour réaliser une structure de corde. Celles-ci sont compatibles avec la bibliothèque `String` d'OCaml.

Programme 24 — Signature des chaînes quelconques

```
module type STRING = sig
  type t
  type char
  val length : t -> int
  val empty : t
  val make : int -> char -> t
  val get : t -> int -> char
  val append : t -> t -> t
  val sub : t -> int -> int -> t
end
```

On introduit une signature `ROPE` pour les cordes donnée programme 25. Elle contient le module `S` des chaînes de caractères qui seront les feuilles des cordes. La signature `ROPE` fournit les mêmes opérations que sur les chaînes, pour les mêmes caractères, ce qui est traduit par :

```
include STRING with type char = S.char
```

À la différence des chaînes d'OCaml, les cordes sont des chaînes immuables. Les opérations de modification (`set`, etc.) renvoient de nouvelles cordes.

Programme 25 — Signature des cordes

```
module type ROPE = sig
  module S : STRING
  include STRING with type char = S.char
  val of_string : S.t -> t
  val set : t -> int -> char -> t
  val delete_char : t -> int -> t
  val insert_char : t -> int -> char -> t
  val insert : t -> int -> t -> t
end
```

La structure de corde est naturellement réalisée comme un foncteur paramétré par un module `X` de signature `STRING` :

```
module Make(X : STRING) : (ROPE with module S = X) = struct
```

Le module obtenu par application de ce foncteur a la signature `ROPE with module S = X` qui spécifie que son module `S` est le module `X` passé en argument au foncteur. Le code commence donc par définir `S` comme étant égal à `X` :

```
module S = X
```

Le type des caractères des cordes est le même que celui des chaînes :

```
type char = S.char
```

Le type des cordes est exactement celui que nous avons donné précédemment :

```
type t =
  | Str of S.t * int * int
  | App of t * t * int
```

On va garantir plusieurs invariants sur ce type. D'une part, pour toute corde de la forme `Str (s, o, n)`, on a les inégalités :

$$0 \leq \texttt{o}, \quad 0 \leq \texttt{n} \quad \text{et} \quad \texttt{o} + \texttt{n} \leq \texttt{S.length s}$$

D'autre part, pour toute corde de la forme `App (u, v, n)`, on a les inégalités :

$$0 < \texttt{length u}, \quad 0 < \texttt{length v} \quad \text{et} \quad \texttt{n} = \texttt{length u} + \texttt{length v}$$

Opérations élémentaires

Par définition du type t, la longueur d'une corde est obtenue en temps constant.

```
let length = function
  | Str (_,_,n)
  | App (_,_,n) -> n
```

De manière immédiate, on construit la corde vide à partir d'une chaîne vide :

```
let empty =
  Str (S.empty, 0, 0)
```

Plus généralement, la corde correspondant à une chaîne s est donnée par :

```
let of_string s =
  Str (s, 0, S.length s)
```

Il est important de noter ici que pour garantir le caractère persistant de la corde, et même la correction des opérations sur les cordes, il est nécessaire que le type S.t soit lui-même persistant. Si par exemple S.t est le type string, alors l'utilisateur doit garantir que la chaîne s passée à la fonction of_string ne sera pas utilisée destructivement ou, mieux, en faire une copie.

Pour accéder au i-ième caractère d'une corde, il suffit de descendre dans l'arbre jusqu'à la bonne feuille. Nous supposons d'autre part que la validité de l'accès a été effectuée en amont. La partie récursive de l'accès s'écrit alors ainsi :

```
let rec unsafe_get t i = match t with
  | Str (s, ofs, _) ->
      S.get s (ofs + i)
  | App (t1, t2, _) ->
      let n1 = length t1 in
      if i < n1 then unsafe_get t1 i else unsafe_get t2 (i - n1)
```

On voit ici l'intérêt d'obtenir la taille de t1 en temps constant. La complexité de l'accès est donc bornée par la hauteur de l'arbre. Comme nous le verrons plus loin, les cordes peuvent être équilibrées de sorte à limiter cette hauteur.

Programme 26 — Opérations élémentaires sur les cordes

```
module Make(X : STRING) : (ROPE with module S = X) = struct

  module S = X

  type char = S.char

  type t =
    | Str of S.t * int * int
    | App of t * t * int

  let empty = Str (S.empty, 0, 0)

  let length = function
    | Str (_,_,n)
    | App (_,_,n) -> n

  let of_string s = Str (s, 0, S.length s)

  let make n c = of_string (S.make n c)

  let rec unsafe_get t i = match t with
    | Str (s, ofs, _) ->
        S.get s (ofs + i)
    | App (t1, t2, _) ->
        let n1 = length t1 in
        if i < n1 then unsafe_get t1 i else unsafe_get t2 (i - n1)

  let get t i =
    if i < 0 || i >= length t then invalid_arg "get";
    unsafe_get t i
```

Au-dessus de la fonction unsafe_get, on peut définir une fonction get qui vérifie la validité de l'accès.

```
let get t i =
  if i < 0 || i >= length t then invalid_arg "get";
  unsafe_get t i
```

Toutes ces opérations élémentaires sur les cordes sont regroupées programme 26 (voir page 173).

Concaténation

A priori, la concaténation de deux cordes t1 et t2 est aussi simple que l'application du constructeur App et le calcul de la longueur totale, c'est-à-dire :

```
let append t1 t2 =
  App (t1, t2, length t1 + length t2)
```

On note qu'il s'agit donc d'une opération en temps constant. Cependant, des concaténations itérées peuvent amener le nombre de nœuds à croître rapidement, et donc la hauteur de l'arbre, au détriment des performances des autres opérations. Deux idées différentes permettent de maîtriser le nombre de nœuds et la hauteur de l'arbre. La première consiste à réaliser effectivement la concaténation des chaînes lorsque de petites feuilles se retrouvent côte à côte dans l'arbre.

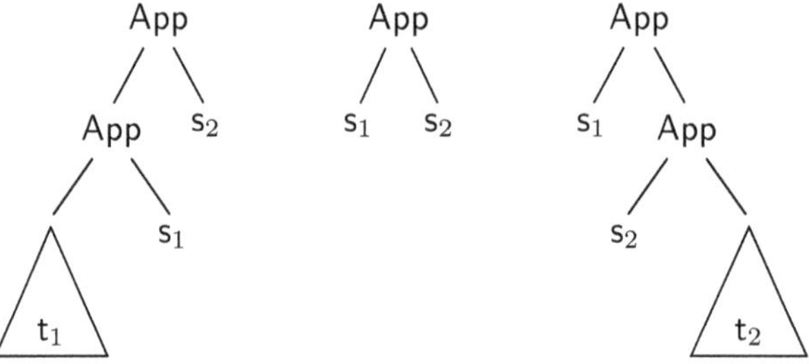

Figure 4.1
Situations de feuilles juxtaposées

On peut choisir par exemple d'effectuer la concaténation des feuilles s1 et s2 dans les trois situations illustrées figure 4.1. La première correspond à la concaténation d'une corde dont la partie droite est une petite feuille s1 avec une autre petite feuille s2 ; la deuxième correspond à la concaténation immédiate de deux petites feuilles s1 et s2 ; et la troisième est la symétrique de la première.

Pour déterminer si des feuilles sont suffisamment petites pour être concaténées, on se donne une constante :

```
let small_length = 256
```

Cette constante est ici complètement arbitraire et doit être adaptée à l'utilisation qui est faite des cordes. L'exercice 4.15 propose d'en faire un paramètre du foncteur.

Pour effectuer la concaténation de deux feuilles, on se donne la fonction suivante qui concatène plus généralement deux fragments des chaînes s1 et s2 :

```
let append_string s1 ofs1 len1 s2 ofs2 len2 =
  Str (S.append (S.sub s1 ofs1 len1) (S.sub s2 ofs2 len2),
       0, len1 + len2)
```

On peut donner maintenant le code de la fonction append qui effectue la concaténation de deux cordes t1 et t2.

On commence par traiter le cas où l'une des deux cordes est vide.

```
let append t1 t2 = match t1, t2 with
  | Str (_,_,0), t | t, Str (_,_,0) ->
      t
```

Ensuite, on considère les trois cas possibles où deux petites feuilles se retrouvent côte à côte. Le plus simple est celui où t1 et t2 sont directement les feuilles en question. On utilise alors la fonction append_string directement.

```
  | Str (s1, ofs1, len1), Str (s2, ofs2, len2)
   when len1 <= small_length && len2 <= small_length ->
      append_string s1 ofs1 len1 s2 ofs2 len2
```

Les deux autres cas sont similaires.

```
  | App (t1, Str (s1, ofs1, len1), _), Str (s2, ofs2, len2)
    when ... -> ...
  | Str (s1, ofs1, len1), App (Str (s2, ofs2, len2), t2, _)
    when ... -> ...
```

Programme 27 — Concaténation de deux cordes

```
let small_length = 256

let append_string s1 ofs1 len1 s2 ofs2 len2 =
  Str (S.append (S.sub s1 ofs1 len1) (S.sub s2 ofs2 len2),
       0, len1 + len2)

let append t1 t2 = match t1, t2 with
  | Str (_,_,0), t | t, Str (_,_,0) ->
      t
  | Str (s1, ofs1, len1), Str (s2, ofs2, len2)
   when len1 <= small_length && len2 <= small_length ->
      append_string s1 ofs1 len1 s2 ofs2 len2
  | App (t1, Str (s1, ofs1, len1), _), Str (s2, ofs2, len2)
   when len1 <= small_length && len2 <= small_length ->
      App (t1, append_string s1 ofs1 len1 s2 ofs2 len2,
           length t1 + len1 + len2)
  | Str (s1, ofs1, len1), App (Str (s2, ofs2, len2), t2, _)
   when len1 <= small_length && len2 <= small_length ->
      App (append_string s1 ofs1 len1 s2 ofs2 len2, t2,
           len1 + len2 + length t2)
  | t1, t2 ->
      App (t1, t2, length t1 + length t2)

let (++) = append
```

Enfin, le cas général est tout simplement l'application du constructeur App, comme nous l'avions fait plus haut.

```
| t1, t2 ->
    App (t1, t2, length t1 + length t2)
```

L'intégralité du code de append est donnée programme 27.

Dans la suite de cette section, nous utiliserons l'opérateur infixe ++ pour dénoter la concaténation de cordes.

```
let (++) = append
```

La seconde amélioration à apporter à la construction des cordes pour en limiter la hauteur consiste naturellement à effectuer un *rééquilibrage* de l'arbre. On pourrait effectuer un équilibrage incrémental, au fur et à mesure de la construction, en utilisant par exemple la même technique que pour les AVL (voir chapitre 5). Il faudrait alors modifier la dernière ligne de la fonction append pour invoquer une fonction d'équilibrage à la place du constructeur App. On peut également concevoir un rééquilibrage *a posteriori*, effectué soit sélectivement lorsque la hauteur de l'arbre devient trop importante, soit explicitement à la demande de l'utilisateur. Les exercices 4.17 à 4.20 proposent différentes façons de réaliser un équilibrage *a posteriori*.

Extraction de sous-corde

L'opération suivante consiste à extraire un fragment d'une corde, défini par une position et une longueur. L'extraction consiste à ne conserver que les parties de la corde impliquées dans la portion concernée, en reconstruisant éventuellement les nœuds Str se trouvant à cheval sur celle-ci. Il est en fait préférable de spécifier le fragment à extraire comme s'étendant du caractère start (inclus) au caractère stop (exclu). On suppose qu'il s'agit d'un fragment valide et non vide, c'est-à-dire :

$$0 \leq \texttt{start} < \texttt{stop} \leq \texttt{length t}$$

La fonction d'extraction, mksub, commence par considérer le cas particulier où le fragment est en fait l'intégralité de la corde.

```
let rec mksub start stop t =
  if start = 0 && stop = length t then
    t
```

Ceci permet en effet de partager autant que possible des sous-cordes entre le résultat de l'extraction et la corde initiale ; sans ce cas particulier, elles seraient tous reconstruites. Sinon, on examine la forme de la corde t. Pour une feuille, il suffit de modifier la spécification du fragment.

```
  else match t with
    | Str (s, ofs, _) ->
        Str (s, ofs+start, stop-start)
```

On note que c'est là une opération en temps constant, qui ne fait pas appel à S.sub, mais partage au contraire s entre la corde initiale et le résultat de l'extraction. Pour une corde de la forme App, il y a trois cas à considérer. Le premier est celui où le fragment est intégralement inclus dans la sous-corde de gauche. On se contente alors d'un appel récursif.

```
| App (t1, t2, _) ->
    let n1 = length t1 in
    if stop <= n1 then mksub start stop t1
```

De manière symétrique, le fragment peut être intégralement inclus dans la sous-corde de droite.

```
    else if start >= n1 then mksub (start-n1) (stop-n1) t2
```

Enfin, le fragment peut être à cheval sur t1 et t2. Il suffit alors de concaténer un fragment de t1 avec un autre de t2.

```
    else mksub start n1 t1 ++ mksub 0 (stop-n1) t2
```

On note que ces deux fragments ne sont pas vides, ce qui respecte l'invariant de mksub. On note également que t1 ou t2 peut être intégralement contenu dans le résultat, mais sera alors partagé grâce aux deux premières lignes de la fonction mksub.

On définit ensuite une fonction d'extraction sub spécifiée par une position ofs et une longueur len (à la manière de String.sub ou de Array.sub). Elle vérifie la validité, puis traite le cas particulier d'un fragment vide ou appelle la fonction récursive mksub.

```
let sub t ofs len =
  let stop = ofs + len in
  if ofs < 0 || len < 0 || stop > length t then invalid_arg "sub";
  if len = 0 then empty else mksub ofs stop t
```

L'intégralité du code est donnée programme 28.

Opérations de modification

On considère maintenant plusieurs opérations pour insérer ou effacer des caractères dans une corde. Les cordes étant persistantes, ces opérations ne les « modifient » pas, littéralement, mais renvoient au contraire de nouvelles cordes.

Programme 28 — Extraction d'une sous-corde

```
let rec mksub start stop t =
  if start = 0 && stop = length t then
    t
  else match t with
    | Str (s, ofs, _) ->
        Str (s, ofs+start, stop-start)
    | App (t1, t2, _) ->
        let n1 = length t1 in
        if stop <= n1 then mksub start stop t1
        else if start >= n1 then mksub (start-n1) (stop-n1) t2
        else mksub start n1 t1 ++ mksub 0 (stop-n1) t2

let sub t ofs len =
  let stop = ofs + len in
  if ofs < 0 || len < 0 || stop > length t then invalid_arg "sub";
  if len = 0 then empty else mksub ofs stop t
```

Programme 29 — Opérations de modification sur les cordes

```
let set t i c =
  let n = length t in
  if i < 0 || i >= n then invalid_arg "set";
  sub t 0 i ++ make 1 c ++ sub t (i + 1) (n - i - 1)

let insert t i r =
  let n = length t in
  if i < 0 || i > n then invalid_arg "insert";
  sub t 0 i ++ r ++ sub t i (n - i)

let insert_char t i c =
  insert t i (make 1 c)

let delete_char t i =
  let n = length t in
  if i < 0 || i >= n then invalid_arg "delete_char";
  sub t 0 i ++ sub t (i + 1) (n - i - 1)
```

Considérons par exemple l'opération `set` qui insère le caractère `c` à la position `i` dans une corde `t`. On commence par vérifier que la position `i` est valide, c'est-à-dire $0 \leq$ `i` $<$ `length t`.

```
let set t i c =
  let n = length t in
  if i < 0 || i >= n then invalid_arg "set";
```

Ensuite, il suffit d'extraire les sous-cordes à gauche et à droite du caractère `i` et d'utiliser la concaténation pour insérer le caractère `c`.

```
  sub t 0 i ++ make 1 c ++ sub t (i + 1) (n - i - 1)
```

On note cependant que cette solution n'est pas optimale car elle effectue deux descentes récursives dans la corde, là où une seule pourrait suffire. L'exercice 4.16 propose d'y remédier.

On peut définir de même les opérations `insert` (qui insère une corde dans une autre à une position donnée), `insert_char` (qui insère un caractère dans une corde) et `delete_char` (qui supprime le i-ième caractère d'une corde). L'intégralité du code de ces quatre opérations est donnée programme 29 (voir page précédente). Ceci conclut le foncteur définissant les cordes.

Application : éditeur de texte

Les cordes constituent une structure idéale pour un éditeur de textes, en particulier pour supporter des textes de très grande taille (ce que font rarement les éditeurs de textes, y compris les plus célèbres).

Plutôt que d'utiliser une unique corde pour représenter l'intégralité du texte édité, nous allons utiliser notre foncteur pour plus de flexibilité. En effet, une unique corde rend fastidieuse la gestion des différentes lignes du texte (il faut rechercher les sauts de ligne, ou maintenir leur position dans une table correctement synchronisée). Au lieu de cela, nous pouvons utiliser une corde dont les éléments sont des caractères pour représenter une ligne, et une autre corde dont les éléments sont des lignes pour représenter le texte.

Nous commençons donc par construire une structure de corde pour les lignes.

L'argument du foncteur `Make` est défini à partir du module `String` d'OCaml :

```
module Str = struct
  include String
  let get = unsafe_get
  type char = Char.t
  let empty = ""
  let append = (^)
end
```

On note qu'on utilise `String.unsafe_get` plutôt que `String.get`, car tous les accès aux caractères des chaînes contenues dans les cordes sont sûrs. On évite ainsi des tests inutiles. Pour obtenir les cordes, il suffit d'appliquer le foncteur `Make` de la manière suivante :

```
module Line = Make(Str)
```

On construit ensuite une autre structure de corde pour le texte, comme une chaîne dont les caractères sont des lignes. Pour cela, il suffit d'appliquer de nouveau notre foncteur `Make`, cette fois en utilisant des tableaux aux feuilles de nos cordes.

```
module Text = Make(struct
                     type char = Line.t
                     type t = Line.t array
                     let empty = [||]
                     let length = Array.length
                     let make = Array.make
                     let append = Array.append
                     let get = Array.unsafe_get
                     let sub = Array.sub
                   end)
```

On voit ici tout l'intérêt d'avoir défini les cordes comme un foncteur, puisque nous venons de l'appliquer deux fois sur des arguments différents.

Supposons maintenant, pour simplifier les choses, que le texte manipulé par l'éditeur est stocké dans une unique référence contenant une corde de type `Text.t`.

```
let text = ref ...
```

Pour insérer le caractère `c` à la position `ofs` dans la ligne `l` du texte, il suffit de récupérer cette ligne avec `Text.get`, de la modifier avec `Line.insert` et enfin de mettre à jour la ligne avec `Text.set` :

```
let insert_char l ofs c =
  let line = Text.get !text l in
  let line' = Line.insert_char line ofs c in
  text := Text.set !text l line'
```

De même, pour supprimer un caractère :

```
let delete_char l ofs =
  let line = Text.get !text l in
  let line' = Line.delete_char line ofs in
  text := Text.set !text l line'
```

Enfin, pour insérer un retour-chariot à la position `ofs` dans la ligne `l` du texte, il suffit de couper la ligne `l` à la position `ofs` avec deux appels à `Line.sub`, puis d'insérer le préfixe à la ligne `l` avec `Text.insert` et de positionner le suffixe en ligne `l+1` avec `Text.set` :

```
let insert_newline l ofs =
  let line = Text.get !text l in
  let prefix = Line.sub line 0 ofs in
  let suffix = Line.sub line ofs (Line.length line - ofs) in
  let r = Text.insert_char !text l prefix in
  text := Text.set r (l + 1) suffix
```

On note qu'il n'est pas nécessaire ici de « décaler » toutes les lignes : on utilise l'insertion dans la corde des lignes, tout comme on a utilisé l'insertion dans les cordes de caractères pour `insert_char`.

Remarque

De même que les opérations de concaténation sont suspendues dans les cordes, on pourrait imaginer suspendre les opérations d'extraction également. Le type OCaml résultant serait alors le suivant :

```
type t =
  | Str of S.t
  | Sub of t * int * int
  | App of t * t * int
```

Tout dépend ensuite de la stratégie choisie pour effectuer tout de suite, ou bien au contraire suspendre, les opérations de concaténation et de sous-corde.

On peut en réalité obtenir gratuitement la suspension de l'opération d'extraction en appliquant plusieurs fois le foncteur `Make` à son propre résultat, de la manière suivante :

```
module R1 = Make(Str)
module R2 = Make(R1)
...
```

Dans les cordes du module `R2`, les feuilles sont des cordes de `R1`. Dès lors, la fonction `R1.sub` n'est appelée que lorsque la feuille devient suffisamment petite. Tant qu'elle reste grande, l'opération est suspendue. Avec un petit abus de notation, les types `R1.t` et `R2.t` correspondent en effet aux définitions suivantes :

```
type R1.t =
  | R1.Str of string * int * int
  | R1.App of R1.t * R1.t * int
type R2.t -
  | R2.Str of R1.t * int * int
  | R2.App of R2.t * R2.t * int
```

Il est clair que le nœud `R2.Str` suspend une extraction sur une valeur de type `R1.t`. En itérant ce processus, on obtient un type équivalent au type `t` précédent.

 **Pour en savoir plus**

La structure de cordes a été introduite par Boehm, Atkinson et Plass [5] dans le cadre du développement du langage Cedar. Leur article propose notamment un algorithme de rééquilibrage des cordes *a posteriori*, basé sur les nombres de la suite de Fibonacci (voir l'exercice 4.18).

4.4 Tableaux persistants

Cette section présente une structure de *tableaux persistants*. Dans toute cette section, on utilise le terme « tableau » pour un tableau au sens usuel, et donc modifiable en place, et le terme « tableau persistant » sinon. La signature d'une structure de tableaux persistants est donnée programme 30.

C'est exactement la signature des tableaux, à ceci près que la fonction `set` renvoie un nouveau tableau persistant, sans altérer son argument. Une propriété souhaitable des tableaux persistants est d'offrir des opérations `set` et `get` de même efficacité que celles des tableaux, c'est-à-dire $O(1)$, tant qu'on n'utilise pas le caractère persistant. En revanche, on accepte de payer un certain coût lorsqu'on accède à des versions antérieures du tableau. Cette section présente une structure de données qui a cette propriété.

L'idée de base consiste à utiliser un tableau pour la version la plus récente du tableau persistant et, pour les versions antérieures, de l'information supplémentaire qui nous permettra de revenir en arrière. On introduit pour cela les deux types mutuellement récursifs suivants :

```
type 'a t = 'a data ref
and 'a data =
  | Arr of 'a array
  | Diff of int * 'a * 'a t
```

Le type `'a t` est celui des tableaux persistants. Il s'agit d'une référence vers une donnée du type `'a data` qui indique sa nature : soit une valeur immédiate `Arr` a avec a un tableau, soit une indirection `Diff` (i, v, p) représentant un tableau persistant identique en tout point au tableau persistant p, hormis à l'indice i où l'on trouve la valeur v.

Programme 30 — Signature des tableaux persistants

```
module type PersistentArray = sig
  type 'a t
  val init : int -> (int -> 'a) -> 'a t
  val length : 'a t -> int
  val get : 'a t -> int -> 'a
  val set : 'a t -> int -> 'a -> 'a t
  val iteri : (int -> 'a -> unit) -> 'a t -> unit
end
```

Illustrons l'utilisation de cette structure de données sur un exemple. On considère la série de déclarations suivantes définissant un tableau persistant `pa0` puis deux autres, `pa1` et `pa2`, obtenus par deux modifications successives :

```
let pa0 = init 7 (fun i -> Char.chr (Char.code 'a' + i))
let pa1 = set pa0 1 'h'
let pa2 = set pa1 2 'i'
```

La situation à l'issue de ces trois déclarations est la suivante :

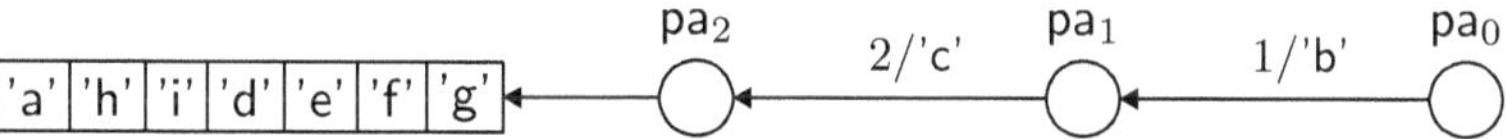

Le dernier tableau persistant construit, à savoir `pa2`, est une référence contenant la valeur `Arr [|'a';'h';'i';'d';'e';'f';'g'|]`. Le tableau persistant `pa1` est une référence contenant `Diff (2, 'c', pa2)` et le tableau `pa0` une référence contenant `Diff (1, 'b', pa1)`. Supposons que l'on construise maintenant un quatrième tableau `pa3` de la manière suivante :

```
let pa3 = set pa1 2 'j'
```

On procède en deux temps. On commence par s'assurer que le tableau persistant sur lequel on effectue l'opération, à savoir `pa1`, est de la forme `Arr a`. Pour cela, on inverse la chaîne de `Diff` menant de `pa1` au tableau a. On obtient alors la situation suivante :

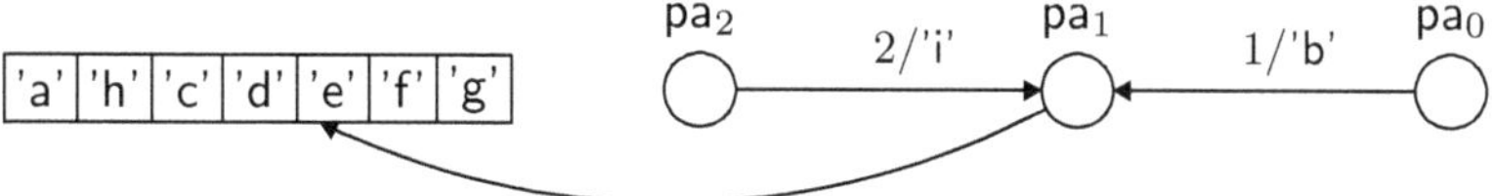

Dans un second temps, on crée une nouvelle référence pour `pa3`, contenant `Arr a`, où le contenu de `a` a été modifié pour contenir `'j'` en case 2. Enfin, on modifie la référence `pa1` pour qu'elle contienne maintenant `Diff (2, 'c', pa3)`. La situation finale est donc la suivante :

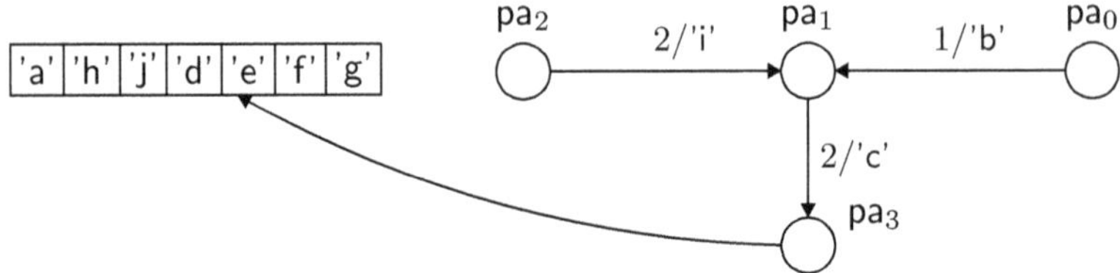

Décrivons maintenant le code des différentes opérations sur les tableaux persistants. La création d'un nouveau tableau persistant est immédiate :

```
let init n f = ref (Arr (Array.init n f))
```

Pour toutes les autres opérations, on a besoin d'une fonction `reroot` qui inverse une chaîne de `Diff` afin d'assurer qu'un tableau persistant `pa` est de la forme `Arr a`. On l'écrit comme une fonction récursive `reroot : 'a t -> 'a array` qui d'une part assure ce renversement de pointeurs et d'autre part renvoie le tableau. Si `pa` est une référence vers une valeur de la forme `Arr a`, il suffit de renvoyer `a`.

```
let rec reroot pa = match !pa with
  | Arr a ->
      a
```

Si en revanche `pa` est une référence vers une valeur de la forme `Diff (i, v, pa')`, on commence par appeler récursivement `reroot` sur le tableau persistant `pa'`.

```
  | Diff (i, v, pa') ->
      let a = reroot pa' in
```

On est alors assuré que `pa'` est une référence contenant `Arr a`. Il suffit donc maintenant d'échanger les rôles de `pa'` et `pa`, c'est-à-dire de mettre dans `pa` la valeur `Arr a`, après avoir modifié a en place, et dans `pa'` une valeur `Diff` indiquant l'ancienne valeur contenue dans a.

```
let old = a.(i) in
a.(i) <- v;
pa := Arr a;
pa' := Diff (i, old, pa);
a
```

En utilisant la fonction `reroot` pour se ramener au cas d'un tableau, les opérations `length` et `get` deviennent immédiates en utilisant leurs équivalents du module `Array`.

```
let length pa = Array.length (reroot pa)
let get pa i = (reroot pa).(i)
```

L'opération `iteri` est simplement réalisée à l'aide de la fonction `Array.iteri`, qui applique une fonction à tous les élément d'un tableau en lui passant également l'indice de la case.

```
let iteri f pa = Array.iteri f (reroot pa)
```

Il reste à écrire la fonction `set` qui construit un nouveau tableau persistant à partir d'un tableau persistant `pa`, d'un index `i` et d'une valeur `v`. On commence par appeler `reroot` sur `pa`.

```
let set pa i v =
  let a = reroot pa in
```

On procède alors presque comme dans la fonction `reroot`, à ceci près que l'on construit une *nouvelle* référence pour le résultat :

```
  let old = a.(i) in
  a.(i) <- v;
  let res = ref (Arr a) in
  pa := Diff (i, old, res);
  res
```

Programme 31 — Tableaux persistants

```
type 'a t = 'a data ref
and 'a data =
  | Arr of 'a array
  | Diff of int * 'a * 'a t

let init n f = ref (Arr (Array.init n f))

let rec reroot pa = match !pa with
  | Arr a ->
      a
  | Diff (i, v, pa') ->
      let a = reroot pa' in
      let old = a.(i) in
      a.(i) <- v;
      pa := Arr a;
      pa' := Diff (i, old, pa);
      a

let length pa = Array.length (reroot pa)

let get pa i = (reroot pa).(i)

let iteri f pa = Array.iteri f (reroot pa)

let set pa i v =
  let a = reroot pa in
  let old = a.(i) in
  a.(i) <- v;
  let res = ref (Arr a) in
  pa := Diff (i, old, res);
  res
```

On note qu'à l'issue de cette opération, le tableau persistant `pa` n'est plus qu'à une indirection du tableau `Arr a`. L'intégralité du code des tableaux persistants est donnée programme 31.

Pour en savoir plus

Il semble que cette structure de tableaux persistants soit due à Henry Baker, qui l'utilisait pour représenter efficacement les environnements dans des clôtures Lisp [4, 11].

4.5 Exercices

Tableaux redimensionnables

4.1 Modifier la fonction `create` pour qu'elle prenne un argument `increment` de type `int option` afin de spécifier une stratégie de redimensionnement. Si cet argument vaut `None`, la fonction `resize` applique la stratégie précédente (doubler la taille du tableau) ; si en revanche `increment` vaut `Some n`, alors `resize` augmente la taille du tableau de `n` éléments (ou plus si nécessaire).

4.2 Il peut être souhaitable de rediminuer parfois la taille du tableau, par exemple quand elle devient grande par rapport au nombre d'éléments effectifs et que le tableau occupe beaucoup de mémoire. Modifier la fonction `resize` pour qu'elle divise par deux la taille du tableau lorsque le nombre d'éléments devient inférieur au quart de la taille du tableau. Montrer que la complexité amortie reste $O(1)$.

4.3 Utiliser un tableau redimensionnable pour proposer une structure de pile ayant l'interface suivante :

```
module type Stack = sig
  type 'a t
  val make : int -> 'a -> 'a t
  val length : 'a t -> int
  val push : 'a t -> 'a -> unit
  val pop : 'a t -> 'a
end
```

L'appel à `make n d` crée une pile contenant `n` fois la valeur `d` ; la fonction `pop` lève une exception lorsque la pile est vide.

4.4 Dans le contexte de l'exercice précédent, montrer que n appels à des opérations `push` et `pop` sur une même file ont un coût total $O(n)$.

Tableaux de bits

4.5 Justifier que l'expression `x land -x` extrait bien le bit à 1 le plus faible de `x`, pour un entier non nul `x`.

4.6 Écrire une fonction `ntz: int -> int` qui calcule le nombre de zéros de poids faible de son argument. Indication : on pourra tabuler cette fonction sur un octet et utiliser ensuite une décomposition dichotomique.

4.7 Écrire une fonction `blit_bits` qui copie les bits i à $i+n-1$ d'un entier x à la position j d'un tableau de bits v, c'est-à-dire pour que l'on obtienne pour tout index k dans v :

$$(\texttt{blit\_bits}\ x\ i\ n\ v\ j)_k = \begin{cases} x_{i+k-j} & \text{si } j \leq k < j+n, \\ v_k & \text{sinon} \end{cases}$$

On supposera que les intervalles $i..i+n-1$ et $j..j+n-1$ sont valides, pour x et v respectivement.

4.8 En déduire une fonction `blit` qui copie les bits $i_1..i_1+n-1$ d'un tableau de bits v_1 dans un tableau de bits v_2 à la position i_2.

4.9 En utilisant la fonction `blit` précédente, écrire une fonction `sub` qui extrait les bits $i..i+n-1$ d'un tableau, sous la forme d'un nouveau tableau de bits de taille n.

4.10 Toujours en utilisant `blit`, écrire une fonction `append` qui effectue la concaténation de deux tableaux de bits.

4.11 Écrire une fonction `fill` qui affecte aux bits $i..i+n-1$ d'un tableau une valeur constante (0 ou 1, donnée sous la forme d'un booléen). On pourra ré-utiliser la fonction `blit_bits` avec x valant 0 ou -1.

4.12 Écrire une fonction `pop: int -> int` comptant les bits à 1 d'un entier en tabulant ses valeurs pour tous les entiers 8 bits. Cette fonction est alors 4 fois plus rapide que celle donnée dans la section précédente.

4.13 L'idée de tableau de bits peut être avantageusement exploitée pour représenter un sous-ensemble de $\{0, 1, \ldots, 30\}$ (ou $\{0, 1, \ldots, 62\}$ sur une architecture 64 bits) directement par un entier. C'est même là une structure persistante. Utiliser cette idée pour écrire un module de la forme suivante :

```
module Bitset : Set.S type elt = int
```

Cordes

4.14 Ajouter au foncteur `Make` une fonction permettant de parcourir toutes les feuilles d'une corde, dans l'ordre infixe :

```
iter_leaves : (S.t -> int -> int -> unit) -> t -> unit
```

Chaque feuille est un fragment de chaîne correspondant aux trois arguments du constructeur `Str`.

4.15 Ajouter le paramètre `small_length` comme argument du foncteur `Make`.

4.16 Réécrire les fonctions `set`, `insert` et `delete_char` pour qu'elles n'effectuent qu'une seule descente récursive de la corde.

4.17 Cet exercice et les deux suivants proposent des méthodes pour rééquilibrer les cordes *a posteriori*, c'est-à-dire des fonctions du type :

```
val balance : t -> t
```

Une méthode très simple consiste à construire la liste de toutes les feuilles de la corde dans l'ordre infixe, puis à construire un arbre binaire complet à partir de cette liste. Écrire une fonction `balance` qui suit cette idée.

4.18 L'équilibrage proposé dans l'exercice ci-dessus minimise la hauteur de la corde (en tant qu'arbre) mais ne tient pas compte de la longueur des différentes feuilles. Or, si une feuille contient un très grand nombre de caractères, on a intérêt à la rapprocher de la racine.

L'article introduisant les cordes [5] propose la méthode d'équilibrage suivante. On utilise un tableau a de cordes vérifiant l'invariant suivant : si la corde a.(i) est non vide, sa longueur est comprise dans l'intervalle $[F_i, F_{i+1}[$, où F_i désigne le i-ième terme de la suite de Fibonacci, définie par $F_0 = F_1 = 1$ et $F_{n+2} = F_{n+1} + F_n$ pour tout $n \geq 0$.

Initialement, toutes les cordes de a sont vides. On insère alors successivement dans a toutes les feuilles de la corde à équilibrer, dans l'ordre infixe et de la manière suivante en partant de $i = 2$:

1 Soit r la corde obtenue en concaténant la corde à insérer avec la corde a.(i).
2 Si la longueur de r est dans $[F_i, F_{i+1}[$, on affecte r à a.(i) et on a terminé.
3 Sinon, on affecte la corde vide à a.(i), on incrémente i et on reprend à l'étape 1 avec r comme corde à insérer.

Une fois toutes les feuilles insérées, le résultat est la concaténation de toutes les cordes de a. Écrire une fonction `balance` qui réalise cet algorithme.

4.19 Soit r la corde obtenue par l'algorithme décrit dans l'exercice précédent, n sa longueur et h sa hauteur, où la hauteur d'une corde est définie par $h(\texttt{Str}\ \_) = 0$ et $h(\texttt{App}(r_1, r_2, \_)) = 1 + \max(h(r_1), h(r_2))$. Montrer que l'on a $n \geq F_{h+1}$ (indication : montrer que $h(\texttt{a.}(i)) \leq i - 2$ pour tout i). En déduire que la distance moyenne d'un caractère à la racine de la corde r est inférieure ou égale à $\log_\phi(n) + K$ pour une certaine constante K, où ϕ désigne le nombre d'or $(1 + \sqrt{5})/2$.

4.20 Cet exercice propose une stratégie optimale pour rééquilibrer une corde c_0 (algorithme de Garsia-Wachs). L'algorithme opère sur une liste de cordes q égale à $\langle q_0, q_1, \ldots, q_m \rangle$, de la manière suivante :

1 Initialement, la liste q est la liste des feuilles de c_0, dans l'ordre infixe.
2 Tant que la liste q contient au moins deux éléments,
   a) on détermine le plus petit indice i tel que `length` $q_i \leq$ `length` q_{i+1} s'il existe, et on pose $i = m$ sinon ;
   b) on ôte q_{i-1} et q_i de la liste q et on forme leur concaténation c ;
   c) on détermine le plus grand indice $j < i$ tel que `length` $q_{j-1} \geq$ `length` c s'il existe, et on pose $j = 0$ sinon ;
   d) on insère c dans la liste q juste après q_{j-1}.
3 Soit c_1 l'unique élément restant dans q. Cette corde est optimale mais ses feuilles ne se présentent pas dans le même ordre que dans c_0. Le résultat est alors la corde c_2 ayant les mêmes feuilles que c_0 et c_1, dans le même ordre que dans c_0 et à la même profondeur que dans c_1.

Écrire une fonction `balance` qui réalise cet algorithme. Pour plus de détails sur cet algorithme, on pourra consulter *The Art of Computer Programming* [15, vo. 3, sec. 6.2.2].

Tableaux persistants

4.21 On peut remarquer que le code de `reroot` et de `set` reconstruit inutilement la valeur `Arr a`. Modifier ces deux opérations pour éviter de reconstruire cette valeur.

4.22 Modifier la fonction `set` pour la simplifier lorsque, dans l'appel `set pa i v`, l'index `i` est déjà associé à `v` dans `pa`.

4.23 L'appel récursif dans la fonction `reroot` n'est pas terminal. Cela peut poser problème si un tableau persistant a été obtenu à partir d'un très grand nombre de modifications. Réécrire la fonction `reroot` pour qu'elle ne contienne plus que des appels récursifs terminaux.

5

Ensembles et dictionnaires

Les ensembles et les dictionnaires constituent les structures de données les plus couramment utilisées. Ce chapitre présente plusieurs façons de réaliser des ensembles, en montrant à chaque fois comment elles peuvent être facilement adaptées pour des dictionnaires. Certaines structures s'appliquent à des éléments d'un type quelconque, d'autres sont plus spécialisées, pour des éléments d'une forme particulière (des listes) ou encore d'un type particulier (des entiers).

Certaines de ces structures sont présentées dans une version persistante et d'autres dans une version impérative. C'est là un choix assez arbitraire. D'autres choix sont souvent possibles, comme des tables de hachage persistantes ou encore des AVL impératifs, et parfois proposés en exercice.

Le choix d'une structure de données ne se fait pas uniquement en fonction de son caractère persistant ou impératif. D'autres critères dictent ce choix, comme les opérations disponibles sur les éléments (ex. l'existence d'un ordre total), les opérations fournies par la structure (ex. une opération d'union), ou encore leurs coûts respectifs (ex. la possibilité de construire un ensemble en temps linéaire).

5.1 Arbres binaires de recherche

On choisit dans cette partie de réaliser des ensembles persistants. Une signature minimale pour de tels ensembles, `PersistentSet`, est donnée programme 32. Le type `elt` est celui des éléments et le type `t` celui des ensembles. L'ensemble vide est représenté par la valeur `empty`. Les opérations `add` et `mem` permettent respectivement d'ajouter un élément et de tester son appartenance à un ensemble. La fonction `min_elt` renvoie le plus petit élément d'un ensemble, s'il existe, et lève l'exception `Not_found` sinon. La fonction `remove` supprime un élément d'un ensemble, s'il est présent, et renvoie le même ensemble sinon. Enfin, l'opération `cardinal` renvoie le nombre d'éléments d'un ensemble. Bien entendu, une signature plus réaliste se doit de contenir d'autres opérations telles que l'union, l'intersection ou encore la différence.

La structure choisie ici pour réaliser cette signature est celle d'*arbre binaire de recherche*, c'est-à-dire un arbre binaire où chaque élément contenu dans un nœud est plus grand que les éléments situés dans le sous-arbre gauche et plus petit que les éléments situés dans le sous-arbre droit. Cette organisation permet une recherche proportionnelle à la hauteur de l'arbre. Cette structure d'arbre suppose néanmoins de pouvoir comparer les éléments entre eux. On requiert pour cela une fonction de comparaison `compare : elt -> elt -> int` telle que :

$$\texttt{compare x y est} \begin{cases} < 0 & \text{si x est strictement plus petit que y,} \\ = 0 & \text{si x est égal à y,} \\ > 0 & \text{si x est strictement plus grand que y.} \end{cases}$$

On regroupe le type `elt` et la déclaration de la fonction `compare` dans une signature `Ordered` donnée programme 33. Le code des arbres binaires de recherche est alors écrit comme un foncteur paramétré par un module de signature `Ordered` :

```
module Make(X : Ordered) : PersistentSet with type elt = X.t =
struct
```

La signature du module renvoyé par ce foncteur est `PersistentSet`, où on précise que le type `elt` des éléments est le type `X.t`.

Programme 32 — Signature pour des ensembles persistants

```
module type PersistentSet = sig
  type elt
  type t
  val empty : t
  val add : elt -> t -> t
  val mem : elt -> t -> bool
  val min_elt : t -> elt
  val remove : elt -> t -> t
  val cardinal : t -> int
end
```

Programme 33 — Signature des types ordonnés

```
module type Ordered = sig
  type t
  val compare: t -> t -> int
end
```

Dans le corps du foncteur, on commence justement par introduire le type `elt` comme un raccourci pour le type `X.t`.

```
type elt = X.t
```

Puis, on définit le type `t` des ensembles comme celui d'arbres binaires dont chaque nœud interne contient une valeur de type `elt` :

```
type t = Empty | Node of t * elt * t
```

Considérons la valeur OCaml suivante :

```
Node (Node (Node (Empty, 'B', Empty), 'D', Empty),
      'E',
      Node (Empty, 'F', Empty))
```

Elle correspond à l'arbre de gauche dans la figure 5.1, où seule la valeur de type `elt` d'un nœud est représentée et où `Empty` est noté $\perp$.

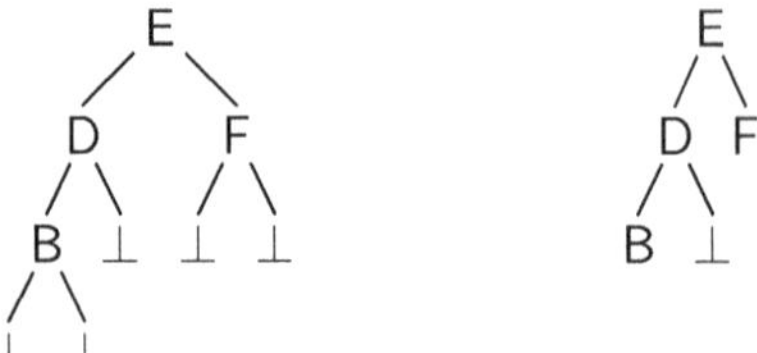

Figure 5.1
Deux représentations du même arbre binaire de recherche

Par la suite, on ne dessinera plus les fils d'un nœud dès lors qu'ils sont tous les deux vides, comme représenté par l'arbre de droite de la même figure.

La valeur `empty`, désignant l'ensemble vide, est simplement un raccourci pour le constructeur `Empty`, c'est-à-dire l'arbre vide.

```
let empty = Empty
```

Plus petit élément

La structure d'arbre binaire de recherche permet notamment d'obtenir facilement son plus petit élément. Il suffit en effet de descendre le long de la branche gauche, tant que cela est possible. La fonction `min_elt` réalise ce parcours.

```
let rec min_elt = function
  | Empty -> raise Not_found
  | Node (Empty, v, _) -> v
  | Node (l, _, _) -> min_elt l
```

Plutôt que l'exception prédéfinie `Not_found`, on aurait pu déclarer une exception spécifique aux arbres binaires de recherche.

Recherche d'un élément

La recherche d'un élément x dans un arbre binaire de recherche procède récursivement de la façon suivante. Si l'arbre est vide, on renvoie false.

```
let rec mem x = function
  | Empty ->
      false
```

Sinon, on compare x avec l'élément v situé à la racine de l'arbre. S'ils sont égaux, la recherche se termine avec succès ; sinon, on poursuit récursivement dans le sous-arbre gauche si x $<$ v et dans le sous-arbre droit sinon.

```
  | Node (l, v, r) ->
      let c = X.compare x v in
      c = 0 || if c < 0 then mem x l else mem x r
```

Insertion d'un élément

L'insertion d'un élément x dans un arbre binaire de recherche t consiste à trouver l'emplacement de x dans t, en suivant le même principe que pour la recherche. Si t est vide, on se contente de construire un arbre contenant uniquement x.

```
let rec add x t =
  match t with
  | Empty ->
      Node (Empty, x, Empty)
```

Dans l'autre cas, on compare l'élément x à la racine v de t. S'ils sont égaux, on renvoie l'arbre t inchangé pour ne par introduire de doublon.

```
  | Node (l, v, r) ->
      let c = X.compare x v in
      if c = 0 then t
```

Sinon, on poursuit récursivement l'insertion à gauche ou à droite, selon le résultat de la comparaison.

```
else if c < 0 then Node (add x l, v, r)
else Node (l, v, add x r)
```

Bien entendu, cette implémentation de la fonction d'insertion peut conduire à des arbres fortement déséquilibrés. Ainsi, si on ajoute successivement F, E, D puis B dans l'arbre vide, on obtient le « peigne » de la figure 5.2.

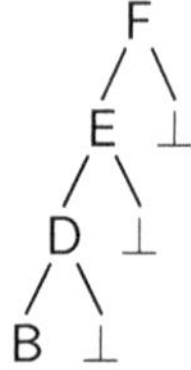

Figure 5.2
Un arbre binaire de recherche en forme de peigne

De tels arbres pénalisent l'efficacité des opérations ultérieures de recherche et d'insertion. La pire des formes est celle du peigne où, comme dans l'exemple, chaque nœud interne n'a qu'un seul sous-arbre non vide. Les opérations dans de tels arbres sont alors proportionnelles au nombre d'éléments qu'ils contiennent. Dans la section suivante, nous verrons qu'il est possible de limiter la hauteur d'un arbre binaire de recherche, pour qu'elle reste logarithmique par rapport au nombre d'éléments qu'il contient. Le code complet de la fonction d'insertion est donné programme 34.

Suppression d'un élément

La suppression d'un élément x dans un arbre binaire de recherche t procède de la même manière que la recherche ou l'insertion, c'est-à-dire par une descente récursive vers la position potentielle x. Si t est vide, on se contente de renvoyer l'arbre vide.

```
let rec remove x = function
  | Empty ->
      Empty
```

Programme 34 — Arbres binaires de recherche (1/2)

```
type t = Empty | Node of t * elt * t

let rec min_elt = function
  | Empty -> raise Not_found
  | Node (Empty, v, _) -> v
  | Node (l, _, _) -> min_elt l

let rec mem x = function
  | Empty ->
      false
  | Node (l, v, r) ->
      let c = X.compare x v in
      c = 0 || if c < 0 then mem x l else mem x r

let rec add x t =
  match t with
  | Empty ->
      Node (Empty, x, Empty)
  | Node (l, v, r) ->
      let c = X.compare x v in
      if c = 0 then t
      else if c < 0 then Node (add x l, v, r)
      else Node (l, v, add x r)
```

Sinon, on compare `x` à la racine `v` de `t`. En cas d'égalité, on est confronté à une difficulté : il faut supprimer `v`, c'est-à-dire construire un arbre à partir des sous-arbres gauche et droit de `t`. Pour réaliser cette opération, on suppose avoir écrit une fonction `merge` qui effectue cette fusion.

```
  | Node (l, v, r) ->
      let c = X.compare x v in
      if c = 0 then merge l r
```

Si x est différent de v, on descend récursivement dans le sous-arbre gauche ou droit pour supprimer x. Le code est similaire à celui d'une insertion.

```
    else if c < 0 then Node (remove x l, v, r)
    else Node (l, v, remove x r)
```

Il reste à écrire la fonction merge dont l'objectif est de fusionner deux arbres l et r. La difficulté est de déterminer une racine pour l'arbre résultat. Une manière de procéder consiste à choisir le plus petit élément de r. Sa valeur est directement donnée par la fonction min_elt écrite plus haut. Il faut ensuite le supprimer de r, ce qui est exactement l'opération que l'on cherche à écrire.

Heureusement, la suppression du plus petit élément d'un arbre binaire de recherche est beaucoup plus simple à réaliser que la suppression d'un élément quelconque. Écrivons une fonction remove_min_elt pour cela. Si l'arbre est vide, il n'y a rien à faire.

```
let rec remove_min_elt = function
  | Empty -> Empty
```

Sinon, s'il n'y a pas de sous-arbre gauche, on renvoie le sous-arbre droit.

```
  | Node (Empty, _, r) -> r
```

Autrement, on supprime récursivement le plus petit élément du sous-arbre gauche.

```
  | Node (l, v, r) -> Node (remove_min_elt l, v, r)
```

Le deuxième cas de filtrage correspond à un arbre sans sous-arbre gauche. Sa racine est donc le plus petit élément et on renvoie le sous-arbre droit. On est maintenant en mesure d'écrire la fonction merge. Si l'un de ses deux arguments est vide, on renvoie l'autre. Sinon, on utilise min_elt et remove_min_elt pour appliquer l'idée précédente.

```
let merge t1 t2 = match t1, t2 with
  | Empty, t | t, Empty -> t
  | _ -> Node (t1, min_elt t2, remove_min_elt t2)
```

Programme 35 — Arbres binaires de recherche (2/2)

```
let rec remove_min_elt = function
  | Empty -> Empty
  | Node (Empty, _, r) -> r
  | Node (l, v, r) -> Node (remove_min_elt l, v, r)

let merge t1 t2 = match t1, t2 with
  | Empty, t | t, Empty -> t
  | _ -> Node (t1, min_elt t2, remove_min_elt t2)

let rec remove x = function
  | Empty ->
      Empty
  | Node (l, v, r) ->
      let c = X.compare x v in
      if c = 0 then merge l r
      else if c < 0 then Node (remove x l, v, r)
      else Node (l, v, remove x r)
```

Le code complet de la suppression est donné programme 35. L'exercice 5.7 propose une légère amélioration qui consiste à ne pas reconstruire inutilement l'arbre lorsque l'élément à supprimer n'y apparaît pas (cette optimisation est aussi valable pour la fonction add).

Dictionnaire

Nous ne montrons pas ici comment adapter cette structure pour réaliser des dictionnaires, car ce sera fait dans la section suivante pour des arbres binaires équilibrés.

5.2 AVL

Comme nous l'avons vu dans la section précédente, la hauteur d'un arbre binaire de recherche peut être aussi grande que le nombre d'éléments qu'il contient, le cas extrême étant celui d'un peigne. Les performances des opérations s'en trouvent directement affectées. On peut y remédier en *équilibrant* les arbres binaires de recherche, c'est-à-dire en cherchant à leur donner la hauteur la plus petite possible. En pratique, on cherche une solution qui ne coûte pas trop cher à la construction mais qui garantit que les deux sous-arbres de chaque nœud contiennent le même nombre d'éléments à un petit facteur multiplicatif près. La solution retenue ici est celle des arbres AVL, où on maintient la propriété que la différence entre les hauteurs des sous-arbres gauche et droit de chaque nœud n'excède jamais 1.

On commence par modifier le type des arbres binaires de recherche pour y stocker la hauteur, comme un quatrième argument du constructeur `Node`.

```
type t = Empty | Node of t * elt * t * int
```

Considérons l'arbre **BDEF** suivant :

Il est représenté par la valeur OCaml suivante :

```
Node (Node (Node (Empty, 'B', Empty, 1), 'D', Empty, 2),
      'E',
      Node (Empty, 'F', Empty, 1),
      3)
```

Pour manipuler aisément la hauteur d'un AVL, il est commode d'introduire une fonction pour l'obtenir :

```
let height = function
  | Empty -> 0
  | Node (_, _, _, h) -> h
```

Il est également utile d'introduire une fonction qui crée un nouveau nœud tout en calculant sa hauteur :

```
let node l v r =
  Node (l, v, r, 1 + max (height l) (height r))
```

Une telle fonction est ce qu'on appelle un *smart constructor* : elle sera utilisée par la suite en lieu et place du constructeur `Node`. Bien entendu, la hauteur calculée par `node` n'est correcte que si les hauteurs stockées dans `l` et `r` sont elles-mêmes correctes. Cela sera garanti par ailleurs si le type des AVL est abstrait.

Plus petit élément et appartenance

Un AVL étant un arbre binaire de recherche, les fonctions `min_elt` et `mem` restent identiques au code du programme 34 (voir page 201), si ce n'est qu'elles ignorent le quatrième argument du constructeur `Node`.

Équilibrage

Illustrons l'équilibrage d'un AVL à l'aide d'un exemple. Si on insère l'élément `A` dans l'arbre BDEF, on obtient l'arbre ABDEF suivant :

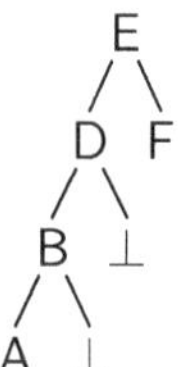

Cet arbre n'est pas équilibré, puisque la différence de hauteurs entre les sous-arbres gauche et droit du nœud `E` est de deux. Il est néanmoins facile de rétablir l'équilibre. En effet, il est possible d'effectuer des transformations locales sur les nœuds d'un arbre qui conservent la propriété d'arbre binaire de recherche. Un exemple de telle opération est la *rotation droite* comme illustrée sur la figure 5.3.

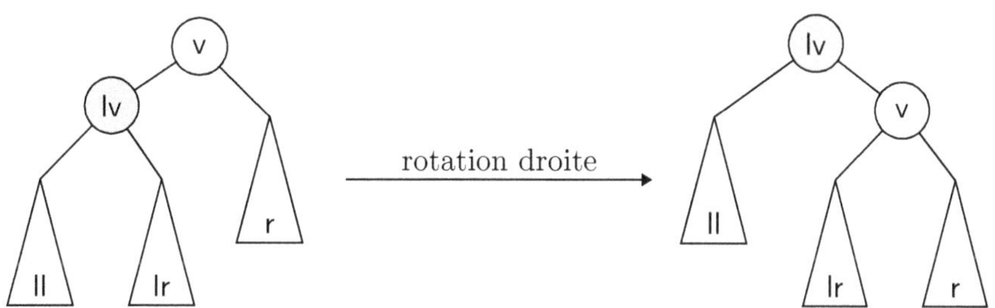

Figure 5.3
Rotation droite dans un AVL

Cette opération remplace la racine `v` par la racine `lv` du sous-arbre gauche et déplace le sous-arbre `lr` contenant les éléments compris entre `lv` et `v`. On note que cette opération ne modifie que deux nœuds dans la structure de l'arbre. La structure d'arbre binaire de recherche est conservée : le sous-arbre `ll` reste à gauche de `lv`, le sous-arbre `r` reste à droite de `v`, et le sous-arbre `lr` reste à droite de `lv` et à gauche de `v`. De manière symétrique, on peut effectuer une rotation gauche.

Ainsi, l'arbre ABDEF peut être rééquilibré en effectuant une rotation droite sur le sous-arbre de racine `D`. On obtient alors l'arbre suivant qui est bien un AVL.

Une simple rotation, gauche ou droite, ne suffit pas nécessairement à rétablir l'équilibre. Si par exemple on insère maintenant `C`, on obtient l'arbre suivant qui n'est pas un AVL.

On peut alors tenter d'effectuer une rotation droite à la racine `E` ou une rotation gauche au nœud `B`, mais on obtient les deux arbres suivants qui ne sont toujours pas des AVL.

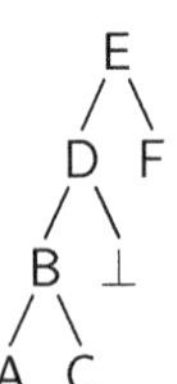

Cependant, celui de droite peut être facilement rééquilibré en effectuant une rotation droite sur la racine `E`. On obtient alors l'AVL qui suit :

Cette double opération s'appelle une *rotation gauche-droite*. On a évidemment l'opération symétrique de rotation droite-gauche.

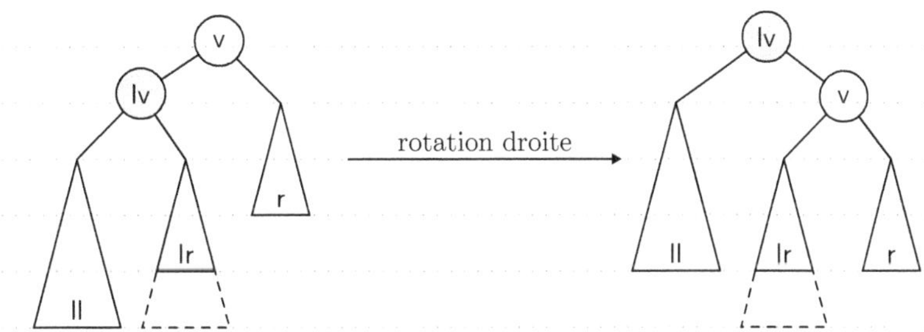

Figure 5.4
Rotation simple dans un AVL

Ces quatre opérations, à savoir les deux rotations simples et les deux rotations doubles, suffisent à rééquilibrer les AVL pour toute opération d'insertion. On regroupe le code de rééquilibrage au sein d'un *smart constructor* `balance`, dont le type est le suivant :

```
val balance : t -> elt -> t -> t
```

Il se comporte exactement comme la fonction `node`, mais garantit en plus l'équilibrage.

On commence par calculer les hauteurs `hl` et `hr` des deux sous-arbres gauche et droit et on considère en premier lieu le cas où le déséquilibre est causé par le sous-arbre gauche `l` :

```
let balance l v r =
  let hl = height l in
  let hr = height r in
  if hl > hr + 1 then begin
```

Comme illustré figure 5.4, une simple rotation droite suffit lorsque le sous-arbre gauche `ll` de `l` est au moins aussi haut que son sous-arbre droit `lr` :

```
    match l with
      | Node(ll, lv, lr, _) when height ll >= height lr ->
          node ll lv (node lr v r)
```

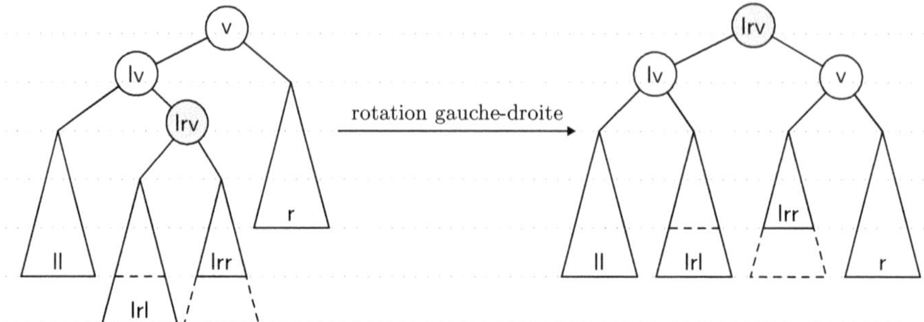

Figure 5.5
Rotation double dans un AVL

En revanche, dans le cas où `ll` est moins haut que `lr`, il faut effectuer une double rotation gauche-droite comme illustré figure 5.5.

```
| Node(ll, lv, Node(lrl, lrv, lrr, _),_)->
    node (node ll lv lrl) lrv (node lrr v r)
```

Là encore, la propriété d'AVL est bien garantie. On notera que le déséquilibre peut être causé par `lrl` ou `lrr`, indifféremment, et que dans les deux cas la double rotation gauche-droite rétablit bien l'équilibre.

Comme `l` et `r` sont supposés être des AVL, il n'y a pas d'autre cas possible de déséquilibre lorsque `l` est plus haut que `r`. Ceci achève le filtrage :

```
| _ -> assert false
```

On traite de manière symétrique le cas où `r` est la cause du déséquilibre :

```
end else if hr > hl + 1 then begin
  match r with
    | Node (rl, rv, rr, _) when height rr >= height rl ->
        node (node l v rl) rv rr
    | Node (Node(rll, rlv, rlr, _), rv, rr, _) ->
        node (node l v rll) rlv (node rlr rv rr)
    | _ ->
        assert false
```

Programme 36 — Équilibrage d'un AVL

```
let balance l v r =
  let hl = height l in
  let hr = height r in
  if hl > hr + 1 then begin
    match l with
      | Node (ll, lv, lr, _) when height ll >= height lr ->
          node ll lv (node lr v r)
      | Node (ll, lv, Node (lrl, lrv, lrr, _),_)->
          node (node ll lv lrl) lrv (node lrr v r)
      | _ ->
          assert false
  end else if hr > hl + 1 then begin
    match r with
      | Node (rl, rv, rr, _) when height rr >= height rl ->
          node (node l v rl) rv rr
      | Node (Node(rll, rlv, rlr, _), rv, rr, _) ->
          node (node l v rll) rlv (node rlr rv rr)
      | _ ->
          assert false
  end else
    node l v r
```

Enfin, si les hauteurs de `l` et `r` diffèrent d'au plus un, on construit directement le nœud sans rééquilibrage :

```
  end else
    node l v r
```

L'intégralité du code de la fonction `balance` est donnée programme 36.

Insertion et suppression

On peut maintenant reprendre le code de l'insertion (fonction `add` programme 34) et y remplacer chaque application du constructeur `Node` par une application de la fonction `balance`. De la même façon, on peut reprendre le code de la suppression (fonctions `remove_min_elt`, `merge` et `remove`) et y opérer la même modification.

Programme 37 — Insertion et suppression dans un AVL

```
let rec add x = function
  | Empty ->
      Node (Empty, x, Empty, 1)
  | Node (l, v, r, _) as t ->
      let c = X.compare x v in
      if c = 0 then t
      else if c < 0 then balance (add x l) v r
      else balance l v (add x r)

let rec remove_min_elt = function
  | Empty -> Empty
  | Node (Empty, _, r, _) -> r
  | Node (l, v, r, _) -> balance (remove_min_elt l) v r

let merge t1 t2 = match t1, t2 with
  | Empty, t | t, Empty -> t
  | _ -> balance t1 (min_elt t2) (remove_min_elt t2)

let rec remove x = function
  | Empty ->
      Empty
  | Node (l, v, r, _) ->
      let c = X.compare x v in
      if c = 0 then merge l r
      else if c < 0 then balance (remove x l) v r
      else balance l v (remove x r)
```

Le code obtenu au final est donné programme 37. On insiste sur le fait qu'on s'est contenté de faire une substitution complètement mécanique.

Comparaison d'ensembles

Une opération importante est la réalisation d'un ordre total sur les ensembles, du type suivant :

```
val compare : t -> t -> int
```

Cela permet notamment de construire facilement des ensembles d'ensembles en instanciant le foncteur `Make` plusieurs fois de suite, de la manière suivante :

```
module Int = struct
  type t = int
  let compare = Pervasives.compare
end
module IntSet = Make(Int)
module IntSetSet = Make(IntSet)
```

Une telle fonction de comparaison sur les ensembles ne peut pas être simplement réalisée en utilisant `Pervasives.compare`. En effet, deux arbres binaires de recherche peuvent contenir les mêmes éléments sans avoir la même structure. Une solution simple serait de construire la liste des éléments de chaque arbre dans l'ordre infixe, pour ensuite les comparer. Cela est cependant très inefficace : d'une part, on consomme beaucoup de mémoire pour construire ces listes, et d'autre part, cette construction peut s'avérer inutile si les listes diffèrent rapidement. Le chapitre 9 propose une solution efficace à ce problème.

Complexité

Pour justifier le caractère équilibré des AVL, montrons qu'un tel arbre a effectivement une hauteur logarithmique en son nombre d'éléments. Considérons un AVL de hauteur h et cherchons à encadrer son nombre n d'éléments.

Dans le meilleur des cas, l'arbre est parfaitement équilibré et $n = 2^h - 1$. Dans le cas général, on a $n \leq 2^h - 1$. Inversement, quelle est la plus petite valeur possible pour n ? Elle sera atteinte pour un arbre ayant un sous-arbre de hauteur $h - 1$ et un autre de hauteur $h - 2$ (car dans le cas contraire on pourrait encore enlever des éléments à l'un des deux sous-arbres tout en conservant la propriété d'AVL). En notant N_h le plus petit nombre d'éléments dans un AVL de hauteur h, on a donc $N_h = 1 + N_{h-1} + N_{h-2}$, ce qui se réécrit $N_h + 1 = (N_{h-1} + 1) + (N_{h-2} + 1)$. En posant $G_h = N_h + 1$, on a donc $G_h = G_{h-1} + G_{h-2}$. On reconnaît là la relation de récurrence définissant la suite de Fibonacci. Comme on a par ailleurs $N_0 = 0$ et $N_1 = 1$, c'est-à-dire $G_0 = 1$ et $G_1 = 2$, on en déduit $G_h = F_{h+2}$ où (F_i) est la suite de Fibonacci.

Un résultat de mathématiques nous dit que $F_i > \phi^i/\sqrt{5} - 1$ où $\phi = \frac{1+\sqrt{5}}{2}$ est le nombre d'or, d'où :

$$n \geq N_h = F_{h+2} - 1 > \phi^{h+2}/\sqrt{5} - 2,$$

soit :

$$\phi^{h+2}/\sqrt{5} < n + 2.$$

En prenant le logarithme (à base 2) de cette inégalité, on en déduit la majoration recherchée sur la hauteur h en fonction du nombre d'éléments n :

$$\begin{aligned} h &\leq \frac{1}{\log_2 \phi} \log_2(n+2) + \frac{\log_2 \sqrt{5}}{\log_2 \phi} - 2 \\ &\approx 1,44 \log_2(n+2) - 0,33 \end{aligned}$$

Un AVL a donc bien une hauteur logarithmique en son nombre d'éléments. Cela garantit notamment une complexité $O(\log n)$ pour les opérations de recherche, d'insertion ou encore de suppression. Cela garantit également que ces opérations ne provoqueront pas de débordement de pile.

Programme 38 — Signature minimale pour des dictionnaires persistants

```
module type PersistentMap = sig
  type key
  type 'a t
  val empty : 'a t
  val add : key -> 'a -> 'a t -> 'a t
  val mem : key -> 'a t -> bool
  val find : key -> 'a t -> 'a
  val remove : key -> 'a t -> 'a t
end
```

Dictionnaire

Une signature minimale pour un dictionnaire persistant est donnée programme 38. Les différences par rapport à la signature d'un ensemble (programme 32, au début du chapitre) sont minimales. Le type `key` des clés remplace le type `elt` des éléments, pour plus de clarté. Le type `t` est maintenant polymorphe, son argument de type `'a` étant le type des valeurs associées aux clés. La fonction `add` prend un argument supplémentaire. Enfin, une nouvelle fonction `find` permet de renvoyer la valeur associée à une clé, le cas échéant, et lève l'exception `Not_found` sinon.

L'adaptation de la structure d'AVL aux dictionnaires consiste à ajouter dans chaque nœud la valeur associée à la clé, c'est-à-dire :

```
type 'a t = Empty | Node of 'a t * key * 'a * 'a t * int
```

Programme 39 — Recherche dans un dictionnaire AVL

```
let rec find k = function
  | Empty ->
      raise Not_found
  | Node (l, k', v, r, _) ->
      let c = X.compare k k' in
      if c = 0 then v else if c < 0 then find k l else find k r
```

La fonction `mem` est inchangée. La fonction `find` suit exactement le même schéma que `mem`, si ce n'est que l'exception `Not_found` est levée lorsque la clé n'est pas présente dans le dictionnaire. Son code est donné programme 39. Toutes les autres fonctions sur les AVL (`balance`, `add`, etc.) sont inchangées, à ceci près que l'élément est maintenant remplacé par un couple clé/valeur.

Modules Set et Map

La bibliothèque standard d'OCaml fournit des modules `Set` et `Map` construits sur des AVL presque identiques à ceux présentés dans cette section. La seule différence est une condition relâchée concernant l'écart de hauteur (2 pour OCaml contre 1 ici), choisie comme un compromis entre coût de la construction et efficacité des opérations. Ces bibliothèques fournissent toutes les opérations ensemblistes, telles que l'union, l'intersection, le test de sous-ensemble, etc.

Pour en savoir plus

Les arbres AVL ont été introduits par Adel'son-Vel'skiĭ et Landis en 1962 [2]. Les opérations d'union et d'intersection sur les AVL sont détaillées dans un article d'Adams [1]. Il existe d'autres techniques d'équilibrage des arbres binaires de recherche. On peut citer notamment les arbres rouges et noirs [7, 19] ou les arbres 2-3-4 [21].

5.3 Tables de hachage

Pour réaliser une structure d'ensembles *impérative*, on peut utiliser un simple tableau de booléens de taille n si les éléments sont des entiers compris entre 0 et $n-1$. Pour des éléments quelconques, c'est-à-dire des entiers arbitraires ou même des valeurs d'un autre type, ou des éléments en nombre non borné, on ne peut plus utiliser cette idée. On pourrait utiliser une liste, mais la recherche dans une telle structure est trop coûteuse.

On présente ici la structure de *table de hachage* qui combine ces deux approches. L'idée consiste à utiliser une fonction f qui envoie chaque élément vers un entier compris entre 0 et $n-1$. Bien entendu, il est difficile de trouver une telle fonction *injective* en général. Il va donc falloir gérer les *collisions*, c'est-à-dire les cas où plusieurs éléments ont la même valeur par f. Plutôt que d'utiliser un tableau de booléens, on va donc utiliser un tableau dont chaque case contient un « paquet » d'éléments représenté par une liste. Ainsi, un élément x appartient à l'ensemble si et seulement s'il appartient au paquet d'indice $f(x)$. Si la fonction f répartit équitablement les éléments entre les différents paquets, la recherche d'un élément sera efficace.

Considérons par exemple une table de hachage pour représenter l'ensemble des 5 chaînes de caractères suivantes :

$$\{\texttt{""}, \texttt{"we love"}, \texttt{"the codes"}, \texttt{"in"}, \texttt{"ocaml"}\}$$

Choisissons par exemple une table possédant $n = 7$ paquets. Pour définir la fonction f, on commence par définir une fonction h, appelée *fonction de hachage*, associant un entier positif ou nul à chaque élément, puis on définit la fonction f comme :

$$f(s) = h(s) \bmod n$$

Ainsi, l'opération *modulo* garantit que la valeur de f est bien dans $0..n-1$. Dans le cas des chaînes de caractères, on peut prendre simplement pour h la longueur de la chaîne. Si on utilise des listes pour représenter les paquets, on obtient alors la structure illustrée figure 5.6. Ainsi, par exemple, le paquet 2 contient les deux chaînes `"the codes"` et `"in"`, respectivement de longueurs 9 et 2.

Le choix du nombre n de paquets et de la fonction de hachage h est important. Par exemple, si on veut représenter l'ensemble des 80 000 mots du dictionnaire français, il faut choisir une valeur assez grande pour n, de l'ordre du nombre d'éléments

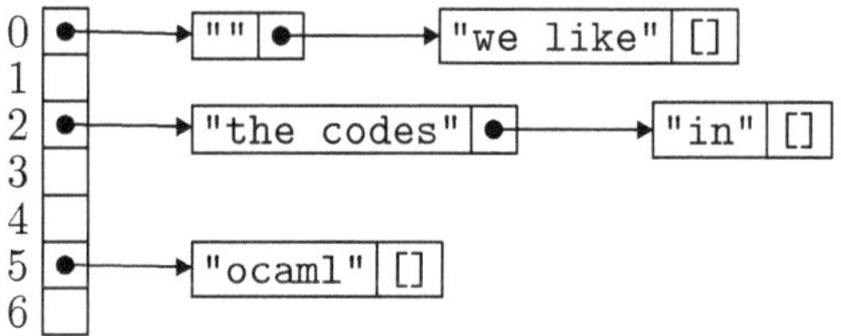

Figure 5.6
Une table de hachage contenant des chaînes de caractères

pour espérer avoir des paquets de petite taille. Il faut également choisir une fonction h plus subtile que la longueur de la chaîne, sans quoi seuls quelques paquets seront utilisés.

Nous allons maintenant réaliser des tables de hachage ayant la signature donnée programme 40 (voir page suivante). Le type `elt` est celui des éléments et le type `t` celui des tables de hachage. La fonction `create` renvoie une nouvelle table initialement vide. La fonction `add` ajoute un élément et la fonction `remove` le supprime. La fonction `mem` teste la présence d'un élément et `cardinal` renvoie le nombre d'éléments contenus dans l'ensemble.

Pour ajouter un élément dans la table de hachage, il est nécessaire de disposer d'une fonction de hachage `hash` de type `elt -> int`. Pour rechercher un élément, il est également nécessaire de disposer d'une fonction d'égalité `equal` de type `elt -> elt -> bool`. Plutôt que d'utiliser l'opérateur d'égalité `=` d'OCaml, on préfère laisser la possibilité à l'utilisateur de choisir sa propre fonction de comparaison. Les deux fonctions `hash` et `equal` doivent vérifier la condition suivante :

$$\forall x, y.\ \texttt{equal}\ x\ y \Rightarrow \texttt{hash}\ x = \texttt{hash}\ y$$

Il est donc naturel d'écrire les tables de hachage comme un foncteur paramétré par un module de type `HashType`, dont la signature, donnée programme 41 (voir page suivante), contient ces deux fonctions.

Le foncteur prend alors la forme suivante :

```
module Make(X: HashType): ImperativeSet with type elt = X.t = struct
  type elt = X.t
```

Le type `t` des tables de hachage pourrait être le suivant :

```
  type t = (elt list) array
```

Programme 40 — Signature pour des ensembles impératifs

```
module type ImperativeSet = sig
  type elt
  type t
  val create : unit -> t
  val add : elt -> t -> unit
  val mem : elt -> t -> bool
  val remove : elt -> t -> unit
  val cardinal : t -> int
end
```

Programme 41 — Signature exigée pour les éléments d'une table de hachage

```
module type HashType = sig
  type t
  val hash : t -> int
  val equal : t -> t -> bool
end
```

Cependant, il est préférable de conserver le nombre d'éléments contenus dans l'ensemble pour réaliser efficacement la fonction `cardinal`. On choisit donc un enregistrement contenant d'une part le nombre d'éléments dans un champ `size` et d'autre part le tableau des paquets dans le champ `buckets` [1].

```
type t = {
  mutable size : int;
  buckets : (elt list) array;
}
```

La fonction `cardinal` est alors immédiate.

```
let cardinal h =
  h.size
```

Pour créer une nouvelle table de hachage, il faut choisir la taille n du tableau. Idéalement, cette taille devrait être du même ordre de grandeur que le nombre

1. Dans la littérature anglo-saxonne, les paquets sont appelés *buckets*, ce qui signifie « seaux ».

d'éléments qui seront stockés dans la table. L'utilisateur pourrait éventuellement fournir cette information, par exemple sous la forme d'un argument supplémentaire à `create`, mais ce n'est pas toujours possible. Considérons donc pour l'instant une situation simplifiée où cette taille est une constante arbitraire.

```
let array_length = 5003
```

Nous verrons plus loin comment supprimer le caractère arbitraire de cette constante. La création d'une table de hachage vide consiste en la création d'un tableau de taille `array_length` ne contenant que des listes vides et en l'initialisation du champ `size` à 0.

```
let create () -
  { size = 0;
    buckets = Array.make array_length []; }
```

Recherche d'un élément

Pour rechercher un élément `x` dans une table de hachage `h`, on commence par écrire une fonction `bucket_of` qui renvoie le paquet qui correspond à `x` dans `h`.

```
let bucket_of x h =
  (X.hash x) mod (Array.length h.buckets)
```

La fonction `mem` appelle `bucket_of` pour déterminer l'indice `i` du paquet de `x`.

```
let mem x h =
  let i = bucket_of x h in
```

On recherche alors `x` dans le paquet `h.buckets.(i)`. On utilise pour cela la fonction d'égalité sur le type `elt`, à savoir `X.equal`.

```
    List.exists (X.equal x) h.buckets.(i)
```

L'intégralité du code de `mem` est donnée programme 42 (voir page suivante). La recherche dans un paquet étant réutilisée plusieurs fois par la suite, on en fait une fonction `mem_bucket`.

Programme 42 — Recherche dans une table de hachage

```
let bucket_of x h =
  (X.hash x) mod (Array.length h.buckets)

let mem_bucket x b =
  List.exists (X.equal x) b

let mem x h =
  let i = bucket_of x h in
  mem_bucket x h.buckets.(i)
```

Insertion d'un élément

Pour insérer un élément x dans une table h, on commence par extraire la liste b correspondant au paquet contenant éventuellement x.

```
let add x h =
  let i = bucket_of x h in
  let b = h.buckets.(i) in
```

Si x est présent dans ce paquet, alors il n'y a rien à faire ; sinon, on incrémente le champ size et on ajoute x en tête de la liste b.

```
  if not (mem_bucket x b) then begin
    h.size <- h.size + 1;
    h.buckets.(i) <- x :: b
  end
```

L'intégralité du code de add est donnée programme 43 (voir page suivante).

Remarque : On aurait pu ajouter directement x dans la liste b, sans tester sa présence au préalable. On ne modifie pas le contenu de l'ensemble (du point de vue de mem) et l'insertion se fait alors en $O(1)$. En revanche, il devient impossible de maintenir le champ size et l'opération cardinal devient plus coûteuse. Par ailleurs, l'insertion répétée d'un même élément occupe de plus en plus de place dans la table de hachage, ce qui dégrade également les performances de la recherche. Pour conserver l'absence de doublons dans la table de hachage, une alternative consiste à représenter les paquets par une structure plus efficace que de simples listes. On peut par exemple utiliser les AVL présentés dans la section précédente. Cela exige néanmoins d'ajouter une fonction de comparaison sur le type `elt`.

Programme 43 — Insertion dans une table de hachage

```
let add x h =
  let i = bucket_of x h in
  let b = h.buckets.(i) in
  if not (mem_bucket x b) then begin
    h.size <- h.size + 1;
    h.buckets.(i) <- x :: b
  end
```

Suppression d'un élément

La suppression d'un élément dans une table de hachage procède de manière similaire à l'insertion. Le code de `remove` est donné programme 44.

Programme 44 — Suppression dans une table de hachage

```
let remove x h =
  let i = bucket_of x h in
  let b = h.buckets.(i) in
  if mem_bucket x b then begin
    h.size <- h.size - 1;
    h.buckets.(i) <- List.filter (fun y -> not (X.equal y x)) b
  end
```

Lorsque `x` est présent dans le paquet `b`, il faut décrémenter le champ `size` et supprimer l'occurrence de `x` dans `b`. Pour cette dernière opération, on utilise la fonction `List.filter` pour ne conserver que les éléments du paquet qui sont distincts de `x`.

Modification dynamique de la taille du tableau

L'efficacité du code que nous venons de présenter est satisfaisante lorsque l'ordre de grandeur du nombre d'éléments de l'ensemble est connu à l'avance. En revanche, notre structure est trop naïve si le nombre d'éléments peut augmenter de façon arbitraire. En effet, les performances se dégradent rapidement dès que la *charge* de la table de hachage, c'est-à-dire le rapport du nombre d'éléments contenus dans la table par rapport à la taille du tableau, devient grande. Pour y remédier, il faut modifier la taille du tableau dynamiquement, en fonction de la charge. Par exemple, on peut doubler la taille du tableau dès que la charge dépasse $1/2$.

Pour cela, il est nécessaire de modifier légèrement la définition du type `t`, afin que le champ `buckets` soit maintenant `mutable`.

```
type t = {
  mutable size : int;
  mutable buckets : elt list array;
}
```

La valeur initiale de la constante `array_length` reste arbitraire mais n'aura plus d'impact sur les performances. L'utilisateur peut néanmoins continuer d'indiquer un ordre de grandeur, afin d'éviter de trop nombreux redimensionnements.

La principale modification intervient dans la fonction `add`, où le tableau doit être redimensionné lorsque la charge devient trop importante.

```
let add x h =
  let n = Array.length h.buckets in
  ...
  if not (mem_bucket x b) then begin
    ...
    if h.size > n/2 then resize h
  end
```

Le test `h.size > n/2` est fait juste après l'insertion de `x`. S'il est positif, on appelle une fonction `resize` chargée de redimensionner le tableau. Cette fonction procède comme dans la section *4.1 Tableaux redimensionnables*. Elle commence par allouer un nouveau tableau a, de taille $m = 2 \times n$.

```
let resize h =
  let n = Array.length h.buckets in
  let m = 2 * n in
  let a = Array.make m [] in
```

Programme 45 — Redimensionnement d'une table de hachage

```
let resize h =
  let n = Array.length h.buckets in
  let m = 2 * n in
  let a = Array.make m [] in
  let rehash x =
    let i = (X.hash x) mod m in
    a.(i) <- x :: a.(i)
  in
  Array.iter (List.iter rehash) h.buckets;
  h.buckets <- a
```

La taille du tableau ayant changé, le numéro du paquet d'un élément n'est plus nécessairement le même, du fait de l'opération *modulo*. Il faut donc replacer tous les éléments de `h` dans leurs nouveaux paquets respectifs. Pour cela, on introduit une fonction `rehash` qui ajoute l'élément `x` dans son nouveau paquet.

```
let rehash x =
  let i = (X.hash x) mod m in
  a.(i) <- x :: a.(i)
in
```

Il n'y a plus qu'à exécuter `rehash` sur tous les paquets de l'ancien tableau `h.buckets` :

```
Array.iter (List.iter rehash) h.buckets;
```

Puis on remplace le tableau `h.buckets` par `a`.

```
h.buckets <- a
```

L'intégralité du code de `resize` est donnée programme 45.

Il est important de noter que, la taille des tableaux étant limitée à `Sys.max_array_length`, il convient de s'assurer que la fonction `resize` ne crée pas un tableau trop grand (voir exercice 5.11).

Complexité

La complexité des opérations sur une table de hachage dépend évidemment de la fonction de hachage. Si par exemple cette fonction renvoie toujours la même valeur, alors la table de hachage devient une simple liste et les opérations `mem`, `add` et `remove` ont toutes un coût $O(N)$ pour une table contenant N éléments. Si au contraire la fonction de hachage répartit équitablement les éléments dans les différents paquets, et si le nombre de paquets est suffisamment grand, alors on peut espérer que la taille de chaque paquet soit bornée par une petite constante. Dans ce cas, la complexité de chaque opération sera alors $O(1)$.

La mise au point d'une fonction de hachage se fait empiriquement, par exemple en mesurant les tailles maximale et moyenne des paquets. Sur des valeurs telles que des entiers, des chaînes de caractères, ou encore des tableaux d'entiers, on peut utiliser la fonction de hachage polymorphe `Hashtbl.hash` fournie par la bibliothèque OCaml qui donne de très bons résultats. Pour des valeurs plus complexes, telles que des listes ou des arbres, nous verrons comment leur associer efficacement une fonction de hachage dans la section *11.4 Hash-consing*.

Pour maintenir une charge bornée, nous avons montré plus haut comment modifier dynamiquement la taille de la table de hachage. Chaque opération qui déclenche un redimensionnement a évidemment un coût $O(N)$, car tous les éléments doivent être réintroduits un par un dans le nouveau tableau. Cependant, on a choisi comme ici une stratégie consistant à doubler la taille du tableau à chaque fois, alors ce coût s'*amortit* sur l'ensemble des opérations, exactement comme nous l'avons montré dans la section *4.1 Tableaux redimensionnables*. Les opérations `mem`, `add` et `remove` ont donc un coût amorti $O(1)$. Une table de hachage est par conséquent une structure extrêmement efficace.

Dictionnaire

L'adaptation de la structure de table de hachage en un dictionnaire consiste à ajouter dans les paquets les valeurs associées aux clés. Les listes deviennent des listes d'association et le type `t` devient le suivant :

```
type 'a t = {
  mutable size : int;
  mutable buckets : (key * 'a) list array;
}
```

Programme 46 — Recherche dans une table de hachage associative

```
let find x h =
  let rec lookup = function
    | [] -> raise Not_found
    | (k, v) :: _ when X.equal x k -> v
    | _ :: b -> lookup b
  in
  let i = bucket_of x h in
  lookup h.buckets.(i)
```

Pour rechercher la présence d'une clé dans une liste de type `(key * 'a) list`, on modifie légèrement la fonction `mem_bucket` de la manière suivante :

```
let mem_bucket x b =
  List.exists (fun (y,_) -> X.equal x y) b
```

Toutes les autres fonctions subissent des modifications mineures similaires. Seule la fonction `find` est à ajouter. Elle consiste à chercher la valeur associée à une clé dans le paquet qui lui correspond, ce qui revient à chercher dans une liste d'association. On ne peut pas utiliser la fonction prédéfinie `List.assoc`, car l'égalité est ici `X.equal` ; on écrit donc une fonction spécifique `lookup` pour cela. Le code de `find` est donné programme 46.

Module Hashtbl

La bibliothèque standard d'OCaml fournit des tables de hachage pour des dictionnaires sous la forme d'un foncteur `Hashtbl.Make` analogue à celui qui nous venons d'écrire.

Cette structure permet d'associer plusieurs valeurs à une même clé. Plus précisément, elle permet de faire plusieurs appels à la fonction `add` avec la même clé, sans perdre les valeurs précédemment associées. Par exemple, si on exécute séquentiellement pour une clé `x` les ajouts `add h x v1` puis `add h x v2` dans une table `h`, alors `find h x` renvoie `v2`. Si on effectue ensuite `remove h x`, cela a pour effet de supprimer la dernière liaison et donc `find h x` renvoie alors `v1`. Si on souhaite au contraire « écraser » la valeur `v1` par `v2`, on utilise l'opération `replace`.

Le module `Hashtbl` fournit par ailleurs une structure de tables de hachage polymorphes reposant sur une fonction de hachage polymorphe `Hashtbl.hash` de type `'a -> int` compatible avec l'opération d'égalité structurelle `=`. Cela évite d'avoir à utiliser le foncteur `Hashtbl.Make` lorsque les clés sont par exemple des valeurs de type `int` ou `string`.

5.4 Arbres de préfixes

On s'intéresse dans cette section à une structure de donnée permettant de représenter des ensembles de *mots*. Par « mot », on entend ici toute valeur OCaml pouvant être vue comme une suite de *lettres*. Le premier type de données auquel on pense pour de telles valeurs est évidemment le type `string` des chaînes de caractères, où les lettres sont les valeurs de type `char`. Toutefois, d'autres valeurs peuvent également être considérées comme des mots : par exemple, un entier écrit en base 2 peut être vu comme un mot formé des lettres `0` et `1`. Plus généralement, on supposera que les mots sont de type `L.t list`, où `L` est un module de signature `Letter`, donnée programme 47, contenant un type `t` représentant les lettres des mots. Outre ce type `t`, cette signature suppose l'existence d'une fonction de comparaison dont nous aurons besoin par la suite.

On utilise cette décomposition en lettres pour représenter des ensembles de mots à l'aide d'une structure de donnée appelée *arbre de préfixes* (plus connue sous le nom de *trie* en anglais). Dans ces arbres, chaque branche est étiquetée par une lettre et chaque nœud contient un booléen indiquant si la décomposition correspondant à la séquence de lettres menant de la racine de l'arbre à ce nœud est un mot appartenant à l'ensemble. Par exemple, l'arbre de préfixes de l'ensemble de mots {`if`, `in`, `do`, `done`} est représenté figure 5.7.

L'intérêt d'une telle structure est notamment de borner le temps de recherche d'un mot dans un ensemble par la longueur de ce mot, indépendamment du nombre de mots contenus dans l'ensemble.

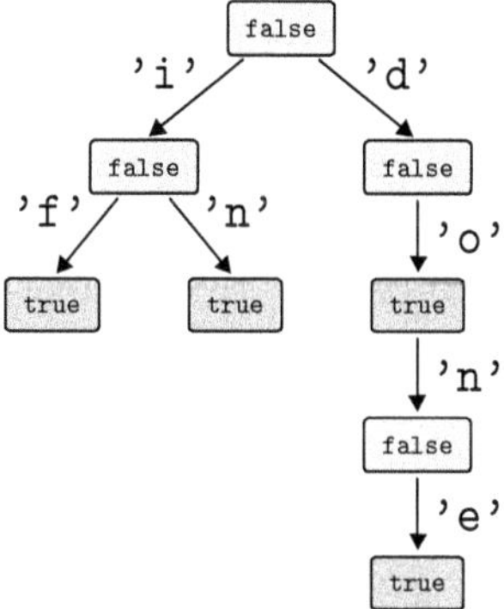

Figure 5.7
Arbre de préfixes pour l'ensemble {if, in, do, done}

Programme 47 — Signature minimale du module de lettre

```
module type Letter = sig
  type t
  val compare: t -> t -> int
end
```

Programme 48 — Signature d'ensembles persistants

```
module type PersistentSet = sig
  type elt
  type t
  val empty : t
  val add : elt -> t -> t
  val mem : elt -> t -> bool
  val remove : elt -> t -> t
  val inter : t -> t -> t
  val compare : t -> t -> int
end
```

Afin de ne pas dépendre d'une implémentation particulière du module `L`, on définit la structure d'arbre de préfixes comme un foncteur paramétré par `L` et renvoyant un ensemble persistant dont la signature, `PersistentSet`, est donnée programme 48.

```
module Make(L: Letter): PersistentSet with type elt = L.t list =
struct
  type elt = L.t list
```

Comme supposé précédemment, le type `elt` des éléments est défini comme une liste de lettres, c'est-à-dire une liste de type `L.t list`.

L'idée derrière les arbres de préfixes est de représenter chaque nœud comme un dictionnaire qui associe des lettres à des sous-arbres, c'est-à-dire à d'autres nœuds. On commence par introduire un dictionnaire `M` dont les clés sont des lettres, en appliquant le foncteur `Map.Make` au module `L`.

```
module M = Map.Make(L)
```

On peut alors définir le type `t` des nœuds de la manière suivante :

```
  type t = { word : bool; branches : t M.t }
```

Le champ `word` contient la valeur booléenne indiquant la présence d'un mot dans l'arbre. Le champ `branches` contient les fils d'un nœud.

L'ensemble vide `empty` est représenté par un arbre réduit à un unique nœud où le champ `word` vaut `false` et `branches` est un dictionnaire vide :

```
let empty = { word = false; branches = M.empty }
```

Le code est donné programme 49 avec une fonction `is_empty` pour tester qu'un ensemble est vide.

Recherche d'un élément

La recherche d'un élément `x` procède récursivement de la façon suivante. Si le mot `x` est la liste vide, la recherche se termine en renvoyant la valeur booléenne associée à la racine de l'arbre `t`.

```
let rec mem x t =
  match x with
  | [] -> t.word
```

Programme 49 — Structure d'arbre de préfixes

```
module Make(L : Letter) : PersistentSet with type elt = L.t list =
struct

  module M = Map.Make(L)

  type elt = L.t list
  type t = { word : bool ; branches : t M.t; }

  let empty = { word = false; branches = M.empty }

  let is_empty t = not t.word && M.is_empty t.branches

  let rec mem x t =
    match x with
      | [] ->
         t.word
      | i::l ->
         try mem l (M.find i t.branches)
         with Not_found -> false
```

Sinon, on poursuit récursivement la recherche dans le sous-arbre associé à la branche étiquetée par la première lettre `i` du mot `x`. Dans le cas où cette branche n'existe pas, la recherche se termine immédiatement sur un échec.

```
| i :: l ->
    try mem l (M.find i t.branches)
    with Not_found -> false
```

Le code de la fonction `mem` est donné programme 49.

Insertion d'un élément

L'insertion d'un mot `x` dans un arbre de préfixes `t` consiste à descendre le long de la branche étiquetée par les lettres de `x`, de manière similaire au parcours effectué pour la recherche.

Si x est le mot vide, l'ajout se termine en renvoyant un arbre t avec un champ word à vrai afin d'indiquer que x appartient désormais à cet ensemble.

```
let rec add x t =
  match x with
  | [] ->
      if t.word then t else { t with word = true }
```

On évite de reconstruire le nœud lorsque t.word vaut déjà true.

Si x est une liste non vide de la forme i::l, on ajoute récursivement l dans le sous-arbre b associé à la lettre i dans t. Si b n'existe pas, on réalise cet ajout à partir d'un arbre vide. L'insertion se termine en créant un nouveau nœud dans lequel on associe la lettre i au sous-arbre obtenu récursivement.

```
  | i :: l ->
      let b = try M.find i t.branches with Not_found -> empty in
      { t with branches = M.add i (add l b) t.branches }
```

Le code de la fonction add est donné programme 50.

Suppression d'un élément

La suppression d'un élément x dans un arbre t procède encore une fois avec le même parcours récursif. Il y a cependant une subtilité. La suppression d'un élément peut laisser l'arbre dans un état où une branche est complètement vide, c'est-à-dire ne contient que des champs word à false. Pour ne pas gâcher ainsi de l'espace, on va maintenir la propriété que toutes les feuilles d'un arbre de préfixes représentent bien un mot de l'ensemble, c'est-à-dire contiennent un booléen word à true, à l'exception, bien sûr, de l'ensemble vide représenté par un unique nœud contenant un booléen word à false.

Écrivons maintenant le code de la fonction remove. Si l'argument x est la liste vide, il est supprimé de t simplement en passant le champ word à faux.

```
let rec remove x t =
  match x with
    | [] ->
        { t with word = false }
```

Programme 50 — Ajout et suppression dans un arbre de préfixes

```
let rec add x t =
  match x with
  | [] ->
      if t.word then t else { t with word = true }
  | i::l ->
      let b = try M.find i t.branches with Not_found -> empty in
      { t with branches = M.add i (add l b) t.branches }

let rec remove x t =
  match x with
  | [] ->
      { t with word = false }
  | i::l ->
      try
        let s = remove l (M.find i t.branches) in
        let new_branches =
          if is_empty s then M.remove i t.branches
          else M.add i s t.branches
        in
        { t with branches = new_branches }
      with Not_found -> t
```

Sinon, x est de la forme i::l et on commence par supprimer récursivement le reste du mot l dans le sous-arbre associé à i. Si ce sous-arbre n'existe pas, la fonction se termine en renvoyant directement t.

```
| i :: l ->
    try
      let s = remove l (M.find i t.branches) in
      ...
    with Not_found -> t
```

Puis, si l'arbre `s` ainsi obtenu est vide on supprime la branche associée à `i` dans `t`. Sinon, on crée une nouvelle liaison entre `i` et `s`.

```
let new_branches =
  if is_empty s then M.remove i t.branches
  else M.add i s t.branches
in
```

Cela garantit qu'aucune branche de `t` ne pointe vers un arbre vide. Enfin, la fonction se termine en associant ces nouvelles branches à `t`.

```
{ t with branches = new_branches }
```

Le code de la fonction `remove` est donné programme 50 (voir page précédente).

Intersection d'arbres de préfixes

L'intersection de deux arbres de préfixes est réalisée à l'aide de deux fonctions mutuellement récursives `inter` et `inter_branches`. La fonction `inter` calcule l'intersection de deux arbres `t1` et `t2` supposés correspondre au même préfixe p. Ce mot p appartient à l'intersection si les racines de `t1` et `t2` contiennent toutes les deux le mot p. Les branches de l'intersection sont calculées par la fonction `inter_branches`.

```
let rec inter t1 t2 =
  { word = t1.word && t2.word ;
    branches = inter_branches t1.branches t2.branches }
```

La fonction `inter_branches` réalise l'intersection de deux dictionnaires `m1` et `m2`. L'idée est d'énumérer les branches de `m1` en cherchant, pour chaque branche, s'il existe une branche correspondante dans `m2`. On utilise pour cela la fonction `M.fold`, en partant d'un dictionnaire vide et en considérant chaque association `i` $\mapsto$ `ti` de `m1`.

```
and inter_branches m1 m2 =
  M.fold
    (fun i ti m -> ... )
    m1 M.empty
```

Programme 51 — Intersection d'arbres de préfixes

```
let rec inter t1 t2 =
  { word = t1.word && t2.word;
    branches = inter_branches t1.branches t2.branches; }
and inter_branches m1 m2 =
  M.fold
    (fun i ti m ->
       try
         let t = inter ti (M.find i m2) in
         if is_empty t then m else M.add i t m
       with Not_found -> m)
    m1 M.empty
```

Pour chaque association, on calcule récursivement l'intersection `t` de `ti` avec l'arbre associé à `i` dans `m2`, s'il existe. On ajoute l'association `i` $\mapsto$ `t` dans `m`, en prenant soin de vérifier que `t` n'est pas vide. Dans le cas où `m2` ne contient pas de branche `i`, l'intersection est vide et `m` est inchangé.

```
(fun i ti m ->
   try
     let t = inter ti (M.find i m2) in
     if is_empty t then m else M.add i t m
   with Not_found -> m)
```

Le code complet de la fonction d'intersection est donné programme 51. L'opération d'union est laissée en exercice.

Comparaison

Les arbres de préfixes peuvent être comparés facilement. Pour comparer deux arbres `t1` et `t2`, on commence par comparer les deux booléens `t1.word` et `t2.word`. En cas d'égalité, il faut comparer les deux dictionnaires `t1.branches` et `t2.branches`. On utilise pour cela la fonction de comparaison fournie par le module `M`. Celle-ci prend en argument une fonction pour comparer les valeurs associées dans les deux dictionnaires, qui est précisément la fonction `compare` que l'on cherche à définir. Cette fonction est donc récursive.

```
let rec compare t1 t2 =
  let c = Pervasives.compare t1.word t2.word in
  if c<>0 then c else M.compare compare t1.branches t2.branches
```

Complexité

Considérons un arbre de préfixes s contenant N mots au total et considérons un mot x de longueur M. La recherche de x dans s nécessite au plus M appels récursifs à la fonction `mem`, chacun ayant le coût de la recherche dans le dictionnaire `branches` du nœud correspondant. Puisqu'on a choisi ici d'utiliser le module `Map` de la bibliothèque OCaml pour ce dictionnaire, le coût de chaque recherche est logarithmique en son nombre d'éléments. Le coût total est donc proportionnel à $\sum \log(B_i)$ où les B_i sont les tailles des dictionnaires rencontrés pendant la recherche. On peut très grossièrement majorer chaque B_i par N, car la propriété que chaque feuille se termine par `true` garantit qu'un nœud avec un branchement de taille B contient au moins B mots différents. D'où une complexité au pire $O(M \log N)$. Cependant, cela peut être beaucoup moins. Si par exemple chaque B_i vaut deux, alors la complexité sera $O(M)$, alors que N peut être aussi grand que 2^M. Plus généralement, si l'ensemble des lettres considérées a une taille bornée, par exemple les 26 lettres de l'alphabet, alors la recherche a une complexité $O(M)$. Il en va de même pour la complexité de l'ajout et de la suppression.

Pour l'intersection de deux arbres de préfixes contenant respectivement N_1 et N_2 éléments de longueur inférieure à M, on peut de même majorer grossièrement la complexité par $O(N_1 M \log N_2)$. Lorsque l'ensemble des lettres est borné, elle se réduit donc à $O(N_1 M)$.

Dictionnaire

Un arbre de préfixes encode par un simple booléen contenu dans chaque nœud la présence de l'élément correspondant à ce préfixe. L'adaptation en un dictionnaire consiste donc à remplacer ce booléen par une valeur optionnelle. On définit donc le type suivant :

```
type 'a t = { value : 'a option ; branches : 'a t M.t }
```

Programme 52 — Recherche dans un arbre de préfixes

```
let rec find x t =
  match x, t.value with
    | [], None   -> raise Not_found
    | [], Some v -> v
    | i :: l, _  -> find l (M.find i t.branches)
```

Le champ `value` remplace le champ booléen `word`. Les adaptations sont immédiates : la fonction `mem` teste si le champ `value` est différent de `None`, la fonction `add` écrase la valeur présente, le cas échéant, par la nouvelle valeur, etc. Le code de la fonction `find` est donné programme 52.

5.5 Arbres de Patricia

Nous avons présenté les arbres de préfixes dans la section précédente. On peut utiliser cette structure pour représenter des ensembles d'entiers en identifiant un entier avec le mot que forment ses chiffres en binaire ; on parle alors d'*arbre de Patricia*. Ainsi, l'ensemble $\{4, 5, 17\}$ peut être vu comme l'ensemble des trois mots binaires suivant :

$$\{(100)_2, (101)_2, (10001)_2\}$$

On peut construire un arbre de préfixes pour ces trois mots. On a deux arbres de Patricia possibles, selon qu'on lit les bits à partir du poids fort ou du poids faible. Dans le premier cas, on parle d'arbre de Patricia *gros-boutien* (*big-endian* en anglais) et dans le second d'arbre *petit-boutien* (*little-endian* en anglais) [2]. Dans ce qui suit, nous considérons uniquement des arbres de Patricia petits-boutiens, ce qui signifie que nous examinons les bits à partir du plus faible, *i.e.* de la droite vers la gauche. En prenant la convention que le bit 0 envoie vers le sous-arbre gauche et le bit 1 vers le sous-arbre droit, l'arbre de préfixes obtenu pour les entiers $\{4, 5, 17\}$ est représenté figure 5.8.

2. Les termes anglais *little-endian* et *big-endian* ont été empruntés aux *Voyages de Gulliver* de Jonathan Swift. Il est donc naturel de les traduire en français par « petit-boutien » et « gros-boutien ».

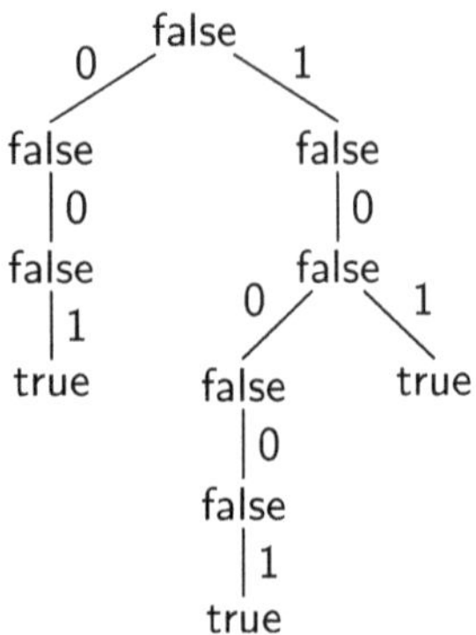

Figure 5.8
Arbre de préfixes pour les entiers $\{4, 5, 17\}$

On constate immédiatement qu'il contient beaucoup d'information redondante. Ainsi, le deuxième bit des trois entiers vaut toujours 0 mais l'arbre de préfixes contient néanmoins un branchement à ce niveau ; de même pour le quatrième bit dans le sous-arbre droit. On constate également qu'il est inutile d'effectuer un branchement dès lors qu'il ne reste plus qu'un élément dans l'arbre. Pour obtenir une représentation plus compacte, on va se contenter d'effectuer un branchement dans l'arbre uniquement lorsque cela est nécessaire, c'est-à-dire lorsqu'il existe une différence dans les bits de deux sous-ensembles d'éléments. Plus précisément, un nœud de branchement va contenir le bit qu'il convient de tester ainsi que tous les bits se situant à sa droite. On obtient alors l'arbre de la figure 5.9 où le bit à tester est souligné.

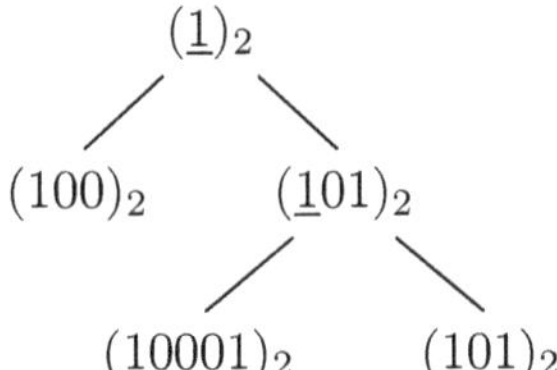

Figure 5.9
Arbre de Patricia pour l'ensemble $\{4, 5, 17\}$

Cet arbre signifie donc que l'on teste tout d'abord le premier bit. S'il vaut 0, on se dirige alors vers le sous-arbre gauche qui contient un unique élément, à savoir $4 = (100)_2$. S'il vaut 1, on se dirige vers le sous-arbre droit qui indique alors qu'il faut tester le troisième bit et que les deux bits de poids faible valent $(01)_2$ pour tout ce sous-arbre. Si le troisième bit vaut 0, on obtient un sous-arbre contenant uniquement $17 = (10001)_2$; et s'il vaut 1, on obtient un sous-arbre contenant uniquement $5 = (101)_2$. On observe en particulier que l'ordre des éléments n'est pas préservé dans la structure d'arbre ; il le serait en revanche dans le cas d'arbres de Patricia gros-boutiens contenant des entiers non signés.

Il est important de noter qu'un nœud de branchement tel que $(\underline{1}01)_2$ contient deux informations distinctes : d'une part le bit que l'on doit tester, ici le troisième, et d'autre part les bits se trouvant à sa droite, ici $(01)_2$. La première information suffit pour chercher un élément dans l'arbre ; en revanche, la seconde est également nécessaire pour insérer un élément. On va utiliser deux entiers pour représenter un nœud de branchement tel que $(\underline{1}01)_2$: d'une part une puissance de deux pour représenter le bit à tester, ici $(100)_2$, et d'autre part un entier représentant le préfixe c'est-à-dire les bits plus faibles que cette puissance de deux, ici $(01)_2$. Un seul entier suffirait, en l'occurrence $(101)_2$ ici, mais extraire le bit de poids fort n'est pas facile et il est donc plus simple de maintenir les deux informations séparément. On adopte donc le type suivant pour représenter les arbres de Patricia :

```
type t =
  | Empty
  | Leaf of int
  | Node of int * int * t * t
```

Le constructeur `Empty` représente l'arbre vide ; `Leaf x` est une feuille contenant directement un élément `x` ; enfin `Node (p, b, l, r)` représente un branchement, où `p` est le préfixe, `b` le bit à tester (une puissance de 2) et `l` et `r` les deux sous-arbres. Par la suite, on garantit l'invariant de bonne formation suivant :

« tout arbre de la forme `Node` ne contient
pas de sous-arbre de la forme `Empty` »

Recherche d'un élément

Pour rechercher un élément `x` dans un arbre de Patricia, il suffit de descendre dans l'arbre en fonction des bits de branchement jusqu'à atteindre une feuille. On commence par écrire une fonction `zero_bit` qui teste en utilisant un *et logique* si le bit `b` de `x` vaut 0, l'entier `b` étant supposé être une puissance de 2.

```
let zero_bit x b =
  x land b == 0
```

On peut alors écrire la fonction `mem`. Si l'arbre est vide, c'est immédiat.

```
let rec mem x = function
  | Empty -> false
```

Si on atteint une feuille `j`, on teste si `x` est égal à `j`.

```
  | Leaf j -> x = j
```

Enfin, sur un nœud de branchement, il suffit de déterminer si le bit correspondant de `x` vaut 0 ou 1 en utilisant la fonction `zero_bit`.

```
  | Node (_, b, l, r) -> mem x (if zero_bit x b then l else r)
```

Le code de `mem` est donné programme 53.

Programme 53 — Recherche dans un arbre de Patricia

```
let zero_bit x b =
  x land b == 0

let rec mem x = function
  | Empty -> false
  | Leaf j -> x = j
  | Node (_, b, l, r) -> mem x (if zero_bit x b then l else r)
```

On remarque que ce code descend systématiquement jusqu'à une feuille, alors que la recherche peut parfois être interrompue plus tôt si l'élément `x` n'a pas le préfixe attendu par un nœud de branchement. On a fait ici le choix d'un code effectuant moins de tests, qui favorise les situations où une majorité de recherches sont positives. L'exercice 5.22 considère l'autre option.

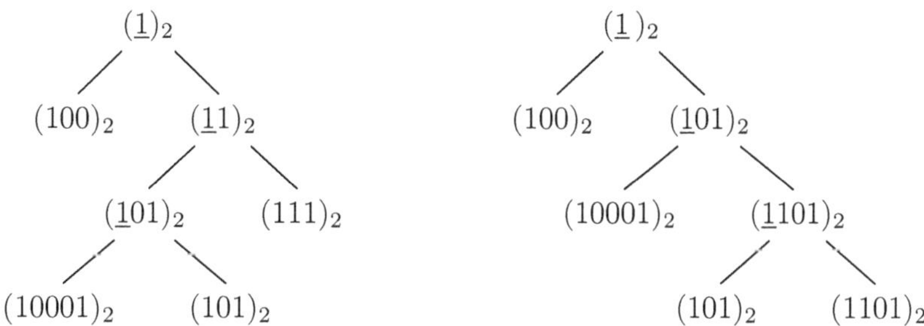

Figure 5.10
Insertion de $7 = (111)_2$ (à gauche) ou $13 = (1101)_2$ (à droite) dans l'arbre de Patricia (figure 5.9)

Insertion d'un élément

L'ajout d'un élément dans un arbre de Patricia consiste à descendre dans l'arbre jusqu'à trouver la position d'insertion. Deux cas se présentent, que nous pouvons illustrer sur un exemple. Supposons que l'on insère $7 = (111)_2$ dans l'arbre de la figure 5.9. Le premier nœud de branchement nous envoie vers le sous-arbre droit, car le bit de poids faible vaut 1. Toutefois, dans le second nœud de branchement, à savoir $(\underline{1}01)_2$, le préfixe ne coïncide pas : on a $(11)_2$ pour l'élément à insérer et $(10)_2$ pour le sous-arbre. Il faut donc créer un nouveau nœud de branchement, à savoir $(\underline{1}1)_2$, avec l'ancien sous-arbre à gauche et la feuille 7 à droite. Au final, on obtient l'arbre de gauche de la figure 5.10. En revanche, si on insère non pas 7 mais $13 = (1101)_2$, alors on atteint la feuille 5, qu'il faut séparer en deux feuilles distinctes 5 et 13, ce qui donne l'arbre de droite de la figure 5.10.

On commence par la réalisation d'une fonction `branch` qui prend deux arbres `t1` et `t2` en arguments, en supposant que leurs préfixes respectifs `p1` et `p2` diffèrent, et qui crée le nœud de branchement correspondant. Il faut donc déterminer le bit le plus faible où `p1` et `p2` diffèrent. Pour cela, on procède en deux temps : on commence par déterminer tous les bits qui diffèrent avec l'opération `p1 lxor p2`, puis on extrait le bit à 1 le plus faible (qui existe nécessairement). Pour ce dernier point, on a déjà vu dans la section *4.2 Tableaux de bits* qu'une solution consiste à effectuer un *et logique* entre `x` et `-x`. On introduit donc une fonction `rightmost_1_bit` pour cela.

```
let rightmost_1_bit x =
  x land -x
```

Programme 54 — Insertion dans un arbre de Patricia

```
let rightmost_1_bit x =
  x land -x

let branch p1 t1 p2 t2 =
  let b = rightmost_1_bit (p1 lxor p2) in
  let p = p1 land (b-1) in
  if zero_bit p1 b then
    Node (p, b, t1, t2)
  else
    Node (p, b, t2, t1)

let matches_prefix x p b =
  x land (b-1) == p

let rec add x = function
  | Empty ->
      Leaf x
  | Leaf j as t ->
      if j == x then t else branch x (Leaf x) j t
  | Node (p, b, l, r) as t ->
      if matches_prefix x p b then
        if zero_bit x b then
          Node (p, b, add x l, r)
        else
          Node (p, b, l, add x r)
      else
        branch x (Leaf x) p t
```

Écrivons maintenant la fonction `branch`. On commence par calculer le bit de branchement avec `rightmost_1_bit`.

```
let branch p1 t1 p2 t2 =
  let b = rightmost_1_bit (p1 lxor p2) in
```

Puis on calcule le préfixe `p` commun à `p1` et `p2`. Il s'agit de l'ensemble des bits plus faibles que `b`, que l'on extrait à l'aide d'un *et logique* avec le masque `b-1`.

```
  let p = p1 land (b-1) in
```

On utilise ici `p1` pour récupérer ce préfixe, mais on aurait pu tout aussi bien utiliser `p2`. Il ne reste plus qu'à déterminer qui de `t1` ou `t2` doit être placé à gauche, en fonction de la valeur du bit `b`.

```
  if zero_bit p1 b then
    Node (p, b, t1, t2)
  else
    Node (p, b, t2, t1)
```

Illustrons le déroulement de la fonction `branch` avec `p1` $= (011101)_2$ et `p2` $= (110101)_2$. Le résultat de `p1 lxor p2` est $(101000)_2$. Le bit `b` extrait par `rightmost_1_bit` est donc $(00\underline{1}000)_2$. Le masque `b-1` vaut alors $(000111)_2$, ce qui donne le préfixe `p` $= (000101)_2$.

On se donne ensuite une fonction `matches_prefix` qui détermine si un entier `x` a le préfixe défini par `p` et `b`.

```
let matches_prefix x p b =
  x land (b-1) == p
```

On est maintenant en mesure d'écrire la fonction `add` qui insère un élément `x` dans un arbre de Patricia. Le cas d'un arbre vide est immédiat.

```
let rec add x = function
  | Empty ->
      Leaf x
```

Dans le cas d'une feuille `j`, on commence par tester si `j` est égal à `x`. Le cas échéant, il n'y a rien à faire. Sinon, il faut créer un nœud de branchement pour les deux feuilles avec `branch`.

```
  | Leaf j as t ->
      if j == x then t else branch x (Leaf x) j t
```

Enfin, dans le cas d'un Node, on détermine si x a le préfixe de cet arbre.

```
  | Node (p, b, l, r) as t ->
      if matches_prefix x p b then
```

Si c'est le cas, on poursuit l'insertion récursivement dans le sous-arbre gauche ou droit, selon que le bit de x défini par b vaut 0 ou 1.

```
        if zero_bit x b then
          Node (p, b, add x l, r)
        else
          Node (p, b, l, add x r)
```

Si en revanche x n'a pas le préfixe p, alors il faut créer un nœud de branchement, avec comme deux sous-arbres t et la feuille x ; la fonction branch est faite pour cela.

```
      else
        branch x (Leaf x) p t
```

Ceci conclut la fonction add. Le code complet est donné programme 54 (voir page 238).

Suppression d'un élément

La suppression d'un élément dans un arbre de Patricia procède exactement comme pour l'insertion, à la seule différence qu'il faut prendre soin de maintenir l'invariant de bonne formation. Pour cela, il suffit d'introduire un *smart constructor* node qui se comporte comme Node lorsque ses arguments ne sont pas Empty et effectue la simplification dans le cas contraire.

```
let node = function
  | (_, _, Empty, t)
  | (_, _, t, Empty) -> t
  | (p, b, l, r) -> Node (p, b, l, r)
```

Programme 55 — Suppression dans un arbre de Patricia

```
let node = function
  | (_, _, Empty, t)
  | (_, _, t, Empty) -> t
  | (p, b, l, r) -> Node (p, b, l, r)

let rec remove x = function
  | Empty ->
      Empty
  | Leaf j as t ->
      if x == j then Empty else t
  | Node (p, m, t0, t1) as t ->
      if matches_prefix x p m then
        if zero_bit x m then
          node (p, m, remove x t0, t1)
        else
          node (p, m, t0, remove x t1)
      else
        t
```

En utilisant la fonction `node` à la place du constructeur `Node`, le code de la suppression est immédiat. Il est donné programme 55.

Union

L'un des avantages des arbres de Patricia sur les AVL est qu'ils se prêtent plus facilement aux opérations ensemblistes, telles que l'union. En effet, deux arbres de Patricia contenant beaucoup d'éléments en commun vont typiquement effectuer des branchements identiques, ou similaires, ce qui va permettre une descente récursive naturelle. Cela contraste avec les AVL où la racine dépend fortement de la façon dont l'AVL a été construit.

Écrivons l'union de deux arbres de Patricia `t1` et `t2`. On commence par considérer les cas triviaux. Le plus simple est celui où l'un des deux arbres est vide.

```
let rec union t1 t2 = match t1, t2 with
  | Empty, t | t, Empty ->
      t
```

De même, on traite facilement le cas où l'un des deux arbres est une feuille, en faisant appel à la fonction `add`.

```
  | Leaf x, t | t, Leaf x ->
      add x t
```

Il faut ensuite considérer le cas général où `t1` et `t2` sont tous les deux des nœuds de branchement.

```
  | Node (p1, b1, l1, r1), Node (p2, b2, l2, r2) ->
```

Il y a trois cas de figure. Le plus simple est celui où les préfixes de `t1` et `t2` coïncident exactement. Dans ce cas, il suffit d'effectuer récursivement l'union des sous-arbres gauches et droits respectifs.

```
      if b1 == b2 && matches_prefix p2 p1 b1 then
        Node (p1, b1, union l1 l2, union r1 r2)
```

Le deuxième cas est celui où l'un des deux préfixes est inclus dans l'autre. Supposons par exemple que le préfixe de `t1` soit inclus dans le préfixe de `t2`. Cela signifie que `t1` teste un bit plus faible que `t2`, *i.e.* `b1 < b2`, et que les bits de `p2` en deçà de `b1` coïncident avec `p1`. Dans ce cas, `t2` tout entier doit être récursivement fusionné avec le sous-arbre gauche ou droit de `t1`, selon le bit `b1` de son préfixe `p2`.

```
      else if b1 < b2 && matches_prefix p2 p1 b1 then
        if zero_bit p2 b1 then
          Node (p1, b1, union l1 t2, r1)
        else
          Node (p1, b1, l1, union r1 t2)
```

On traite de la même manière le cas symétrique où c'est le préfixe de `t2` qui est inclus dans celui de `t1`.

```
else if b1 > b2 && matches_prefix p1 p2 b2 then
  ...
```

Enfin, le dernier cas est celui où les préfixes diffèrent complètement, sans que l'un soit inclus dans l'autre. Cela signifie que les éléments de `t1` sont disjoints des éléments de `t2` et il suffit de créer un nouveau nœud de branchement avec `t1` d'un côté et `t2` de l'autre, ce que fait exactement la fonction `branch`.

```
else
  branch p1 t1 p2 t2
```

L'intégralité du code de `union` est donnée programme 56 (voir page suivante). Les opérations d'intersection, de différence et de test d'inclusion s'écrivent de manière similaire (voir exercice 5.23).

Comparaison

Les arbres de Patricia peuvent être comparés facilement. En effet, deux arbres de Patricia contenant les mêmes éléments ont nécessairement la même structure. Dès lors, les fonctions de comparaison structurelle d'OCaml peuvent être directement utilisées sur les arbres de Patricia. On a ainsi immédiatement une égalité et un ordre total sur le type `t` avec l'opérateur `=` et la fonction `Pervasives.compare`.

Complexité

Le coût d'une recherche, d'une insertion ou d'une suppression dans un arbre de Patricia est proportionnel au nombre de bits de l'entier considéré. Il s'agit donc d'un coût constant. Notons cependant que ce coût peut atteindre 64 comparaisons sur une machine 64 bits ce qui, dans le cadre d'un AVL, correspondrait à une structure contenant plus d'éléments que la mémoire d'un ordinateur ne peut en contenir. On ne peut donc pas en déduire qu'un arbre de Patricia soit meilleur qu'un AVL en toute généralité. Un arbre de Patricia peut même nécessiter plus de comparaisons qu'un AVL. En effet, un arbre de Patricia contenant 30 éléments peut avoir une structure de peigne, alors que l'AVL sera équilibré. Les arbres de Patricia restent une structure intéressante dès lors qu'on doit effectuer des opérations telles que l'union, l'intersection ou la comparaison.

Programme 56 — Union de deux arbres de Patricia

```
let rec union t1 t2 = match t1, t2 with
  | Empty, t | t, Empty ->
      t
  | Leaf x, t | t, Leaf x ->
      add x t
  | Node (p1, b1, l1, r1), Node (p2, b2, l2, r2) ->
      if b1 == b2 && matches_prefix p2 p1 b1 then
        Node (p1, b1, union l1 l2, union r1 r2)
      else if b1 < b2 && matches_prefix p2 p1 b1 then
        if zero_bit p2 b1 then
          Node (p1, b1, union l1 t2, r1)
        else
          Node (p1, b1, l1, union r1 t2)
      else if b1 > b2 && matches_prefix p1 p2 b2 then
        if zero_bit p1 b2 then
          Node (p2, b2, union t1 l2, r2)
        else
          Node (p2, b2, l2, union t1 r2)
      else
        branch p1 t1 p2 t2
```

Dictionnaire

Il est aisé d'adapter le type des arbres de Patricia pour en faire des dictionnaires. Il suffit en effet d'ajouter un second argument au constructeur `Leaf`.

```
type key = int
type 'a t =
  | Empty
  | Leaf of key * 'a
  | Node of int * int * 'a t * 'a t
```

L'adaptation des différentes fonctions est immédiate. L'exercice 5.27 propose d'écrire la fonction `find`.

 **Pour en savoir plus**

Les arbres de Patricia ont été introduits en 1968 par Morrison [18], qui a forgé le terme de *Patricia* comme un acronyme pour *Practical Algorithm To Retrieve Information Coded In Alphanumeric*. Plus récemment, les arbres de Patricia ont été présentés dans le contexte d'un langage fonctionnel par Okasaki et Gill [20]. La technique du *hash-consing*, présentée au chapitre 11, permet d'associer des entiers uniques à des valeurs d'un certain type. On peut alors exploiter les arbres de Patricia pour représenter des ensembles de valeurs de ce type, notamment si on doit effectuer des opérations coûteuses comme l'union ou la comparaison d'ensembles.

5.6 Exercices

Arbres binaires de recherche

5.1 Écrire une fonction `height` qui calcule la hauteur d'un arbre.

5.2 Écrire une fonction `cardinal: t -> int` qui renvoie le nombre d'éléments d'un arbre binaire de recherche.

5.3 Écrire une fonction `max_elt: t -> elt` analogue à `min_elt`.

5.4 Écrire une fonction `floor: elt -> t -> elt` qui renvoie le plus grand élément d'un arbre binaire de recherche inférieur ou égal à un élément donné, s'il existe, et lève l'exception `Not_found` sinon.

5.5 Écrire une fonction `iter: (elt -> unit) -> t -> unit` qui parcourt les éléments d'un arbre binaire de recherche dans l'ordre croissant.

5.6 Écrire une fonction `elements: t -> elt list` qui renvoie l'ensemble des éléments d'un arbre binaire de recherche, dans l'ordre croissant.

5.7 On peut améliorer l'efficacité des fonctions `add` et `remove` en renvoyant directement l'arbre passé en argument lorsqu'il est inchangé, c'est-à-dire quand `add` ajoute un élément déjà présent et quand `remove` supprime un élément absent. Réécrire les fonctions `add` et `remove` en utilisant cette idée. On pourra lever une exception pour signaler que l'arbre est inchangé, en prenant soin de ne pas la rattraper à chaque appel récursif mais uniquement au niveau de l'appel initial.

5.8 Si on utilise l'idée de l'exercice précédent, il devient possible de maintenir facilement le cardinal d'un arbre binaire de recherche. On pourra par exemple utiliser un enregistrement qui stocke le cardinal à côté de l'arbre. Réécrire le type `t` et les fonctions `add` et `remove` dans ce sens.

AVL

Tous les exercices précédents sur les arbres binaires de recherche peuvent être repris avec les AVL.

5.9 Écrire la fonction `add` pour un dictionnaire réalisé avec un AVL. Que faire lorsque la clé se trouve déjà associée à une valeur ?

Tables de hachage

5.10 Le calcul `(X.hash x) mod (Array.length h.buckets)` suppose que `X.hash x` renvoie une valeur positive ou nulle, car le résultat serait négatif dans le cas contraire. Comment faire si on ne veut pas faire cette supposition ? Expliquer pourquoi `(abs (X.hash x)) mod (Array.length h.buckets)` n'est pas une solution correcte.

5.11 Modifier la fonction `resize` pour que la taille `m` du nouveau tableau ne dépasse pas `Sys.max_array_length`.

5.12 Dans le cas d'un dictionnaire, plutôt que d'utiliser une liste d'association de type `(key * 'a) list` pour représenter les paquets, on peut utiliser un type plus compact, à savoir :

```
type 'a bucket = Nil | Cons of key * 'a * 'a bucket
```

Montrer qu'on économise ainsi un tiers de mots mémoire. Réécrire les fonctions sur les tables de hachage utilisant ce type `'a bucket`.

5.13 En utilisant les tableaux persistants, écrire une structure de tables de hachage persistantes.

Arbres de préfixes

5.14 Écrire la fonction `cardinal` sur les arbres de préfixes.

5.15 Écrire la fonction `min_elt` renvoyant le plus petit élément d'un arbre de préfixes, c'est-à-dire le plus petit pour l'ordre lexicographique induit par `L.compare`.

On pourra utiliser le fait que les itérateurs du module `Map` parcourent les liaisons par ordre croissant des clés.

5.16 Améliorer l'efficacité des fonctions `add` et `remove` en utilisant l'idée de l'exercice 5.7.

5.17 La fonction `mem` n'est pas récursive terminale car l'appel récursif est contenu dans un `try-with`. Remédier à ce problème en ne rattrapant l'exception `Not_found` qu'au sommet de la fonction.

5.18 Plutôt que d'utiliser le module `Map` de la bibliothèque standard d'OCaml, le foncteur `Make` pourrait prendre un argument supplémentaire `M` de signature `Map.S with type key = L.t`. Réécrire le foncteur `Make` dans ce sens.

5.19 Écrire la fonction `union` sur les arbres de préfixes. On pourra s'inspirer de la fonction `inter` en utilisant deux fonctions mutuellement récursives.

5.20 Écrire une variante des arbres de préfixes où le dictionnaire `branches` est réalisé par un tableau, par exemple pour des mots formés à partir des caractères `'a'..'z'`.

5.21 Le mode `T9` des téléphones portables facilite la saisie des textes sur les claviers : au lieu de taper plusieurs fois sur une touche pour faire défiler les lettres, une seule frappe suffit et le téléphone propose de lui-même les mots qui correspondent à la séquence de touches qui vient d'être tapée, à partir d'un dictionnaire qu'il a en mémoire.

Par exemple, en tapant successivement les touches 2, 6, 6, 5, 6, 8 et 7, vous obtenez le mot *bonjour*. Il est possible qu'une suite de touches corresponde à plusieurs mots. Ainsi, la suite 5, 6, 4 et 3 correspond aux mots *joie* et *loge* et la suite 2, 5, 3 et 3 à *clef* et *bled*.

On peut utiliser les arbres de préfixes pour représenter les dictionnaires contenus dans les téléphones. On obtient ainsi une structure de données pour trouver efficacement tous les mots du dictionnaire du téléphone commençant par une séquence de touches.

Pour cela, il faut modifier légèrement la structure de données présentée dans ce chapitre. Tout d'abord, il convient de supposer que la décomposition des mots n'est pas injective, c'est-à-dire que deux mots différents pourront être décomposés vers la même suite de lettres. On se donnera un module pour effectuer cette décomposition, avec la signature suivante :

```
module type Word = sig
  type t
  type letter
  val decomposition: t -> letter list
  val compare : t -> t -> int
end
```

Ensuite, afin de stocker tous les mots dont la décomposition correspond au même préfixe, il est nécessaire de remplacer le champ booléen `word` indiquant la présence d'un mot par un champ pouvant contenir un ensemble de mots. Le début de la déclaration du module `Make` sera donc de la forme suivante :

```
module Make(L : Letter)(W : Word with type letter = L.t)
:  PersistentSet with type elt = W.t =
struct
   module S = Set.Make(W)
   module M = Map.Make(L)

   type elt = W.t
   type t = { words : S.t ; branches : t M.t }
```

Compléter le code du foncteur `Make`.

Arbres de Patricia

5.22 Modifier la fonction `mem` sur les arbres de Patricia (programme 53) pour qu'elle échoue dès que `x` ne possède pas le préfixe attendu par le nœud `Node`.

5.23 Écrire les fonctions `inter`, `diff` et `subset` sur les arbres de Patricia, effectuant respectivement l'intersection, la différence et le test d'inclusion, sur le modèle de la fonction `union`.

5.24 Écrire toutes les opérations des arbres de Patricia *gros-boutiens*, c'est-à-dire où les bits sont examinés de gauche à droite plutôt que de droite à gauche. La principale difficulté est l'écriture d'une fonction `leftmost_1_bit`, pour laquelle il n'existe pas de solution aussi simple que pour `rightmost_1_bit`.

5.25 Écrire la bibliothèque des arbres de Patricia indépendamment du caractère petit-boutien ou gros-boutien, comme un foncteur paramétré par les quelques éléments qui diffèrent entre les deux implémentations.

5.26 Améliorer la représentation des arbres de préfixes en factorisant les préfixes communs comme cela est fait dans les arbres de Patricia. Ainsi, pour l'ensemble de mots {`do`, `doing`, `dominate`, `domino`}, on aura la représentation suivante :

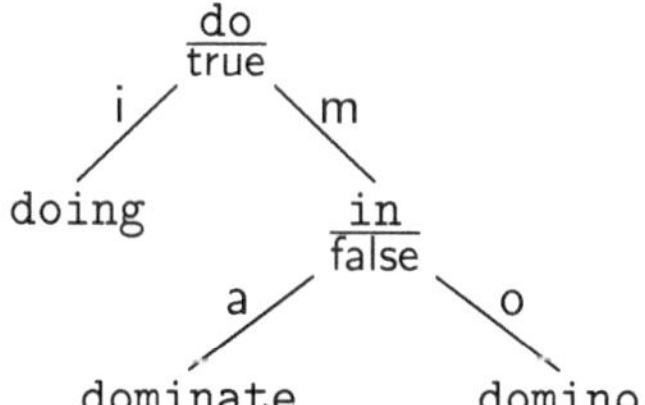

La racine indique que les deux premières lettres doivent être `do` et que le mot correspondant, `do`, est dans l'ensemble. On descend dans l'arbre selon la valeur de la troisième lettre. Pour `i`, on atteint une feuille contenant le mot `doing`. Pour `m`, on atteint un nouveau nœud de branchement qui indique que les deux lettres suivantes doivent être `in` et que le mot correspondant, `domin`, n'est pas dans l'ensemble. Selon la valeur de la sixième lettre, on obtient la feuille `dominate` ou la feuille `domino`.

5.27 Écrire la fonction `find` pour des dictionnaires représentés par des arbres de Patricia.

6
Files

Ce chapitre présente plusieurs structures de données de *files*. Une file est une structure où les éléments sont retirés dans l'ordre d'arrivée, ce qui correspond exactement à la notion usuelle de file d'attente. On peut également associer une priorité aux éléments, qui ne sont alors plus retirés selon l'ordre d'arrivée ; on parle de *file de priorité*.

6.1 Files impératives

Cette section présente une structure de files impératives basée sur des listes chaînées. La signature de cette structure est donnée programme 57 (voir page suivante).

L'idée est la suivante. Si une file q contient les éléments 1, 2, 3, insérés dans cet ordre, alors elle est représentée par une liste chaînée cyclique où chaque élément pointe vers le suivant dans la file et où le dernier pointe vers le premier. Pour pouvoir insérer et extraire en temps constant, il suffit alors de conserver un pointeur sur le dernier élément de la file, ici 3. On a donc la situation suivante :

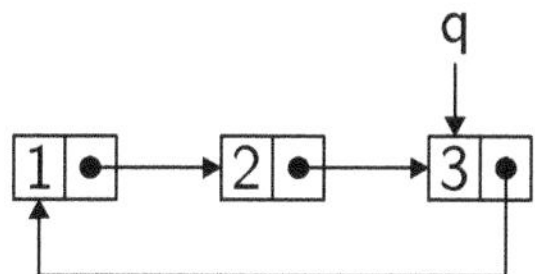

Programme 57 — Signature minimale pour des files impératives

```
module type ImperativeQueue = sig
  type 'a t
  val create : unit -> 'a t
  val is_empty : 'a t -> bool
  val push : 'a -> 'a t -> unit
  val pop : 'a t -> 'a
end
```

Ainsi, pour ajouter un nouvel élément, 4, il suffit de l'insérer comme le suivant de 3, c'est-à-dire entre les éléments 3 et 1, et de pointer désormais sur 4.

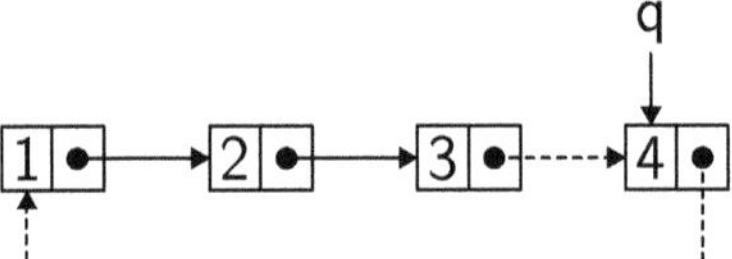

On accède au premier élément, ici 1, en suivant le pointeur contenu dans le dernier élément. Pour supprimer le premier élément, il suffit de faire pointer le dernier sur le second, ici 2, qui s'obtient en suivant deux pointeurs.

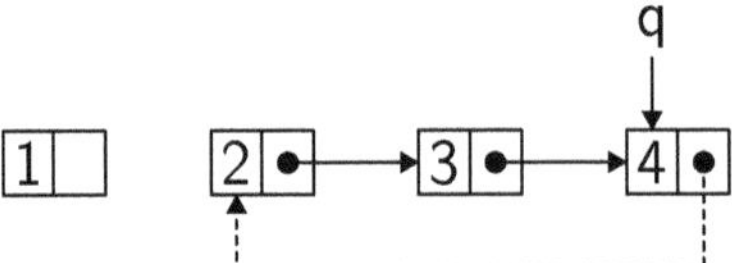

On commence par introduire un type `'a cell` pour représenter les cellules de la liste chaînée, de manière tout à fait classique.

```
type 'a cell = { elt : 'a; mutable next : 'a cell }
```

On représente alors une file par une référence sur la dernière cellule. Un problème se pose pour la représentation de la file vide, pour laquelle on ne veut justement pas avoir de cellule de liste contenant un élément. On choisit donc de représenter une file par une référence sur une valeur de type `'a cell option`, où `None` représente la liste vide.

```
type 'a t = (('a cell) option) ref
```

Il est alors immédiat de réaliser les fonctions `create` et `is_empty`.

```
let create () =
  ref None
let is_empty q =
  !q = None
```

Insertion

L'insertion d'un élément `x` dans une file `q` suit le schéma donné précédemment. Si `q` est vide, on crée une liste cyclique à un élément et on modifie `q` pour qu'elle pointe sur cet élément. On utilise ici la possibilité offerte par OCaml de construire une valeur cyclique avec `let rec`.

```
let push x q = match !q with
  | None ->
      let rec c = { elt = x; next = c } in
      q := Some c
```

Si en revanche `q` n'est pas vide, on crée une nouvelle cellule `c` contenant `x`, que l'on insère entre le dernier et le premier élément, puis on modifie `q` pour pointer désormais sur cette nouvelle cellule.

```
  | Some last ->
      let c = { elt = x; next = last.next } in
      last.next <- c;
      q := Some c
```

Extraction

Pour extraire le premier élément d'une file `q`, on commence par tester si `q` est vide. Dans ce cas, on lève une exception.

```
let pop q = match !q with
  | None ->
      invalid_arg "pop"
```

Si en revanche `q` n'est pas vide, il convient de traiter le cas particulier où `q` ne contient qu'un élément. Ceci est vérifié lorsque le dernier élément pointe sur lui-même. Auquel cas, il suffit de vider la file en lui donnant la valeur `None` et de renvoyer l'unique élément qu'elle contenait.

```
| Some last when last.next == last ->
    q := None;
    last.elt
```

Dans le cas général où `q` contient au moins deux éléments, on commence par déterminer le premier élément de la file, `first`, puis on le supprime de la liste chaînée en faisant pointer le dernier élément vers le deuxième. La valeur à renvoyer se trouve toujours contenue dans la cellule `first`.

```
| Some last ->
    let first = last.next in
    last.next <- first.next;
    first.elt
```

Le code complet est donné programme 58 (voir page suivante).

Complexité

Il est clair que les opérations `create`, `is_empty`, `push` et `pop` s'exécutent toutes en temps constant. En mémoire, une file contenant N éléments occupe trois mots par élément (c'est un enregistrement avec deux champs, `elt` et `next`), plus deux mots pour la référence.

Pour en savoir plus

Le module `Queue` de la bibliothèque standard d'OCaml utilise cette structure de données. Cependant, ce module évite l'utilisation du type `option` en créant une valeur fictive à laquelle on donne le type attendu à l'aide de la fonction (non documentée) `Obj.magic` qui permet de contourner le système de types d'OCaml. Le code reste cependant sûr car cette valeur fictive n'est jamais utilisée.

Programme 58 — Files impératives à l'aide de listes chaînées

```
type 'a cell = { elt : 'a; mutable next : 'a cell }

type 'a t = 'a cell option ref

let create () =
  ref None

let is_empty q =
  !q = None

let push x q = match !q with
  | None ->
      let rec c = { elt = x; next = c } in
      q := Some c
  | Some last ->
      let c = { elt = x; next = last.next } in
      last.next <- c;
      q := Some c

let pop q = match !q with
  | None ->
      invalid_arg "pop"
  | Some last when last.next == last ->
      q := None;
      last.elt
  | Some last ->
      let first = last.next in
      last.next <- first.next;
      first.elt
```

6.2 Files persistantes

Dans cette section, on présente une structure de files *persistante*. La signature d'une telle structure est donnée programme 59. On voit notamment que les opérations push et pop renvoient la version modifiée de la structure.

Une idée naïve consisterait à représenter une file directement par une liste. Cette solution est malheureusement très inefficace car l'ajout ou le retrait devrait alors être effectué à la fin de la liste. Pour que ces deux opérations puissent être réalisées plus efficacement, une idée simple consiste à utiliser non pas une mais deux listes. La première liste contient les éléments en tête de file, dans l'ordre, et la seconde les éléments en queue de file, en ordre inverse. Ainsi, l'ajout comme le retrait se font en tête de liste. Par exemple, la file contenant les éléments 1, 2, 3, 4, 5, dans cet ordre d'arrivée, peut être représentée par les deux listes [1; 2] et [5; 4; 3]. Mais elle pourrait tout aussi bien être représentée par les deux listes [1] et [5;4;3;2] ou même encore par [1;2;3;4;5] et [], qui sont toutes des représentations équivalentes de la même file.

On introduit donc le type des files persistantes simplement comme un synonyme pour une paire de listes.

```
type 'a t = 'a list * 'a list
```

La première liste représente la sortie de la file, la seconde l'entrée. La file vide empty et la fonction is_empty sont immédiates.

```
let empty = [], []

let is_empty = function
  | [], [] -> true
  | _ -> false
```

Pour ajouter un élément x, il suffit de l'ajouter en tête de la seconde liste.

```
let push x (o, i) =
  (o, x :: i)
```

Programme 59 — Signature minimale pour des files persistantes

```
module type PersistentQueue = sig
  type 'a t
  val empty : 'a t
  val is_empty : 'a t -> bool
  val push : 'a -> 'a t -> 'a t
  val pop : 'a t -> 'a * 'a t
end
```

En revanche, le retrait est plus délicat. Trois cas se présentent. Premier cas : la file est vide et on lève une exception.

```
  let pop = function
    | [], [] ->
        invalid_arg "pop"
```

Deuxième cas : la première liste, représentant la sortie, contient au moins un élément et il suffit alors d'extraire cet élément.

```
    | x :: o, i ->
        x, (o, i)
```

Enfin, dernier cas : tous les éléments se trouvent dans la liste des entrées. Il suffit alors de retourner la liste `i` pour se ramener à la situation précédente, où l'élément à sortir est en tête de liste. Le reste de la liste obtenue devient la nouvelle liste des sorties et la file renvoyée ne contient plus d'éléments dans sa liste d'entrées.

```
    | [], i ->
        match List.rev i with
        | x :: o -> x, (o, [])
```

Comme la liste `i` n'est pas vide, la liste `List.rev i` ne l'est pas non plus. Plutôt que d'écrire un filtrage non exhaustif, qui provoquerait un avertissement du compilateur, on indique explicitement que le cas d'une liste vide est absurde.

```
        | [] -> assert false
```

L'intégralité du code est donnée programme 60.

Programme 60 — Files persistantes représentées par des paires de listes

```
type 'a t = 'a list * 'a list

let empty =
  ([], [])

let is_empty = function
  | [], [] -> true
  | _ -> false

let push x (o, i) =
  (o, x :: i)

let pop = function
  | [], [] ->
      invalid_arg "pop"
  | x :: o, i ->
      x, (o, i)
  | [], i ->
      match List.rev i with
      | x :: o -> x, (o, [])
      | [] -> assert false
```

Complexité

Il est clair que les opérations `is_empty` et `push` s'exécutent en temps constant. L'opération `pop`, en revanche, peut avoir un coût $O(N)$ pour une file contenant N éléments, lorsque tous les éléments se trouvent dans la liste d'entrées et qu'il faut donc la renverser. Cependant, si on considère une suite de M opérations `push` et `pop` successives, à partir d'une file vide, alors on ne peut avoir un coût total supérieur à $O(M)$. En effet, chaque élément ne participe au plus qu'à un seul retournement de liste. Dans ces circonstances, l'opération `pop` a donc un coût amorti $O(1)$. La complexité en espace est la même que pour les files impératives, avec trois mots par élément de la file.

6.3 Files de priorité impératives

Dans cette section et la suivante, nous considérons maintenant des files dans lesquelles les éléments se voient associer des priorités. Dans de telles files, dites *files de priorité*, les éléments sortent dans l'ordre fixé par leur priorité et non plus dans l'ordre d'arrivée. On présente ici une structure *impérative* de files de priorité, dont la signature est donnée programme 61 (voir page suivante).

Dans cette interface, la notion de minimalité coïncide avec la notion de plus grande priorité. Contrairement aux files, on préfère distinguer l'accès au premier élément et sa suppression par deux opérations distinctes, pour des raisons d'efficacité qui seront expliquées plus loin. Ainsi, la fonction `get_min` renvoie l'élément le plus prioritaire de la file et la fonction `remove_min` le supprime.

Pour réaliser une file de priorité efficace, il faut recourir à une structure de données plus complexe que pour une simple file. Une solution consiste à organiser les éléments sous la forme d'un *tas* (*heap* en anglais). Un tas est un arbre binaire où, à chaque nœud, l'élément stocké est plus prioritaire que les deux éléments situés immédiatement au-dessous. L'élément le plus prioritaire est donc situé à la racine. Ainsi, un tas contenant les éléments $\{3, 7, 9, 12, 21\}$, ordonnés par petitesse, peut prendre la forme suivante :

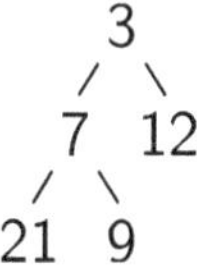

On note qu'il existe d'autres tas contenant les mêmes éléments. Cependant, pour des raisons d'efficacité, il est préférable de choisir un tas le moins haut possible. Les tas construits comme des arbres binaires complets, c'est-à-dire où tous les niveaux sont remplis sauf peut-être le dernier, ont justement une hauteur minimale. Il se trouve qu'un arbre binaire complet peut être facilement représenté dans un tableau. L'idée consiste à numéroter les nœuds de l'arbre de haut en bas et de gauche à droite, à partir de 0. Le résultat de cette numérotation sur le tas précédent donne l'étiquetage suivant :

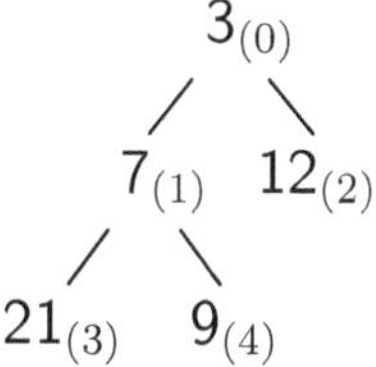

Programme 61 — Signature minimale pour des files de priorité impératives

```
module type ImperativePriorityQueue = sig
  type t
  type elt
  val create : unit -> t
  val is_empty : t -> bool
  val add : elt -> t -> unit
  val get_min : t -> elt
  val remove_min : t -> unit
end
```

Cette numérotation permet de représenter le tas dans un tableau à 5 éléments de la manière suivante :

0	1	2	3	4
3	7	12	21	9

De manière générale, la racine de l'arbre occupe la case d'indice 0 et les racines des deux sous-arbres du nœud stocké à la case i sont stockées respectivement aux cases $2i+1$ et $2i+2$. Inversement, le père du nœud i est stocké en $\lfloor (i-1)/2 \rfloor$.

Il reste un problème. On ne connaît pas *a priori* la taille de la file de priorité et on ne peut donc pas fixer à l'avance la taille maximale du tableau. Une solution élégante consiste à utiliser des tableaux redimensionnables. De tels tableaux ont été présentés dans la section *4.1 Tableaux redimensionnables*. On va donc se contenter ici d'écrire un foncteur paramétré par une structure de tableaux redimensionnables. Une signature pour de tels tableaux, `ResizeableArray`, est donnée programme 17 au début du chapitre 4. En ce qui concerne les éléments, on se donne un type muni d'un ordre total, avec une valeur par défaut. La signature correspondante, `OrderedWithDummy`, est donnée programme 62.

Le foncteur de files de priorité prend alors la forme suivante :

```
module Make(X: OrderedWithDummy)(A: ResizeableArray)
  : ImperativePriorityQueue with type elt = X.t =
struct
```

Le module `X` est donc celui des éléments et le module `A` celui des tableaux redimensionnables.

Programme 62 — Éléments ordonnés, avec valeur par défaut

```
module type OrderedWithDummy = sig
  type t
  val compare: t -> t -> int
  val dummy : t
end
```

Les types `elt` et `t` sont respectivement des synonymes pour `X.t` et `elt A.t`.

```
type elt = X.t
type t = elt A.t
```

En effet, un tas n'est rien d'autre qu'un tableau redimensionnable. La fonction `create` construit un tableau vide avec `A.make` et la fonction `is_empty` se contente de vérifier que le tableau est vide.

```
let create () = A.make 0 X.dummy
let is_empty h = A.length h = 0
```

La fonction `get_min` renvoie la racine du tas, si elle existe, et lève une exception sinon.

```
let get_min h =
  if A.length h = 0 then invalid_arg "get_min";
  A.get h 0
```

Le code est donné programme 63.

Insertion d'un élément

L'insertion d'un élément `x` dans un tas `h` consiste à ajouter `x` dans l'arbre que représente `h` de manière à conserver la structure de tas. Une solution consiste à ajouter `x` tout en bas à droite de l'arbre et à le faire remonter tant que c'est nécessaire. Dans notre implémentation, cela consiste à étendre le tableau d'une case, à y mettre la valeur `x`, puis à faire remonter `x` jusqu'à la bonne position. Pour cela, on utilise l'algorithme suivant : tant que `x` est plus petit que son père, on échange leurs deux valeurs et on recommence.

Par exemple, considérons de nouveau le tas suivant :

```
     3
    / \
   7  12
  / \
 21  9
```

L'ajout de l'élément 1 dans ce tas est réalisé en trois étapes :

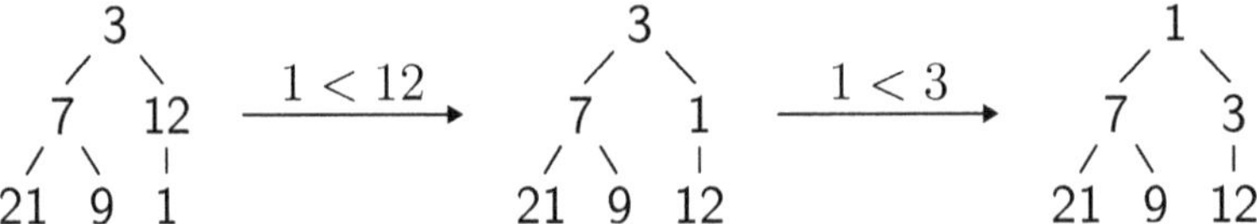

On commence donc par écrire une fonction `move_up` qui insère un élément `x` dans un tas `h`, en partant de la position `i`. Cette fonction suppose que l'arbre de racine `i` obtenu en plaçant `x` en `i` est un tas. La fonction `move_up` considère tout d'abord le cas où `i` vaut 0, c'est-à-dire où on est arrivé à la racine. Il suffit alors d'insérer `x` à la position `i`.

```
let rec move_up h x i =
  if i = 0 then
    A.set h i x
```

S'il s'agit en revanche d'un nœud interne, on calcule l'indice `fi` du père de `i` et la valeur `y` stockée dans ce nœud. Si `y` est supérieure à `x`, il s'agit de faire remonter `x` en descendant la valeur `y` à la place `i` puis en appelant récursivement `move_up` à partir de `fi`.

```
  else
    let fi = (i - 1) / 2 in
    let y = A.get h fi in
    if X.compare y x > 0 then begin
      A.set h i y;
      move_up h x fi
    end
```

Si en revanche `y` est inférieure ou égale à `x`, alors `x` a atteint sa place définitive et il suffit de l'y affecter.

```
    else A.set h i x
```

La fonction add procède alors en deux temps. Elle augmente la taille du tableau d'une unité, en ajoutant une case à la fin du tableau, puis appelle la fonction move_up à partir de cette case.

```
let add x h =
  let n = A.length h in
  A.resize h (n + 1);
  move_up h x n
```

Le code est donné programme 63 (voir page suivante).

Suppression du plus petit élément

Supprimer le plus petit élément d'un tas est légèrement plus délicat. La raison en est qu'il s'agit de supprimer la racine de l'arbre et qu'il faut donc trouver par quel élément la remplacer. L'idée consiste à choisir comme candidat l'élément tout en bas à droite du tas, c'est-à-dire l'élément occupant la dernière case du tableau, puis à le faire descendre dans le tas jusqu'à sa place, un peu comme on a fait monter le nouvel élément lors de l'insertion.

Supposons par exemple que l'on veuille supprimer le plus petit élément du tas suivant :

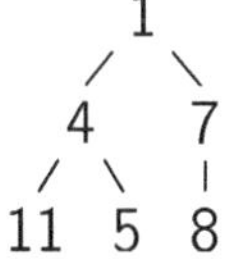

On remplace la racine, c'est-à-dire 1, par l'élément tout en bas à droite, c'est-à-dire 8. Puis on fait descendre 8 jusqu'à ce qu'il atteigne sa place. Pour cela, on compare 8 avec les racines a et b des deux sous-arbres. Si a et b sont tous les deux plus grands que 8, la descente est terminée. Sinon, on échange 8 avec le plus petit des deux nœuds a et b, et on continue la descente. Sur l'exemple, 8 est successivement échangé avec 4 et 5 :

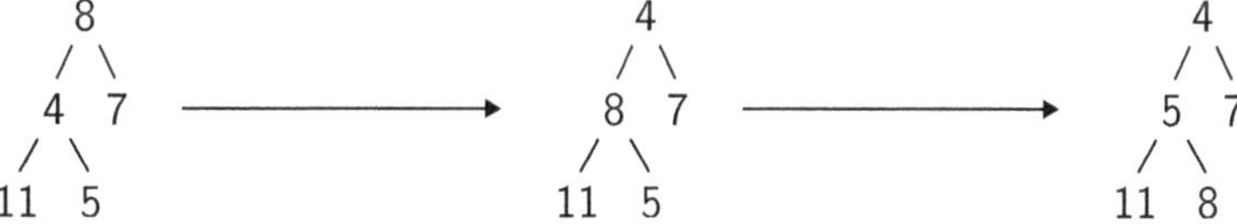

Programme 63 — Structure de tas impérative (1/2)

```
module type OrderedWithDummy = sig
  type t
  val compare: t -> t -> int
  val dummy: t
end

module Make(X: OrderedWithDummy)(A: ResizeableArray)
  : ImperativePriorityQueue with type elt = X.t =
struct
  type elt = X.t
  type t = elt A.t

  let create () =
    A.make 0 X.dummy

  let is_empty h =
    A.length h = 0

  let get_min h =
    if A.length h = 0 then invalid_arg "get_min";
    A.get h 0

  let rec move_up h x i =
    if i = 0 then A.set h i x else
      let fi = (i - 1) / 2 in
      let y = A.get h fi in
      if X.compare y x > 0 then begin
        A.set h i y;
        move_up h x fi
      end else
        A.set h i x

  let add x h =
    let n = A.length h in A.resize h (n + 1); move_up h x n
```

On commence par écrire une fonction qui compare deux nœuds, donnés par leurs indices `l` et `r`, et renvoie le plus petit des deux.

```
let min h l r =
  if X.compare (A.get h r) (A.get h l) < 0 then r else l
```

On écrit ensuite une fonction `smallest_node` qui détermine si une valeur `x` située au nœud `i` doit ou non descendre dans le tas. La valeur `x` n'est pas celle du nœud `i` car on ne sait pas encore si ce sera là sa position finale, mais la fonction `smallest_node` agit comme si le nœud `i` avait la valeur `x`. La fonction `smallest_node` prend donc le tas `h`, la valeur `x` et l'indice `i` en paramètres. On commence par calculer le fils gauche `l` du nœud `i`.

```
let smallest_node h x i =
  let l = 2 * i + 1 in
```

Si le nœud `i` n'a pas de fils, on renvoie directement `i`.

```
  let n = A.length h in
  if l >= n then
    i
```

Si en revanche le nœud `l` fait partie du tas, on détermine l'indice `j` du plus petit fils de `i`. Pour cela, il convient de déterminer si le fils droit `r = l+1` existe. Si c'est le cas, on compare les nœuds `l` et `r` avec la fonction `min`. Sinon, l'indice `j` est égal à `l`.

```
  else
    let r = l + 1 in
    let j = if r < n then min h l r else l in
```

Enfin, on peut comparer la valeur du nœud `j` avec `x`.

```
    if X.compare (A.get h j) x < 0 then j else i
```

La descente dans le tas est réalisée par une fonction récursive `move_down` qui prend en paramètres le tas `h`, la valeur `x` qui descend et l'indice `i` du nœud candidat. On commence par appeler la fonction `smallest_node` pour calculer l'indice `j` qui doit recevoir la valeur `x`.

```
let rec move_down h x i =
  let j = smallest_node h x i in
```

Si `j = i`, on a terminé la descente et il suffit d'affecter la valeur `x` à l'indice `i`.

```
  if j = i then
    A.set h i x
```

Sinon, on fait remonter la valeur du nœud `j` à la place du nœud `i` puis on poursuit la descente avec `j` comme nouveau candidat.

```
  else begin
    A.set h i (A.get h j);
    move_down h x j
  end
```

La fonction de suppression du plus petit élément d'un tas `h` est alors la suivante :

```
let remove_min h =
  let n = A.length h - 1 in
  if n < 0 then invalid_arg "remove_min";
  let x = A.get h n in
  A.resize h n;
  if n > 0 then move_down h x 0
```

Deux cas particuliers sont examinés : si le tas est vide, on lève une exception ; et si le tas ne contient qu'un élément, il n'est pas nécessaire d'appeler la fonction `move_down`. D'autre part, si le tas n'est pas vide, il convient de redimensionner le tableau avec `A.resize`. Le code complet est donné programmes 63 (voir page 264) et 64.

Programme 64 — Structure de tas impérative (2/2)

```
  let min h l r =
    if X.compare (A.get h r) (A.get h l) < 0 then r else l

  let smallest_node h x i =
    let l = 2 * i + 1 in
    let n = A.length h in
    if l >= n then i else
      let r = l + 1 in
      let j = if r < n then min h l r else l in
      if X.compare (A.get h j) x < 0 then j else i

  let rec move_down h x i =
    let j = smallest_node h x i in
    if j = i then A.set h i x
    else begin A.set h i (A.get h j); move_down h x j end

  let remove_min h =
    let n = A.length h - 1 in
    if n < 0 then invalid_arg "remove_min";
    let x = A.get h n in
    A.resize h n;
    if n > 0 then move_down h x 0
end
```

Complexité

Il est clair que les fonctions `create`, `is_empty` et `get_min` ont un coût constant. Pour les fonctions `add` et `remove_min`, leur coût est borné par la hauteur du tas. En effet, dans un cas on remonte d'une feuille vers la racine et dans l'autre cas on descend de la racine vers les feuilles. Comme le tas est un arbre binaire complet, sa hauteur est logarithmique en le nombre d'éléments. Pour une file de priorité contenant N éléments, les fonctions `add` et `remove_min` ont donc un coût $O(\log N)$. Une autre façon de le voir, plus simple encore, consiste à remarquer que la fonction `move_up` divise son argument `i` par deux à chaque appel récursif. Elle ne peut donc faire au plus que $O(\log N)$ appels. De même, la fonction `move_down` multiplie son argument par deux à chaque appel récursif et ne peut donc faire au plus que $O(\log N)$

appels. Bien entendu, tout ceci n'est valable que de façon amortie à cause des appels à `resize` qui sont en $O(1)$ amorti, comme nous l'avons montré dans le chapitre 4.

La complexité en espace dépend de la réalisation du tableau redimensionnable. Si on utilise celle proposée au début du chapitre 4, où la taille du tableau est doublée lorsqu'il doit être agrandi, le tableau contient au maximum deux fois plus d'éléments que nécessaire. Une file de priorité contenant N éléments occupe donc au plus $2N$ mots mémoire.

6.4 Files de priorité persistantes

Nous présentons dans cette section une structure de files de priorité *persistantes* dont la signature est donnée programme 65.

Comme dans la section précédente, on utilise la structure de tas, mais elle est ici directement représentée par des arbres binaires. Contrairement aux AVL, aucune information de nature à assurer l'équilibrage n'est stockée dans les nœuds de l'arbre. Nous verrons plus loin que ces tas offrent néanmoins une complexité amortie logarithmique. On parle d'arbres *auto-équilibrés*.

Le foncteur des files de priorité persistantes prend donc la forme suivante.

```
module Make(X: Ordered) :
  PersistentPriorityQueue with type elt = X.t =
struct
  type elt = X.t
```

Son argument `X`, de type `Ordered`, définit le type des éléments, munis de la fonction de comparaison correspondant à l'ordre de priorité (voir programme 33 du chapitre 5 pour la signature `Ordered`). Le type `elt` des éléments de la file est donc un synonyme pour `X.t`. Le type `t` est simplement le type des arbres binaires.

```
  type t = Empty | Node of t * elt * t
```

Le tas vide et la fonction `is_empty` sont immédiats.

```
  let empty = Empty
  let is_empty h =
    h = Empty
```

Programme 65 — Signature minimale pour des files de priorité persistantes

```
module type PersistentPriorityQueue = sig
  type t
  type elt
  val empty : t
  val is_empty : t -> bool
  val add : elt -> t -> t
  val get_min : t -> elt
  val remove_min : t -> t
end
```

La structure de tas donne un accès immédiat au plus petit élément.

```
let get_min = function
  | Empty -> invalid_arg "get_min"
  | Node (_, x, _) -> x
```

Toute la subtilité de cette structure tient dans une fonction `merge` qui fusionne deux tas. En supposant avoir écrit cette fonction, il est facile d'écrire les fonctions `add` et `remove_min`. En effet, l'ajout d'un élément `x` dans un tas `h` consiste simplement à fusionner le tas contenant l'unique élément `x` avec `h`.

```
let add x h =
  merge (Node (Empty, x, Empty)) h
```

De même, la suppression du plus petit élément d'un tas consiste simplement à fusionner les deux tas fils de la racine.

```
let remove_min = function
  | Empty -> invalid_arg "remove_min"
  | Node (a, _, b) -> merge a b
```

Il nous reste à écrire la fonction merge qui fusionne deux tas ha et hb. Si l'un des deux tas est vide, c'est immédiat.

```
let rec merge ha hb = match ha, hb with
  | Empty, h | h, Empty ->
      h
```

Si en revanche aucun des tas n'est vide, on construit le tas résultant de la fusion de la manière suivante. Sa racine est clairement la plus petite des deux racines de ha et hb. Supposons que la racine de ha soit la plus petite.

```
  | Node (la, xa, ra), Node (lb, xb, rb) ->
      if X.compare xa xb <= 0 then
```

On doit maintenant déterminer les deux sous-arbres de Node (_, xa, _). Il y a plusieurs possibilités différentes, obtenues en appelant récursivement merge sur deux des trois arbres la, ra et hb et en choisissant de mettre le résultat comme sous-arbre gauche ou droit. Parmi toutes ces possibilités, on choisit celle qui effectue une rotation des sous-arbres de la droite vers la gauche, de manière à assurer l'auto-équilibrage. Ainsi, ra prend la place de la et la est fusionné avec hb.

```
        Node (ra, xa, merge la hb)
```

L'autre situation, où la racine de hb est la plus petite, est symétrique.

```
      else Node (rb, xb, merge lb ha)
```

L'intégralité du code des files de priorité persistantes est donnée programme 66.

Complexité

Les fonctions empty, is_empty et get_min ont clairement un coût constant. Pour la fonction merge, et donc les fonctions add et remove_min, l'analyse est plus subtile. Dans le pire des cas, merge peut avoir un coût aussi grand que le nombre total d'éléments. Mais pour une suite d'opérations add et remove_min effectuées successivement sur un tas, ce pire cas ne peut pas se produire à chaque fois. On peut montrer que le coût *amorti* de chaque opération est en fait $O(\log N)$ où N est le nombre d'éléments dans le tas. Pour une analyse de cette complexité, on renvoie à l'article de Sleator et Tarjan introduisant les tas auto-équilibrés [22] ou encore au chapitre d'Okasaki consacré aux tas dans *The Fun of Programming* [10].

Programme 66 — Files de priorité persistantes

```
module Make(X: Ordered) :
  PersistentPriorityQueue with type elt = X.t =
struct
  type elt = X.t
  type t = Empty | Node of t * elt * t

  let empty =
    Empty

  let is_empty h =
    h = Empty

  let get_min = function
    | Empty -> invalid_arg "get_min"
    | Node (_, x, _) -> x

  let rec merge ha hb = match ha, hb with
    | Empty, h | h, Empty ->
        h
    | Node (la, xa, ra), Node (lb, xb, rb) ->
        if X.compare xa xb <= 0 then
          Node (ra, xa, merge la hb)
        else
          Node (rb, xb, merge lb ha)

  let add x h =
    merge (Node (Empty, x, Empty)) h

  let remove_min = function
    | Empty -> invalid_arg "remove_min"
    | Node (a, _, b) -> merge a b
end
```

6.5 Exercices

Listes chaînées

6.1 Écrire une fonction `iter : ('a -> unit) -> 'a t -> unit` parcourant les éléments d'une file, dans leur ordre d'apparition.

6.2 Écrire une fonction `transfer : 'a t -> 'a t -> unit` qui prend deux files `q1` et `q2` en arguments, déplace tous les éléments de `q1` dans `q2` et vide la file `q1`. On garantira que cette opération s'exécute en temps constant.

6.3 Modifier la structure de file du programme 58 pour maintenir à chaque instant le nombre total d'éléments. On pourra faire du type `t` un enregistrement, avec un champ mutable contenant le nombre d'éléments de la file.

Paires de listes

6.4 Si l'opération `pop` est appliquée plusieurs fois sur une file `q` dont la liste de sorties est vide, alors le renversement de la liste d'entrées `i` sera effectué à chaque fois. Pour remédier à cela, on peut mémoriser le renversement de `i` dans la file originale `q` par un effet de bord. On adopte ainsi une autre représentation, équivalente, de la file `q`, sans perdre le caractère persistant de la structure de données. Modifier le type `'a t` de la manière suivante :

```
type 'a t = { mutable o : 'a list; mutable i : 'a list }
```

Réécrire les opérations sur ces files. Le caractère `mutable` des champs de ce type ne permet pas de définir une valeur polymorphe `empty` ; il suffit de la remplacer par une fonction `create : unit -> 'a t`.

6.5 On note que la représentation des files comme des paires de listes est symétrique. On peut donc réaliser des opérations d'ajout et de retrait aux deux extrémités de la file tout aussi facilement. On parle alors de *file à deux bouts* (*dequeue* en anglais). En notant *front* la sortie de la file et *back* son entrée, on peut nommer les quatre opérations de la manière suivante :

```
val push_front : 'a -> 'a t -> 'a t
val push_back : 'a -> 'a t -> 'a t
val pop_front : 'a t -> 'a * 'a t
val pop_back : 'a t -> 'a * 'a t
```

Les fonctions `push_back` et `pop_front` correspondent aux fonctions `push` et `pop` déjà écrites. Écrire les fonctions `push_front` et `pop_back`.

6.6 Les files à deux bouts de l'exercice précédent peuvent s'avérer inefficaces. En effet, une alternance de retraits aux deux extrémités de la file finit par entraîner de nombreux renversements de listes. Pour y remédier, on peut chercher à équilibrer les longueurs des deux listes, de manière à assurer la présence d'une proportion minimale d'éléments de chaque côté. Pour cela, on se donne une constante $c \geq 2$ et on impose l'invariant suivant sur les longueurs l_i et l_o des deux listes :

$$l_i \leq c \times l_o + 1 \quad \text{et} \quad l_o \leq c \times l_i + 1$$

Modifier le type `'a t` de la manière suivante pour conserver la longueur de chaque liste.

```
type 'a t = { li : int; i : 'a list; lo : int; o : 'a list }
```

Réécrire alors les opérations sur les listes à deux bouts. Pour plus de détails concernant cette structure, et notamment son analyse, on pourra consulter le livre d'Okasaki [19, sec. 8.4].

Structure de tas

6.7 On peut utiliser la structure de tas pour réaliser un tri efficace très facilement, appelé *tri par tas* (en anglais *heapsort*). L'idée est la suivante : on insère tous les éléments à trier dans un tas, puis on les ressort successivement avec les fonctions `get_min` et `remove_min`. Ajouter une fonction `sort : X.t array -> unit` au foncteur `Make` pour trier un tableau en utilisant cet algorithme. Si la complexité des opérations sur le tas est logarithmique (ce qui est le cas en utilisant des tableaux redimensionnables de complexité amortie constante) alors la complexité de ce tri est $O(n \log n)$, c'est-à-dire optimale. Le tri par tas sera décrit en détail au chapitre 12.

6.8 Plusieurs éléments différents d'un tas peuvent avoir la même priorité. C'est par exemple le cas lorsque les éléments sont des paires dont la fonction `compare` ne prend en compte qu'une des deux composantes. Montrer que l'ordre d'insertion dans la file de priorité est préservé, c'est-à-dire que les éléments de même priorité ressortent de la file dans l'ordre d'arrivée.

6.9 On souhaite ajouter une opération `remove` pour supprimer un élément d'une file de priorité. Plusieurs problèmes se posent. D'une part, il peut y avoir plusieurs occurrences d'un même élément dans la file. D'autre part, pour réaliser efficacement le retrait d'un élément x, il faut déterminer à quel indice l'élément x apparaît dans le tableau sans parcourir tout le tableau, ce qui n'est pas possible avec la structure actuelle.

On se propose de résoudre ces deux problèmes de la façon suivante. Lorsqu'un élément est ajouté dans la file de priorité, on renvoie à l'utilisateur un « pointeur » qu'il pourra utiliser par la suite pour supprimer cet élément. La signature est donc modifiée ainsi :

```
type pointer
val add: elt -> t -> pointer
```

De manière interne, le type `pointer` contient l'indice où est stocké l'élément correspondant dans le tableau. Cet indice est mis à jour lorsque l'élément se déplace dans le tableau. En pratique, le plus simple est d'y adjoindre également la valeur de l'élément, c'est-à-dire :

```
type pointer = { elt: elt; mutable index: int }
```

Le tableau redimensionnable contient alors des valeurs de type `pointer` plutôt que des valeurs de type `elt`. Modifier la structure de file de priorité en suivant cette idée et fournir une fonction `remove: pointer -> t -> unit`. Indication : pour supprimer l'élément situé à l'indice i, on peut le remplacer par le dernier élément du tableau redimensionnable. Il suffit alors de rétablir la propriété de tas, en utilisant soit `move_up`, soit `move_down`. Montrer que la complexité de `remove` est en $O(\log n)$.

6.10 Dans le contexte de l'exercice précédent, une valeur de type `pointer` peut faire référence à un élément qui ne fait plus partie de la file. Un appel à `remove` pourrait donc corrompre la structure. Remédier à ce problème en rendant invalide tout pointeur correspondant à un élément qui ne fait plus partie de la file, de manière à ce que la fonction `remove` puisse alors échouer proprement.

6.11 Il peut être intéressant qu'une file de priorité fournisse également une opération `change_priority` pour modifier la priorité d'un élément déjà présent dans la file. En réutilisant l'idée de l'exercice 6.9, fournir la nouvelle opération suivante :

```
val change_priority : pointer -> elt -> t -> unit
```

Elle modifie la valeur d'un élément déjà présent dans la file. Montrer que la complexité de `change_priority` est en $O(\log n)$.

6.12 Dans certains cas, on peut souhaiter distinguer la priorité d'un élément de sa valeur. Modifier le code des files de priorité pour lui donner la signature suivante :

```
module Make(P: Ordered)(V: WithDummy) :
sig
  type t
  type priority = P.t
  type value = V.t
  val create : unit -> t
  val is_empty : t -> bool
  val add : priority -> value -> t -> unit
  val get_min : t -> priority * value
  val remove_min : t -> unit
end
```

Le type `P.t` est celui des priorités et le type `V.t` celui des valeurs. Comme les signatures le suggèrent, le premier est équipé d'une fonction `compare` et le second d'une valeur par défaut.

Tas auto-équilibrés

6.13 Reprendre l'exercice 6.7 (tri par tas) avec les tas auto-équilibrés. Quelle est la complexité de ce tri ?

6.14 À l'aide d'une référence, empaqueter le code du programme 66 dans un module ayant la signature impérative du programme 57.

7
Graphes

La structure de graphes est une structure de données fondamentale en informatique. Un graphe est la donnée d'un ensemble de *sommets* reliés entre eux par des *arêtes*. On a l'habitude de visualiser un graphe de la comme illustré sur la figure 7.1.

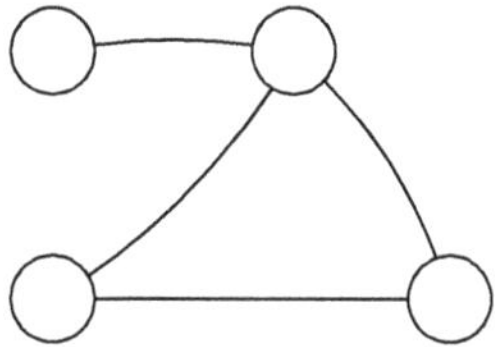

Figure 7.1
Exemple de graphe

Plus formellement, un tel graphe est la donnée d'un ensemble V de sommets et d'un ensemble E d'arêtes, qui sont des *paires* de sommets. Si $\{x, y\} \in E$, on dit que les sommets x et y sont adjacents. Cette relation d'adjacence étant symétrique, on parle de *graphe non orienté*.

On peut également définir la notion de *graphe orienté* en choisissant pour E un ensemble de *couples* de sommets plutôt que de paires. On parle alors d'*arcs* plutôt que d'arêtes. Si $(x, y) \in E$, on dit que y est un successeur de x et on note $x \to y$. Un exemple de graphe orienté est donné figure 7.2.

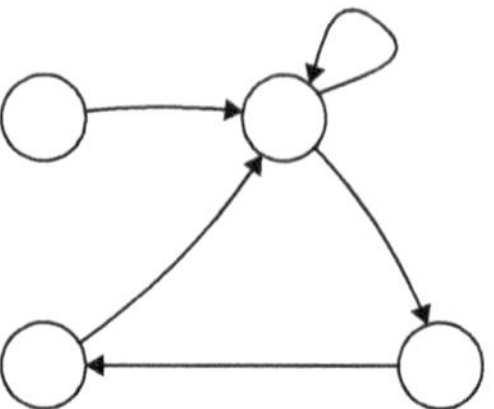

Figure 7.2
Exemple de graphe orienté

Un arc d'un sommet vers lui-même, comme sur cet exemple, est appelé une *boucle*. Le *degré entrant* (resp. *sortant*) d'un sommet est le nombre d'arcs qui pointent vers ce sommet (resp. qui sortent de ce sommet). Un *chemin* du sommet u au sommet v est une séquence $x_0, \ldots, x_n$ de sommets tels que $x_0 = u$, $x_n = v$ et $x_i \rightarrow x_{i+1}$ pour $0 \leq i < n$. Un tel chemin est de longueur n (il contient n arcs).

Les sommets comme les arcs peuvent porter une information ; on parle alors de *graphe étiqueté*. Un exemple de graphe orienté étiqueté est donné figure 7.3.

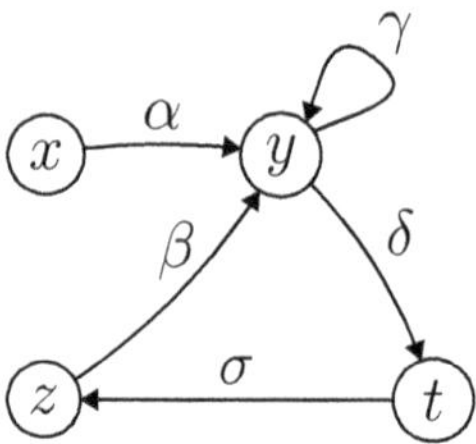

Figure 7.3
Exemple de graphe orienté étiqueté

Il est important de noter que l'étiquette d'un sommet n'est pas la même chose que le sommet lui-même. En particulier, deux sommets peuvent porter la même étiquette. Formellement, un graphe étiqueté est donc la donnée supplémentaire de deux fonctions donnant respectivement l'étiquette d'un sommet de V et l'étiquette d'un arc de E.

Dans la suite, on utilisera systématiquement le terme d'arc, y compris pour des graphes non orientés.

Opérations élémentaires sur les graphes

Avant de définir des structures de données pour représenter les graphes, il est nécessaire de s'intéresser aux opérations que ces structures doivent fournir. On le fait indépendamment de toute représentation particulière, car on veut permettre la construction d'algorithmes génériques. On peut distinguer les opérations élémentaires suivantes :

- des opérations de *construction*, telles que la création initiale, l'ajout ou la suppression d'un sommet ou d'un arc, etc. ;
- des opérations d'*accès*, telles que le test d'appartenance d'un sommet ou d'un arc, l'accès au degré d'un sommet, à son étiquette, le nombre de sommets ou d'arcs, etc. ;
- des opérations élémentaires de *parcours*, telles que le parcours de tous les sommets, de tous les successeurs d'un sommet donné, ou de tous les arcs.

Comme on va le voir maintenant, il n'y a pas une unique structure de graphes qui fournisse ces opérations de façon optimale. À la fin de ce chapitre, on compare différentes structures de graphes selon la complexité des différentes opérations ci-dessus.

7.1 Matrice d'adjacence

On considère dans cette section le cas où les sommets sont représentés par des entiers, et plus précisément par les entiers consécutifs $0, \dots, N-1$. Dit autrement, on a $V = \{0, \dots, N-1\}$.

Le programme 67 (voir page suivante) donne une signature minimale pour de tels graphes. Le type `t` est celui des graphes. Il est volontairement abstrait, car nous allons présenter deux réalisations différentes de cette signature. La fonction de création initiale, `create`, prend la valeur de N en argument, et la fonction `nb_vertex` la redonne. Il est important de noter qu'on suppose ici que le graphe contient dès la création N sommets. En conséquence, on ne prend pas la peine de fournir des opérations d'ajout, de test et de suppression de sommets. En revanche, on trouve bien évidemment ces opérations sur les arcs, à savoir respectivement `add_edge`, `mem_edge` et `remove_edge`. On note que les fonctions d'ajout et de suppression d'arcs supposent ici une structure impérative. La signature fournit uniquement des fonctions de parcours des successeurs d'un sommet (`iter_succ`) et de tous les arcs (`iter_edge`), le parcours de tous les sommets étant ici immédiat (boucle `for` de 0 à $N-1$). Enfin, cette signature ne préjuge pas du caractère orienté du graphe.

Cette signature est volontairement minimale. En particulier, les graphes ne sont pas étiquetés. Certains exercices de cette section proposent des extensions.

Programme 67 — Signature minimale pour des graphes où les sommets sont des entiers

```
type vertex = int
type t

val create : int -> t
val nb_vertex : t -> int

val mem_edge : t -> vertex -> vertex -> bool
val add_edge : t -> vertex -> vertex -> unit
val remove_edge : t -> vertex -> vertex -> unit

val iter_succ : (vertex -> unit) -> t -> vertex -> unit
val iter_edge : (vertex -> vertex -> unit) -> t -> unit
```

Une solution simple pour représenter un tel graphe est une matrice M, de taille $N \times N$, où chaque élément $M_{i,j}$ indique la présence d'un arc entre les sommets i et j. Comme les graphes sont supposés ici non étiquetés, il suffit d'utiliser une matrice de booléens :

```
type vertex = int
type t = bool array array
```

La création d'un graphe sans arc est immédiate : on construit une matrice carrée initialisée avec `false`.

```
let create n = Array.make_matrix n n false
let nb_vertex = Array.length
```

Programme 68 — Graphe par matrice d'adjacence

```
type vertex = int
type t = bool array array

let create n = Array.make_matrix n n false
let nb_vertex = Array.length

let mem_edge g v1 v2 = g.(v1).(v2)
let add_edge g v1 v2 = g.(v1).(v2) <- true
let remove_edge g v1 v2 = g.(v1).(v2) <- false

let iter_succ f g v = Array.iteri (fun w b -> if b then f w) g.(v)
let iter_edge f g =
  for v = 0 to nb_vertex g - 1 do iter_succ (f v) g v done
```

On suppose à partir d'ici des graphes orientés. L'exercice 7.4 propose la variante pour les graphes non orientés. Tester la présence d'un arc, l'ajouter ou le supprimer se fait en temps constant :

```
let mem_edge g v1 v2 = g.(v1).(v2)
let add_edge g v1 v2 = g.(v1).(v2) <- true
let remove_edge g v1 v2 = g.(v1).(v2) <- false
```

Pour appliquer une fonction `f: vertex -> unit` à tous les successeurs d'un sommet `v` d'un graphe `g`, il suffit de parcourir la ligne `g.(v)` de la matrice, par exemple avec `Array.iteri`. On teste alors la présence de l'arc avant d'appliquer la fonction `f` au sommet correspondant.

```
let iter_succ f g v = Array.iteri (fun w b -> if b then f w) g.(v)
```

Pour appliquer une fonction `f: vertex -> vertex -> unit` à tous les arcs d'un graphe `g`, on commence par parcourir les sommets de `g` avec une boucle `for` puis, pour chaque sommet `v`, on parcourt ses arcs sortants avec `iter_succ`. La fonction passée à `iter_succ` est obtenue en appliquant partiellement `f` à `v`.

```
let iter_edge f g =
  for v = 0 to nb_vertex g - 1 do iter_succ (f v) g v done
```

L'intégralité du code pour les graphes par matrice d'adjacence est donnée programme 68. La structure de matrice d'adjacence peut être adaptée au cas des graphes étiquetés (voir exercice 7.3) et/ou non orientés (voir exercice 7.4).

Complexité

On résume dans le tableau de la figure 7.4 la complexité des principales opérations sur les matrices d'adjacence. De manière générale, le coût est exprimé en fonction du nombre N de sommets et du nombre E d'arcs. Dans le cas particulier des matrices d'adjacence, cependant, le coût ne dépend que de N.

opération	coût
`mem_edge`	$O(1)$
`add_edge`	$O(1)$
`iter_succ`	$O(N)$
`iter_vertex`	$O(N)$
`iter_edge`	$O(N^2)$

Figure 7.4
Coût des opérations pour des matrices d'adjacence

Bien entendu, on suppose ici que les fonctions passées en argument à `iter_succ`, `iter_vertex` et `iter_edge` ont un coût constant. De ce tableau, on déduit que les matrices d'adjacence sont notamment adaptées aux graphes *denses*, c'est-à-dire aux graphes où le nombre d'arcs E est de l'ordre de N^2. En effet, le degré sortant de chaque sommet est alors de l'ordre de N et donc `iter_succ` est optimale ; de même, `iter_edge` doit parcourir un nombre d'arcs de l'ordre de N^2 et est donc également optimale.

Concernant le coût en espace, une matrice d'adjacence occupe clairement un espace quadratique, en l'occurrence $(N+1)^2$ mots dans le cas d'une matrice de booléens (voir section *3.2 Modèle d'exécution*). On peut réduire ce coût d'un facteur constant en utilisant des tableaux de bits (voir section *4.2 Tableaux de bits*). L'exercice 7.5 propose une telle optimisation. Il est important de noter que cette réalisation n'est possible que si les arcs ne sont pas étiquetés.

7.2 Listes d'adjacence

Dans le cas de graphes peu denses, une alternative aux matrices d'adjacence consiste à utiliser un tableau donnant, pour chaque sommet, la liste de ses successeurs. On parle de *listes d'adjacence*. Le type des graphes suit directement cette définition.

```
type vertex = int
type t = vertex list array
```

Un graphe vide est représenté par un tableau ne contenant que des listes vides.

```
let create n = Array.make n []
let nb_vertex = Array.length
```

Pour tester la présence d'un arc entre les sommets `v1` et `v2` dans un graphe `g`, on parcourt la liste d'adjacence `g.(v1)` à la recherche de `v2`. On le fait ici avec la fonction `List.mem`.

```
let mem_edge g v1 v2 =
  List.mem v2 g.(v1)
```

On ajoute un arc entre `v1` et `v2` en ajoutant `v2` à la liste `g.(v1)`. On ne le fait que si l'arc n'existe pas déjà, pour éviter les doublons inutiles dans les listes d'adjacence.

```
let add_edge g v1 v2 =
  if not (mem_edge g v1 v2) then g.(v1) <- v2 :: g.(v1)
```

La suppression de l'arc `v1` $\rightarrow$ `v2` se fait en supprimant l'éventuelle occurrence de `v2` dans la liste `g.(v1)`. On peut le faire facilement avec `List.filter`.

```
let remove_edge g v1 v2 =
  g.(v1) <- List.filter ((<>) v2) g.(v1)
```

On note cependant que `List.filter` a deux défauts : d'une part, elle n'exploite pas le fait que la liste ne contient pas de doublon (pour s'arrêter plus rapidement) ; d'autre part, elle reconstruit inutilement l'intégralité de la liste `g.(v1)` dans le cas où `v2` n'y apparaît pas. L'exercice 7.8 propose d'y remédier. De même, on pourrait exploiter le fait que les sommets sont des entiers pour optimiser les trois opérations précédentes en maintenant les listes d'adjacence triées (voir exercice 7.9).

Programme 69 — Graphe par listes d'adjacence

```
type vertex = int
type t = vertex list array

let create n = Array.make  n []
let nb_vertex = Array.length

let mem_edge g v1 v2 =
  List.mem v2 g.(v1)

let add_edge g v1 v2 =
  if not (mem_edge g v1 v2) then g.(v1) <- v2 :: g.(v1)

let remove_edge g v1 v2 =
  g.(v1) <- List.filter ((<>) v2) g.(v1)

let iter_succ f g v =
  List.iter f g.(v)

let iter_edge f g =
  for v = 0 to nb_vertex g - 1 do iter_succ (f v) g v done
```

Le parcours des successeurs d'un sommet `v` d'un graphe `g` est plus immédiat que dans le cas des matrices d'adjacence. Il est trivialement réalisé en appliquant `List.iter` à la liste d'adjacence `g.(v)`.

```
let iter_succ f g v = List.iter f g.(v)
```

Le code de `iter_edge`, en revanche, est identique à celui des matrices d'adjacence.

```
let iter_edge f g =
  for v = 0 to nb_vertex g - 1 do iter_succ (f v) g v done
```

L'intégralité du code pour les graphes par listes d'adjacence est donnée programme 69.

Complexité

On résume dans le tableau de la figure 7.5 la complexité des principales opérations sur les listes d'adjacence. Ici, δ dénote le degré sortant d'un sommet.

opération	coût
`mem_edge`	$O(\delta)$
`add_edge`	$O(\delta)$
`iter_succ`	$O(\delta)$
`iter_vertex`	$O(N)$
`iter_edge`	$O(E)$

Figure 7.5
Coût des opérations pour des listes d'adjacence

On note que, contrairement aux matrices d'adjacence, les opérations `mem_edge` et `add_edge` ne sont plus en $O(1)$ mais en $O(\delta)$. En revanche, `iter_succ` et `iter_edge` ont maintenant une complexité optimale.

Concernant le coût en espace, les listes d'adjacence ont une complexité optimale de $O(N+E)$. Très précisément, le coût est de $N+3E+1$ mots (voir section *3.2 Modèle d'exécution*).

7.3 Dictionnaire d'adjacence

Un inconvénient évident des deux structures précédentes est d'imposer que les sommets soient représentés par des entiers, et plus encore par des entiers consécutifs. Cette représentation est adaptée pour des graphes dont l'ensemble des sommets n'évolue pas. Si en revanche on souhaite pouvoir ajouter ou supprimer des sommets dynamiquement, il faut adapter les structures précédentes. On peut par exemple utiliser des tableaux redimensionnables pour permettre l'ajout de sommets. Pour la suppression, on peut imaginer marquer les sommets supprimés pour les exclure du graphe, mais cela aurait un impact sur la complexité des fonctions `iter_succ`, `iter_vertex` et `iter_edge`.

Idéalement, on aimerait une structure de graphe où les sommets ne sont pas nécessairement des entiers, peuvent être ajoutés ou supprimés dynamiquement, et combinent les avantages respectifs des matrices et des listes d'adjacence en temps comme en espace. Une telle structure existe. Il suffit de combiner une structure de dictionnaire avec une structure d'ensemble. Ainsi, un graphe n'est rien d'autre qu'un dictionnaire qui associe à chaque sommet l'ensemble de ses successeurs. Dit autrement, on conserve l'idée des listes d'adjacence, mais en remplaçant le tableau par un dictionnaire et les listes par des ensembles. On appellera cette structure un *dictionnaire d'adjacence*. Ainsi, on ne se limite pas à des sommets représentés par des entiers et on peut facilement ajouter et supprimer des sommets. Concernant l'efficacité, il suffit d'utiliser une table de hachage pour le dictionnaire afin d'obtenir une complexité optimale. On peut également utiliser une table de hachage pour représenter l'ensemble des successeurs d'un sommet.

On peut donc paramétrer notre structure de dictionnaire d'adjacence par un module `H` fournissant des tables de hachage (tel que le code proposé section *5.3 Tables de hachage* ou encore par la bibliothèque `Hashtbl` d'OCaml).

```
module Graph(H: HashTable) = struct
```

Pour plus de clarté, on introduit un module `V` pour le dictionnaire comme étant un synonyme pour le module `H`. Le type des sommets est alors celui des clés du module `V`.

```
  module V = H
  type vertex = V.key
```

De même, on introduit un module `E` pour les ensembles d'adjacences comme étant également un synonyme pour le module `H`. L'idée est ici de représenter un ensemble de sommets par une table de hachage en associant chaque élément de l'ensemble à la valeur `()`.

```
  module E = H
```

Le type des graphes est donc le suivant :

```
  type t = (unit E.t) V.t
```

Si en revanche les arcs étaient étiquetés, il suffirait d'associer chaque successeur w de v à l'étiquette de l'arc $v \rightarrow w$ plutôt qu'à la valeur `()` (voir exercice 7.10).

Créer un graphe revient juste à construire un dictionnaire vide. Le nombre de sommets s'obtient de manière immédiate comme le nombre de clés du dictionnaire.

```
let create () = V.create ()
let nb_vertex g = V.length g
```

On teste si un sommet v fait partie du graphe g avec V.mem, c'est-à-dire en testant s'il s'agit d'une clé dans le dictionnaire. On ajoute v en créant une nouvelle entrée associant v à une nouvelle table de hachage.

```
let mem_vertex g v = V.mem g v
let add_vertex g v = V.add g v (E.create ())
```

On note que la fonction add_vertex fait l'hypothèse que v n'est pas encore présent dans le graphe g ; dans le cas contraire, il faudrait tester la présence de v avec mem_vertex. La suppression du sommet v est plus délicate : il faut non seulement supprimer son entrée dans le dictionnaire, mais également supprimer toute occurrence de v dans les ensembles d'adjacence des autres sommets (ici notés s).

```
let remove_vertex g v =
  V.remove g v;
  V.iter (fun _ s -> E.remove s v) g
```

Pour plus d'efficacité, il faudrait pouvoir accéder aux seuls prédécesseurs de v. L'exercice 7.14 propose d'écrire une telle amélioration.

Pour tester, ajouter ou supprimer un arc entre deux sommets v1 et v2, on commence par récupérer l'ensemble d'adjacence de v1, avec V.find g v1, puis on utilise respectivement les fonctions E.mem, E.replace et E.remove.

```
let mem_edge g v1 v2 = E.mem (V.find g v1) v2
let add_edge g v1 v2 = E.replace (V.find g v1) v2 ()
let remove_edge g v1 v2 = E.remove (V.find g v1) v2
```

Ces trois fonctions supposent que v1 est déjà présent dans le graphe, c'est-à-dire que V.find g v1 n'échoue pas. Concernant la fonction add_edge, on a utilisé E.replace plutôt que E.add pour éviter les doublons dans l'ensemble d'adjacence.

Programme 70 — Graphes par dictionnaire d'adjacence

```
module Graph(H: HashTable) = struct
  module V = H
  type vertex = V.key

  module E = H

  type t = (unit E.t) V.t

  let create () = V.create ()
  let nb_vertex g = V.length g

  let mem_vertex g v = V.mem g v
  let add_vertex g v = V.add g v (E.create ())
  let remove_vertex g v =
    V.remove g v;
    V.iter (fun _ s -> E.remove s v) g

  let mem_edge g v1 v2 = E.mem (V.find g v1) v2
  let add_edge g v1 v2 = E.replace (V.find g v1) v2 ()
  let remove_edge g v1 v2 = E.remove (V.find g v1) v2

  let iter_vertex f g = V.iter (fun v _ -> f v) g
  let iter_succ f g v = E.iter (fun w _ -> f w) (V.find g v)
  let iter_edge f g = V.iter (fun v s -> E.iter (f v) s) g
end
```

Pour parcourir l'ensemble des sommets d'un graphe `g`, il suffit de parcourir l'ensemble des clés du dictionnaire avec `V.iter`. De même, on parcourt les successeurs d'un sommet `v` en parcourant son ensemble d'adjacence avec `E.iter`.

```
let iter_vertex f g = V.iter (fun v _ -> f v) g

let iter_succ f g v = E.iter (fun w _ -> f w) (V.find g v)
```

Ici encore, on suppose que `iter_succ` est appelée sur un sommet `v` existant. Pour parcourir tous les arcs, on peut se contenter de composer `iter_vertex` et `iter_succ`, comme on l'a fait pour les matrices et les listes d'adjacence. Cependant, il est inutilement coûteux d'accéder à l'ensemble d'adjacence de `v` avec `V.find g v`. Il suffit de composer directement `V.iter` et `E.iter`.

```
let iter_edge f g = V.iter (fun v s -> E.iter (f v) s) g
```

L'intégralité du code de cette structure de graphes est donnée programme 70.

Pour des graphes étiquetés, non orientés ou avec des arcs multiples entre deux sommets, on renvoie aux exercices 7.10–7.12.

Complexité

Si on suppose que dictionnaires et ensembles sont réalisés par des tables de hachage, on obtient les performances données dans le tableau de la figure 7.6.

opération	coût	opération	coût	opération	coût
`mem_vertex`	$O(1)$	`mem_edge`	$O(1)$	`iter_succ`	$O(\delta)$
`add_vertex`	$O(1)$	`add_edge`	$O(1)$	`iter_vertex`	$O(N)$
`remove_vertex`	$O(N)$	`remove_edge`	$O(1)$	`iter_edge`	$O(E)$

Figure 7.6
Coût des opérations pour des dictionnaires d'adjacence

Comme on peut le constater, ces complexités sont optimales, sauf pour `remove_vertex` (voir exercice 7.14). Concernant le coût en espace, il faut faire une hypothèse quant aux tailles des tables de hachage. Si on suppose que chaque table de hachage contient deux fois plus de seaux que d'entrées, alors le coût en espace d'une table de hachage contenant K entrées est de $6K + 4$ mots. D'où, pour un graphe contenant N sommets et E arcs, un coût total de :

$$(6N + 4) + \sum_{\mathsf{v}} (6\delta_{\mathsf{v}} + 4)$$

soit $10N + 6E + 4$ mots au total.

Graphes persistants

Les graphes par dictionnaire d'adjacence présentés précédemment sont impératifs, par la nature impérative des tables de hachage. On obtient naturellement des graphes persistants en substituant aux tables de hachage une structure de données persistante. Ainsi, on peut utiliser n'importe quel dictionnaire ayant la signature `Map.S` d'OCaml (voir exercice 7.15), en particulier toutes celles vues dans le chapitre 5.

7.4 Comparatif

On récapitule ici les performances des différentes structures de graphes. Les complexités en temps des principales opérations sont résumées dans le tableau de la figure 7.7. Comme on l'a déjà souligné plus haut, les dictionnaires d'adjacence offrent la meilleure complexité possible pour chaque opération.

Concernant le coût en espace, on rappelle le coût en nombre de mots pour chaque structure de graphes :

- matrice d'adjacence : $(N + 1)^2$ mots ;
- listes d'adjacence : $N + 3E + 1$ mots ;
- dictionnaire d'adjacence : $10N + 6E + 4$ mots.

Il est clair que les listes d'adjacence sont plus économes en mémoire que les dictionnaires d'adjacence. La comparaison avec les matrices d'adjacence est plus difficile. En effet, elle dépend de la densité du graphe, c'est-à-dire du rapport entre le nombre de sommets N et le nombre d'arcs E. Pour un graphe très dense, où E est proche de N^2, la matrice d'adjacence est la plus économe. Dans le cas inverse d'un graphe peu dense, par exemple où $E \sim N$, les listes d'adjacence sont les plus économes. De manière plus générale, les listes sont préférables aux matrices dès lors que $E < N^2/3$ et, de même, les dictionnaires sont préférables aux matrices dès lors que $E < N^2/6$. Les listes sont toujours préférables aux dictionnaires, *en terme d'espace*.

opération	matrices d'adjacence	listes d'adjacence	dictionnaire d'adjacence
`mem_vertex`	—	—	$O(1)$
`add_vertex`	—	—	$O(1)$
`remove_vertex`	—	—	$O(N)$
`mem_edge`	$O(1)$	$O(\delta)$	$O(1)$
`add_edge`	$O(1)$	$O(\delta)$	$O(1)$
`remove_edge`	$O(1)$	$O(\delta)$	$O(1)$
`iter_succ`	$O(N)$	$O(\delta)$	$O(\delta)$
`iter_vertex`	$O(N)$	$O(N)$	$O(N)$
`iter_edge`	$O(N^2)$	$O(E)$	$O(E)$

Figure 7.7
Comparatif des différentes structures de graphes

Bien évidemment, les complexités en espace doivent être mises en balance avec la complexité en temps des diverses opérations dans le choix d'une structure de graphe.

7.5 Exercices

Matrice d'adjacence

7.1 La transposition d'un graphe orienté G, notée G^R, est un graphe ayant les mêmes sommets que G et qui contient un arc $x \to y$ si et seulement s'il existe un arc $y \to x$ dans G. Écrire une fonction `reverse: graph -> graph` qui calcule la transposition d'un graphe donné.

7.2 Ajouter une opération `nb_edge: t -> int` donnant le nombre d'arcs en temps constant. Indication : maintenir le nombre d'arcs dans la structure de graphe, en mettant à jour sa valeur dans `add_edge` et `remove_edge`.

7.3 Modifier les matrices d'adjacence pour des graphes où les arcs sont étiquetés par un type `label` donné.

7.4 Le plus simple pour représenter des graphes non orientés est de conserver la même structure que pour des graphes orientés, mais en maintenant l'invariant que pour chaque arc $a \to b$ on a également l'arc $b \to a$. Modifier les opérations `add_edge` et `remove_edge` des matrices et des listes d'adjacence en conséquence. Modifier également `iter_edge` pour qu'elle ne parcoure qu'une seule fois chaque arête.

7.5 Modifier la structure de matrice d'adjacence en utilisant des tableaux de bits (voir section *4.2 Tableaux de bits*) plutôt que des tableaux de booléens. Quel est le gain en espace ?

7.6 La clôture transitive d'un graphe G est un graphe T ayant les mêmes sommets que G et un arc entre i et j lorsqu'il existe un *chemin* dans G entre i et j. Lorsque le graphe est représenté par une matrice de booléens, la clôture transitive peut être calculée en temps $O(N^3)$ par l'algorithme de Warshall, dont le pseudo-code est le suivant :

$T \leftarrow G$

pour k de 0 à $N-1$

pour i de 0 à $N-1$

pour j de 0 à $N-1$

$T_{i,j} \leftarrow T_{i,j}$ ou $(T_{i,k}$ et $T_{k,j})$

L'idée consiste à déterminer, pour des valeurs croissantes de k, s'il existe un chemin entre i et j n'empruntant que des sommets intermédiaires plus petits que k. La dernière ligne du pseudo-code considère les deux cas d'un chemin entre i et j passant ou non par k. Écrire une fonction `transitive_closure: t -> t` qui réalise cet algorithme.

Listes d'adjacence

7.7 Reprendre les exercices 7.2 à 7.4 dans le cas des listes d'adjacence.

7.8 Modifier la fonction `remove_edge` sur les listes d'adjacence pour que (1) elle ne modifie pas la liste d'adjacence dans le cas où l'arc à supprimer n'existe pas, et (2) elle exploite le fait que la liste d'adjacence ne contient pas de doublons pour s'arrêter dès que l'arc est trouvé, le cas échéant.

7.9 Modifier les opérations sur les listes d'adjacence en maintenant l'invariant que les listes d'adjacence sont triées et en exploitant cette propriété pour optimiser certaines opérations.

Dictionnaire d'adjacence

7.10 Modifier le code du programme 70 pour des graphes où les arcs sont étiquetés par des valeurs d'un type quelconque. Plus précisément, on donnera aux graphes le type polymorphe `type 'a t = ('a E.t) V.t` où `'a` est le type des étiquettes.

7.11 Modifier la structure de dictionnaire d'adjacence pour des graphes non orientés, en s'inspirant de l'exercice 7.4.

7.12 Modifier la structure de dictionnaire d'adjacence pour des graphes avec *arcs multiples*, c'est-à-dire où deux sommets peuvent être reliés par plus d'un arc. Pour des multi-arcs non étiquetés, il suffit que le dictionnaire associe à chaque sommet le *multi-ensemble* de ses successeurs. Pour des multi-arcs étiquetés, on peut distinguer deux cas, selon que les arcs entre v_1 et v_2 peuvent ou non porter la même étiquette.

7.13 Modifier le foncteur du programme 70 pour qu'il prenne en argument, plutôt qu'un module `H` de tables de hachages :

- soit un module `V` introduisant un type `t` équipé de fonctions de hachage et de comparaison ;
- soit deux modules `M` et `S` réalisant respectivement des dictionnaires et des ensembles sur un même type de sommets.

7.14 Modifier la structure de dictionnaire d'adjacence pour qu'elle maintienne efficacement l'ensemble des prédécesseurs d'un sommet. Dit autrement, on souhaite fournir une opération :

```
val iter_pred: (vertex -> unit) -> t -> vertex -> unit
```

dont le coût est proportionnel au degré entrant. Utiliser cette fonction pour réécrire la fonction `remove_vertex`.

7.15 Modifier le foncteur du programme 70 pour obtenir des graphes persistants, en remplaçant l'argument `H` par un module `M` de signature `Map.S`.

8

Classes disjointes

Ce chapitre présente une structure de données impérative pour le problème des classes disjointes, connue sous le nom de *union-find*. Ce problème consiste à maintenir dans une structure de données une partition d'un ensemble fini, c'est-à-dire un découpage en sous-ensembles disjoints que l'on appelle des « classes ». On souhaite pouvoir déterminer si deux éléments appartiennent à la même classe et réunir deux classes en une seule. Ce sont ces deux opérations qui ont donné le nom de structure *union-find*.

8.1 Principe

Sans perte de généralité, on peut supposer que l'ensemble à partitionner est celui des n entiers $\{0, 1, \ldots, n-1\}$. Le programme 71 (voir pagc 297) donne la signature d'une telle structure. L'opération `create` n construit une nouvelle partition de $\{0, 1, \ldots, n-1\}$ où chaque élément forme une classe à lui tout seul. L'opération `find` détermine la classe d'un élément, sous la forme d'un entier considéré comme l'unique représentant de cette classe. En particulier, on détermine si deux éléments sont dans la même classe en comparant les résultats donnés par `find` pour chacun. Enfin, l'opération `union` réunit deux classes de la partition, la structure de données étant modifiée en place.

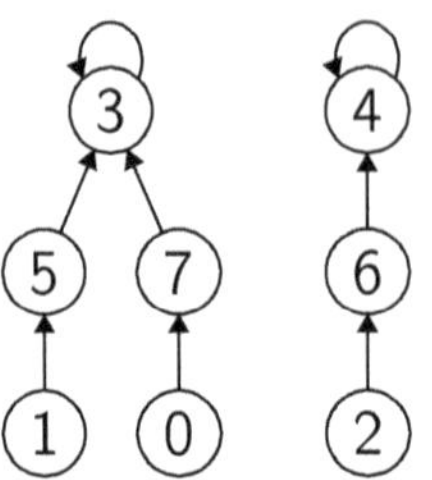

Figure 8.1
Une partition en deux classes de $\{0, 1, \ldots, 7\}$

L'idée principale est de lier entre eux les éléments d'une même classe. Dans chaque classe, ces liaisons forment un graphe où tous les chemins mènent au représentant, qui est le seul élément lié à lui-même. La figure 8.1 illustre une situation où l'ensemble $\{0, 1, \ldots, 7\}$ est partitionné en deux classes dont les représentants sont respectivement 3 et 4.

Il est possible de représenter une telle structure en utilisant des nœuds alloués en mémoire individuellement (voir exercice 8.5). Cependant, il est plus simple et souvent plus efficace d'utiliser un tableau qui lie chaque entier à un autre entier de la même classe. Ces liaisons mènent toujours au représentant de la classe, qui est associé à sa propre valeur dans le tableau. Ainsi, la partition de la figure 8.1 est représentée par le tableau suivant :

0	1			…			7
7	5	6	3	4	3	4	3

L'opération `find` se contente de suivre les liaisons jusqu'à trouver le représentant. L'opération `union` commence par trouver les représentants des deux éléments, puis lie l'un des deux représentants à l'autre. Afin d'atteindre de bonnes performances, on apporte deux améliorations. La première consiste à *compresser les chemins* pendant la recherche effectuée par `find` : cela consiste à lier directement au représentant tous les éléments trouvés sur le chemin parcouru pour l'atteindre. La seconde consiste à maintenir, pour chaque représentant, une valeur appelée *rang* qui représente la longueur maximale que pourrait avoir un chemin dans cette classe. Cette information est stockée dans un second tableau et est utilisée par la fonction `union` pour choisir le représentant d'une union.

Programme 71 — Signature de la structure *union-find*

```
module type UnionFind = sig
  type t
  val create : int -> t
  val find : t -> int -> int
  val union : t -> int -> int -> unit
end
```

8.2 Réalisation

Décrivons maintenant le code de la structure *union-find*. Le type `t` est un enregistrement contenant deux tableaux : `rank` qui contient le rang de chaque classe et `link` qui contient les liaisons.

```
type t = {
  rank: int array;
  link: int array;
}
```

L'information contenue dans `rank` n'est significative que pour des éléments i qui sont des représentants, c'est-à-dire pour lesquels `link.(`i`)` $=$ i. Initialement, chaque élément forme une classe à lui tout seul, c'est-à-dire est son propre représentant et le rang de chaque classe vaut 0.

```
let create n =
  { rank = Array.make n 0;
    link = Array.init n (fun i -> i) }
```

La fonction `find` calcule le représentant d'un élément `i`. Elle s'écrit naturellement comme une fonction récursive. On commence par calculer l'élément `p` lié à `i` dans le tableau `t.link`. Si c'est `i` lui-même, on a terminé et `i` est le représentant de la classe.

```
let rec find t i =
  let p = t.link.(i) in
  if p = i then
    i
```

Programme 72 — Structure *union-find*

```
type t = {
  rank: int array;
  link: int array;
}

let create n =
  { rank = Array.make n 0;
    link = Array.init n (fun i -> i) }

let rec find t i =
  let p = t.link.(i) in
  if p = i then
    i
  else begin
    let r = find t p in
    t.link.(i) <- r;
    r
  end

let union t i j =
  let ri = find t i in
  let rj = find t j in
  if ri <> rj then begin
    if t.rank.(ri) < t.rank.(rj) then
      t.link.(ri) <- rj
    else begin
      t.link.(rj) <- ri;
      if t.rank.(ri) = t.rank.(rj) then
        t.rank.(ri) <- t.rank.(ri) + 1
    end
  end
```

Sinon, on calcule récursivement le représentant `r` comme `find t p`. Cependant, avant de renvoyer `r`, on réalise la compression de chemins, c'est-à-dire on modifie l'élément lié à `i` pour lui donner la valeur `r`.

```
    else begin
      let r - find t p in
      t.link.(i) <- r;
      r
    end
```

Ainsi, la prochaine fois que l'on appellera `find` sur `i`, on trouvera `r` directement.

L'opération `union` regroupe en une seule les classes de deux éléments `i` et `j`. On commence par calculer leurs représentants respectifs `ri` et `rj`. S'ils sont égaux, il n'y a rien à faire.

```
  let union t i j =
    let ri = find t i in
    let rj = find t j in
    if ri <> rj then begin
```

Sinon, on compare les rangs des deux classes. Si celui de `ri` est strictement plus petit que celui de `rj`, on fait de `rj` le représentant de l'union, c'est-à-dire l'élément lié à `ri`.

```
      if t.rank.(ri) < t.rank.(rj) then
        t.link.(ri) <- rj
```

Le rang n'a pas besoin d'être mis à jour pour cette nouvelle classe. En effet, seuls les chemins de l'ancienne classe de `ri` ont vu leur longueur augmentée d'une unité et cette nouvelle longueur n'excède pas le rang de `rj`. Si en revanche le rang de `rj` est le plus petit, on procède symétriquement.

```
      else begin
        t.link.(rj) <- ri;
```

Dans le cas où les deux classes ont le même rang, on choisit l'un des deux représentants arbitrairement comme représentant de l'union (ici `ri`). L'information de rang doit alors être mise à jour, car c'est dans ce cas que la longueur du plus long chemin est susceptible d'augmenter d'une unité.

```
      if t.rank.(ri) = t.rank.(rj) then
        t.rank.(ri) <- t.rank.(ri) + 1
    end
  end
```

Il est important de noter que la fonction `union` utilise la fonction `find` et réalise donc des compressions de chemin, même dans le cas où il s'avère que `i` et `j` sont dans la même classe. L'intégralité du code de la structure *union-find* est donnée programme 72 (voir page 298).

Complexité

On peut montrer que, grâce à la compression de chemin et au rang associé à chaque classe, une suite de m opérations `find` et `union` réalisées sur une structure contenant n éléments s'exécute en un temps total $O(m\,\alpha(n,m))$, où α est une fonction qui croît extrêmement lentement. Elle croît si lentement qu'on peut la considérer comme constante pour toute application pratique — vues les valeurs de n et m que les limites de mémoire et de temps nous autorisent à admettre — ce qui nous permet de supposer un temps amorti constant pour chaque opération. Cette analyse de complexité est complexe et dépasse largement le cadre de ce livre. On en trouvera une version détaillée dans *Introduction to Algorithms* [7, chap. 22].

Pour en savoir plus

La structure de données présentée dans ce chapitre est attribuée à McIlroy et Morris [3] et sa complexité a été analysée par Tarjan [23].

8.3 Exercices

8.1 La signature de la structure *union-find* est contraignante car elle impose de connaître le nombre d'éléments à l'avance. Pour plus de souplesse, on peut souhaiter ajouter de nouveaux éléments dynamiquement, sans limite de taille. La signature d'une telle structure pourrait être la suivante :

```
type t
val create: unit -> t
val add: t -> int
val find: t -> int -> int
val union: t -> int -> int -> unit
```

La fonction `create` crée une structure vide. La fonction `add` ajoute un nouvel élément et le renvoie (il s'agit toujours d'un entier). Les signatures de `find` et `union` sont inchangées. Réaliser une telle structure de données en utilisant des tableaux redimensionnables (voir section *4.1 Tableaux redimensionnables*).

8.2 Ajouter à la structure *union-find* une opération `num_classes` donnant le nombre de classes distinctes.

```
val num_classes: t -> int
```

On s'efforcera de fournir `num_classes` en temps constant, en maintenant la valeur comme un champ supplémentaire de l'enregistrement.

8.3 Ajouter à la structure *union-find* une opération `iter_classes` permettant de parcourir l'ensemble des représentants de toutes les classes.

```
val iter_classes: (int -> unit) -> t -> unit
```

On s'efforcera de fournir `iter_classes` en temps proportionnel au nombre de classes distinctes.

8.4 Si les éléments ne sont pas des entiers consécutifs, on peut remplacer les deux tableaux `rank` et `link` par deux tables de hachage. Réécrire les opérations `create`, `find` et `union` en utilisant cette idée.

8.5 Une autre solution pour réaliser la structure *union-find* consiste à ne pas utiliser de tableaux, mais à représenter directement chaque classe comme un graphe acyclique dont les nœuds sont des enregistrements contenant les valeurs `rank` et `link`. Chaque nœud est du type suivant :

```
type elt = { mutable rank: int; mutable link: elt }
```

Si on souhaite conserver une information pour chaque élément, il est préférable d'opter pour le type suivant :

```
type 'a elt =
  { mutable rank: int; mutable link: 'a elt; data: 'a }
```

Il n'est plus nécessaire de maintenir d'information globale sur la structure *union-find*, car chaque nœud contient toute l'information nécessaire. La signature de la structure *union-find* est alors modifiée de la manière suivante :

```
type 'a elt
val create_node: 'a -> 'a elt
val find: 'a elt -> 'a elt
val union: 'a elt -> 'a elt -> unit
```

La fonction `create_node` construit une classe contenant un unique élément, c'est-à-dire un enregistrement dont le champ `link` pointe vers lui-même. Écrire les opérations `make`, `find` et `union`. Attention : la comparaison des valeurs de type `'a elt` doit être faite maintenant avec l'égalité physique.

8.6 En substituant aux tableaux `rank` et `link` des tableaux persistants (voir section *4.4 Tableaux persistants*), écrire une structure *union-find* persistante, avec la signature suivante :

```
type t
val create: int -> t
val find: t -> int -> int
val union: t -> int -> int -> t
```

Attention : afin de préserver la compression de chemin, il convient de modifier le contenu du champ `link` par effet de bord. On définira donc le type suivant :

```
type t = { rank: int A.t; mutable link: int A.t }
```

Le type `A.t` est ici un type de tableaux persistants et on utilisera le caractère modifiable du champ `link` pour enregistrer l'effet de la compression de chemin avant de renvoyer le résultat de la fonction `find`. Bien que la structure de données ait été modifiée par effet de bord, on ne peut pas observer de changement : le représentant de chaque élément est toujours le même.

8.7 On peut utiliser la structure *union-find* pour construire efficacement un labyrinthe parfait, c'est-à-dire un labyrinthe où il existe un chemin et un seul entre deux cases. Voici un exemple de tel labyrinthe :

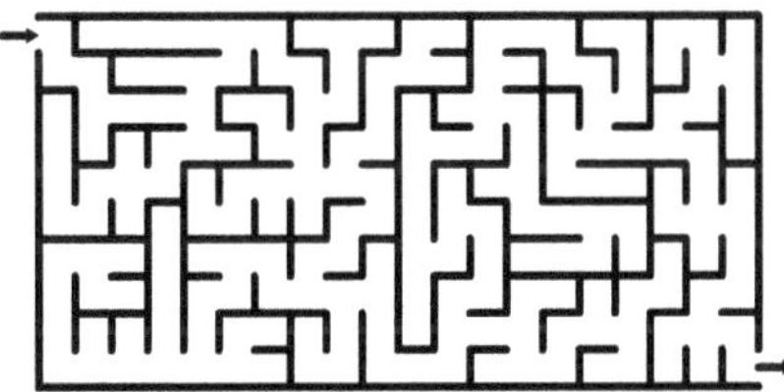

On procède de la manière suivante. On crée une structure *union-find* dont les éléments sont les différentes cases. L'idée est que deux cases sont dans la même classe si et seulement si elles sont reliées par un chemin. Initialement, toutes les cases du labyrinthe sont séparées les unes des autres par des murs. Puis on considère toutes les paires de cases adjacentes (verticalement et horizontalement) dans un ordre aléatoire. Pour chaque paire (c_1, c_2) on compare les classes des cases c_1 et c_2. Si elles sont identiques, on ne fait rien. Sinon, on supprime le mur qui sépare c_1 et c_2 et on réunit les deux classes avec `union`. Écrire un code qui construit un labyrinthe selon cette méthode.

Indication : pour parcourir toutes les paires de cases adjacentes dans un ordre aléatoire, le plus simple est de construire un tableau contenant toutes ces paires, puis de le mélanger aléatoirement en utilisant le *mélange de Knuth* (exercice 2.11 page 125).

Justifier que, à l'issue de la construction, chaque case est reliée à toute autre case par un unique chemin.

8.8 Le but de cet exercice est de colorier, avec des couleurs distinctes, les composantes *connexes* d'une image en noir et blanc. Une composante connexe est formée de pixels de même couleur et voisins de proche en proche. Deux pixels sont voisins lorsqu'ils possèdent un bord en commun.

Par exemple, dans l'image suivante de 6×6 pixels, il y a deux composantes connexes de couleur blanche et quatre composantes connexes de couleur noire.

Une image en noir et blanc est représentée par une matrice de booléens. Pour calculer ses composantes connexes, on utilise une structure *union-find* pour regrouper dans une même classe les pixels voisins ayant la même couleur. Écrire une fonction qui prend en argument une matrice de booléens et renvoie une structure *union-find* qui contient ses classes d'équivalence.

Pour affecter une couleur distincte à chaque composante connexe, on utilise une table de hachage qui associe une couleur différente à chaque représentant. Écrire une fonction qui affiche l'image avec ses composantes connexes coloriées. On suppose données une fonction `new_color` de type `unit -> color` et une fonction `draw_pixel` de type `int -> int -> color -> unit`.

9
Le zipper

Nous présentons dans ce chapitre une technique pour parcourir une structure de données, sans imposer d'ordre de parcours et en laissant la possibilité de faire des modifications locales (insérer, supprimer, etc.). Cette technique est connue sous le nom de *zipper*. Nous la présentons pour les listes et les arbres, mais elle peut s'adapter à de nombreuses structures de données.

9.1 Zipper pour les listes

Supposons que l'on veuille « naviguer » dans une liste de type `'a list`, c'est-à-dire se déplacer d'élément en élément, et effectuer ponctuellement des modifications. L'image est celle d'un curseur dans un éditeur de texte et l'action des touches du clavier pour se déplacer, insérer, effacer des caractères, etc.

Supposons que la liste contienne sept éléments et que le curseur soit placé après le troisième, comme illustré dans la figure 9.1.

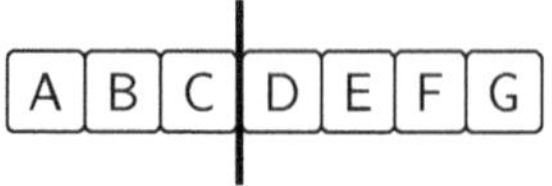

Figure 9.1
Curseur dans une liste

On représente cette situation avec deux listes, l'une contenant les éléments situés à gauche du curseur, et l'autre contenant les éléments situés à droite. Il est efficace de représenter la première de ces listes « à l'envers », de sorte que l'élément situé immédiatement à gauche du curseur soit directement accessible. La figure 9.2 illustre cette représentation sur l'exemple précédent.

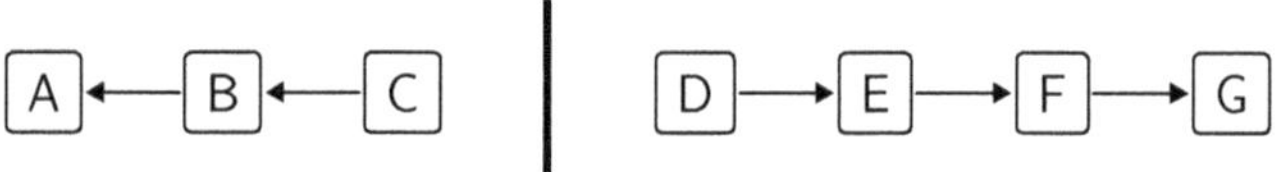

Figure 9.2
Zipper d'une liste

C'est cette structure formée de deux listes qu'on appelle *zipper*. On la définit donc avec le type suivant :

```
type 'a zipper = { left: 'a list; right: 'a list; }
```

Pour construire un tel *zipper* à partir d'une liste `l`, où le curseur est placé tout à gauche, on initialise la liste de gauche à `[]` et celle de droite à `l`.

```
let of_list l =
  { left = []; right = l }
```

On décrit maintenant des opérations de navigation et de modification pour ce *zipper*.

Opérations de navigation

La première opération de navigation est celle qui permet de déplacer le curseur vers la droite. Ceci n'est possible que si la liste de droite contient au moins un élément. Dans ce cas, on déplace le premier élément de cette liste en tête de la liste de gauche.

```
let move_right z = match z.right with
  | [] -> invalid_arg "move_right"
  | x :: r -> { left = x :: z.left; right = r }
```

L'application de la fonction `move_right` sur l'exemple de la figure 9.2 renvoie le *zipper* illustré figure 9.3.

Figure 9.3
Zipper après un déplacement à droite

On écrit de même une fonction `move_left` pour déplacer le curseur vers la gauche (voir programme 73, page suivante).

Pour convertir un *zipper* `z` en une liste, il suffit de concaténer les deux listes `z.left` et `z.right`, en renversant la première. C'est exactement ce que fait la fonction `List.rev_append`.

```
let to_list z =
  List.rev_append z.left z.right
```

De manière équivalente, on aurait pu déplacer le curseur tout à gauche, puis récupérer la liste de droite.

Opérations de modification

Pour insérer un élément à la position du curseur, il suffit de le placer en tête de l'une des deux listes. Si on l'insère en tête de la liste de gauche, le curseur se retrouvera à droite de ce nouvel élément (comme dans un éditeur de texte).

```
let insert z x =
  { z with left = x :: z.left }
```

Si on veut au contraire que le curseur se retrouve à gauche de l'élément inséré, il suffit de remplacer `left` par `right` dans le code ci-dessus.

Programme 73 — Structure de zipper pour une liste

```
type 'a zipper = { left: 'a list; right: 'a list; }

let of_list l =
  { left = []; right = l }

let move_right z = match z.right with
  | [] -> invalid_arg "move_right"
  | x :: r -> { left = x :: z.left; right = r }

let move_left z = match z.left with
  | [] -> invalid_arg "move_left"
  | x :: l -> { left = l; right = x :: z.right }

let to_list z =
  List.rev_append z.left z.right

let insert z x =
  { z with left = x :: z.left }

let delete_left z =  match z.left with
  | [] -> invalid_arg "delete_left"
  | _ :: l -> { z with left = l }

let delete_right z =  match z.right with
  | [] -> invalid_arg "delete_right"
  | _ :: r -> { z with right = r }
```

Une autre opération de modification consiste à effacer un élément. Par exemple, on peut supprimer l'élément se trouvant à gauche du curseur s'il existe (c'est la touche *backspace* d'un éditeur). Cela revient simplement à supprimer la tête de la liste `left`.

```
let delete_left z = match z.left with
  | [] -> invalid_arg "delete_left"
  | _ :: l -> { z with left = l }
```

On écrit de même une opération `delete_right` pour supprimer l'élément se trouvant à droite du curseur.

9.2 Zipper pour les arbres

La technique du *zipper* s'applique à d'autres structures de données, comme les arbres. Prenons par exemple le cas des arbres binaires. On choisit ici des arbres polymorphes définis par le type suivant :

```
type 'a tree = E | N of 'a tree * 'a * 'a tree
```

Quel est l'analogue d'un curseur pour un arbre ? C'est la désignation d'un nœud particulier et la possibilité de naviguer, c'est-à-dire de remonter, descendre à gauche ou à droite dans l'arbre.

Considérons l'arbre de la figure 9.4 dans lequel on place le curseur sur le nœud contenant `5`. Le *zipper* contient d'une part la position du nœud considéré et d'autre part le sous-arbre à cette position. Cette dernière est représentée par le chemin entre la racine et le nœud, c'est-à-dire une séquence de déplacements indiquant à chaque fois si on descend dans le sous-arbre gauche ou droit. Par exemple, le chemin pour atteindre le nœud `5` est la séquence [*gauche*; *droite*].

On introduit le type suivant pour représenter de tels chemins. Le constructeur `Top` représente le chemin vide, c'est-à-dire la position de la racine de l'arbre. Les

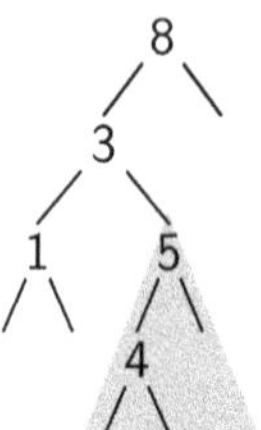

Figure 9.4
Curseur dans un arbre

constructeurs `Left` et `Right` indiquent respectivement un déplacement vers le sous-arbre gauche ou droit.

```
type 'a path =
  | Top
  | Left of 'a path * 'a * 'a tree
  | Right of 'a tree * 'a * 'a path
```

Pour chaque déplacement, on conserve le sous-arbre dans lequel on n'est pas descendu. C'est nécessaire si on veut remonter dans l'arbre. Le *zipper* des arbres binaires est alors défini par le type suivant :

```
type 'a zipper = { path : 'a path; tree : 'a tree }
```

Le champ `tree` contient le sous-arbre sous le curseur. Le champ `path` contient le chemin menant à ce sous-arbre. De la même façon qu'on avait choisi dans le *zipper* des listes de représenter la liste de gauche à l'envers, on choisit ici de stocker le chemin du nœud vers la racine, plutôt que l'inverse. La figure 9.5 donne la valeur du *zipper* pour l'exemple précédent.

Le premier constructeur du chemin est `Right` car le curseur désigne un sous-arbre droit. La suite du chemin est `Left` car le nœud 3 est la racine d'un sous-arbre gauche. Enfin, le chemin atteint la racine 8 de l'arbre.

Le *zipper* qui place le curseur à la racine d'un arbre est construit avec le chemin vide.

```
let of_tree t = { path = Top; tree = t }
```

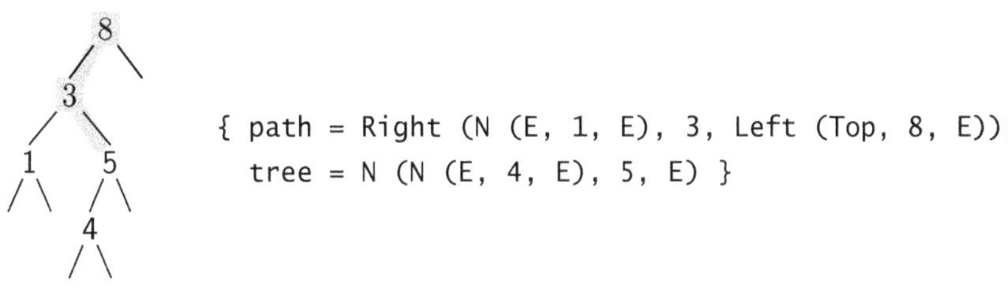

Figure 9.5
Zipper d'un arbre

Écrivons maintenant des fonctions de navigation. On commence par une fonction `down_left` pour se déplacer vers le sous-arbre gauche. Pour cela, on examine la forme de l'arbre sous le curseur. On échoue si cet arbre est vide.

```
let down_left z = match z.tree with
  | E -> invalid_arg "down_left"
```

Sinon, on renvoie le *zipper* où le sous-arbre sous le curseur est le sous-arbre gauche, et où le chemin est étendu avec le constructeur `Left` pour signifier qu'on est descendu à gauche.

```
  | N (l, x, r) -> { path = Left (z.path, x, r); tree = l }
```

Le nœud `x` et son sous-arbre droit `r` sont conservés dans le chemin, comme arguments du constructeur `Left`. On écrit de même une fonction `down_right` pour se déplacer vers le sous-arbre droit.

La fonction pour remonter dans l'arbre examine le chemin. On échoue si le chemin est vide.

```
let up z = match z.path with
  | Top ->
      invalid_arg "up"
```

Dans les autres cas, on doit reconstruire le nœud de l'arbre situé au dessus du curseur. Pour cela, on utilise à la fois les informations contenues dans le chemin et le sous-arbre contenu dans le champ `tree`. Ainsi, dans le cas où on était descendu dans le sous-arbre gauche, le chemin est de la forme `Left (p, x, r)` et le nœud reconstruit a `z.tree` comme sous-arbre gauche, `x` comme racine et `r` comme sous-arbre droit.

```
| Left (p, x, r) ->
    { path = p; tree = N (z.tree, x, r) }
```

On procède symétriquement dans le cas où on était descendu dans le sous-arbre droit.

```
| Right (l, x, p) ->
    { path = p; tree = N (l, x, z.tree) }
```

La fonction pour reconstruire l'arbre tout entier à partir d'un *zipper* consiste à déplacer le curseur vers le haut tant que c'est possible. On s'arrête quand le chemin vaut `Top` et on renvoie alors l'arbre contenu dans le champ `tree`.

```
let rec to_tree z =
  if z.path = Top then z.tree else to_tree (up z)
```

L'intégralité du code du *zipper* pour les arbres binaires est donnée programme 74.

Remarque : on peut s'interroger sur les points communs entre les *zippers* des listes et ceux des arbres. En effet, le *zipper* des listes semble être une structure complètement symétrique, avec ses deux champs `left` et `right` de même type. Cependant, on peut aussi le voir de façon asymétrique où `left` joue le même rôle que `path` et `right` le même rôle que `tree`. Ainsi, on aurait pu définir le type suivant pour représenter une position dans une liste :

```
type 'a path = Top | Right of 'a * 'a path
```

C'est parce que ce type est clairement identique à `'a list` qu'on s'est épargné la définition d'un nouveau type. Les *zippers* sur les listes et les arbres incarnent donc bien une seule et même idée.

Application : comparer deux arbres binaires de recherche

Dans le chapitre 5, nous avons présenté la structure d'arbre binaire de recherche qui permet de représenter un ensemble dès lors que ses éléments sont munis d'un ordre total. Si on veut construire un ensemble d'ensembles, il faut donc munir les arbres binaires de recherche eux-mêmes d'un ordre total.

Programme 74 — Structure de zipper pour un arbre binaire

```
type 'a tree = E | N of 'a tree * 'a * 'a tree

type 'a path =
  | Top
  | Left of 'a path * 'a * 'a tree
  | Right of 'a tree * 'a * 'a path

type 'a zipper = { path: 'a path; tree: 'a tree }

let of_tree t = { path = Top; tree = t }

let down_left z = match z.tree with
  | E -> invalid_arg "down_left"
  | N (l, x, r) -> { path = Left (z.path, x, r); tree = l }

let down_right z = match z.tree with
  | E -> invalid_arg "down_right"
  | N (l, x, r) -> { path = Right (l, x, z.path); tree = r }

let up z = match z.path with
  | Top ->
      invalid_arg "up"
  | Left (p, x, r) ->
      { path = p; tree = N (z.tree, x, r) }
  | Right (l, x, p) ->
      { path = p; tree = N (l, x, z.tree) }

let rec to_tree z =
  if z.path = Top then z.tree else to_tree (up z)
```

Une solution consiste à construire la liste des éléments pour chacun des deux arbres, dans l'ordre infixe, pour ensuite comparer ces deux listes, par exemple lexicographiquement. C'est cependant un peu naïf car les deux arbres peuvent contenir beaucoup d'éléments mais différer rapidement. On aurait alors construit les deux listes inutilement.

On préférerait une solution plus efficace, travaillant directement sur les arbres. Ce n'est pas simple, cependant, car deux arbres binaires de recherche peuvent contenir les mêmes éléments sans pour autant avoir la même structure, comme illustré sur la figure 9.6. Une solution consiste à exploiter la structure de *zipper* pour effectuer un parcours infixe *simultané* des deux arbres.

Figure 9.6
Deux arbres binaires de recherche contenant les mêmes éléments

On commence par écrire une fonction qui descend tout en bas à gauche d'un arbre et renvoie le *zipper* correspondant à cette position. Cela revient à itérer la fonction `down_left` tant que c'est possible.

Plus simplement, on écrit directement une fonction `leftmost` en lui passant un *zipper* en accumulateur. Ainsi, si l'arbre est vide, on renvoie le *zipper* passé en argument :

```
let rec leftmost z = function
  | E -> z
```

Sinon, on poursuit la descente vers la gauche, en accumulant le nœud rencontré dans le *zipper*.

```
  | N (l, x, r) -> leftmost (Left (z, x, r)) l
```

Si on reprend les deux arbres de la figure 9.6, appelons-les `t1` et `t2`, alors les *zippers* obtenus avec `leftmost Top t1` et `leftmost Top t2` sont de la forme suivante :

```
leftmost Top t1 = Left (Left (..., 3, ...), 1, ...)
leftmost Top t2 = Left (Left (..., 4, ...), 1, ...)
```

La figure 9.7 illustre ces deux *zippers*. En particulier, on vérifie qu'ils démarrent bien tous les deux sur la plus petite valeur, à savoir 1.

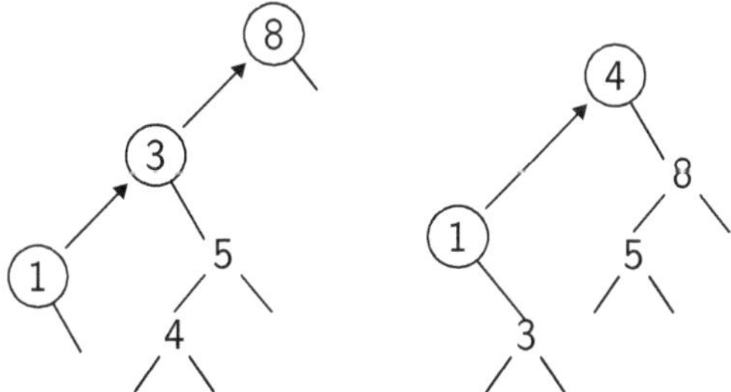

Figure 9.7
Deux *zippers* pour les arbres de la figure 9.6

Il s'agit d'écrire maintenant une fonction `compare` qui réalise la comparaison proprement dite. Elle prend en argument les deux *zippers*, ainsi qu'une fonction `cmp` pour comparer les éléments. Si les deux *zippers* sont `Top`, la comparaison est terminée. On renvoie alors `0` pour indiquer une égalité.

```
let rec compare cmp z1 z2 = match z1, z2 with
  | Top, Top ->
      0
```

Si les deux *zippers* sont de la forme `Left`, il s'agit de comparer les deux éléments qu'ils désignent avec la fonction `cmp`. S'ils diffèrent, la comparaison est terminée et le résultat donné par `cmp` est renvoyé.

```
  | Left (z1, x1, r1), Left (z2, x2, r2) ->
      let c = cmp x1 x2 in
      if c <> 0 then c
```

S'ils sont égaux, en revanche, la comparaison doit se poursuivre. On va chercher les éléments suivants à comparer, en appelant `leftmost` sur les deux sous-arbres droits `r1` et `r2`, puis on appelle `compare` récursivement.

```
      else compare cmp (leftmost z1 r1) (leftmost z2 r2)
```

Si l'un des deux *zippers* vaut `Top` et l'autre `Left`, cela signifie qu'une des deux énumérations est parvenue à son terme mais pas l'autre. On renvoie alors `-1` ou `1`, selon le cas.

```
  | Top, Left _ ->
      -1
  | Left _, Top ->
      1
```

Enfin, le cas d'un *zipper* de la forme `Right` ne peut se produire, par construction. On l'évacue comme un cas absurde.

```
  | Right _, _ | _, Right _ ->
      assert false
```

Pour résoudre le problème initial, à savoir comparer deux arbres `t1` et `t2`, il suffit de construire les deux *zippers* avec la fonction `leftmost` puis de les comparer avec la fonction `compare`.

```
let compare_tree cmp t1 t2 =
  compare cmp (leftmost Top t1) (leftmost Top t2)
```

Le code complet est donné programme 75. On remarque que les deux fonctions `leftmost` et `compare` sont récursives terminales.

9.3 Curseurs

Avec le problème de la comparaison des arbres binaires, on a identifié l'intérêt de « parcourir » une structure de données pas à pas. Cette méthode de parcours est différente de celle des itérateurs d'ordre supérieur comme `iter` ou `fold`, avec lesquels on n'aurait pas pu résoudre ce problème.

Programme 75 — Comparaison lexicographique d'arbres binaires

```
let rec leftmost z = function
  | E -> z
  | N (l, x, r) -> leftmost (Left (z, x, r)) l

let rec compare cmp z1 z2 = match z1, z2 with
  | Top, Top ->
     0
  | Left (z1, x1, r1), Left (z2, x2, r2) ->
     let c = cmp x1 x2 in
     if c <> 0 then c
     else compare cmp (leftmost z1 r1) (leftmost z2 r2)
  | Top, Left _ ->
     -1
  | Left _, Top ->
     1
  | Right _, _ | _, Right _ ->
     assert false

let compare_tree cmp t1 t2 =
  compare cmp (leftmost Top t1) (leftmost Top t2)
```

Programme 76 — Structure de curseur

```
type 'a enum
val start: 'a t -> 'a enum
val step: 'a enum -> 'a * 'a enum
```

De manière générale, pour une structure de données arbitraire de type `'a t`, on souhaite disposer d'une interface de *curseur* pour parcourir ses éléments un par un. Une telle interface est donnée dans le programme 76.

Elle contient un type abstrait polymorphe `'a enum` pour le curseur, où la variable `'a` représente le type des éléments. La fonction `start` renvoie un nouveau curseur. La fonction `step` renvoie l'élément courant et le curseur correspondant au prochain élément, et lève l'exception `Exit` si l'itération est terminée.

Cette interface définit des curseurs *persistants*, c'est-à-dire que le curseur en entrée de la fonction `step` n'est pas modifié. En particulier, on peut le réutiliser par exemple dans un algorithme avec *backtracking*. Une autre possibilité est un curseur impératif où la fonction `step` renvoie uniquement l'élément et avance au prochain élément par effet de bord (voir exercice 9.12).

On va maintenant réaliser des curseurs persistants pour les listes et les arbres.

Curseur pour les listes

Le *zipper* pour les listes est en lui-même un curseur qui convient. Il est cependant inutilement complexe car on n'a pas besoin de conserver les éléments situés à gauche du curseur. Ainsi, le curseur pour les listes n'est rien d'autre que la liste de droite, c'est-à-dire :

```
type 'a enum = 'a list
```

La fonction `start` est réduite à l'identité. La fonction `step` lève l'exception `Exit` si le curseur est vide, sinon elle renvoie la tête de la liste et la suite de la liste comme nouveau curseur.

```
let step = function
  | [] -> raise Exit
  | x :: r -> x, r
```

On remarque que la nature persistante des listes nous assure celle du curseur. Le code complet est donné programme 77.

Curseur pour les arbres

Pour définir un curseur pour les arbres, il faut d'abord choisir un ordre de parcours. On choisit ici l'ordre infixe de manière arbitraire (voir exercices 9.8 et 9.9 pour d'autres parcours).

Contrairement aux listes, le *zipper* des arbres ne nous fournit pas immédiatement une opération qui donne l'élément suivant dans le parcours infixe.

Programme 77 — Curseur pour les listes

```
type 'a enum = 'a list

let start l =
  l

let step = function
  | [] -> raise Exit
  | x :: r -> x, r
```

Programme 78 — Curseur pour les arbres (parcours infixe)

```
type 'a enum = Top | Left of 'a * 'a tree * 'a enum

let rec leftmost t e = match t with
  | E -> e
  | N (l, x, r) -> leftmost l (Left (x, r, e))

let start t =
  leftmost t Top

let step = function
  | Top -> raise Exit
  | Left (x, r, e) -> x, leftmost r e
```

Cependant, on a vu comment le *zipper* permet de réaliser cette opération avec le problème de la comparaison des arbres binaires. Seuls les deux constructeurs `Top` et `Left` du *zipper* sont nécessaires. On définit donc pour le curseur le type suivant :

```
type 'a enum = Top | Left of 'a * 'a tree * 'a enum
```

La fonction `start` place le curseur sur l'élément situé tout en bas à gauche de l'arbre. On utilise pour cela la fonction `leftmost` déjà écrite pour le programme 75.

```
let start t =
  leftmost t Top
```

La fonction `step` lève l'exception `Exit` si le curseur vaut `Top`. Sinon, elle renvoie l'élément `x` contenu dans le constructeur `Left` et construit un nouveau curseur en appelant `leftmost` sur le sous-arbre droit de `x`.

```
let step = function
  | Top -> raise Exit
  | Left (x, r, e) -> x, leftmost r e
```

C'est exactement ce que nous avions fait dans le programme 75 pour passer à l'élément suivant.

Comme pour les listes, le caractère immuable du type `enum` nous garantit son caractère persistant. Le code complet pour ce curseur de parcours infixe des arbres est donné programme 78 (voir page précédente).

Pour en savoir plus

Le *zipper* a été inventé par Gérard Huet et présenté dans l'article *The Zipper* [12]. Comme l'auteur le fait remarquer, ce concept était sûrement déjà connu de certains programmeurs.

9.4 Exercices

Zipper pour les listes

9.1 Munir le *zipper* pour les listes de fonctions `to_start` et `to_end` qui permettent respectivement de se replacer au début et à la fin de la liste.

9.2 Réécrire la fonction `to_list` à la manière de la fonction `to_tree`.

9.3 On considère le problème suivant : étant donnée une liste non vide d'entiers, déterminer s'il existe un arbre binaire dont les feuilles, prises dans l'ordre infixe, sont situées à des profondeurs données par cette liste. Ainsi, la liste $[1;3;3;2]$ correspond à un arbre binaire, mais pas la liste $[1;3;3]$. On propose l'algorithme suivant pour résoudre ce problème :

- Si la liste contient un seul élément, l'algorithme termine. On a un succès si et seulement si l'élément vaut 0 (c'est le cas d'un arbre vide).

- Sinon, on cherche les deux premiers éléments consécutifs de la liste qui sont égaux. S'il n'y en a pas, on échoue. Sinon, en appelant n la valeur de ces deux entiers, on remplace ces deux occurrences de n par l'entier $n-1$ (c'est le cas d'un nœud interne).
- Puis on recommence avec la nouvelle liste obtenue.

Écrire une fonction `is_tree: int list -> bool` qui réalise cet algorithme en utilisant la structure de *zipper* pour ne pas redémarrer à chaque fois depuis le début de la liste. La complexité totale doit être linéaire en la taille de la liste.

9.4 On peut programmer un éditeur de texte efficacement en utilisant la structure de *zipper*. Chaque ligne de texte est un *zipper* pour une liste de caractères, comme expliqué précédemment. De même, un fichier est vu comme une liste de lignes dans laquelle on va également naviguer. Dès lors, c'est aussi un *zipper*. On utilise les types suivants pour représenter respectivement une ligne et un texte.

```
type line = { left : char list; right : char list }
type text = { up : line list; current : line; down : line list }
```

Le champ `current` du type `text` représente la ligne courante, sur laquelle se trouve le curseur. Les champs `up` et `down` sont l'analogue de `left` et `right` pour les lignes.

Écrire les fonctions `insert_char`, `return`, `backspace`, etc. pour un tel éditeur.

Zipper pour les arbres

9.5 Écrire une fonction `remove_leaf: 'a zipper -> 'a zipper` qui vérifie que le *zipper* passé en argument désigne un nœud de l'arbre n'ayant pas de fils, c'est-à-dire de la forme `N(E,x,E)`, et qui le supprime. Inversement, écrire une fonction `insert_leaf: 'a -> 'a zipper -> 'a zipper` qui vérifie que le *zipper* passé en argument désigne une feuille de l'arbre, c'est-à-dire `E`, et qui insère à cet endroit la valeur passée en argument comme un nouveau nœud.

9.6 Écrire une fonction `remove_leftmost: 'a zipper -> 'a zipper` qui vérifie que le *zipper* passé en argument désigne un nœud de l'arbre n'ayant pas de fils gauche et qui supprime ce nœud (mais sans perdre son éventuel sous-arbre droit).

9.7 On considère des arbres n-aires étiquetés par des chaînes de caractères, définis par `type tree = N of string * tree list`. Définir une structure de *zipper* pour ces arbres.

Curseurs

9.8 Écrire un curseur pour les arbres binaires qui corresponde à un parcours préfixe, c'est-à-dire où chaque nœud est visité avant ses deux sous-arbres.

9.9 Écrire un curseur pour les arbres binaires qui corresponde à un parcours postfixe, c'est-à-dire où chaque nœud est visité après ses deux sous-arbres.

9.10 Réécrire la comparaison des arbres binaires (programme 75) en utilisant le curseur des arbres (programme 78).

9.11 Plutôt que de lever l'exception `Exit` lorsque le curseur est arrivé au terme du parcours, la fonction `step` peut renvoyer une valeur de type `option`, c'est-à-dire `step: 'a enum -> ('a * 'a enum) option`. Réécrire les curseurs des listes et des arbres avec cette nouvelle interface.

9.12 Si la persistance du curseur n'est pas exploitée, on peut considérer une version impérative où la fonction `step` renvoie uniquement l'élément et avance au prochain élément par effet de bord, c'est-à-dire `step: 'a enum -> 'a`. Réécrire les curseurs des listes et des arbres avec cette nouvelle interface.

9.13 Réaliser un curseur pour les tableaux.

Troisième partie

Techniques algorithmiques et applications

10
Arithmétique

10.1 Algorithme d'Euclide

Le plus célèbre des algorithmes est très certainement celui d'Euclide. Il permet de calculer le plus grand diviseur commun de deux entiers x et y, noté $x \wedge y$ et appelé « pgcd de x et y » (en anglais *gcd* pour *greatest common divisor*). Étant donnés deux entiers positifs ou nuls x et y, l'algorithme d'Euclide remplace la paire (x, y) par la paire $(y, x \bmod y)$, jusqu'à ce que y soit nul. On renvoie alors la valeur de x, qui est le pgcd des valeurs initiales de x et y. On choisit d'écrire cet algorithme sous la forme d'une fonction récursive `gcd` :

```
let rec gcd x y =
  if y = 0 then x else gcd y (x mod y)
```

La correction de l'algorithme repose sur le fait que chaque itération préserve le plus grand diviseur commun. Quand on parvient à $\mathsf{y} = 0$, on renvoie alors x c'est-à-dire $\mathsf{x} \wedge 0$, qui est donc le pgcd des valeurs initiales de x et y. Dit autrement, on a utilisé les deux propriétés suivantes du pgcd :

$$
\begin{aligned}
x \wedge y &= y \wedge (x \bmod y), \\
x \wedge 0 &= x.
\end{aligned}
$$

La terminaison de cet algorithme est assurée par la décroissance stricte de y et le fait que y reste par ailleurs positif ou nul. On a en effet l'invariant évident $x, y \geq 0$.

La complexité de l'algorithme d'Euclide est donnée par le théorème de Lamé qui stipule que, si cet algorithme effectue s itérations pour $x > y > 0$, alors $x \geq F_{s+1}$ et $y \geq F_s$ où (F_n) est la suite de Fibonacci. On en déduit que l'algorithme d'Euclide est logarithmique, c'est-à-dire $s = O(\log x)$. Dans le cas général, la complexité est $O(\log(\max(x, y)))$; voir l'exercice 10.1. Une analyse détaillée est donnée dans *The Art of Computer Programming* [14, sec. 4.5.3].

L'exercice 10.2 généralise la fonction gcd au cas d'entiers x et y non nécessairement positifs ou nuls.

Algorithme d'Euclide étendu

On peut facilement modifier l'algorithme d'Euclide pour calculer également les coefficients de Bézout, c'est-à-dire deux entiers u et v vérifiant l'équation suivante :

$$ux + vy = x \wedge y. \tag{10.1}$$

On appelle cela l'algorithme d'Euclide étendu. On le réalise sous la forme d'une fonction `extended_gcd` qui prend les entiers x et y en arguments et renvoie le triplet $(u, v, x \wedge y)$. Le code est donné programme 79.

On se convainc facilement que la troisième composante du triplet renvoyé est bien le pgcd de x et y. En effet, si on se focalise sur cette composante, on retrouve les mêmes calculs que ceux effectués dans la fonction `gcd` avec les variables x et y, car $x - \lfloor\frac{x}{y}\rfloor y$ n'est autre que $x \bmod y$. Pour justifier l'équation 10.1, il suffit de procéder par récurrence sur y. Le cas de base $y = 0$ est immédiat. Dans le cas récursif, l'hypothèse de récurrence nous dit que :

$$uy + v(x - \lfloor\frac{x}{y}\rfloor y) = x \wedge y$$

Cela revient à dire :

$$vx + (u - \lfloor\frac{x}{y}\rfloor v)y = x \wedge y.$$

Ceci correspond bien au code de la fonction `extended_gcd`.

La complexité reste la même que pour la fonction `gcd`. Le nombre d'opérations effectuées à chaque tour de boucle est certes supérieur, mais il reste borné et le nombre d'itérations est exactement le même. La complexité est donc toujours $O(\log x)$.

Programme 79 — Algorithme d'Euclide étendu

```
let rec extended_gcd x y =
  if y = 0 then
    (1, 0, x)
  else
    let q = x / y in
    let (u, v, g) = extended_gcd y (x - q * y) in
    (v, u - q * v, g)
```

10.2 Exponentiation rapide

Pour $n \in \mathbb{N}$, un calcul naïf de x^n effectue $n - 1$ multiplications. L'algorithme d'exponentiation rapide (en anglais *exponentiation by squaring*) consiste à calculer x^n en effectuant seulement $O(\log n)$ multiplications. Il exploite les identités suivantes :

$$x^n = \begin{cases} (x^2)^{n/2} & \text{si } n \text{ est pair,} \\ x(x^2)^{(n-1)/2} & \text{si } n \text{ est impair.} \end{cases}$$

Sa traduction en OCaml, pour x de type `int`, est aisée. On peut écrire par exemple le code donné programme 80. Il utilise le fait que `n/2` renvoie $\lfloor \texttt{n}/2 \rfloor$, quelle que soit la parité de `n`.

Il existe de multiples variantes. On peut par exemple faire un cas particulier pour `n` $= 1$ mais ce n'est pas vraiment utile. Voir aussi l'exercice 10.4. Quoi qu'il en soit, l'idée centrale reste la suivante : en divisant l'exposant au moins par deux à chaque étape, le nombre total d'appels récursifs va être proportionnel à $\log(n)$, et donc le nombre de multiplications également. Plus précisément, on peut montrer par récurrence sur k que, si $2^{k-1} \leq n < 2^k$, alors la fonction `exp` effectue exactement k appels récursifs. Comme chaque appel récursif à `exp` effectue une ou deux multiplications, on en déduit que le nombre total de multiplications est majoré par $2 \log n$.

Les applications de cet algorithme sont innombrables, car rien n'impose à x d'être de type `int`. Dès lors qu'on dispose d'une unité et d'une opération associative, c'est-à-dire d'un monoïde M, alors on peut appliquer cet algorithme pour calculer x^n avec $x \in M$ et $n \in \mathbb{N}$. L'exercice 10.6 propose une telle généralisation.

Programme 80 — Exponentiation rapide

```
let rec exp x n =
  if n = 0 then
    1
  else
    let r = exp (x * x) (n / 2) in
    if n mod 2 = 0 then r else x * r
```

10.3 Calcul modulo

Dans cette section, on suppose qu'on cherche à effectuer des calculs modulo m, pour une valeur de m fixée. Il y a plusieurs intérêts à cela. On peut par exemple calculer une très grande valeur mais ne s'intéresser qu'à ses k derniers chiffres en base 10 ; dans ce cas, on aura $m = 10^k$. On peut aussi exploiter le théorème des restes chinois pour calculer une même valeur modulo plusieurs entiers deux à deux premiers entre eux et ainsi représenter des entiers potentiellement plus grands que ceux fournis par la machine ; voir l'exercice 10.8.

Dans la suite de cette section, on suppose donnée une constante `m` de type `int`, avec l'hypothèse `m` > 0. On va écrire un certain nombre de fonctions qui permettent de manipuler des entiers modulo `m`, c'est-à-dire des entiers x tels que :

$$0 \leq x < \texttt{m}. \tag{10.2}$$

L'exercice 10.7 propose de regrouper ces différentes fonctions dans un foncteur paramétré par `m`. On commence par une fonction `of_int` qui prend un entier `x` quelconque et renvoie cet entier modulo `m`. On ne peut pas se contenter de faire `x mod m`, car lorsque `x` est négatif, `x mod m` est également négatif. D'une manière générale, `a mod b` est du signe de `a`. On écrit donc :

```
let of_int x =
  let r = x mod m in if r < 0 then r + m else r
```

L'addition modulo `m` s'écrit facilement, dès lors que l'on suppose que ses opérandes sont déjà des entiers modulo `m`. Pour garantir la propriété (10.2), il suffit donc de retrancher `m` lorsque la valeur de `x+y` est supérieure ou égale à `m`.

```
let add x y =
  let r = x + y in if r >= m then r - m else r
```

Programme 81 — Calcul modulo m (addition et soustraction)

```
let () = assert (0 < m && m <= max_int/2 + 1)

let of_int x = let r = x mod m in if r < 0 then r + m else r

let add x y = let r = x + y in if r >= m then r - m else r

let sub x y = let r = x - y in if r < 0 then r + m else r
```

Les entiers x et y étant positifs ou nuls, il n'y a pas ici de problème de signe. Cependant, pour que cette addition soit correcte, il faut que l'opération x+y ne provoque pas de débordement arithmétique, c'est-à-dire qu'on ait x+y $\leq$ max_int. Une façon de le garantir facilement est d'imposer une valeur maximale à m, à savoir m $\leq$ max_int$/2 + 1$. On peut le faire en plaçant l'assertion suivante au début du code.

```
let () = assert (0 < m && m <= max_int/2 + 1)
```

La soustraction s'écrit également facilement, si on prend soin de conserver une valeur positive ou nulle, comme nous l'avons fait plus haut pour la fonction of_int.

```
let sub x y =
  let r = x - y in if r < 0 then r + m else r
```

Il n'y a pas ici de débordement arithmétique possible, grâce à l'hypothèse que l'on vient de faire pour l'addition (s'en convaincre, néanmoins). Le code de ces trois premières opérations est donné programme 81.

Multiplication

La multiplication est plus subtile. Pour des opérandes suffisamment petits, c'est-à-dire inférieurs à $\sqrt{\texttt{m}}$, il suffirait d'effectuer la multiplication et de prendre le modulo, c'est-à-dire :

```
let mul x y =
  (x * y) mod m
```

Mais si on ne souhaite pas limiter les opérandes, et donc conserver la seule restriction m $\leq$ max_int$/2+1$ déjà faite, on ne peut pas utiliser la multiplication usuelle, qui provoquerait un débordement de capacité. On peut cependant s'en tirer en effectuant la multiplication « de façon élémentaire » comme on le ferait à la main. Si x s'écrit en base 2 sous la forme :

$$(x_k x_{k-1} \dots x_1 x_0)_2$$

où x_k est le chiffre de poids fort et x_0 le chiffre de poids faible, on va écrire une boucle qui calcule $(x_k \dots x_i)_2 \times \texttt{y} \pmod{\texttt{m}}$, pour i allant de $k+1$ à 0. On l'écrit sous la forme d'une boucle `for`, en accumulant le résultat dans une référence `r`. On part de $i =$ `Sys.word_size-4`, vus notre hypothèse sur `m` et le fait que le type `int` d'OCaml est représenté sur `Sys.word_size` $-$ 1 bits signés (voir chapitre 3).

```
let mul x y =
  let r = ref 0 in
  for i = Sys.word_size - 4 downto 0 do
```

À chaque tour de boucle, on commence par multiplier `r` par deux, modulo `m`, ce que l'on fait avec la fonction `add`.

```
    r := add !r !r;
```

On a donc maintenant `!r` $\equiv (x_k \dots x_i)_2 \times 2 \times \texttt{y} \pmod{\texttt{m}}$. On teste ensuite le bit x_i et, s'il vaut 1, on ajoute `y` à `r`, pour rétablir l'invariant de boucle.

```
    if x land (1 lsl i) <> 0 then r := add !r y
```

Une fois sorti de la boucle, on a `!r` $\equiv x_k x_{k-1} \dots x_1 x_0 \times \texttt{y} \pmod{\texttt{m}}$, c'est-à-dire `!r` $\equiv \texttt{x} \times \texttt{y} \pmod{\texttt{m}}$, ce qui est le résultat voulu. Le code est donné programme 82.

Division

La division de `x` par `y` modulo `m` suppose que `y` et `m` sont premiers entre eux et renvoie un résultat `q` tel que $\texttt{q} \times \texttt{y} = \texttt{x} \pmod{\texttt{m}}$. Elle utilise l'algorithme d'Euclide étendu (programme 79). En effet, si `y` et `m` sont premiers entre eux, alors l'algorithme d'Euclide étendu nous donne deux entiers `u` et `v` tels que :

$$\texttt{u} \times \texttt{y} + \texttt{v} \times \texttt{m} = 1$$

Ceci est justifié par l'équation 10.1. En multipliant cette égalité par `x` on obtient :

$$(\texttt{x} \times \texttt{u}) \times \texttt{y} = \texttt{x} \pmod{\texttt{m}}$$

Programme 82 — Calcul modulo m (multiplication et division)

```
let mul x y =
  let r = ref 0 in
  for i = Sys.word_size - 4 downto 0 do
    r := add !r !r;
    if x land (1 lsl i) <> 0 then r := add !r y
  done;
  !r

let div x y =
  let u, _, g = extended_gcd y m in
  if g <> 1 then invalid_arg "div";
  mul x (of_int u)
```

Le résultat de la division est donc `x` × `u`. Le code est donné programme 82. Il utilise `of_int u` car `u` peut être négatif, mais il pourrait être plus efficace encore car l'algorithme d'Euclide nous garantit |`u`| < `m` et l'utilisation de `of_int` est donc inutilement compliquée.

10.4 Calcul matriciel

Dans cette section, on va écrire quelques opérations élémentaires de calcul matriciel. Par simplicité, on suppose des matrices à coefficients entiers. L'exercice 10.9 propose de généraliser à des matrices à coefficients quelconques.

Comme nous l'avons expliqué section *2.5 Crible d'Ératosthène*, une matrice n'est rien d'autre qu'un tableau de tableaux, c'est-à-dire le type défini par :

```
type matrix = int array array
```

On rappelle qu'il ne faut surtout pas écrire `Array.make 3 (Array.make 4 v)` pour créer une matrice 3 × 4, mais `Array.make_matrix 3 4 v` ou encore, de façon équivalente, `Array.init 3 (fun _ -> Array.make 4 v)`.

À part `Array.make_matrix`, la bibliothèque standard d'OCaml ne fournit pas d'opérations sur les matrices. Commençons donc par écrire une fonction init_matrix, analogue de Array.init pour une matrice. Elle prend en arguments les dimensions n et m de la matrice et une fonction f pour initialiser chaque élément.

```
let init_matrix n m f =
  Array.init n (fun i -> Array.init m (fun j -> f i j))
```

Dit autrement, on renvoie la matrice M de taille n $\times$ m telle que $M_{i,j} =$ f i j. On en déduit une fonction id pour construire la matrice identité de taille n $\times$ n.

```
let id n =
  init_matrix n n (fun i j -> if i = j then 1 else 0)
```

Écrivons ensuite une fonction size qui renvoie les dimensions d'une matrice, c'est-à-dire la paire de son nombre de lignes et son nombre de colonnes. En supposant qu'une matrice contient toujours au moins une ligne, on peut écrire :

```
let size a =
  (Array.length a, Array.length a.(0))
```

Considérons maintenant l'addition de deux matrices A et B. On commence par vérifier qu'elles sont de même taille.

```
let add a b =
  let (n, m) as s = size a in
  if size b <> s then invalid_arg "add";
```

Il suffit alors d'utiliser init_matrix pour construire la matrice de terme général $A_{i,j} + B_{i,j}$.

```
  init_matrix n m (fun i j -> a.(i).(j) + b.(i).(j))
```

Le produit d'une matrice A de taille $n \times p$ par une matrice B de taille $p \times m$ est une matrice C de taille $n \times m$ dont le terme général est donné par :

$$C_{i,j} = \sum_{k=0}^{k<p} A_{i,k} B_{k,j} \quad \text{pour } 0 \leq i < n \text{ et } 0 \leq j < m. \qquad (10.3)$$

Programme 83 — Calcul matriciel élémentaire

```
type matrix = int array array

let init_matrix n m f =
  Array.init n (fun i -> Array.init m (fun j -> f i j))

let id n =
  init_matrix n n (fun i j -> if i = j then 1 else 0)

let size a =
  (Array.length a, Array.length a.(0))

let add a b =
  let (n, m) as s = size a in
  if size b <> s then invalid_arg "add";
  init_matrix n m (fun i j -> a.(i).(j) + b.(i).(j))

let mul a b =
  let n, p = size a in
  let q, m = size b in
  if q <> p then invalid_arg "mul";
  let product i j =
    let s = ref 0 in
    for k = 0 to p - 1 do s := !s + a.(i).(k) * b.(k).(j) done;
    !s
  in
  init_matrix n m product
```

On commence par déterminer les dimensions des deux matrices et par vérifier que le nombre de colonnes de A est bien égal au nombre de lignes de B.

```
let mul a b =
  let n, p = size a in
  let q, m = size b in
  if q <> p then invalid_arg "mul";
```

Puis on écrit une fonction locale `product` qui calcule le coefficient $C_{i,j}$ en suivant l'équation (10.3).

```
  let product i j =
    let s = ref 0 in
    for k = 0 to p - 1 do s := !s + a.(i).(k) * b.(k).(j) done;
    !s
```

Il ne reste plus qu'à créer une matrice de taille $n \times m$ avec la fonction `init_matrix` en lui passant la fonction `product` en argument.

```
  in
  init_matrix n m product
```

L'intégralité du code est donnée programme 83 (voir page précédente). Un tableau de tableaux n'est pas la seule façon de représenter une matrice. Il existe notamment des représentations plus économes en mémoire lorsque de nombreux éléments sont égaux ; on parle alors de matrices *creuses*. L'exercice 10.13 propose une telle représentation.

10.5 Exercices

Algorithme d'Euclide

10.1 Le résultat de complexité donné dans la section 10.1 suppose $x > y$. Montrer que, dans le cas général, la complexité est $O(\log(\max(x, y)))$.

10.2 L'algorithme d'Euclide que l'on vient de présenter suppose $x, y \geq 0$. Si x ou y est négatif, il peut renvoyer un résultat négatif (l'opération `mod` renvoie une valeur du même signe que son premier argument). Écrire une seconde fonction gcd qui renvoie toujours un résultat positif ou nul, quel que soit le signe de ses arguments. Dans quel cas le résultat vaut-il zéro ?

10.3 Soient x, y, m trois entiers strictement positifs tels que $y \wedge m = 1$. On appelle quotient de x par y modulo m tout entier w tel que :

$$0 \leq w < m \text{ et } x \equiv yw \pmod{m}.$$

Écrire une fonction calculant le quotient de x par y modulo m.

Exponentiation rapide

10.4 Écrire une variante de la fonction exp qui repose sur les identités suivantes :

$$x^n = \begin{cases} (x^{n/2})^2 & \text{si } n \text{ est pair,} \\ x(x^{(n-1)/2})^2 & \text{si } n \text{ est impair.} \end{cases}$$

Y a-t-il une différence d'efficacité ?

10.5 Écrire une version récursive terminale de la fonction exp. C'est de peu d'intérêt si n est un entier machine, car $\log(n)$ est alors très petit devant le nombre maximal d'appels imbriqués que la pile permet. C'est en revanche nécessaire si n est très grand, par exemple $n = 2^{2^{20}}$.

10.6 Écrire le code du programme 80 sous la forme d'un foncteur permettant de calculer x^n pour x d'un type t quelconque, pourvu que ce type t soit muni d'une constante one et d'une opération mul.

Calcul modulo

10.7 Écrire le code des programmes 81 et 82 sous la forme d'un foncteur paramétré par la valeur de m, c'est-à-dire :

```
module Modulo(M: sig val m: int end): sig ... end = struct ... end
```

Quel est l'intérêt d'écrire un tel foncteur ? Y a-t-il un intérêt à ce que ce foncteur exporte un type *abstrait* des entiers modulo m ?

10.8 Si m_1 et m_2 sont deux entiers premiers entre eux, le théorème des restes chinois nous permet de représenter tout entier x compris entre 0 (inclus) et $m_1 m_2$

(exclu) par une paire (x_1, x_2) où $x \equiv x_1 \pmod{m_1}$ et $x \equiv x_2 \pmod{m_2}$. L'intérêt de cette représentation est que m_1 et m_2 peuvent être représentables en machine alors que $m_1 m_2$ peut ne pas l'être (car trop grand). Écrire les opérations d'addition, de soustraction et de multiplication sur cette représentation des entiers. Étant donné le couple (x_1, x_2), comment retrouver l'entier x qu'il représente ?

Plus généralement, on peut considérer k entiers $m_1, m_2, \ldots, m_k$ deux à deux premiers entre eux et représenter les entiers par des k-uplets. Pour plus de détails, on pourra consulter *The Art of Computer Programming* (vol. 2, sec. 4.3.2).

Calcul matriciel

10.9 Écrire le code de la figure 83 sous la forme d'un foncteur paramétré par le type des éléments des matrices considérées, par les constantes `zero` et `one` de ce type et par les opérations `add` et `mul` sur ce type.

10.10 Écrire une fonction `power: t -> int -> t` qui élève une matrice à la puissance n avec l'algorithme d'exponentiation rapide.

10.11 Les nombres de la suite de Fibonacci (F_n) vérifient l'identité suivante :

$$\begin{pmatrix} 1 & 1 \\ 1 & 0 \end{pmatrix}^n = \begin{pmatrix} F_{n+1} & F_n \\ F_n & F_{n-1} \end{pmatrix}.$$

Autrement dit, on peut calculer F_n en élevant une matrice 2×2 à la puissance n. Déduire de l'exercice précédent un programme qui calcul F_n en $O(\log n)$ opérations arithmétiques élémentaires.

Attention cependant à ne pas conclure hâtivement qu'on sait calculer F_n pour de grandes valeurs de n. Les éléments de la suite de Fibonacci croissent en effet de manière exponentielle. Si on a recours à des entiers en précision arbitraire, le coût des opérations arithmétiques elles-mêmes doit être pris en compte et la complexité ne sera pas $O(\log n)$. Et dans le cas contraire, on aura rapidement un débordement arithmétique.

10.12 En combinant l'exercice précédent et le calcul modulo de la section précédente, écrire un programme qui calcule les 7 derniers chiffres de F_{10^6}. Le calcul doit être instantané.

10.13 Lorsqu'une matrice contient beaucoup d'éléments identiques, par exemple beaucoup d'éléments nuls, il peut être intéressant de la représenter d'une façon plus compacte qu'un tableau de tableaux. Une solution consiste à représenter chaque ligne de la matrice par un dictionnaire qui associe certains indices de colonnes aux éléments correspondants, les autres prenant une valeur par défaut. Ainsi, pour des matrices à coefficients entiers dont les éléments nuls ne sont pas représentés, on peut définir le type suivant :

```
type matrix = { cols: int; rows: M.t array }
```

où `M.t` est le type d'un dictionnaire associant des entiers à des entiers (par exemple obtenu avec la bibliothèque `Map`) et où le champ `cols` stocke le nombre de colonnes. Écrire les fonctions `id`, `size`, `add` et `mul` sur ce type.

11

Programmation dynamique et mémoïsation

La programmation dynamique et la mémoïsation sont deux techniques très proches qui s'appuient sur l'idée naturelle suivante : ne pas recalculer deux fois la même chose.

11.1 Principe

Illustrons-les avec l'exemple très simple du calcul de la suite de Fibonacci. On rappelle que cette suite d'entiers (F_n) est définie par :

$$\begin{cases} F_0 &= 0 \\ F_1 &= 1 \\ F_n &= F_{n-2} + F_{n-1} \text{ pour } n \geq 2. \end{cases}$$

Écrire une fonction récursive qui calcule F_n en suivant cette définition est immédiat.

```
let rec fib n =
  if n <= 1 then n else fib (n - 2) + fib (n - 1)
```

Mais c'est aussi très naïf. En effet, il faut plus d'une minute pour calculer F_{50}. Le problème n'est pas lié ici à la récursion, mais au fait qu'on recalcule de nombreuses fois les mêmes valeurs de F_n. Ainsi, pour calculer ne serait-ce que F_5, on va calculer deux fois F_3 et trois fois F_2, comme le montre l'arbre d'appels de la figure 11.1.

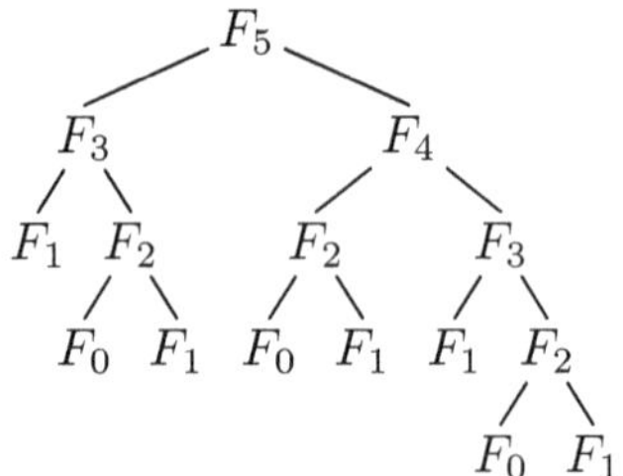

Figure 11.1
Arbre d'appels pour F_5

Il est facile de voir que, de manière générale, le calcul de F_n nécessite $F_{n+1} - 1$ additions car l'équation de récurrence est exactement la même que celle qui définit F_n. On peut l'observer empiriquement. Sur une machine de 2011, on observe qu'il faut 2 secondes pour calculer F_{42}, 3 secondes pour F_{43}, 5 secondes pour F_{44}, etc. On reconnaît là justement les nombres de la suite de Fibonacci. On extrapole qu'il faudrait 89 secondes pour calculer F_{50} et ceci se vérifie à la demi seconde près ! Plus précisément, on sait que F_n croît exponentiellement et donc on ne peut espérer aller beaucoup plus loin dans le calcul de la suite avec cette méthode.

Mémoïsation

Puisqu'on a compris qu'on calculait plusieurs fois la même chose, une idée naturelle consiste à stocker les résultats déjà calculés dans une table. Il s'agit donc d'une table associant à certains entiers n la valeur de F_n. Dès lors, on procède ainsi : pour calculer `fib n` on regarde si la table possède une entrée pour `n`. Si oui, on renvoie la valeur correspondante. Sinon, on calcule `fib n`, toujours comme `fib (n-2) + fib (n-1)`, c'est-à-dire récursivement, puis on ajoute le résultat dans la table, avant de le renvoyer. Cette technique consistant à utiliser une table pour stocker les résultats déjà calculés s'appelle la *mémoïsation* (en anglais *memoization*, une terminologie forgée par le chercheur Donald Michie en 1968).

Mettons en œuvre cette idée dans une fonction `fib_memo`. On commence par introduire une table de hachage pour stocker les résultats déjà calculés (on choisit une taille initiale arbitraire pour cette table) :

```
let memo = Hashtbl.create 17
```

La fonction `fib_memo` commence par regarder dans la table `memo` si la valeur de `fib n` s'y trouve déjà. Si oui, on la renvoie :

```
let rec fib_memo n =
  try
    Hashtbl.find memo n
```

Dans le cas contraire, on calcule le résultat exactement comme pour la fonction `fib`, c'est-à-dire avec deux appels récursifs :

```
  with Not_found ->
    let fn = if n <= 1 then n
             else fib_memo (n-2) + fib_memo (n-1) in
```

Puis on le stocke dans la table `memo`, avant de le renvoyer :

```
    Hashtbl.add memo n fn;
    fn
```

Ceci conclut la fonction `fib_memo`. Son efficacité est bien meilleure que celle de `fib`. Le calcul de F_{50}, par exemple, est devenu instantané (au lieu de 89 secondes avec `fib`). On peut montrer que la complexité de `fib_memo` est linéaire. Intuitivement, on comprend que le calcul de F_n n'implique plus maintenant que le calcul des valeurs de F_i pour $i \leq n$ une seule fois chacune. Le code complet de la fonction `fib_memo` est donné programme 84 (voir page suivante). On notera que la table `memo` est définie à *l'extérieur* de la fonction `fib_memo`, car elle doit être la même pour tous les appels récursifs.

Programme 84 — Calcul de F_n par mémoïsation

```
let memo = Hashtbl.create 17
let rec fib_memo n =
  try
    Hashtbl.find memo n
  with Not_found ->
    let fn =
      if n <= 1 then n else fib_memo (n-2) + fib_memo (n-1) in
    Hashtbl.add memo n fn;
    fn
```

Programmation dynamique

Il peut sembler inutilement coûteux d'utiliser une table de hachage pour mémoriser les calculs. En effet, on ne va stocker au final que les valeurs de F_i pour $i \leq n$ et donc un simple tableau de taille $n + 1$ suffit. Si on voulait réécrire la fonction `fib_memo` avec cette idée, on pourrait par exemple remplir le tableau initialement avec la valeur -1 dans chaque case pour signifier que la valeur n'a pas encore été calculée. On peut aussi procéder différemment, en remplissant le tableau dans un certain ordre. En l'occurrence ici, on voit bien qu'il suffit de le remplir dans l'ordre croissant, car le calcul de F_i nécessite les valeurs de F_{i-2} et F_{i-1}. Cette technique consistant à utiliser une table et à la remplir progressivement avec les résultats des calculs intermédiaires s'appelle la *programmation dynamique* (en anglais *dynamic programming*, souvent abrégé DP).

Mettons en œuvre cette idée dans une fonction `fib_dp`. On commence par traiter le cas particulier $n = 0$; dans le cas général $n > 0$, on alloue un tableau `f` de taille $\mathsf{n} + 1$ destiné à contenir les valeurs des F_i.

```
let fib_dp n =
  if n = 0 then 0 else
  let f = Array.make (n+1) 0 in
```

Programme 85 — Calcul de F_n par programmation dynamique

```
let fib_dp n =
  if n = 0 then 0 else
  let f = Array.make (n+1) 0 in
  f.(1) <- 1;
  for i = 2 to n do f.(i) <- f.(i-2) + f.(i-1) done;
  f.(n)
```

Ce tableau peut être alloué à *l'intérieur* de la fonction `fib_dp` car celle-ci, à la différence de `fib_memo`, ne va pas être récursive. Puis on remplit les cases du tableau `f` dans le sens des indices croissants, en faisant un cas particulier pour `f.(1)`.

```
  f.(1) <- 1;
  for i = 2 to n do f.(i) <- f.(i-2) + f.(i-1) done;
```

Une fois le tableau rempli, il ne reste plus qu'à renvoyer la valeur contenue dans sa dernière case.

```
  f.(n)
```

Ceci conclut la fonction `fib_dp`. Comme pour `fib_memo`, son efficacité est linéaire ; cela se voit facilement puisque le code est réduit à une simple boucle `for`. Le code complet de la fonction `fib_dp` est donné programme 85.

Remarque

Nous avons choisi l'exemple de la suite de Fibonacci uniquement à des fins pédagogiques. Bien entendu, il est très simple de calculer les éléments de cette suite en temps linéaire sans utiliser ni mémoïsation ni programmation dynamique (voir exercice 11.1).

11.2 Mémoïsation systématique

L'utilisation d'un simple tableau pour `fib_dp`, plutôt qu'une table de hachage pour `fib_memo`, peut nous laisser penser que la programmation dynamique est plus simple à mettre en œuvre que la mémoïsation. Sur cet exemple, c'est vrai.

Il faut cependant comprendre que, pour écrire `fib_dp`, nous avons exploité deux informations capitales : il fallait calculer les F_i pour tous les $i \leq n$ et on pouvait les calculer dans l'ordre croissant. De manière générale, les entrées de la fonction à calculer ne sont pas nécessairement des indices consécutifs, ou ne sont même pas des entiers, et les dépendances entre les diverses valeurs à calculer ne sont pas nécessairement aussi simples.

La mémoïsation est en revanche plus simple à mettre en œuvre : il suffit en effet d'ajouter quelques lignes pour consulter et remplir la table de hachage, sans modifier la structure de la fonction. On peut le faire d'une façon systématique.

Mieux encore, on peut écrire le principe de mémoïsation, *une fois pour toutes*, comme une fonction `memo_fun` d'ordre supérieur qui prend en argument une fonction `f` à mémoïser. On commence par créer une table de hachage destinée à stocker les résultats déjà calculés.

```
let memo_fun f =
  let h = Hashtbl.create 17 in
```

On renvoie alors une fonction qui applique le principe de mémoïsation, c'est-à-dire consulte la table et la remplit au besoin.

```
  fun x ->
    try Hashtbl.find h x
    with Not_found -> let v = f x in Hashtbl.add h x v; v
```

Le type de la fonction `memo_fun` est le suivant :

```
memo_fun : ('a -> 'b) -> 'a -> 'b
```

Comme on le voit, `memo_fun` prend en argument une fonction d'un type quelconque et renvoie une fonction de même type. Le caractère polymorphe du type de la fonction est dû à l'utilisation des tables de hachages génériques d'OCaml (voir exercice 11.2).

Pour mémoïser la fonction `fib`, il suffit d'écrire :

```
let fib_memo2 = memo_fun fib
```

Si on calcule deux fois `fib_memo2 50`, le second calcul est instantané parce que le résultat est trouvé dans la table. En revanche, le premier calcul est toujours aussi long. En effet, lors de ce premier appel, on calcule `fib 50` puisque la valeur n'est pas trouvée dans la table. Pendant ce calcul, les appels récursifs se font sur la fonction `fib` et non pas sur sa version mémoïsée `fib_memo2`.

On pourrait penser qu'une solution consiste à écrire le code suivant :

```
let rec fib_memo3 =
  memo_fun (fun n -> if n <= 1 then n
                     else fib_memo3 (n-2) + fib_memo3 (n-1))
```

Malheureusement, cela ne fonctionne toujours pas. Chaque appel à `fib_memo3` implique un nouvel appel à `memo_fun`, qui a pour effet d'allouer une nouvelle table de hachage. Ainsi les résultats précédemment calculés ne sont jamais retrouvés.

Pour remédier à ce problème, c'est-à-dire allouer une seule table de hachage et pouvoir effectuer des appels récursifs à la fonction en cours de mémoïsation, il faut réécrire la fonction `memo_fun` de façon plus subtile. On le fait sous la forme d'une fonction `memo_rec` qui s'utilise de la manière suivante :

```
let fib_memo4 =
  memo_rec (fun f n -> if n <= 1 then n else f (n-2) + f (n-1))
```

Ici, l'unique appel à `memo_rec` assure la création d'une unique table. La fonction en cours de mémoïsation est passée par l'intermédiaire d'un argument supplémentaire `f`.

La fonction `memo_rec` s'écrit ainsi. On commence comme pour `memo_fun` par la création d'une table :

```
let memo_rec ff =
  let h = Hashtbl.create 5003 in
```

Programme 86 — Opérateur générique de mémoïsation

```
let memo_rec ff =
  let h = Hashtbl.create 5003 in
  let rec f x =
    try Hashtbl.find h x
    with Not_found -> let v = ff f x in Hashtbl.add h x v; v
  in
  f
```

Puis, on définit la fonction *récursive* `f` qui calcule par mémoïsation :

```
let rec f x =
  try Hashtbl.find h x
  with Not_found -> let v = ff f x in Hashtbl.add h x v; v
in
f
```

Dans le cas où le résultat n'est pas dans la table, on calcule le résultat `v` en utilisant `ff f x`, c'est-à-dire en passant la fonction `f` et l'argument `x` à la fonction `ff` fournie par l'utilisateur. Le code complet de `memo_rec` est donné programme 86.

Comme pour `memo_fun`, le type de `memo_rec` est polymorphe, mais il est plus complexe :

```
memo_rec: (('a -> 'b) -> 'a -> 'b) -> 'a -> 'b
```

La fonction `ff` a le type `('a -> 'b) -> 'a -> 'b`, qu'on peut lire comme `('a -> 'b) -> ('a -> 'b)`, c'est-à-dire celui d'une fonction qui prend en argument une fonction de type `'a -> 'b` et renvoie une fonction du même type.

11.3 Différences entre mémoïsation et programmation dynamique

Dans certaines situations, la programmation dynamique peut être préférée à la mémoïsation. Prenons l'exemple du calcul des coefficients binomiaux $C(n,k)$ dont la définition récursive est la suivante :

$$\begin{cases} C(n,0) &= 1 \\ C(n,n) &= 1 \\ C(n,k) &= C(n-1,k-1)+C(n-1,k) \text{ pour } 0<k<n. \end{cases}$$

On peut appliquer à cette définition aussi bien la mémoïsation que la programmation dynamique. Dans le premier cas, on aura une table de hachage indexée par le couple (n,k) et, dans le second cas, on aura une matrice indexée par n et k. Cependant, si on cherche à calculer $C(n,k)$ pour $n=2\times10^5$ et $k=10^5$, alors il est probable qu'on va dépasser les capacités mémoire de la machine (sur une machine de bureau raisonnable), dans le premier cas en remplissant la table de hachage et dans le second cas en tentant d'allouer la matrice. La raison est que la complexité est ici en temps *et en espace* en $O(nk)$. Dans l'exemple précédent, il faudrait stocker au minimum 15 milliards de résultats.

Pourtant, à y regarder de plus près, le calcul des $C(n,k)$ pour une certaine valeur de n ne nécessite que les valeurs des $C(n-1,k)$. Dès lors, on peut les calculer pour des valeurs de n croissantes, sans qu'il soit utile de conserver toutes les valeurs calculées jusque là. On le visualise mieux en dessinant le triangle de Pascal comme dans la figure 11.2 et en expliquant qu'on va le calculer ligne à ligne, en ne conservant à chaque instant qu'une seule ligne.

Mettons cette idée en œuvre dans une fonction `comb_smart_dp`. On commence par allouer un tableau `row` de taille `n+1` qui va contenir une ligne du triangle de Pascal :

```
let comb_smart_dp n k =
  let row = Array.make (n+1) 0 in
```

On pourrait se contenter d'un tableau de taille `k+1` (voir l'exercice 11.3).

Pour l'instant, ce tableau ne contient que des valeurs nulles. On initialise sa toute première case avec 1.

```
  row.(0) <- 1;
```

1					
1	1				
1	2	1			
1	3	3	1		
1	4	6	4	1	
1	5	10	10	5	1
⋮					

Figure 11.2
Triangle de Pascal

Cette valeur ne bougera plus car la première colonne du triangle de Pascal ne contient que des 1. On écrit ensuite une boucle pour calculer la ligne i du triangle de Pascal :

```
for i = 1 to n do
```

Ce calcul va se faire en place dans le tableau row, sachant qu'il contient la ligne $i-1$. Pour ne pas se marcher sur les pieds, on va calculer les nouvelles valeurs de la droite vers la gauche, car elles ne dépendent pas de valeurs situées plus à droite. On procède avec une seconde boucle :

```
for j = i downto 1 do row.(j) <- row.(j) + row.(j-1) done
```

On exploite ici le fait que row.(i) contient 0, ce qui nous dispense d'un cas particulier. On s'arrête à j $=$ 1 car la valeur row.(0) n'a pas besoin d'être modifiée, comme expliqué plus haut. Une fois qu'on est sorti de cette double boucle, le tableau row contient la ligne n du triangle de Pascal, et on n'a plus qu'à renvoyer row.(k) :

```
done;
row.(k)
```

La complexité en temps reste $O(nk)$ mais la complexité en mémoire n'est plus que $O(n)$. Dans l'exemple donné plus haut, avec $n = 2 \times 10^5$ et $k = 10^5$, le résultat est obtenu en quelques secondes. On notera cependant qu'il provoque un débordement arithmétique (voir l'exercice 11.4).

La conclusion de cette petite expérience est que la programmation dynamique peut parfois être plus avantageuse que la mémoïsation, car elle permet un contrôle plus fin des ressources mémoire. À l'inverse, dans les très nombreuses situations où ce contrôle n'est pas nécessaire, la mémoïsation est beaucoup plus simple à mettre en œuvre.

11.4 Hash-consing

De même qu'on peut éviter de recalculer deux fois la même chose, comme nous l'avons fait plus haut, on peut éviter de construire plusieurs fois les mêmes données pour économiser de la mémoire. On peut le faire de manière sûre dès lors qu'il s'agit de valeurs qui ne seront pas modifiées par la suite. Si par exemple on a déjà construit la liste `[1; 2; 3]`, il est inutile de la reconstruire ultérieurement. On peut tout à fait la réutiliser.

La technique qui consiste à réutiliser les valeurs déjà construites s'appelle le *hash-consing*. Il s'agit tout simplement d'appliquer la technique de la mémoïsation à la construction des valeurs. La terminologie de *hash-consing* combine justement l'idée du hachage utilisé dans la mémoïsation et celle de l'allocation [1]. Nous allons montrer ici comment mettre en œuvre cette technique, en prenant comme exemple des arbres binaires contenant des caractères, c'est-à-dire le type suivant :

```
type tree = E | N of tree * char * tree
```

L'idée est de fournir une alternative au constructeur `N`, sous la forme d'une fonction `node` qui agit exactement comme ce constructeur mais en renvoyant une valeur structurellement identique si elle a déjà été construite. Une solution possible consiste à appliquer directement à la fonction `node` la technique de la mémoïsation, c'est-à-dire à stocker dans une table de hachage les valeurs de type `tree` déjà construites. Procéder de la sorte ne serait cependant pas très efficace. En effet, calculer les clés de hachage et comparer les valeurs sur le type `tree` nécessitent des parcours d'arbres qui peuvent être coûteux.

Une bien meilleure solution consiste à éviter ces parcours en associant à chaque valeur de type `tree` un entier qu'on va utiliser dans la fonction de hachage. On

1. Le *cons* désigne l'allocation dans le langage Lisp, contexte où la technique du *hash-consing* a été introduite pour la première fois.

commence donc par modifier légèrement le type tree pour y stocker cet entier comme premier argument du constructeur N.

```
type tree = E | N of int * tree * char * tree
```

On verra plus loin comment cet entier est calculé. On écrit une fonction qui nous donne cet entier lorsqu'il s'agit du constructeur N et l'entier 0 sinon.

```
let unique = function
  | E -> 0
  | N (u, _, _, _) -> u
```

On justifiera plus loin le nom de cette fonction, en expliquant pourquoi cet entier est en réalité unique. Pour l'instant, nous ne cherchons qu'à définir une fonction de hachage et ce n'est donc pas important. Voici justement la définition de cette fonction de hachage.

```
let hash = function
  | E ->
    0
  | N (_, l, c, r) ->
    (19 * (19 * unique l + Char.code c) + unique r) land max_int
```

Cette fonction ignore l'entier stocké dans le constructeur N. En effet, hash sera justement utilisée pour chercher à déterminer si un arbre de racine c et de sous-arbres l et r a déjà été construit. Elle ne doit donc dépendre que des valeurs l, c et r. Pour calculer un résultat en temps constant, la fonction hash utilise les entiers stockés dans les sous-arbres l et r par l'intermédiaire de la fonction unique. L'opération land max_int est utilisée ici pour garantir un résultat positif ou nul.

La seconde idée consiste à comparer deux valeurs de type tree en temps constant en exploitant le fait que leurs sous-arbres ont déjà été partagés s'ils sont égaux et sont donc alors physiquement égaux. On écrit pour cela une fonction `equal` qui utilise l'égalité physique == sur les sous-arbres.

```
let equal t1 t2 = match t1, t2 with
  | E, E -> true
  | N (_, l1, c1, r1), N (_, l2, c2, r2) ->
     l1 == l2 && c1 == c2 && r1 == r2
  | _ -> false
```

Muni de ces deux fonctions, on peut maintenant construire une table de hachage pour mémoïser la construction des arbres. On pourrait le faire avec le foncteur `Hashtbl.Make` de la bibliothèque OCaml. Cependant, une telle table conserverait éternellement les valeurs construites. On souhaite au contraire que le GC puisse récupérer l'espace alloué aux valeurs qui ne sont plus utilisées, comme il le fait de manière générale.

Pour cela, on va utiliser une autre structure de table de hachage proposée par la bibliothèque OCaml, à savoir le foncteur `Weak.Make`. Son application est identique à celle du foncteur `Hashtbl.Make`.

```
module X = struct
  type t = tree
  let hash = ...
  let equal = ...
end
module W = Weak.Make(X)
```

Le module `W` obtenu en résultat fournit une structure d'ensemble de valeurs de type `tree`, où les éléments disparaissent dès lors qu'ils ne sont plus référencés ailleurs que par un pointeur dans cette structure. De tels pointeurs qui ne sont pas pris en compte par le GC sont appelés *pointeurs faibles*, d'où le nom `Weak` de la bibliothèque.

On peut maintenant construire une table destinée à contenir les valeurs de type `tree` déjà construites. On l'initialise ici avec une taille arbitraire.

```
let nodes = W.create 5003
```

Programme 87 — Hash-consing (code)

```
type tree = E | N of int * tree * char * tree

let empty =
  E

let unique = function
  | E -> 0
  | N (u, _, _, _) -> u

module X = struct
  type t = tree
  let hash = function
    | E ->
        0
    | N (_, l, c, r) ->
        (19 * (19 * unique l + Char.code c) + unique r)
        land max_int
  let equal t1 t2 = match t1, t2 with
    | E, E -> true
    | N (_, l1, c1, r1), N (_, l2, c2, r2) ->
        l1 == l2 && c1 == c2 && r1 == r2
    | _ -> false
end
module W = Weak.Make(X)
let nodes = W.create 5003

let node =
  let cpt = ref 1 in
  fun l c r ->
    let n0 = N (!cpt, l, c, r) in
    let n = W.merge nodes n0 in
    if n == n0 then incr cpt;
    n
```

Il ne reste plus qu'à écrire la fonction `node` qui va réaliser la mémoïsation proprement dite. Elle utilise un compteur global, initialisé à la valeur 1.

```
let node =
  let cpt = ref 1 in
  fun l c r ->
```

On commence par construire l'arbre souhaité, en utilisant la valeur courante du compteur.

```
    let n0 = N (!cpt, l, c, r) in
```

Puis on consulte la table de hachage pour déterminer si une telle valeur a déjà été construite. Il se trouve que le module `W` fournit justement une fonction `merge` dont le rôle est de déterminer si une valeur égale se trouve déjà dans l'ensemble et de l'ajouter sinon. Dans les deux cas, la valeur renvoyée est celle qui se trouve dans la table.

```
    let n = W.merge nodes n0 in
```

Il ne reste plus qu'à incrémenter la valeur du compteur dans le cas où l'arbre a été ajouté à la table, ce qui se détermine facilement en comparant physiquement `n` et `n0`. Dans tous les cas, on renvoie l'arbre `n`.

```
    if n == n0 then incr cpt;
    n
```

L'intégralité du code est donnée programme 87.

Bien entendu, tout cela n'est correct que si deux arbres portant le même entier sont effectivement égaux. Pour le garantir, il faut encapsuler le type `tree` derrière une interface qui ne permette pas à l'utilisateur de donner à cet entier la valeur de son choix. Une possibilité consiste à faire de `tree` un type privé. Une telle interface est donnée programme 88 (voir page suivante). De cette façon, on peut justifier *a posteriori* que l'entier stocké dans chaque arbre est bien unique au sens où deux arbres portant le même entier sont égaux. En revanche, deux valeurs égales peuvent porter un entier différent. En effet, une valeur peut être construite, puis récupérée par le GC, puis reconstruite à l'identique plus tard, avec un entier différent.

Les bénéfices du *hash-consing* sont nombreux. En premier lieu, on économise de la mémoire. Certes, il y a un surcoût lié à la mémoïsation mais il reste de temps

Programme 88 — Hash-consing (interface)

```
type tree = private E | N of int * tree * char * tree
val empty: tree
val node: tree -> char -> tree -> tree
```

constant. En effet, on a pris soin d'écrire une égalité et une fonction de hachage chacune de coût constant. Le second bénéfice du *hash-consing* est que l'on peut maintenant utiliser l'égalité physique == en lieu et place de l'égalité structurelle. En effet, deux valeurs du type `tree` sont égales si et seulement si elles sont physiquement égales. Ceci est notamment garanti par l'encapsulation du type `tree` derrière un type privé. De plus, on dispose d'un ordre total sur le type `tree`, en temps constant, en comparant les valeurs renvoyées par la fonction `unique`. En particulier, on peut maintenant construire des structures de données, par exemple en utilisant les foncteurs `Set.Make` ou `Map.Make`, qui seront aussi efficaces que s'il s'agissait d'entiers. Enfin, on dispose d'une excellente fonction de hachage sur le type `tree`, à savoir la fonction `unique`. L'exercice 11.6 propose d'en tirer parti pour mémoïser une fonction récursive sur les arbres.

Il est important de redire ici, si besoin est, que la technique du *hash-consing* n'est applicable qu'à des structures qui peuvent être partagées. Elle s'applique donc à des structures persistantes, mais pas à des structures mutables.

11.5 Exercices

Programmation dynamique et mémoïsation

11.1 Modifier la fonction `fib_dp` pour qu'elle n'utilise plus de tableau, mais seulement deux entiers.

11.2 Réécrire la fonction `memo_rec` dans un foncteur paramétré par le type des arguments de la fonction mémoïsée, de manière à pouvoir utiliser d'autres tables de hachage que les tables génériques d'OCaml.

11.3 Modifier la fonction `comb_smart_dp` pour ne pas calculer les valeurs du triangle de Pascal au-delà de la colonne `k`.

11.4 Modifier la fonction `comb_smart_dp` pour qu'elle renvoie un entier de précision arbitraire (type `Num.num` de la bibliothèque OCaml). Attention : la complexité n'est plus $O(nk)$ car les additions ne sont plus des opérations atomiques ; leur coût dépend de la taille des opérandes, qui grandit vite dans le triangle de Pascal.

11.5 La distance d'édition entre deux chaînes de caractères est définie comme le plus petit nombre d'insertions, de suppressions ou de substitutions de caractères qu'il faut effectuer pour passer de l'une à l'autre. Par exemple, la distance entre `"chien"` et `"chat"` est trois (deux substitutions et une suppression). Écrire une fonction récursive qui prend en arguments deux chaînes `a` et `b` et deux indices `i` et `j` et renvoie la distance entre les chaînes `a`[0..`i`[et `b`[0..`j`[. Expliquer pourquoi on est amené à faire plusieurs fois les mêmes appels. Améliorer alors l'efficacité en utilisant soit la mémoïsation, soit la programmation dynamique.

Hash-consing

11.6 Écrire une fonction `height`, mémoïsée, qui calcule la hauteur d'un arbre en tirant parti du fait que les arbres ont été hash-consés.

11.7 Écrire une structure de listes d'entiers mettant en œuvre la technique du *hash-consing*.

11.8 Généraliser l'exercice précédent sous la forme d'un foncteur prenant en argument le type des éléments, muni d'une égalité et d'une fonction de hachage.

11.9 Comment éviter l'application du constructeur `N` dans la fonction `node` du programme 87 dans le cas où cette valeur est déjà construite ?

12
Algorithmes de tri

Ce chapitre présente plusieurs algorithmes de tri, sur des listes et des tableaux. On suppose que les éléments à trier sont d'un type `elt` muni d'un ordre total donné sous la forme d'une fonction `compare` de type `elt -> elt -> int`. Les fonctions de tri sur les listes et les tableaux auront respectivement le type `elt list -> elt list` et le type `elt array -> unit`. On suppose qu'on trie les listes et les tableaux dans l'ordre croissant. Pour des raisons de commodité, on définit les deux fonctions `lt` et `le` de la manière suivante :

```
let lt x y = compare x y < 0
let le x y = compare x y <= 0
```

Dans ce chapitre, on note N le nombre d'éléments à trier. Pour chaque tri présenté, on indique sa complexité non seulement en nombre de comparaisons effectuées, mais aussi en nombre d'allocations élémentaires pour les tris de listes et en nombre d'affectations pour les tris de tableaux. On donne systématiquement la complexité dans le meilleur des cas, le pire des cas et en moyenne. Pour ce qui est de cette dernière, on fait l'hypothèse que les éléments à trier sont distincts et qu'on a une distribution uniforme des $N!$ permutations possibles en entrée. On rappelle que la complexité optimale d'un tri effectuant uniquement des comparaisons d'éléments est en $O(N \log N)$ (voir section 12.5).

12.1 Tri par insertion

Le tri par insertion consiste à insérer successivement chaque élément dans l'ensemble des éléments déjà triés. C'est ce que l'on fait quand on trie un jeu de cartes ou un paquet de copies.

Listes

Le tri par insertion d'une liste consiste à parcourir cette dernière et à insérer successivement chaque élément dans la partie déjà triée. On commence donc par écrire une fonction `insert` qui insère un élément `x` dans une liste supposée déjà triée. Le code est le suivant :

```
let rec insert x = function
  | y :: l when lt y x -> y :: insert x l
  | l -> x :: l
```

Le premier cas de filtrage correspond à une insertion récursive lorsque le premier élément de la liste est plus petit que `x`. Le second filtrage correspond au cas où `x` est plus petit que tous les éléments de `l`, que `l` soit vide ou non.

Le tri consiste alors à parcourir la liste en utilisant `List.fold_left`, avec pour accumulateur la portion de liste déjà triée.

```
let insertion_sort l =
  List.fold_left (fun acc x -> insert x acc) [] l
```

Ce code peut se révéler problématique pour de longues listes : la fonction `insert` n'étant pas récursive terminale, elle est susceptible de provoquer un débordement de pile. Il est cependant facile de modifier la fonction `insert` pour la rendre récursive terminale, en lui ajoutant un accumulateur représentant la liste, en ordre inverse, des éléments plus petits que `x` déjà considérés. Si on appelle acc cet accumulateur, on a donc la situation suivante quand on cherche à insérer `x` dans `l` :

Une fois la position de `x` déterminée, il suffit de renverser l'accumulateur `acc` et de concaténer le résultat avec `l`. La fonction `List.rev_append` fait exactement ceci et elle est récursive terminale. Le code final du tri par insertion est donné dans le programme 89.

Programme 89 — Tri par insertion (d'une liste)

```
let rec insert acc x = function
  | y :: l when lt y x -> insert (y :: acc) x l
  | l -> List.rev_append acc (x :: l)

let insertion_sort l =
  List.fold_left (fun r x -> insert [] x r) [] l
```

Complexité

Lorsque la fonction `insert` insère l'élément `x` à la position k dans `l`, elle effectue k comparaisons et $2k$ allocations (k pour construire l'accumulateur et k dans `List.rev_append`). Au mieux, k vaut toujours 1 et au pire, k vaut la longueur de la liste, ce qui donne au final le tableau de la figure 12.1.

	meilleur cas	moyenne	pire cas
comparaisons	N	$N^2/4$	$N^2/2$
allocations	N	$N^2/2$	N^2

Figure 12.1
Complexités du tri par insertion sur les listes

Tableaux

Le tri par insertion d'un tableau a s'effectue en place. Il consiste à insérer successivement chaque élément `a.(i)` dans la portion du tableau a[`0..i-1`] déjà triée, ce qui correspond à la situation suivante :

0 `i-1`		
… déjà trié …	`a.(i)`	… à trier …

Programme 90 — Tri par insertion (d'un tableau)

```
let insertion_sort a =
  for i = 1 to Array.length a - 1 do
    let v = a.(i) in
    let j = ref i in
    while 0 < !j && lt v a.(!j - 1) do
      a.(!j) <- a.(!j - 1);
      decr j
    done;
    a.(!j) <- v
  done
```

On commence par une boucle `for` pour parcourir le tableau :

```
let insertion_sort a =
  for i = 1 to Array.length a - 1 do
    let v = a.(i) in
```

Pour insérer l'élément `a.(i)` à la bonne place, on utilise alors une boucle `while` qui décale vers la droite les éléments tant qu'ils sont supérieurs à `a.(i)`.

```
    let j = ref i in
    while 0 < !j && lt v a.(!j - 1) do
      a.(!j) <- a.(!j - 1);
      decr j
    done;
```

Une fois sorti de la boucle, il reste à positionner `a.(i)` à sa place.

```
    a.(!j) <- v
  done
```

Le code complet du tri par insertion d'un tableau est donné programme 90.

Complexité

On note que la fonction `insertion_sort` effectue autant de comparaisons que d'affectations. Lorsque la boucle `while` insère l'élément `a.(i)` à la position `i` $- k$, elle effectue $k+1$ comparaisons. Au mieux, k vaut 0 et au pire, k vaut `i`, ce qui donne au final le tableau de la figure 12.2.

	meilleur cas	moyenne	pire cas
comparaisons	N	$N^2/4$	$N^2/2$
affectations	N	$N^2/4$	$N^2/2$

Figure 12.2
Complexités du tri par insertion sur les tableaux

12.2 Tri rapide

Le tri rapide s'appuie sur la méthode *diviser pour régner* : on partage les éléments à trier en deux sous-ensembles, les éléments du premier étant plus petits que les éléments du second, puis on trie récursivement chaque sous-ensemble. En pratique, on réalise le partage à l'aide d'un élément p arbitraire de l'ensemble à trier, appelé *pivot*. Les deux sous-ensembles sont alors respectivement les éléments inférieurs ou égaux à p et les éléments plus grands que p.

Listes

Pour réaliser le tri rapide d'une liste, on commence par écrire une fonction `partition` qui partage une liste pour un certain pivot `p` donné. Pour assurer la récursivité terminale, on utilise une paire de listes comme accumulateur. La fonction `partition` prend donc la forme suivante :

```
let rec partition ((left, right) as acc) p = function
```

Les listes `left` et `right` représentent les éléments respectivement inférieurs ou égaux à `p` et supérieurs à `p`. Quand on atteint la liste vide, il suffit de renvoyer l'accumulateur.

```
  | [] -> acc
```

Sinon, on considère le premier élément `x` et on le compare au pivot `p`. Si `x` est inférieur ou égal à `p`, on l'ajoute à `left` et on rappelle `partition` sur la suite `s` de la liste.

```
| x :: s when le x p ->
    partition (x :: left, right) p s
```

En revanche, si `x` est supérieur à `p`, on l'ajoute à `right` et, de même, on rappelle `partition`.

```
| x :: s ->
    partition (left, x :: right) p s
```

Le tri rapide consiste alors en une fonction récursive `quicksort`. Le cas de base est celui de la liste vide.

```
let rec quicksort = function
  | [] ->
      []
```

Si la liste n'est pas vide, on choisit comme pivot son premier élément `p` et on partitionne les éléments restants avec la fonction `partition`.

```
| p :: s ->
    let (left, right) = partition ([], []) p s in
```

Enfin, on trie récursivement `left` et `right` et on concatène les résultats, sans oublier d'insérer le pivot `p` au milieu.

```
    (quicksort left) @ (p :: quicksort right)
```

Le code complet du tri rapide d'une liste est donné programme 91.

Il est important de noter qu'aucun des deux appels récursifs de la fonction `quicksort` n'est terminal. Un débordement de pile est donc possible. L'exercice 12.4 permet de remédier à ce problème.

Programme 91 — Tri rapide (d'une liste)

```
let rec partition ((left, right) as acc) p = function
  | [] -> acc
  | x :: s when le x p ->
      partition (x :: left, right) p s
  | x :: s ->
      partition (left, x :: right) p s

let rec quicksort = function
  | [] ->
      []
  | p :: s ->
      let (left, right) = partition ([], []) p s in
      (quicksort left) @ (p :: quicksort right)
```

Complexité

La fonction `partition` fait autant de comparaisons et d'allocations qu'il y a d'éléments dans la liste qu'elle reçoit en argument. Pour la fonction `quicksort`, notons $C(N)$ le nombre de comparaisons qu'elle effectue pour une liste de longueur N.

Si `partition` renvoie une liste de longueur K et une liste de longueur $N-1-K$, on a donc au total :

$$C(N) = N - 1 + C(K) + C(N-1-K).$$

Le pire des cas correspond à $K = 0$, ce qui donne $C(N) = N-1+C(N-1)$, d'où $C(N) \sim \frac{N^2}{2}$. Le meilleur des cas correspond à une liste coupée en deux moitiés égales, c'est-à-dire $K = N/2$. On en déduit facilement $C(N) \sim N \log N$. Pour le nombre de comparaisons en moyenne, on considère que les N places finales possibles pour le pivot sont équiprobables, ce qui donne :

$$\begin{aligned} C(N) &= N - 1 + \frac{1}{N} \sum_{0 \leq K \leq N-1} C(K) + C(N-1-K) \\ &= N - 1 + \frac{2}{N} \sum_{0 \leq K \leq N-1} C(K). \end{aligned}$$

Après un peu d'algèbre laissée au lecteur, on parvient à :

$$\frac{C(N)}{N+1} = \frac{C(N-1)}{N} + \frac{2}{N+1} - \frac{2}{N(N+1)}.$$

Il s'agit d'une somme téléscopique, qui permet de conclure que :

$$\frac{C(N)}{N+1} \sim 2 \log N$$

On a donc $C(N) \sim 2N \log N$. Pour le nombre d'allocations $A(N)$, on procède de façon similaire avec une équation légèrement différente :

$$A(N) = N + K + A(K) + A(N-1-K).$$

Au final, on obtient les résultats donnés dans le tableau de la figure 12.3.

	meilleur cas	moyenne	pire cas
comparaisons	$N \log N$	$2N \log N$	$N^2/2$
allocations	$\frac{3}{2}N \log N$	$4N \log N$	N^2

Figure 12.3
Compléxités du tri rapide sur les listes

Tableaux

Le tri rapide d'un tableau s'effectue en place. Les fonctions de partition et de tri prennent en arguments le tableau et deux indices délimitant la portion à considérer. On conserve le principe d'une fonction `partition` qui organise les éléments autour d'un pivot et d'une fonction de tri qui procède récursivement.

La fonction `partition` prend le tableau `a` en argument, ainsi que deux indices `l` et `r` délimitant une portion du tableau. Celle-ci correspond aux éléments compris entre les indices `l` inclus et `r` exclu. On commence par choisir `a.(l)` comme pivot.

```
let partition a l r =
  let p = a.(l) in
```

Ce choix est arbitraire et peut affecter les performances. L'exercice 12.8 propose une meilleure façon de choisir le pivot.

Le principe consiste alors à parcourir le tableau de la gauche vers la droite, entre les indices `l` (inclus) et `r` (exclu), avec une boucle `for`. À chaque tour de boucle, la situation est la suivante :

l		m	i	r
p	≤ p	> p	?	

L'indice `i` de la boucle donne la position du prochain élément à considérer. L'indice `m` partitionne la portion déjà parcourue. Plus précisément, il est l'indice de la dernière case contenant une valeur inférieure ou égale à `p`. On le représente par une référence.

```
let m = ref l in
for i = l + 1 to r - 1 do
```

Si `a.(i)` est strictement supérieur à `p`, on le laisse à sa place. Dans le cas contraire, pour conserver l'invariant de boucle, il suffit d'incrémenter `m` et d'échanger `a.(i)` et `a.(!m)`.

```
  if le a.(i) p then begin incr m; swap a i !m end
done;
```

Le code de la fonction `swap` est donné programme 92 (voir page suivante). Une fois que l'on a parcouru tous les éléments, on effectue un échange pour mettre le pivot à sa place, c'est-à-dire à la position `!m`, et on renvoie cet indice.

```
if l <> !m then swap a l !m;
!m
```

On écrit la fonction principale du tri rapide sous la forme d'une fonction récursive `quick_rec` qui prend les mêmes arguments que la fonction `partition`. Si `l` ≥ `r-1`, il y a zéro ou un seul élément à trier et il n'y a donc rien à faire.

```
let rec quick_rec a l r =
  if l < r - 1 then begin
```

Sinon, on partitionne les éléments entre `l` et `r`.

```
  let m = partition a l r in
```

Programme 92 — Tri rapide (d'un tableau)

```
let swap a i j =
  let t = a.(i) in
  a.(i) <- a.(j);
  a.(j) <- t

let partition a l r =
  let p = a.(l) in
  let m = ref l in
  for i = l + 1 to r - 1 do
    if le a.(i) p then begin incr m; swap a i !m end
  done;
  if l <> !m then swap a l !m;
  !m

let rec quick_rec a l r =
  if l < r - 1 then begin
    let m = partition a l r in
    quick_rec a l m;
    quick_rec a (m + 1) r
  end

let quicksort a = quick_rec a 0 (Array.length a)
```

Après cet appel, le pivot `a.(m)` se retrouve à sa place définitive. On effectue alors deux appels récursifs pour trier respectivement les éléments plus petits et plus grands que le pivot.

```
    quick_rec a l m;
    quick_rec a (m + 1) r
  end
```

Pour trier un tableau, il suffit d'appeler `quick_rec` sur la totalité de ses éléments.

```
let quicksort a = quick_rec a 0 (Array.length a)
```

L'intégralité du code est donné programme 92.

Comme pour le tri rapide sur les listes, un débordement de pile peut se produire. En effet, le premier appel à `quick_rec` n'est pas terminal et, dans le pire des cas, le nombre de ces appels peut être égal à la longueur du tableau. L'exercice 12.6 permet de remédier à ce problème.

Complexité

La fonction `partition` fait toujours exactement (`r` − `l`) − 1 comparaisons. La complexité en nombre de comparaisons est donc la même que pour le tri rapide sur les listes. En ce qui concerne le nombre d'affectations, on note que la fonction `partition` effectue autant d'appels à `swap` que d'incrémentations de `m`. Le meilleur des cas est atteint lorsque, à chaque phase de partition, le pivot reste en première position. Il n'y a alors aucune affectation. Il est important de noter que ce cas ne correspond pas à la meilleure complexité en termes de comparaisons (qui est alors quadratique). En moyenne, toutes les positions finales pour le pivot étant équiprobables, on a donc moins de (`r` − `l`) + 1 affectations (chaque appel à `swap` réalise deux affectations), d'où un calcul analogue au nombre moyen de comparaisons. On a déjà fait ce calcul pour les listes et obtenu $2N \log N$. Dans le pire des cas, le pivot se retrouve toujours à la position `r-1`. La fonction `partition` effectue alors 2(`r` − `l`) affectations, d'où un total de N^2 affectations. Au final, on obtient les résultats donnés dans le tableau de la figure 12.4.

	meilleur cas		moyenne	pire cas
comparaisons	$N \log N$	-	$2N \log N$	$N^2/2$
affectations	-	0	$2N \log N$	N^2

Figure 12.4
Complexités du tri rapide sur les tableaux

Pour éviter autant que possible le pire des cas, il faut réaliser les deux optimisations proposées dans les exercices 12.8 et 12.9.

12.3 Tri fusion

Comme le tri rapide, le tri fusion applique le principe *diviser pour régner*. Il partage les éléments à trier en deux parties de même taille, sans chercher à comparer leurs éléments. Il trie ensuite les deux parties, récursivement, puis il les fusionne, d'où le nom de tri fusion. Ainsi, on évite le pire cas du tri rapide où les deux parties sont de tailles disproportionnées.

Listes

On commence par écrire une fonction `split` qui partage une liste en deux listes de même taille à un élément près. Pour assurer une récursion terminale, on passe deux listes `l1` et `l2` en accumulateurs. Quand on parvient à la fin de la liste, on renvoie la paire `(l1, l2)`.

```
let rec split l1 l2 = function
  | [] -> (l1, l2)
```

Sinon, on considère le premier élément `x` et on le met alternativement dans `l1` et dans `l2`. Le plus simple pour cela est d'échanger les rôles de `l1` et de `l2` à chaque appel.

```
  | x :: l -> split (x :: l2) l1 l
```

La deuxième étape consiste à écrire une fonction `merge` qui réalise la fusion de deux listes triées. Pour cela, on parcourt simultanément les deux listes.

```
let rec merge l1 l2 = match l1, l2 with
```

Si l'une des deux est vide, on renvoie l'autre.

```
  | [], l | l, [] ->
      l
```

Sinon, on compare les premiers éléments `x1` et `x2` de chaque liste. Si `x1` est le plus petit, il est placé en tête du résultat et on fusionne récursivement le reste `s1` de `l1` avec `l2`. On procède de manière symétrique si `x2` est le plus petit.

```
  | x1 :: s1, x2 :: s2 ->
      if le x1 x2 then x1 :: merge s1 l2 else x2 :: merge l1 s2
```

Remarque : on constate que `merge` n'est pas récursive terminale. On peut y remédier facilement en lui ajoutant un argument supplémentaire dans lequel on accumule le plus petit élément.

Enfin, on écrit la fonction `mergesort` qui réalise le tri fusion d'une liste `l`. Si la liste contient au plus un élément, on la renvoie directement.

```
let rec mergesort l = match l with
  | [] | [_] ->
      l
```

Sinon, on partage la liste `l` en deux avec la fonction `split` :

```
  | _ ->
      let l1, l2 = split [] [] l in
```

On trie alors récursivement les deux listes `l1` et `l2`, puis on fusionne les résultats avec `merge`.

```
      merge (mergesort l1) (mergesort l2)
```

À la différence de la fonction `merge`, la fonction `mergesort` ne risque pas de provoquer un débordement de pile, car la liste `l` étant partagée en deux moitiés égales, la taille de pile reste logarithmique. Le programme 93 (voir page suivante) contient l'intégralité du code, où la fonction `merge` est donnée dans sa version récursive terminale.

On peut éviter d'allouer les listes `l1` et `l2` en réutilisant astucieusement la liste `l` elle-même. L'exercice 12.10 propose une telle optimisation. Cette idée est notamment utilisée dans la fonction `List.sort` de la bibliothèque standard d'OCaml.

Complexité

La fonction `split` ne fait aucune comparaison et N allocations. La fonction `merge` fait deux fois plus d'allocations que de comparaisons : dans la seconde branche du filtrage, il y a autant de comparaisons que d'allocations et dans la première, le nombre d'allocations effectuées par `List.rev_append` est égal à la longueur de `acc`, elle-même égale au nombre d'allocations/comparaisons effectuées dans la partie récursive. Si on note $C(N)$ (resp. $f(N)$) le nombre total de comparaisons effectuées par `mergesort` (resp. `merge`), on a l'équation :

$$C(N) = 2\,C(N/2) + f(N)$$

Programme 93 — Tri fusion (d'une liste)

```
let rec split l1 l2 = function
  | [] -> (l1, l2)
  | x :: l -> split (x :: l2) l1 l

let rec merge acc l1 l2 = match l1, l2 with
  | [], l | l, [] ->
      List.rev_append acc l
  | x1 :: s1, x2 :: s2 ->
      if le x1 x2 then merge (x1 :: acc) s1 l2
      else merge (x2 :: acc) l1 s2

let rec mergesort l = match l with
  | [] | [_] ->
      l
  | _ ->
      let l1, l2 = split [] [] l in
      merge [] (mergesort l1) (mergesort l2)
```

En effet, les deux appels récursifs se font sur deux listes de même longueur $N/2$. Dans le meilleur des cas, la fonction `merge` n'examine que les éléments de l'une des deux listes car ils sont tous plus petits que ceux de l'autre liste. Dans ce cas $f(N) = N/2$ et donc $C(N) \sim \frac{1}{2}N \log N$. Dans le pire des cas, tous les éléments sont examinés par `merge` et donc $f(N) = N-1$, d'où $C(N) \sim N \log N$. L'analyse en moyenne est plus subtile (voir [15, ex 2 p. 646]) et donne $f(N) = N+O(1)$, d'où $C(N) \sim N \log N$ également. Le nombre d'allocations se déduit facilement du nombre de comparaisons. Au final, on obtient les résultats donnés dans le tableau de la figure 12.5.

	meilleur cas	moyenne	pire cas
comparaisons	$\frac{1}{2}N \log N$	$N \log N$	$N \log N$
allocations	$2N \log N$	$3N \log N$	$3N \log N$

Figure 12.5
Complexités du tri fusion sur les listes

Tableaux

Le principe du tri fusion sur les tableaux est le même que pour les listes : on partage les éléments à trier en deux moitiés égales, on trie ces deux moitiés, puis on les fusionne. On délimite la portion à trier par deux indices `l` (inclus) et `r` (exclu). Pour le partage, il suffit de calculer l'indice médian $m = \frac{l+r}{2}$. On trie alors récursivement les deux parties délimitées par `l` et `m` d'une part, et `m` et `r` d'autre part. Il reste à effectuer la fusion. Il s'avère extrêmement difficile de la réaliser en place. Le plus simple est d'utiliser un second tableau, alloué une et une seule fois au début du tri.

On commence par écrire la fonction `merge` qui réalise la fusion. Elle prend en arguments deux tableaux, `a1` et `a2`, et les trois indices `l`, `m` et `r`. Les portions `a1[l..m[` et `a1[m..r[` sont supposées triées. L'objectif est de les fusionner dans `a2[l..r[`. Pour cela, on va parcourir les deux portions de `a1` avec deux références `i` et `j` et la portion de `a2` à remplir avec une boucle `for`.

```
let merge a1 a2 l m r =
  let i = ref l in
  let j = ref m in
  for k = l to r - 1 do
```

À chaque tour de boucle, la situation est donc la suivante :

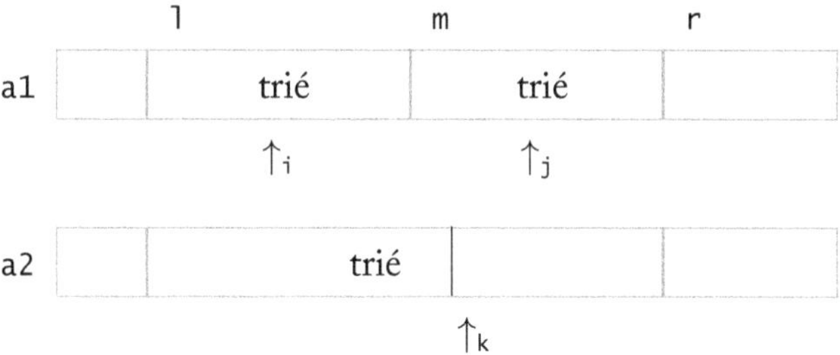

Il faut alors déterminer la prochaine valeur à placer en `a2.(k)`. Il s'agit de la plus petite des deux valeurs `a1.(!i)` et `a1.(!j)`. Il convient cependant de traiter correctement le cas où il n'y a plus d'élément dans l'une des deux moitiés. On détermine si l'élément doit être pris dans la moitié gauche avec le test suivant :

```
    if !i < m && (!j = r || le a1.(!i) a1.(!j)) then begin
```

Celui-ci détermine si la moitié gauche n'est pas vide et si son premier élément est plus petit que le premier élément de la moitié droite, lorsqu'il existe. Dans les deux cas, on copie l'élément dans a2.(k) et on incrémente l'indice correspondant.

```
      a2.(k) <- a1.(!i); incr i
    end else begin
      a2.(k) <- a1.(!j); incr j
    end
  done
```

On écrit ensuite le tri fusion sous la forme d'une fonction mergesort. On commence par allouer un tableau temporaire tmp en faisant une copie du tableau à trier.

```
let mergesort a =
  let tmp = Array.copy a in
```

La partie récursive du tri fusion est matérialisée par une fonction récursive mergesort_rec qui prend en arguments les indices l et r délimitant la portion à trier.

```
  let rec mergesort_rec l r =
```

Si le segment contient au plus un élément, c'est-à-dire si l $\geq$ r-1, il n'y a rien à faire.

```
    if l < r - 1 then begin
```

Sinon, on partage l'intervalle en deux moitiés égales en calculant la position médiane m puis en triant récursivement a[l..m[et a[m..r[.

```
      let m = (l + r) / 2 in
      mergesort_rec l m;
      mergesort_rec m r;
```

On note que le calcul de (l+r)/2 ne peut pas provoquer de débordement de la capacité des entiers car la taille des tableaux d'OCaml est bien plus petite que le plus grand entier représentable (voir section *3.2 Modèle d'exécution* pour plus de détails).

Programme 94 — Tri fusion (d'un tableau)

```
let merge a1 a2 l m r =
  let i = ref l in
  let j = ref m in
  for k = l to r - 1 do
    if !i < m && (!j = r || le a1.(!i) a1.(!j)) then begin
      a2.(k) <- a1.(!i); incr i
    end else begin
      a2.(k) <- a1.(!j); incr j
    end
  done

let mergesort a =
  let tmp = Array.copy a in
  let rec mergesort_rec l r =
    if l < r - 1 then begin
      let m = (l + r) / 2 in
      mergesort_rec l m;
      mergesort_rec m r;
      Array.blit a l tmp l (r - l);
      merge tmp a l m r
    end
  in
  mergesort_rec 0 (Array.length a)
```

Reste à effectuer la fusion. Pour cela, on copie toute la portion a[l..r[dans le tableau tmp puis on appelle la fonction merge.

```
      Array.blit a l tmp l (r - l);
      merge tmp a l m r
    end
```

Enfin, on trie le tableau a tout entier en appelant mergesort sur la totalité de ses éléments.

```
  in
  mergesort_rec 0 (Array.length a)
```

Le programme 94 contient l'intégralité du code. On peut encore en améliorer l'efficacité. Comme pour le tri rapide, on peut utiliser un tri par insertion quand la portion à trier devient suffisamment petite (voir exercice 12.7). Une autre idée, indépendante, consiste à éviter la copie de `a` vers `tmp` avec `Array.blit` (voir exercice 12.12).

Complexité

Le nombre de comparaisons effectuées est exactement le même que dans le cas des listes. Le nombre d'affectations est toujours le même : N affectations dans la fonction `merge` (chaque élément est copié de `a1` vers `a2`) et N affectations effectuées par `Array.blit`.

Si on note $A(N)$ le nombre total d'affectations pour `mergesort`, on a donc :

$$A(N) = 2A(N/2) + 2N,$$

Soit un total de $2N \log N$ affectations. Au final, on obtient les résultats de la figure 12.6.

	meilleur cas	moyenne	pire cas
comparaisons	$\frac{1}{2}N \log N$	$N \log N$	$N \log N$
affectations	$2N \log N$	$2N \log N$	$2N \log N$

Figure 12.6
Complexités du tri fusion sur les tableaux

12.4 Tri par tas

Le tri par tas consiste à utiliser une file de priorité. Une telle structure permet l'ajout d'un élément et le retrait du plus petit élément. L'idée du tri par tas est alors la suivante : on construit une file de priorité contenant tous les éléments à trier puis on retire les éléments un par un. L'opération de retrait donnant le plus petit élément à chaque fois, les éléments sont sortis dans l'ordre croissant.

A priori, n'importe quelle structure de file de priorité convient. En particulier, une structure où les opérations d'ajout et de retrait ont un coût $O(\log N)$ donne immédiatement un tri optimal en $O(N \log N)$. Les deux structures de tas présentées au chapitre 6 permettent d'obtenir une telle complexité.

Listes

On suppose donné un foncteur PriorityQueue réalisant une structure de file de priorité. On a *a priori* le choix entre structures impératives et persistantes. Il n'y a ici aucun intérêt à choisir une structure persistante. On peut donc utiliser la structure de tas impérative comme décrite dans la section *6.3 Files de priorité impératives*. Son interface est redonnée programme 95.

Programme 95 — Signature minimale pour des files de priorité impératives

```
type t
type elt
val create : unit -> t
val is_empty : t -> bool
val add : elt -> t -> unit
val get_min : t -> elt
val remove_min : t -> unit
```

On applique le foncteur PriorityQueue en lui passant en argument un module qui compare les éléments selon la relation définie par compare. Pour des raisons liées à la reconstruction de la liste, on choisit d'ordonner les éléments par ordre décroissant, *i.e.* l'élément le plus prioritaire pour la file de priorité sera donc le plus grand élément pour la rclation d'ordre lt. On écrit donc :

```
module Heap = PriorityQueue(struct
                type t = elt
                let compare x y = compare y x
              end)
```

La fonction heapsort prend une liste l d'éléments à trier et commence par créer un tas vide h.

```
let heapsort l =
  let h = Heap.create () in
```

Puis elle ajoute tous les éléments de la liste l dans ce tas.

```
  List.iter (fun x -> Heap.add x h) l;
```

Programme 96 — Tri par tas (d'une liste)

```
let heapsort l =
  let h = Heap.create () in
  List.iter (fun x -> Heap.add x h) l;
  let res = ref [] in
  while not (Heap.is_empty h) do
    let x = Heap.get_min h in
    Heap.remove_min h;
    res := x :: !res
  done;
  !res
```

On crée ensuite une référence `res` qui va recevoir le résultat du tri. On retire les éléments du tas à l'aide d'une boucle `while`.

```
let res = ref [] in
while not (Heap.is_empty h) do
```

Si le tas n'est pas vide, on récupère son petit élément `x` avec `Heap.get_min`, puis on le retire du tas avec `Heap.remove_min`.

```
  let x = Heap.get_min h in
  Heap.remove_min h;
```

On ajoute `x` en tête de la liste contenue dans `res`, puis on recommence.

```
  res := x :: !res
done;
```

Une fois le tas vide, il suffit de renvoyer le contenu de `res`.

```
!res
```

On note que le fait d'avoir inversé la relation d'ordre dans la structure de tas évite d'avoir à renverser la liste `!res` à la fin de la fonction `heapsort`. Le programme 96 contient l'intégralité du code.

Complexité

Il est difficile d'analyser la complexité de ce tri par tas sans connaître celle de la structure de tas utilisée. Comme on l'a dit dans l'introduction de cette section, si les opérations `add` et `remove_min` de la structure de tas ont un coût au plus logarithmique, alors le tri lui-même a un coût en $O(N \log N)$ dans le pire des cas, ce qui est optimal. Si on suppose maintenant que la structure de tas utilisée est celle de la section *6.3 Files de priorité impératives*, on peut donner un résultat plus précis. En effet, on sait alors que `add` et `remove_min` font au plus chacune $2 \log k$ comparaisons pour ajouter ou supprimer un élément dans un tas contenant k éléments, d'où un total dans le pire des cas au plus égal à :

$$4(\log 1 + \log 2 + \cdots + \log N) \sim 4N \log N$$

On verra en fait dans la section suivante que la construction du tas n'a en réalité qu'un coût linéaire, d'où un total en fait équivalent à $2N \log N$.

Tableaux

Pour réaliser le tri par tas d'un tableau `a`, on va construire la structure de tas directement à l'intérieur de ce tableau. L'organisation du tas dans le tableau est exactement la même que dans la section *6.3 Files de priorité impératives* : les fils gauche et droit d'un nœud stocké à l'indice i sont respectivement stockés aux indices $2i + 1$ et $2i + 2$. Comme dans la section précédente, on construit un tas pour la relation d'ordre inverse, c'est-à-dire un tas où le plus grand élément se trouve à la racine.

Pour construire le tas, on considère les éléments du tableau de la droite vers la gauche. À chaque tour, on a une situation de la forme :

0 k	k+1 n
?	tas en construction

La partie `a[k+1..n[` contient la partie basse du tas en construction, c'est-à-dire une forêt de tas dont les racines sont situées aux indices i tels que $\texttt{k} < i < 2\texttt{k} + 3$. On fait alors descendre la valeur `a.(k)` à sa place dans le tas de racine `k`. Une fois tous les éléments parcourus, on a un unique tas enraciné en 0.

La seconde étape consiste alors à déconstruire le tas. Pour cela, on échange sa racine r en `a.(0)` avec l'élément v en `a.(n-1)`. La valeur r se trouve alors à sa place. On rétablit ensuite la structure de tas sur `a[0..n-1[`, en faisant descendre v à sa place dans un tas de taille n-1 enraciné en 0. Puis on répète l'opération pour les positions n-1, n-2, etc. À chaque tour k, on a la situation suivante :

0	k	n
tas	$\leq$ trié	

On a tas dans la portion a[0..k[, dont tous les éléments sont plus petits que ceux de la partie a[k..n[, qui est triée.

Les deux étapes de l'algorithme ci-dessus utilisent la même opération consistant à faire descendre une valeur jusqu'à sa place dans un tas. On la réalise à l'aide d'une fonction récursive move_down qui prend en arguments le tableau a, un indice k, une valeur v et une limite n sur les indices.

```
let rec move_down a k v n =
```

On fait l'hypothèse qu'on a déjà un tas h_1 enraciné en 2k+1 dès lors que 2k+1 $<$ n, et de même un tas h_2 enraciné en 2k+2 dès lors que 2k+2 $<$ n. L'objectif est de construire un tas enraciné en k, contenant v et tous les éléments de h_1 et h_2. On commence par déterminer si le tas enraciné en k est réduit à une feuille, c'est-à-dire si le tas h_1 n'existe pas. Si c'est le cas, on affecte la valeur v à a.(k) et on a terminé.

```
  let r = 2 * k + 1 in
  if r >= n then
    a.(k) <- v
```

Sinon, on détermine l'indice rmax de la plus grande des deux racines de h_1 et h_2, en traitant avec soin le cas où h_2 n'existe pas.

```
  else
    let rmax =
      if r+1 < n then if lt a.(r) a.(r+1) then r+1 else r
      else r in
```

Si la valeur v est supérieure ou égale à a.(rmax), la descente est terminée et il suffit d'affecter v à a.(k).

```
    if le a.(rmax) v then a.(k) <- v
```

Sinon, on fait remonter la valeur `a.(rmax)` et on poursuit la descente de `v` avec un appel récursif sur la position `rmax`.

```
else begin a.(k) <- a.(rmax); move_down a rmax v n end
```

La fonction de tri proprement dite prend un tableau a en argument :

```
let heapsort a =
  let n = Array.length a in
```

Elle commence par construire le tas de bas en haut par des appels à `move_down`. On évite les appels inutiles sur des tas réduits à des feuilles en commençant la boucle à $\lfloor \frac{n}{2} \rfloor - 1$ (en effet, pour tout indice `k` strictement supérieur, on a `2k+1` $\geq$ `n`).

```
  for k = n/2 - 1 downto 0 do move_down a k a.(k) n done;
```

Une fois le tas entièrement construit, on en extrait les éléments un par un dans l'ordre décroissant. Comme expliqué ci-dessus, pour chaque indice `k`, on échange `a.(0)` avec la valeur `v` en `a.(k)` puis on fait descendre `v` à sa place.

```
  for k = n-1 downto 1 do
    let v = a.(k) in a.(k) <- a.(0); move_down a 0 v k
  done
```

On note que la spécification de `move_down` nous permet d'éviter d'affecter `v` en `a.(0)` avant d'entamer le descente. Le programme 97 (voir page suivante) contient l'intégralité du code.

Complexité

Considérons tout d'abord le coût d'un appel à `move_down a k v n`. Le nombre d'appels récursifs est majoré par log `n`, puisque la valeur de `k` est doublée à chaque appel. En outre, `move_down` effectue au plus deux comparaisons et une affectation à chaque appel. Dans le pire des cas, on obtient un total de 2 log `n` comparaisons et log `n` affectations.

Pour le tri lui-même, on peut grossièrement majorer le nombre de comparaisons effectuées dans chaque appel à `move_down` par $2 \log N$, soit un total $C(N)$ au pire égal à $3N \log N$ comparaisons (qui se décompose en $N \log N$ pour la première étape et $2N \log N$ pour la seconde). De même, le nombre total d'affectations est au pire $\frac{3}{2}N \log N$.

Programme 97 — Tri par tas (d'un tableau)

```
let rec move_down a k v n =
  let r = 2 * k + 1 in
  if r >= n then
    a.(k) <- v
  else
    let rmax =
      if r+1 < n then if lt a.(r) a.(r+1) then r+1 else r
      else r in
    if le a.(rmax) v then a.(k) <- v
    else begin a.(k) <- a.(rmax); move_down a rmax v n end

let heapsort a =
  let n = Array.length a in
  for k = n/2 - 1 downto 0 do move_down a k a.(k) n done;
  for k = n-1 downto 1 do
    let v = a.(k) in a.(k) <- a.(0); move_down a 0 v k
  done
```

En réalité, on peut être plus précis et montrer notamment que la première étape de l'algorithme, à savoir la construction du tas, n'a qu'un coût linéaire (voir par exemple [7, Sec. 7.3]). Dès lors, seule la seconde partie de l'algorithme contribue à la complexité asymptotique et donc $C(N) \sim 2N \log N$. Pour une analyse en moyenne du tri par tas, on renvoie à *The Art of Computer Programming* [15, vol. 3, p. 152].

On note que ce tri par tas s'exécute en mémoire constante. En effet, la fonction `move_down` n'effectue que des appels récursifs terminaux et, d'autre part, tout le calcul se fait en place à l'intérieur du tableau a.

12.5 Complexité optimale

On donne ici une démonstration rapide que la complexité optimale d'un tri effectuant uniquement des comparaisons d'éléments est en $O(N \log N)$.

En effet, on peut visualiser un tel algorithme comme un arbre binaire. Chaque nœud interne symbolise une comparaison effectuée, le sous-arbre gauche (resp.

droit) représentant la suite de l'algorithme lorsque le test est positif (resp. négatif). Chaque feuille constitue un résultat possible, c'est-à-dire une permutation effectuée sur la séquence initiale. Si on suppose les N éléments distincts, il y a $N!$ permutations possibles, donc au moins $N!$ feuilles à cet arbre. Sa hauteur est par conséquent au moins égale à $\log N!$. Or, le plus long chemin de la racine à une feuille correspond au plus grand nombre de comparaisons effectuées par l'algorithme sur une entrée. Il existe donc une entrée pour laquelle le nombre de comparaisons est au moins $\log N!$. Par la formule de Stirling, on sait que $\log N! \sim N \log N$. Pour une preuve plus détaillée, on pourra consulter *The Art of Computer Programming* [15, Sec. 5.3].

12.6 Évaluation expérimentale

Dans cette section, on compare empiriquement les différents algorithmes de tri présentés dans ce chapitre.

Protocole d'évaluation

Pour une liste ou un tableau donné, on évalue les performances de plusieurs algorithmes sur cette même entrée, de la manière suivante. On lance cinq fois l'algorithme de tri et on mesure à chaque fois le temps de calcul. On exclut alors la plus petite et la plus grande valeur, puis on fait la moyenne des trois valeurs restantes.

Pour les listes, on considère des listes construites aléatoirement et des listes déjà triées, pour des longueurs $2^i \times 1000$ pour i allant de 0 à 10. Pour les tableaux, on considère des tableaux remplis aléatoirement et des tableaux déjà triés, pour des longueurs $2^i \times 1000$ pour i allant de 0 à 12. Il est intéressant de considérer le cas de données déjà triées car il s'agit d'une situation réaliste pour laquelle on souhaite vérifier que nos algorithmes de tri sont efficaces.

Évaluation sur les listes

On compare les algorithmes de liste définie figure 12.7. Les figures 12.8 et 12.9 présentent les résultats.

`insertion`	le tri par insertion du programme 89
`quicksort`	le tri rapide du programme 91
`quicksort (log stack)`	le tri rapide avec le premier appel sur la plus petite des deux listes après partitionnement (voir exercice 12.4)
`quicksort (rand)`	le tri rapide avec un pivot choisi aléatoirement (voir exercice 12.5)
`mergesort`	le tri fusion du programme 93
`mergesort (reuse)`	le tri fusion avec l'optimisation consistant à ne pas construire de listes intermédiaires pour le partage (voir exercice 12.10)
`List.sort`	la fonction `List.sort` de la bibliothèque standard d'OCaml (version 3.11.2)
`heapsort (arrays)`	le tri par tas du programme 96, en utilisant la structure à base de tableaux présentée dans la section 6.3
`heapsort (trees)`	le tri par tas du programme 96, en utilisant la structure à base d'arbres binaires présentée dans la section 6.4

Figure 12.7
Algorithmes de tri sur les listes

Pour des listes aléatoires (figure 12.8), on fait les constatations suivantes. Le tri par insertion (`insertion`) ne s'applique qu'à de petites listes, étant donnée sa complexité quadratique (on ne donne pas de temps de calcul pour des listes de longueur supérieure à 16 000). Deux des trois tris rapides (`quicksort` et `quicksort (rand)`) ont provoqué un débordement de pile sur la liste de longueur 2^{10}. Le tri par tas `heapsort (trees)` utilisant des arbres binaires est pénalisé par la construction des arbres, même si sa complexité est optimale. Les autres tris sont d'efficacité comparable, le plus rapide étant celui de la bibliothèque standard.

$\frac{N}{1000}$	insertion	quicksort	quicksort (log stack)	quicksort (rand)	mergesort	mergesort (reuse)	List.sort	heapsort (arrays)	heapsort (trees)
2^4	6.03	0.02	**0.01**	0.02	0.02	**0.01**	**0.01**	**0.01**	0.02
2^5	-	0.05	**0.03**	0.05	0.05	**0.03**	**0.03**	0.04	0.05
2^6	-	0.10	0.07	0.14	0.12	0.08	**0.05**	0.09	0.13
2^7	-	0.30	0.17	0.27	0.28	0.19	**0.12**	0.19	0.37
2^8	-	0.63	0.38	0.67	0.63	0.45	**0.27**	0.42	0.91
2^9	-	1.39	0.82	1.38	1.40	0.99	**0.65**	0.93	2.08
2^{10}	-	-	1.75	-	3.09	2.20	**1.41**	1.92	4.84

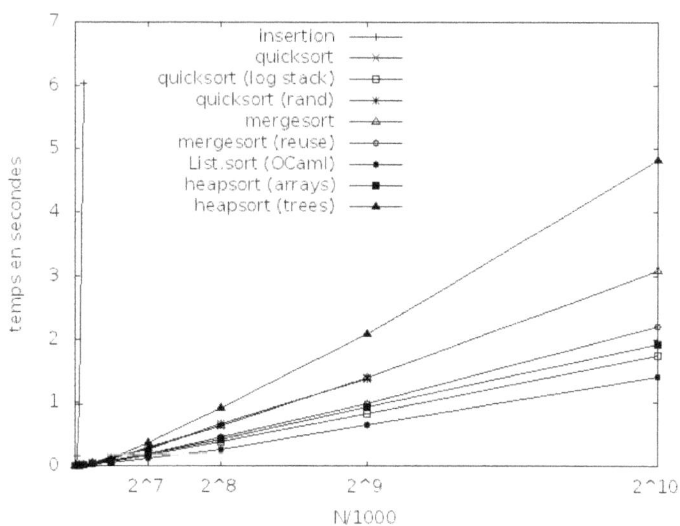

Figure 12.8
Comparaisons des tris sur les listes (aléatoires)

$\frac{N}{1000}$	insertion	quicksort	quicksort (log stack)	quicksort (rand)	mergesort	mergesort (reuse)	List.sort	heapsort (arrays)	heapsort (trees)
2^4	14.94	-	8.94	0.02	0.02	**0.01**	**0.01**	0.03	0.03
2^5	-	-	-	0.06	0.05	**0.02**	**0.02**	0.06	0.07
2^6	-	-	-	0.13	0.11	0.05	**0.04**	0.12	0.19
2^7	-	-	-	0.26	0.27	**0.11**	**0.11**	0.25	0.49
2^8	-	-	-	0.77	0.62	**0.25**	0.27	0.54	1.18
2^9	-	-	-	1.66	1.38	**0.58**	0.59	1.16	2.76
2^{10}	-	-	-	-	3.07	1.28	**1.26**	2.43	6.36

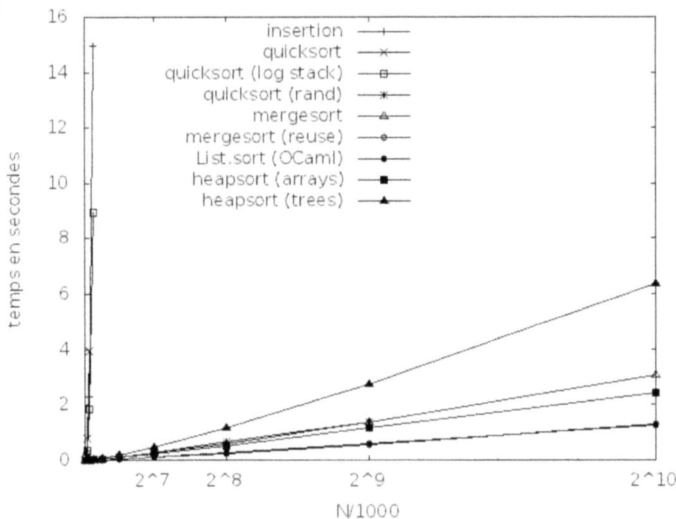

Figure 12.9
Comparaisons des tris sur les listes (déjà triées)

Pour des listes déjà triées (figure 12.9), on fait les constatations suivantes. Le tri par insertion (`insertion`) est de complexité quadratique (le cas favorable aurait été celui d'une liste triée en ordre décroissant). Les deux premiers tris rapides `quicksort` et `quicksort (log stack)` sont de complexité quadratique, ce qui s'explique par le choix arbitraire du premier élément de la liste comme pivot, et on ne donne pas de temps de calcul pour des listes de longueur supérieure à 16 000. Le troisième tri rapide `quicksort (rand)` se comporte bien mais provoque un débordement de pile sur la liste de taille $2^{10} \times 1000$. Le tri par tas `heapsort (trees)` reste pénalisé par la construction des arbres, comme dans le cas des listes aléatoires.

Au final, on peut tirer les conclusions suivantes. La technique du tri fusion est de loin celle qui combine simplicité et efficacité. La version la plus simple reste d'efficacité comparable à la version optimisée de la bibliothèque standard d'OCaml. La technique du tri par tas offre toujours de bonnes performances, mais sa mise en œuvre est nettement plus complexe que celle du tri fusion. Enfin, on observe qu'il n'est pas évident d'utiliser la technique du tri rapide sur les listes, car il faut au minimum combiner les optimisations des exercices 12.4 et 12.5 pour éviter à la fois le débordement de pile et le cas défavorable d'une complexité quadratique.

Évaluation sur les tableaux

On compare maintenant les différentes techniques de tri de tableaux d'entiers à partir de la liste d'algorithmes définie dans la figure 12.10. Les figures 12.11 et 12.12 présentent les résultats.

Pour des tableaux aléatoires (figure 12.11), on fait les constatations suivantes. Comme pour les listes, le tri par insertion ne s'applique qu'à de petits tableaux. Les deux tris par tas `heapsort` et `Array.sort` sont légèrement moins efficaces que les tris fusion et rapides. Les deux tris les plus efficaces sont les tris fusion.

Pour des tableaux déjà triés (figure 12.12), on fait les constatations suivantes. Les trois premiers tris rapides `quicksort`, `quicksort (insertion)` et `quicksort (log stack)` sont ici dans leur cas le plus défavorables, ce qui s'explique par le choix arbitraire de l'élément le plus à gauche comme pivot, et on ne donne pas de temps de calcul pour des tableaux de longueur supérieure à 16 000. La version du tri rapide avec choix aléatoire du pivot permet de retrouver une bonne efficacité et présente presque la même efficacité que le tri fusion `mergesort`.

`insertion`	le tri par insertion du programme 90
`quicksort`	le tri rapide du programme 92
`quicksort (insertion)`	le tri rapide avec utilisation d'un tri par insertion sur les petits segments (voir exercice 12.7)
`quicksort (log stack)`	le tri rapide avec le premier appel sur le plus petit des deux segments (voir exercice 12.6)
`quicksort (rand)`	le tri rapide avec un pivot choisi aléatoirement (voir exercice 12.8)
`mergesort`	le tri fusion du programme 94
`mergesort (swap)`	le tri fusion avec l'optimisation consistant à éviter l'utilisation de `Array.blit` (voir exercice 12.12)
`Array.stable_sort`	la fonction `Array.stable_sort` de la bibliothèque standard d'OCaml (version 3.11.2)
`heapsort`	le tri par tas du programme 97
`Array.sort`	le tri par tas de la bibliothèque standard d'OCaml.

Figure 12.10
Algorithmes de tris de tableaux d'entiers

Les tris par tas restent parmi les moins efficaces, et les tris fusion les plus efficaces, pour les tris en $O(N \log N)$. Le tri par insertion (`insertion`) est ici le plus efficace, car on se trouve dans le cas favorable d'une complexité linéaire (le cas défavorable aurait été celui d'un tableau trié en ordre décroissant).

Au final, on peut tirer les conclusions suivantes. Si on a le loisir d'allouer un tableau intermédiaire, autrement dit de doubler temporairement l'espace mémoire, alors le tri fusion est la solution de choix. Comme pour les listes, il combine simplicité et efficacité. Si en revanche on souhaite trier un tableau en place, il faut alors soit utiliser le tri par tas, soit utiliser le tri rapide en prenant soin de combiner les optimisations des exercices 12.6 et 12.8 pour éviter à la fois le débordement de pile et le comportement quadratique dû à un mauvais choix de pivot.

$\frac{N}{1000}$	insertion	quicksort	quicksort (insertion)	quicksort (log stack)	quicksort (rand)	mergesort	mergesort (swap)	Array.stable_sort	heapsort	Array.sort
2^4	1.65	0.01	0.01	0.01	0.01	0.01	0.01	0.01	0.01	0.01
2^5	-	0.02	0.02	0.02	0.02	0.02	0.02	**0.01**	0.02	0.02
2^6	-	0.04	0.04	**0.03**	0.04	0.04	**0.03**	**0.03**	0.04	0.05
2^7	-	0.08	0.08	0.08	0.08	0.09	0.07	**0.06**	0.10	0.10
2^8	-	0.16	0.15	0.16	0.18	0.19	0.14	**0.13**	0.21	0.21
2^9	-	0.33	0.33	0.33	0.36	0.41	0.29	**0.26**	0.46	0.46
2^{10}	-	0.74	0.70	0.71	0.72	0.84	0.61	**0.57**	1.01	1.02
2^{11}	-	1.43	1.40	1.41	1.64	1.76	1.28	**1.10**	2.36	2.35
2^{12}	-	3.05	3.01	3.05	3.41	3.74	2.69	**2.34**	5.37	5.40

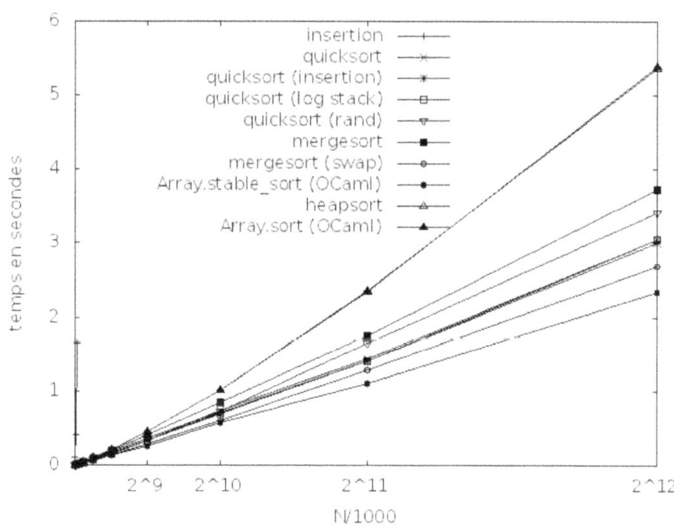

Figure 12.11
Comparaisons des tris sur les tableaux (aléatoires)

$\frac{N}{1000}$	insertion	quicksort	quicksort (insertion)	quicksort (log stack)	quicksort (rand)	mergesort	mergesort (swap)	Array.stable_sort	heapsort	Array.sort
2^4	**0.00**	1.98	2.06	2.07	0.01	0.01	0.01	**0.00**	0.01	0.01
2^5	**0.00**	-	-	-	0.02	0.02	**0.01**	**0.01**	0.02	0.02
2^6	**0.00**	-	-	-	0.04	0.04	**0.02**	**0.02**	0.04	0.04
2^7	**0.00**	-	-	-	0.07	0.07	0.05	**0.04**	0.10	0.08
2^8	**0.00**	-	-	-	0.16	0.15	0.10	**0.08**	0.21	0.16
2^9	**0.01**	-	-	-	0.32	0.33	0.21	**0.18**	0.45	0.37
2^{10}	**0.02**	-	-	-	0.71	0.67	0.43	**0.37**	0.94	0.73
2^{11}	**0.05**	-	-	-	1.47	1.38	0.90	**0.76**	1.98	1.53
2^{12}	**0.11**	-	-	-	3.11	2.98	1.94	**1.65**	4.28	3.34

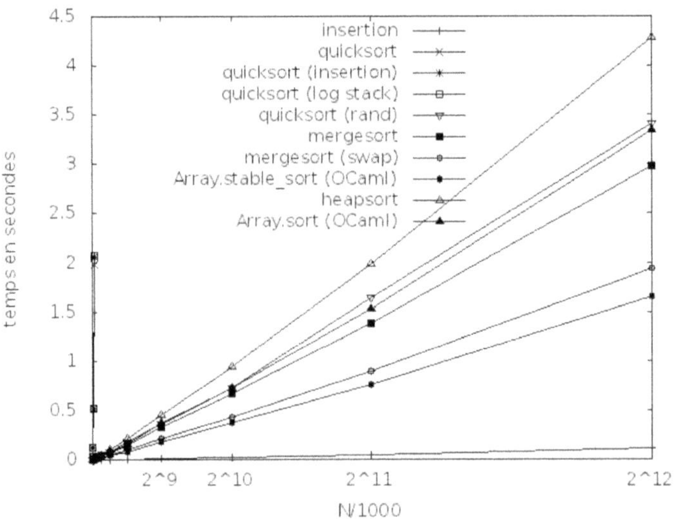

Figure 12.12
Comparaisons des tris sur les tableaux (déjà triés)

12.7 Exercices

12.1 Écrire une fonction `two_way_sort: bool array -> unit` qui trie en place un tableau de booléens, en effectuant uniquement des échanges, avec la convention `false` $<$ `true`. La complexité doit être proportionnelle au nombre d'éléments.

12.2 (Le drapeau hollandais de Dijkstra) Écrire une fonction qui trie en place un tableau contenant des valeurs représentant les trois couleurs du drapeau hollandais, à savoir :

```
type color = Blue | White | Red
```

On effectuera uniquement des échanges dans le tableau. La complexité doit être proportionnelle au nombre d'éléments.

12.3 Plus généralement, on considère le cas d'un tableau contenant k valeurs distinctes. Pour simplifier, on suppose qu'il s'agit des entiers $0, \dots, k-1$. Écrire une fonction qui trie un tel tableau en temps $O(\max(k, N))$ où N est la taille du tableau.

Tri rapide

12.4 Pour éviter le débordement de pile potentiel de la fonction `quicksort` sur les listes, une idée consiste à effectuer d'abord un appel non terminal pour trier la plus petite des deux listes, puis un appel terminal pour trier la plus grande. Indication : pour permettre l'appel terminal, on peut généraliser la fonction `quicksort` pour qu'elle prenne en arguments supplémentaires deux listes `left` et `right`, et que `quicksort left l right` renvoie la concaténation, dans cet ordre, de `left`, de la liste `l` triée et de `right`. Montrer que la taille de pile est alors logarithmique dans le pire des cas.

12.5 Modifier la fonction `partition` sur les listes pour utiliser comme pivot un élément choisi au hasard dans la liste. L'idée est d'éviter le cas défavorable d'une liste ordonnée, où le tri rapide aurait alors une complexité quadratique.

12.6 Pour éviter le débordement de pile potentiel de la fonction `quick_rec` sur les tableaux, une idée consiste à effectuer d'abord l'appel récursif sur la plus petite des deux portions. Montrer que la taille de pile est alors logarithmique dans le pire des cas.

12.7 Une idée classique pour accélérer un algorithme de tri consiste à effectuer un tri par insertion quand le nombre d'éléments à trier est petit, *i.e.* devient inférieur à une constante fixée à l'avance (par exemple 5). Modifier le tri rapide de tableaux pour prendre en compte cette idée. On pourra reprendre la fonction `insertion_sort` sur les tableaux (programme 90) et la généraliser en lui passant deux indices `l` et `r` pour délimiter la portion du tableau à trier.

12.8 Modifier le tri rapide sur les tableaux de manière à utiliser comme pivot un élément choisi aléatoirement dans le segment `a[l..r[`. Comme pour les listes, l'idée est d'éviter le cas défavorable d'un tableau déjà trié, où le tri rapide aurait alors une complexité quadratique. Une solution simple consiste à mélanger le tableau *avant* de le trier, par exemple en utilisant l'exercice 2.11.

12.9 Lorsque de nombreux éléments du tableau sont égaux, l'exercice précédent ne suffit pas à garantir un pivot toujours bien placé. Modifier la fonction `partition` pour qu'elle sépare les éléments strictement plus petits que le pivot (à gauche), les éléments égaux au pivot (au milieu) et les éléments strictement plus grands que le pivot (à droite). Au lieu de deux indices `m` et `i` découpant le segment de tableau en trois parties, comme illustré sur la figure 12.2, on utilisera trois indices découpant le segment de tableau en quatre parties. La nouvelle fonction `partition` doit maintenant renvoyer deux indices. Modifier la fonction `quick_rec` en conséquence. Un tel découpage en trois est l'objet de l'exercice 12.2.

Tri fusion

12.10 Une source d'inefficacité du tri fusion sur les listes vient de la fonction `split`. Étant donnée une liste `l`, contenant n éléments, `split l` *construit* intégralement deux nouvelles listes `l1` et `l2` contenant tous les éléments de `l`. On peut éviter cette construction en se servant uniquement de la liste `l`, sans allouer de nouvelles listes. Plutôt que de prendre un élément sur deux dans `l` pour construire `l1` et `l2`, on choisit pour `l1` les $\lfloor n/2 \rfloor$ premiers éléments de `l` et pour `l2` les $\lceil n/2 \rceil$ derniers. Pour construire `l2`, écrire une fonction `chop: int -> 'a list -> 'a list` telle que `chop n1 l` renvoie le suffixe de `l` obtenu en supprimant ses `n1` premiers éléments. Pour représenter `l1`, il suffit simplement de considérer un préfixe de `l`, c'est-à-dire d'ajouter à la fonction `mergesort` un argument `n1` qui indique qu'il faut trier les `n1` premiers éléments de `l`. Réécrire la fonction `mergesort` avec cette idée. On réutilisera la fonction `merge` du programme 93. Calculer la complexité en nombre d'allocations de la fonction `mergesort`.

12.11 Une façon d'optimiser la fonction `mergesort` sur les tableaux presque triés consiste à éviter la fusion lorsque, à l'issue des deux appels récursifs, les éléments de la moitié gauche se trouvent être tous plus petits que les éléments de la moitié droite. On le teste facilement en comparant l'élément le plus à droite de la moitié gauche et l'élément le plus à gauche de la moitié droite. Modifier la fonction `mergesort` en suivant cette idée.

12.12 Pour éviter la copie de `a` vers `tmp` avec `Array.blit` dans la fonction `mergesort` sur les tableaux, une idée consiste à trier les deux moitiés du tableau `a` tout en les déplaçant vers le tableau `tmp`, puis à fusionner de `tmp` vers `a` comme on le fait déjà. Cependant, pour trier les éléments de `a` vers `tmp`, il faut, inversement, trier les deux moitiés en place puis fusionner vers `tmp`. On a donc besoin de deux fonctions de tri mutuellement récursives. On peut cependant n'en écrire qu'une seule, en passant un paramètre supplémentaire indiquant si le tri doit être fait en place ou vers `tmp`. Modifier les fonctions `mergesort` et `mergesort_rec` en suivant cette idée.

12.13 Comme pour le tri rapide, on peut terminer le tri fusion par un tri par insertion lorsque le nombre d'éléments à trier devient petit (voir exercice 12.7).

13

Algorithmes sur les graphes

Dans ce chapitre, on présente des algorithmes sur les graphes. Ces algorithmes sont indépendants de la structure de graphe sous-jacente. Ils s'appliquent notamment à toutes les structures de graphe du chapitre 7. Dans la suite, on suppose donné un module `G` dont la signature inclut au moins les types, fonctions et modules donnés dans le programme 98. Un graphe est de type `graph` et ses sommets sont de type `vertex`. La fonction `iter_vertex` parcourt les sommets d'un graphe donné, en appliquant la fonction passée en argument à chacun d'eux. La fonction `iter_succ` parcourt les successeurs d'un sommet donné, pour un graphe donné. Le module `H` fournit une structure de table de hachage dont les clés sont des sommets.

Programme 98 — Signature minimale d'une structure de graphe

```
type graph
type vertex
val iter_vertex: (vertex -> unit) -> graph -> unit
val iter_succ: (vertex -> unit) -> graph -> vertex -> unit
module H: HashTable with type key = vertex
```

13.1 Parcours en largeur

Le premier parcours que nous présentons, dit parcours en largeur (en anglais *breadth-first search* ou BFS), consiste à explorer le graphe « en cercles concentriques » en partant d'un sommet particulier s appelé la source. On parcourt d'abord les sommets distants de la source s d'exactement un arc, puis les sommets situés à une distance de deux arcs, etc. Considérons par exemple le graphe de gauche de la figure 13.1. En partant du sommet 5, on explore en premier lieu les sommets 4 et 1, directement reliés au sommet 5, puis les sommets 0, 6 et 2, puis le sommet 7, puis enfin le sommet 3. On le redessine à droite avec les distances à la source indiquées en exposant.

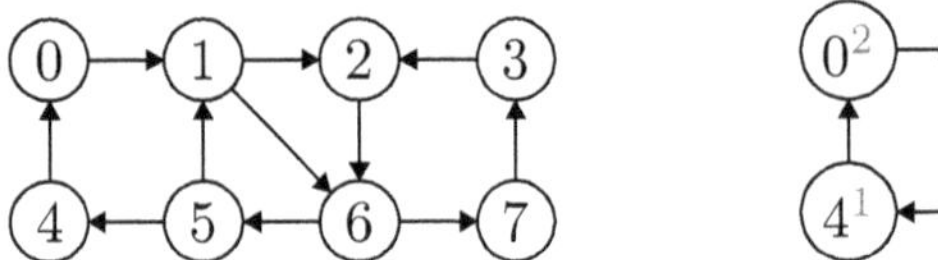

0^2 1^1 2^2 3^4 4^1 5^0 6^2 7^3

Figure 13.1
Parcours en largeur d'un graphe

On écrit le parcours en largeur sous la forme d'une fonction `iter_bfs` qui prend en arguments un graphe `g`, une source `s` et une fonction `f` qui sera appliquée aux éléments de `g` au fur et à mesure de leur découverte. On commence par créer une table de hachage destinée à contenir les sommets déjà découverts par le parcours.

```
let iter_bfs f g s =
  let visited = H.create () in
```

Le parcours proprement dit repose sur l'utilisation d'une *file*, dans laquelle les sommets vont être insérés au fur et à mesure de leur découverte. L'idée est que la file contient, à chaque instant, des sommets situés à distance d de la source, suivis de sommets situés à distance $d + 1$:

←	sommets à distance d	sommets à distance $d + 1$	←

C'est là la matérialisation de notre idée de « cercles concentriques », plus précisément des deux cercles concentriques consécutifs en cours de considération. Cette propriété est cruciale pour la correction du parcours en largeur[1]. Ici, on utilise la bibliothèque `Queue` pour réaliser la file. Initialement, elle contient uniquement la source. Il est utile d'écrire une fonction `add` qui ajoute un sommet à la fois dans la table de hachage et dans la file. On l'utilise immédiatement sur la source `s`.

```
let queue = Queue.create () in
let add w = H.add visited w (); Queue.add w queue in
add s;
```

Une autre propriété est que tout sommet présent dans la file est également présent dans la table `visited`, ce que la fonction `add` garantit de façon évidente. On utilise une boucle pour traiter les sommets dans l'ordre de leur découverte, jusqu'à ce qu'on ait traité tous les sommets accessibles depuis la source. Tant que la file n'est pas vide, on extrait le premier élément `v` de la file et on lui applique la fonction de visite `f`.

```
while not (Queue.is_empty queue) do
  let v = Queue.pop queue in
  f v;
```

On examine alors chaque successeur `w` de `v`. S'il n'avait pas encore été découvert, c'est-à-dire s'il n'était pas dans la table `visited`, alors on l'ajoute dans la file et dans la table, avec la fonction `add`.

```
  iter_succ (fun w -> if not (H.mem visited w) then add w) g v
done
```

Ceci achève la boucle `while` et la fonction `iter_bfs`. L'intégralité du code est donnée programme 99 (voir page suivante).

Ce code s'applique aussi bien à un graphe non orienté qu'à un graphe orienté. On note qu'il peut rester des sommets non découverts par le parcours en largeur. Ce sont les sommets v pour lesquels il n'existe pas de chemin entre la source et v. Dit autrement, le parcours en largeur détermine l'ensemble des sommets accessibles depuis la source. Il détermine même pour chacun la distance minimale en nombre d'arcs depuis la source (voir exercice 13.1).

1. Pour une preuve détaillée de la correction du parcours en largeur, on pourra consulter [7, chap. 23].

Programme 99 — Parcours en largeur

```
let iter_bfs f g s =
  let visited = H.create () in
  let queue = Queue.create () in
  let add w = H.add visited w (); Queue.add w queue in
  add s;
  while not (Queue.is_empty queue) do
    let v = Queue.pop queue in
    f v;
    iter_succ (fun w -> if not (H.mem visited w) then add w) g v
  done
```

La complexité est facile à déterminer. Chaque sommet est mis dans la file au plus une fois et donc examiné au plus une fois. Chaque arc est donc considéré au plus une fois, lorsque son sommet de départ est examiné, le cas échéant. Pour un graphe ayant N sommets et E arcs, la complexité est donc $O(N+E)$, ce qui est optimal. La complexité en espace est $O(N)$ car la file, comme la table de hachage, peut contenir (presque) tous les sommets dans le pire des cas.

Il existe une autre façon de réaliser le parcours en largeur, sans utiliser de file. Comme on l'a fait remarquer plus haut, la file a une structure bien particulière, avec des sommets à distance d suivis de sommets à distance $d+1$. On comprend donc que la structure de file n'est pas vraiment nécessaire. Deux « sacs » suffisent, l'un contenant les sommets à distance d et l'autre les sommets à distance $d+1$. On peut les matérialiser par exemple par des listes. Lorsque le sac d vient à s'épuiser, on échange les deux sacs. Cela ne change en rien la complexité.

13.2 Parcours en profondeur

Le second parcours de graphe que nous présentons est le parcours en profondeur (en anglais *depth-first search* ou DFS). Il applique l'algorithme de rebroussement *(backtracking)* : tant qu'on peut progresser en suivant un arc, on le fait et sinon, on fait machine arrière. Comme pour le parcours en largeur, on marque les sommets au fur et à mesure de leur découverte, pour éviter de tourner en rond dans un cycle. Prenons l'exemple du graphe de gauche de la figure 13.2. On démarre un parcours en profondeur du sommet 2. Deux arcs sortent de ce sommet, $2 \to 4$ et $2 \to 5$.

On choisit arbitrairement de considérer en premier l'arc $2 \to 5$. On passe donc au sommet 5. Aucun arc ne sort de 5 ; c'est une impasse. On revient alors au sommet 2, dont on considère maintenant le second arc sortant, $2 \to 4$. De 4, on ne peut que suivre l'arc $4 \to 3$ puis, de même, de 3 on ne peut que suivre l'arc $3 \to 1$. Du sommet 1 sortent deux arcs, $1 \to 0$ et $1 \to 4$. On choisit de suivre en premier lieu l'arc $1 \to 4$. Il mène à un sommet déjà visité ; on fait donc machine arrière. De retour sur 1, on considère l'autre arc, $1 \to 0$, qui nous mène à 0. De là, le seul arc sortant mène à 3, là encore déjà visité. On revient donc à 0, puis à 1, puis à 3, puis à 4, puis enfin à 2. Le parcours est terminé. Si on redessine le graphe avec l'ordre de découverte des sommets en exposant, on obtient le graphe de droite de la figure 13.2.

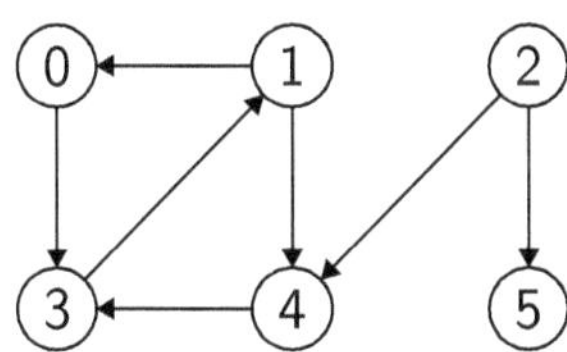

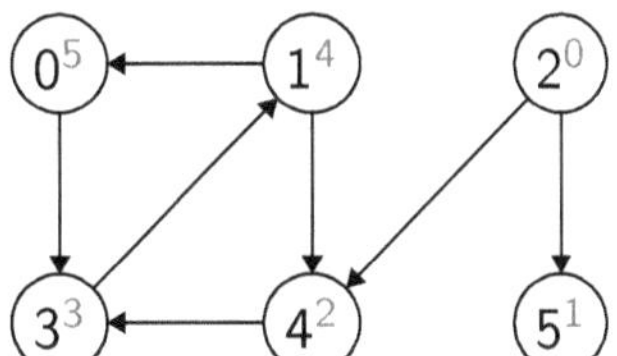

Figure 13.2
Exemple de parcours en profondeur

Comme pour le parcours en largeur, on va utiliser une table de hachage contenant les sommets déjà découverts.

```
let iter_dfs f g s =
  let visited = H.create () in
```

Le parcours en profondeur proprement dit est alors écrit dans une fonction récursive locale `visit` prenant un sommet `v` en argument. Son code tient en quelques lignes :

```
  let rec visit v =
    if not (H.mem visited v) then begin
      H.add visited v ();
      f v;
      iter_succ visit g v
    end
```

Programme 100 — Parcours en profondeur

```
let iter_dfs f g s =
  let visited = H.create () in
  let rec visit v =
    if not (H.mem visited v) then begin
      H.add visited v ();
      f v;
      iter_succ visit g v
    end
  in
  visit s
```

Si le sommet v a déjà été découvert, on ne fait rien. Sinon, on le marque et on le visite avec la fonction f. Puis on considère chaque successeur w, sur lequel on lance récursivement un parcours en profondeur. Un détail est crucial : on a ajouté v dans la table visited *avant* de considérer ses successeurs. C'est là ce qui nous empêche de tourner indéfiniment dans un cycle. Pour conclure la fonction iter_dfs, il ne reste plus qu'à appeler visit sur la source s, c'est-à-dire :

```
in
visit s
```

Le code complet est donné programme 100.

La complexité est $O(N + E)$, par le même argument que pour le parcours en largeur. La complexité en espace est légèrement plus subtile, car il faut comprendre que c'est ici la pile des appels récursifs qui contient les sommets en cours de visite (et joue le rôle de la file dans le parcours en largeur). Dans le pire des cas, tous les sommets peuvent être présents sur la pile ou dans la table de hachage, d'où une complexité en espace $O(N)$.

Comme le parcours en largeur, le parcours en profondeur permet de déterminer l'ensemble des sommets accessibles depuis la source s. La figure 13.3 illustre un autre exemple où le parcours en profondeur est lancé à partir du sommet 1. Les sommets 2 et 5 ne sont pas découverts. En particulier, le parcours en profondeur est, comme le parcours en largeur, un moyen de déterminer l'existence d'un chemin entre un sommet particulier, la source, et les autres sommets du graphe. Si c'est là le seul objectif (par exemple, la distance minimale ne nous intéresse pas), alors le parcours en profondeur est généralement plus efficace. En effet, son occupation mémoire (à savoir la pile d'appels) sera le plus souvent bien inférieure à celle du parcours en largeur. L'exemple typique est celui d'un arbre, où l'occupation mémoire sera limitée par la hauteur de l'arbre pour un parcours en profondeur, mais pourra être aussi importante que l'arbre tout entier dans le cas d'un parcours en largeur. Le parcours en profondeur a beaucoup d'autres applications, qui dépassent largement le cadre de ce livre ; voir par exemple *Introduction to Algorithms* [7].

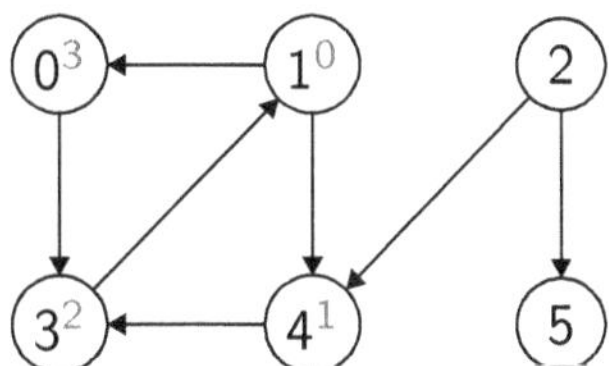

Figure 13.3
Un autre parcours en profondeur

13.3 Plus court chemin

On considère ici des graphes dont les arcs sont étiquetés par des poids (représentant par exemple des distances) et on cherche à trouver le plus court chemin d'un sommet à un autre, la longueur n'étant plus le nombre d'arcs mais la somme des poids le long du chemin. Ainsi, si on considère le graphe pondéré de la figure 13.4 alors le plus court chemin du sommet 2 au sommet 0 est de longueur 5. Il s'agit du chemin $2 \rightarrow 4 \rightarrow 3 \rightarrow 1 \rightarrow 0$. En particulier, il est plus court que le chemin $2 \rightarrow 1 \rightarrow 0$, de longueur 6, même si celui-ci contient moins d'arcs. De même, le plus court chemin du sommet 2 au sommet 5 est de longueur 2, en passant par le sommet 4.

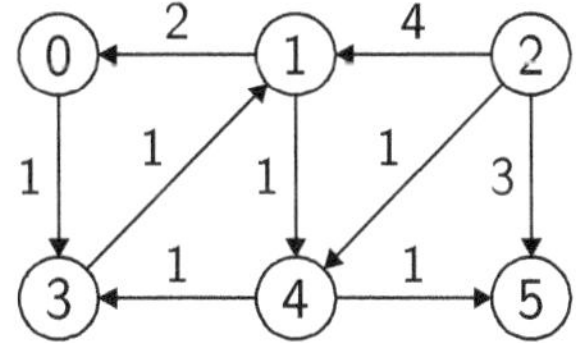

Figure 13.4
Exemple de graphe pondéré

Comme pour les parcours en largeur et en profondeur, on se donne un sommet particulier `s` à partir duquel on cherche à déterminer les plus courts chemins vers les autres sommets. Il faut se donner par ailleurs le poids de chaque arc. On pourrait modifier la structure de graphe pour qu'elle contienne le poids de chaque arc. De manière équivalente, on choisit ici de se donner plutôt une fonction de poids, appelée `weight`. En supposant que les poids sont ici du type `float`, on a donc le type suivant :

```
val weight: graph -> vertex -> vertex -> float
```

Cette fonction ne sera appelée sur des arguments `g`, `x` et `y` que lorsqu'il existe effectivement un arc entre `x` et `y` dans le graphe `g`. On présente deux algorithmes pour résoudre ce problème. Le premier, l'algorithme de Dijkstra, suppose que les poids sont toujours positifs ou nuls. Le second, l'algorithme de Bellman-Ford, ne fait pas d'hypothèse sur les poids.

Algorithme de Dijkstra

L'algorithme de Dijkstra est une généralisation du parcours en largeur. Comme pour ce dernier, on procède par « cercles concentriques ». La différence est ici que les rayons de ces cercles représentent une distance en termes de poids total et non en termes de nombre d'arcs. Ainsi dans l'exemple ci-dessus, en partant de la source 2, on atteint d'abord les sommets à distance 1 (à savoir 4), puis à distance 2 (à savoir 3 et 5), puis à distance 3 (à savoir 1), puis enfin à distance 5 (à savoir 0). La difficulté de mise en œuvre vient du fait qu'on peut atteindre un sommet avec une certaine distance, par exemple le sommet 5 avec l'arc $2 \rightarrow 5$, puis trouver plus tard un chemin plus court en empruntant d'autres arcs, par exemple $2 \rightarrow 4 \rightarrow 5$. On ne peut plus se contenter d'une file comme dans le parcours en largeur ; on va utiliser une *file de priorité* (voir chapitre 6). Elle contiendra les sommets déjà atteints, ordonnés par distance à la source. Lorsqu'un meilleur chemin est trouvé, le sommet est remis dans la file avec une plus grande priorité, c'est-à-dire une distance plus petite [2].

Décrivons le code de l'algorithme de Dijkstra. Pour réaliser la file de priorité, on suppose donné un foncteur `PriorityQueue` paramétré par un type `t` muni d'un

2. Une autre solution consisterait à utiliser une structure de file de priorité où il est possible de *modifier* la priorité d'un élément se trouvant déjà dans la file. De telles structures existent mais elles sont complexes à mettre en œuvre et, bien qu'asymptotiquement meilleures, leur utilisation n'apporte pas nécessairement un gain en pratique. La solution que nous présentons ici est un très bon compromis.

ordre total (de tels foncteurs sont présentés dans le chapitre 6.) Ici, le type t va être celui de paires (v, d) où v est un sommet et d sa distance à la source. L'ordre sur ces paires est celui qui compare les distances. On introduit donc le module suivant :

```
module VertexDistance = struct
  type t = vertex * float
  let compare (_, d1) (_, d2) = Pervasives.compare d1 d2
end
```

Il ne reste plus qu'à appliquer le foncteur PriorityQueue à ce module VertexDistance, c'est-à-dire :

```
module P = PriorityQueue(VertexDistance)
```

On suppose ici que le module P fournit une fonction create pour construire une nouvelle file de priorité, une fonction add pour ajouter un élément et une fonction extract_min qui supprime et renvoie l'élément le plus petit pour l'ordre défini par la fonction compare.

On en vient au code de l'algorithme proprement dit. On l'écrit comme une fonction dijkstra, qui prend en arguments un graphe g, une source s et une fonction f. La fonction f sera appliquée aux éléments de g chaque fois que leur plus courte distance à s est déterminée, le sommet étant passé à f comme premier argument et sa distance comme second argument. On commence par créer une table de hachage destinée à contenir les sommets déjà atteints par le parcours.

```
let rec dijkstra f g s =
  let visited = H.create () in
```

On crée également une table de hachage distance qui va contenir la distance actuellement connue pour chaque sommet et la file de priorité queue.

```
  let distance = H.create () in
  let queue = P.create () in
```

Il est utile d'introduire une fonction add qui ajoute un sommet à la fois dans ces deux structures de données. On l'utilise immédiatement sur la source s.

```
  let add v d = H.replace distance v d; P.add queue (v, d) in
  add s 0.;
```

On verra plus loin pourquoi `H.replace` a été préférée à `H.add`. On procède alors à une boucle, tant que la file n'est pas vide.

```
while not (P.is_empty queue) do
```

Le cas échéant, on extrait le premier élément de la file, soit `u`, et la distance à la source `du` qui l'accompagne. Si le sommet `u` se trouve déjà dans `visited`, alors c'est qu'on a déjà déterminé la distance de `s` à `u` et on l'ignore.

```
  let (u, du) = P.extract_min queue in
  if not (H.mem visited u) then begin
```

Cette situation peut effectivement se produire lorsqu'un premier chemin est trouvé puis un autre, plus court, trouvé plus tard. Ce dernier passe alors dans la file de priorité devant le premier. Lorsque le chemin plus long finira par sortir de la file, il faudra l'ignorer. Si le sommet n'appartient pas à `visited`, en revanche, c'est qu'on vient de déterminer le plus court chemin de `s` à `u`, ce que l'on signale en ajoutant d'une part `u` à la table `visited` et en appliquant la fonction de visite `f` à `u` et `du`.

```
    H.add visited u ();
    f u du;
```

On va alors examiner tous les arcs sortant de `u`. Pour chaque arc `u` $\rightarrow$ `v`, la distance à `v` en empruntant l'arc correspondant est la somme de la distance `du` et du poids de l'arc, c'est-à-dire `weight u v`. Plusieurs cas de figure sont possibles pour le sommet `v`. Soit c'est la première fois qu'on l'atteint, soit il était déjà dans `distance`. Dans ce dernier cas, on peut ou non améliorer la distance à `v` en passant par `u`. En cas d'amélioration, il suffit d'utiliser la fonction `add` pour mettre les tables à jour. On regroupe le traitement d'un successeur `v` dans la fonction `visit` suivante :

```
    let visit v =
      let d = du +. weight g u v in
      if not (H.mem distance v) || d < H.find distance v then
        add v d
```

Programme 101 — Plus court chemin (algorithme de Dijkstra)

```
module VertexDistance = struct
  type t = vertex * float
  let compare (_, d1) (_, d2) = Pervasives.compare d1 d2
end
module P = PriorityQueue(VertexDistance)

let rec dijkstra f g s =
  let visited = H.create () in
  let distance = H.create () in
  let queue = P.create () in
  let add v d = H.replace distance v d; P.add queue (v, d) in
  add s 0.;
  while not (P.is_empty queue) do
    let (u, du) = P.extract_min queue in
    if not (H.mem visited u) then begin
      H.add visited u ();
      f u du;
      let visit v =
        let d = du +. weight g u v in
        if not (H.mem distance v) || d < H.find distance v then
          add v d
      in
      iter_succ visit g u
    end
  done
```

Il ne reste plus qu'à appliquer cette fonction à tous les arcs sortant de u, ce qui conclut le corps de la boucle while.

```
      in
      iter_succ visit g u
    end
  done
```

Une fois que l'on sort de la boucle while, tous les sommets atteignables depuis s ont été visités. Le code complet est donné programme 101 (voir page précédente).

La figure 13.5 montre le résultat de l'algorithme de Dijkstra sur le graphe donné en exemple plus haut, à partir de la source 2. Le graphe est dessiné avec en exposant les distances obtenues au final pour chaque sommet. Sur cet exemple, tous les sommets ont été atteints par le parcours. Comme pour les parcours en largeur et en profondeur, ce n'est pas toujours le cas : seuls les sommets pour lesquels il existe un chemin depuis la source seront atteints.

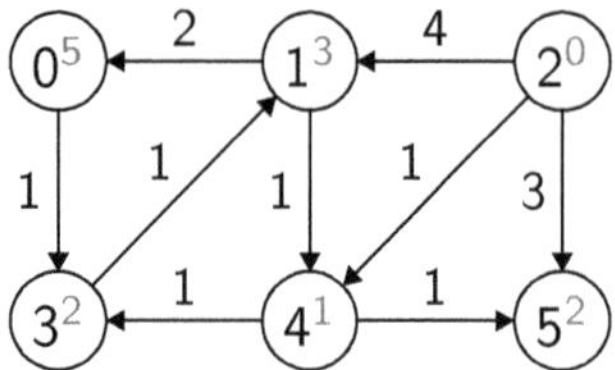

Figure 13.5
Résultat de l'algorithme de Dijkstra

Complexité

Évaluons le coût de l'algorithme de Dijkstra dans le pire des cas. La file de priorité peut contenir jusqu'à E éléments, car l'algorithme visite chaque arc au plus une fois, et chaque considération d'un arc peut conduire à l'insertion d'un élément dans la file. En supposant que les opérations add et extract_min de la file de priorité ont un coût logarithmique (c'est le cas pour les files de priorité décrites au chapitre 6), chaque opération sur la file a donc un coût $O(\log E)$, c'est-à-dire $O(\log N)$ car $E \leq N^2$. D'où un coût total $O(E \log N)$.

Algorithme de Bellman-Ford

On présente ici une seconde solution au problème du plus court chemin, sans faire cette fois l'hypothèse que les poids sont positifs ou nuls. Lever cette hypothèse amène une subtilité. S'il existe un cycle de poids total strictement négatif dans le graphe, et si ce cycle est accessible depuis la source, alors tous les sommets accessibles depuis ce cycle ne possèdent pas de plus court chemin, car on peut emprunter ce cycle autant de fois que l'on veut, en réduisant à chaque fois le poids total du chemin. L'algorithme de Bellman-Ford calcule les plus courts chemins depuis la source et détecte tout cycle négatif atteignable depuis la source.

Cet algorithme consiste à répéter N fois l'opération suivante : considérer chaque arc `u` $\rightarrow$ `v` du graphe et déterminer si l'emprunter améliore la distance actuellement connue entre la source et `v`. L'idée est qu'un plus court chemin entre `s` et `v` ne peut contenir plus de $N - 1$ arcs, sans quoi, ce chemin contiendrait un cycle, qu'on pourrait supprimer du chemin s'il est de poids positif ou nul. C'est pourquoi N itérations suffisent.

Écrivons le code de l'algorithme de Bellman-Ford. On commence par se donner une fonction `iter_edge` qui parcourt tous les arcs d'un graphe `g`.

```
let iter_edge f g =
  iter_vertex (fun u ->
    iter_succ (fun v -> f u v (weight g u v)) g u) g
```

Pour chaque arc `u` $\rightarrow$ `v`, elle applique la fonction `f` aux sommets `u` et `v` ainsi qu'à la distance de l'arc `u` $\rightarrow$ `v` donnée par la fonction `weight`.

La fonction `bellman_ford` prend un graphe `g` et un sommet source `s` en arguments. Elle commence par créer une table de hachage `h` contenant les distances connues pour chaque sommet.

```
let bellman_ford g s =
  let h = H.create () in
```

On commence par initialiser cette table, en donnant pour `s` la distance 0 et pour tout autre sommet une distance infinie.

```
  iter_vertex (fun v -> H.add h v max_float) g;
  H.add h s 0.;
```

Programme 102 — Algorithme de Bellman-Ford

```
let iter_edge f g =
  iter_vertex (fun u ->
    iter_succ (fun v -> f u v (weight g u v)) g u) g

exception NegativeCycle

let bellman_ford g s =
  let h = H.create () in
  iter_vertex (fun v -> H.add h v max_float) g;
  H.add h s 0.;
  for i = 1 to nb_vertex g - 1 do
    iter_edge (fun u v w ->
      let d = H.find h u +. w in
      if d < H.find h v then H.replace h v d
    ) g
  done;
  iter_edge (fun u v w ->
    if H.find h u +. w < H.find h v then
      raise NegativeCycle
  ) g;
  h
```

On se sert ici de la constante `max_float` pour représenter une distance infinie. Puis on répète $N - 1$ fois la même opération consistant à examiner chaque arc, à l'aide d'une boucle `for` et de la fonction `iter_edge`.

```
for i = 1 to nb_vertex g - 1 do
  iter_edge (fun u v w ->
```

Pour chaque arc `u` $\rightarrow$ `v`, on calcule la distance `d` depuis la source jusqu'à `v` en empruntant cet arc. Si elle est meilleure que celle trouvée pour l'instant, on la met à jour.

```
let d = H.find h u +. w in
if d < H.find h v then H.replace h v d
```

Une fois cette boucle for terminée, on refait une N-ième et dernière fois cette opération. Cette fois, tout plus court chemin ne peut être amélioré que par la présence d'un cycle négatif. Dans ce cas, on le signale en levant ici une exception.

```
done;
iter_edge (fun u v w ->
  if H.find h u +. w < H.find h v then
    raise NegativeCycle
```

Ceci achève l'algorithme de Bellman-Ford. On peut choisir de renvoyer la table h donnant la distance de chaque sommet à la source. C'est ce qui est fait dans le programme 102.

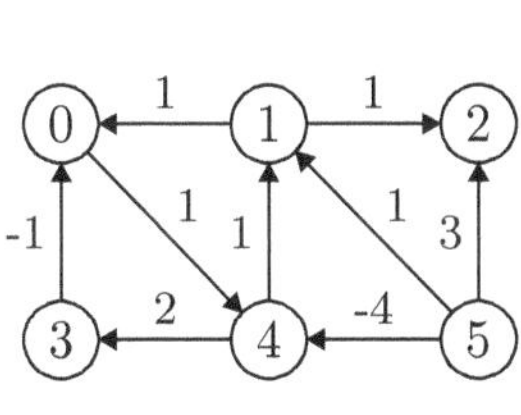

sommet	distance après i étapes					
0	∞	∞	2	-3	-3	-3
1	∞	1	-3	-3	-3	-3
2	∞	3	2	-2	-2	-2
3	∞	∞	-2	-2	-2	-2
4	∞	-4	-4	-4	-4	-4
5	0	0	0	0	0	0

Figure 13.6
Illustration de l'algorithme de Bellman-Ford

Illustrons l'algorithme de Bellman-Ford sur un exemple. On considère le graphe de la figure 13.6, pour lequel on cherche à déterminer les distances depuis le sommet 5. Le tableau situé à droite du graphe donne la distance trouvée pour chaque sommet après chaque étape. Initialement, tous les sommets sont à une distance infinie, mis à part la source 5. À chaque étape, on suppose les sommets parcourus dans l'ordre de leur numérotation. On observe par exemple que la distance au sommet 2 prend tout d'abord la valeur 3 (c'est l'arc $5 \rightarrow 2$), puis la valeur 2 (en passant par le sommet 1) puis finalement la valeur -2 (en passant par les sommets 4 et 1). Ensuite elle ne varie plus. Plus généralement, on observe ici qu'aucune distance n'est améliorée pendant les deux dernières étapes de l'algorithme. En particulier, il n'y a pas ici de cycle négatif.

Complexité

Le coût de l'algorithme de Bellman-Ford dans le pire des cas est facile à évaluer. En effet, on effectue exactement N passes et chacune de ses passes examine chacun des E arcs une fois et une seule. La complexité est donc $O(EN)$, c'est-à-dire $O(N^3)$ dans le pire des cas. En pratique, cependant, on peut améliorer significativement les performances en observant que de nombreux arcs sont examinés inutilement lorsque la distance de la source à leur origine n'a pas été modifiée. Une optimisation simple consiste à s'arrêter dès lors qu'une passe n'a déterminé aucune amélioration de distance. La complexité dans le pire des cas reste cependant la même.

13.4 Arbre couvrant de poids minimal

On considère ici un graphe non orienté dont les arcs sont étiquetés par des poids. On suppose par ailleurs le graphe connexe, c'est-à-dire que toute paire de sommets est reliée par un chemin. Un sous-ensemble des arcs qui ne contient pas de cycle et qui relie entre eux tous les sommets est appelé un *arbre couvrant*. On se convainc facilement qu'un tel arbre existe. Par exemple, un parcours en profondeur à partir de n'importe quel sommet va déterminer un tel arbre : il est formé de tous les arcs qui ont permis la découverte d'un nouveau sommet.

On cherche alors à résoudre le problème suivant : trouver un arbre couvrant dont le poids total est minimal. On présente ici une solution à ce problème connue sous le nom d'*algorithme de Kruskal*. Cet algorithme consiste à parcourir les arcs par ordre croissant de poids. Pour chaque arc $u - v$, on détermine si l'ajouter à l'ensemble des arcs déjà sélectionnés pour former l'arbre couvrant introduit un cycle. Si oui, on ignore l'arc. Sinon, on le sélectionne. Une fois tous les arcs examinés, l'ensemble des arcs sélectionnés forme un arbre couvrant de poids minimal (voir exercices 13.24 et 13.25).

Pour mettre en œuvre cet algorithme, il faut trouver un moyen efficace de déterminer si la sélection d'un nouvel arc introduit un cycle parmi les arcs déjà sélectionnés. Fort heureusement, il existe une solution très simple à ce problème, sous la forme de la structure de classes disjointes étudiée au chapitre 8. En effet, il suffit de construire une structure initiale où chaque sommet constitue une classe en lui-même. Pour tout arc $u - v$ sélectionné, on fait l'union des classes de u et v, ce qui matérialise le fait qu'il existe maintenant un chemin entre toute paire de sommets dans cette nouvelle classe. Pour tester si un arc introduit un cycle, il suffit donc de tester si ses extrémités se trouvent déjà dans la même classe.

Écrivons maintenant le code de l'algorithme de Kruskal, sous la forme d'une fonction `spanning_tree` qui prend un graphe en argument et renvoie un arbre couvrant de poids minimal sous la forme d'une liste d'arcs. On suppose donné un module `UF` pour la structure de classes disjointes (voir chapitre 8), avec la signature suivante :

```
module UF: sig
  val create : vertex list -> t
  val find : t -> vertex -> vertex
  val union : t -> vertex -> vertex -> unit
end
```

On suppose par ailleurs donnée une fonction `vertices` qui renvoie la liste des sommets d'un graphe ; il est très facile de l'obtenir à partir de la fonction `iter_vertex`. De même, on suppose donnée une fonction `edges` qui renvoie la liste de tous les arcs d'un graphe, chaque arc étant un triplet (x, y, w) avec w le poids de l'arc $x - y$; là encore, il est très facile de l'obtenir à partir des fonctions `iter_edge` et `weight` dont on a supposé l'existence.

Le code de l'algorithme de Kruskal commence par créer une structure *union-find* à partir de la liste des sommets du graphe :

```
let spanning_tree g =
  let uf = UF.create (vertices g) in
```

Puis il trie la liste des arcs du graphe par ordre croissant de poids, en utilisant la fonction de bibliothèque `List.sort`. La comparaison utilisée ici est celle des poids, avec l'ordre usuel sur les flottants, c'est-à-dire `Pervasives.compare`.

```
  let compare (_,_,w1) (_,_,w2) = Pervasives.compare w1 w2 in
  let edges = List.sort compare (edges g) in
```

La liste des arcs sélectionnés pour former l'arbre couvrant est stockée dans une référence locale `st`.

```
  let st = ref [] in
```

On écrit alors une fonction `cover` qui examine un arc `(u,v,w)` et détermine s'il doit être sélectionné. Pour cela, on compare les classes des sommets `u` et `v` à l'aide de la fonction UF.find. Si elles sont différentes, on ajoute l'arc à la liste st et on réunit les deux classes en une seule avec la fonction UF.union.

```
let cover ((u, v, w) as e) =
  if UF.find uf u <> UF.find uf v then begin
    UF.union uf u v;
    st := e :: !st
  end
```

Enfin, il ne reste plus qu'à examiner chaque arc de la liste edges avec cette fonction, puis à renvoyer la liste obtenue.

```
in
List.iter cover edges;
!st
```

Le code de l'algorithme de Kruskal est donné programme 103.

Programme 103 — Algorithme de Kruskal

```
let spanning_tree g =
  let uf = UF.create (vertices g) in
  let compare (_,_,w1) (_,_,w2) = Pervasives.compare w1 w2 in
  let edges = List.sort compare (edges g) in
  let st = ref [] in
  let cover ((u, v, w) as e) =
    if UF.find uf u <> UF.find uf v then begin
      UF.union uf u v;
      st := e :: !st
    end
  in
  List.iter cover edges;
  !st
```

Illustrons l'algorithme de Kruskal sur un exemple. On considère le graphe en haut à gauche de la figure 13.7. Les arcs sont considérés dans l'ordre croissant de poids, selon le tableau à droite sur la figure. Pour chaque arc, on indique s'il est sélectionné (colonne « ajout ») et la partition résultant dans la structure *union-find*. L'arbre couvrant obtenu au final est illustré en bas à gauche de la figure. Son poids total est -2. Il est important de noter que deux arcs portant le même poids peuvent être considérés dans un ordre quelconque. Ainsi, on a examiné ici l'arc $0 - 1$ avant l'arc $1 - 4$ mais on aurait tout aussi bien pu faire le contraire. L'arbre couvrant aurait été différent mais son poids aurait été le même.

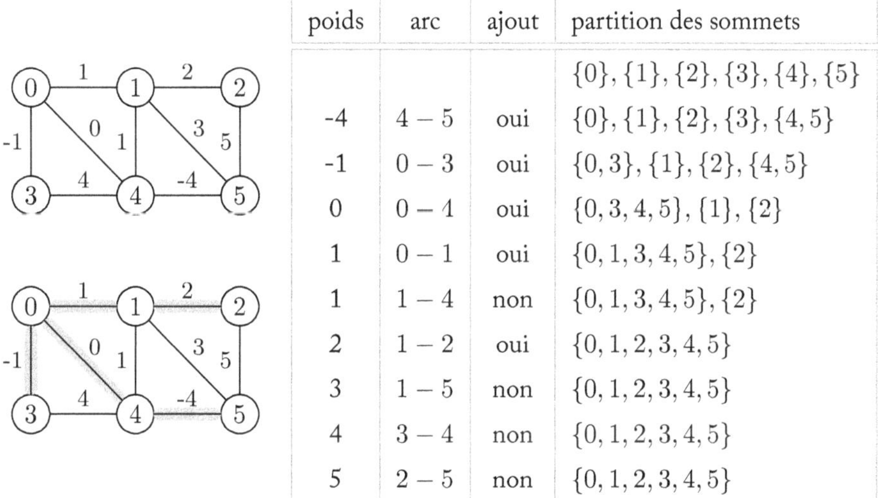

poids	arc	ajout	partition des sommets
			$\{0\}, \{1\}, \{2\}, \{3\}, \{4\}, \{5\}$
-4	$4 - 5$	oui	$\{0\}, \{1\}, \{2\}, \{3\}, \{4, 5\}$
-1	$0 - 3$	oui	$\{0, 3\}, \{1\}, \{2\}, \{4, 5\}$
0	$0 - 4$	oui	$\{0, 3, 4, 5\}, \{1\}, \{2\}$
1	$0 - 1$	oui	$\{0, 1, 3, 4, 5\}, \{2\}$
1	$1 - 4$	non	$\{0, 1, 3, 4, 5\}, \{2\}$
2	$1 - 2$	oui	$\{0, 1, 2, 3, 4, 5\}$
3	$1 - 5$	non	$\{0, 1, 2, 3, 4, 5\}$
4	$3 - 4$	non	$\{0, 1, 2, 3, 4, 5\}$
5	$2 - 5$	non	$\{0, 1, 2, 3, 4, 5\}$

Figure 13.7
Illustration de l'algorithme de Kruskal

De nombreuses variantes et optimisations sont possibles. Ainsi, l'exercice 13.26 propose d'interrompre le parcours des arcs dès qu'on a sélectionné $N - 1$ arcs. De même, l'exercice 13.27 propose d'utiliser une file de priorité plutôt qu'un tri. Quoiqu'il en soit, l'idée clé reste l'utilisation de la structure de classes disjointes.

Complexité

Le coût de l'algorithme de Kruskal se décompose en celui du tri de l'ensemble des E arcs et celui de l'examen de chaque arc. Le premier coût peut être $O(E \log E)$ dans le pire des cas si on utilise un tri de complexité optimale (voir chapitre 12). Le second coût est $O(E)$ si on considère que les opérations sur la structure *union-find* sont en temps constant (voir chapitre 8). La complexité de l'algorithme de Kruskal est donc $O(E \log E)$.

13.5 Exercices

Parcours en largeur

13.1 Modifier la fonction `iter_bfs` pour calculer la distance entre la source et chaque sommet découvert par le parcours, en nombre d'arcs. Une façon simple de procéder consiste à associer cette distance à chaque sommet dans la table `visited`. On peut alors renvoyer cette table comme résultat de la fonction `iter_bfs`.

13.2 Modifier la fonction `iter_bfs` de sorte à pouvoir reconstruire, pour chaque sommet découvert par le parcours, un plus court chemin entre la source et ce sommet. Une façon simple de procéder consiste à stocker, pour chaque sommet découvert, le sommet qui a permis de l'atteindre, par exemple dans une table de hachage. On peut ainsi reconstruire le chemin « à l'envers », du sommet découvert vers la source.

13.3 En s'inspirant du parcours en largeur d'un graphe, écrire une fonction qui parcourt les nœuds d'un *arbre* en largeur.

13.4 Écrire un curseur pour les arbres binaires (voir section *9.3 Curseur*) qui corresponde à un parcours en largeur.

13.5 En utilisant l'exercice précédent, écrire un programme qui colorie un graphe avec k couleurs, sans jamais donner la même couleur à deux sommets reliés par un arc. Procéder par *backtracking*, en exploitant la nature persistante du curseur pour rebrousser chemin. Si aucun coloriage n'est possible, le signaler en levant l'exception `Not_found`.

Parcours en profondeur

13.6 Reprendre l'exercice 13.2 dans le cas du parcours en profondeur.

13.7 Dans de nombreuses applications du parcours en profondeur, on souhaite parcourir *tous* les sommets du graphe, et non pas seulement ceux qui sont accessibles depuis un certain sommet `s`. En utilisant la fonction `iter_vertex` qui parcourt tous les sommets du graphe, modifier la fonction `iter_dfs` pour que chaque sommet du graphe soit visité une fois et une seule.

13.8 Pour un graphe non orienté, on appelle *composante connexe* tout ensemble maximal de sommets reliés entre eux deux par deux par un chemin. Expliquer en quoi le parcours en profondeur, dans sa variante proposée dans l'exercice précédent, détermine les composantes connexes d'un graphe non orienté. Écrire le code correspondant.

13.9 Réécrire la fonction `iter_dfs` en utilisant une boucle `while` plutôt qu'une fonction récursive. Indication : on utilisera une *pile* contenant des sommets à partir desquels il faut effectuer le parcours en profondeur. Le code doit ressembler à celui du parcours en largeur — la pile prenant la place de la file — mais il y a cependant une différence dans le traitement des sommets déjà visités. Montrer que les sommets ne sont pas nécessairement visités dans le même ordre que pour la version récursive.

13.10 Le parcours en profondeur peut être modifié pour détecter la présence d'un cycle dans le graphe. Lorsque la fonction `iter_dfs` tombe sur un sommet déjà visité, on ne sait pas *a priori* si on vient de trouver un cycle ; il peut s'agir en effet d'un sommet déjà atteint par un autre chemin, parallèle. Il faut donc modifier le marquage des sommets pour utiliser non pas deux états (atteint / non atteint) mais trois : non atteint / en cours de visite / visité. Écrire une fonction `has_cycle` qui détermine la présence d'un cycle dans un graphe. La modifier pour qu'elle renvoie la liste des sommets constituant le cycle trouvé, le cas échéant.

13.11 Soit un graphe orienté G ne contenant pas de cycle (on appelle cela un DAG pour *Directed Acyclic Graph*). Un *tri topologique* de G est un parcours de ses sommets compatible avec les arcs, c'est-à-dire où un sommet x est visité avant un sommet y dès lors qu'on a un arc $x \to y$. Modifier le programme 100 pour qu'il réalise un tri topologique, sous la forme d'une fonction avec le type suivant :

```
topological_sort: (vertex -> unit) -> graph -> unit
```

On pourra introduire une pile dans laquelle le sommet `v` est ajouté une fois que l'appel à `visit v` est terminé, puis appliquer la fonction passée en argument à tous les éléments de cette pile une fois le parcours en profondeur effectué.

13.12 Pour un graphe orienté, on appelle *composante fortement connexe* tout ensemble maximal de sommets reliés entre eux deux par deux par un chemin. L'algorithme de Kosaraju-Sharir permet de calculer l'ensemble des composantes fortement connexes d'un graphe G, en temps $O(N+E)$, à l'aide de deux parcours en profondeur. Il procède ainsi :

- On commence par construire la transposition G^R du graphe G, c'est-à-dire le graphe ayant les mêmes sommets que G et des arcs inversés (voir l'exercice 7.1).
- Puis on parcourt les sommets de G^R selon un tri topologique (voir l'exercice précédent). Pour chaque sommet v, on lance un parcours en profondeur à par-

tir de v (dans G) si v ne fait pas encore partie d'une composante fortement connexe. Tous les sommets qui sont alors visités par ce parcours sont mis dans une nouvelle composante.

Écrire une fonction `scc: graph -> vertex list list` qui calcule les composantes fortement connexes d'un graphe avec cet algorithme.

13.13 On peut utiliser un parcours en profondeur pour construire un labyrinthe parfait — c'est-à-dire un labyrinthe où il existe un chemin et un seul entre deux cases — dans une grille $n \times m$. Pour cela, on considère au départ le graphe où toutes les cases de la grilles sont reliées à leurs voisines :

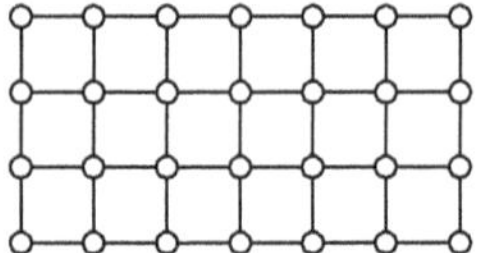

Puis on effectue un parcours en profondeur à partir d'un sommet quelconque (par exemple celui en haut à gauche, mais ce n'est pas important). Quand on parcourt les successeurs d'un sommet, on le fait dans un ordre aléatoire. Une fois le parcours effectué, le labyrinthe est obtenu en considérant qu'on peut passer d'un sommet à un autre si l'arc correspondant a été emprunté pendant le parcours en profondeur. L'exercice 8.7 propose une autre façon de construire un labyrinthe parfait.

13.14 On considère ici le problème du solitaire. Il s'agit d'un jeu de patience constitué de 32 billes et d'un plateau creusé de 33 trous. Initialement, les billes occupent tous les trous à l'exception de celui du centre du plateau.

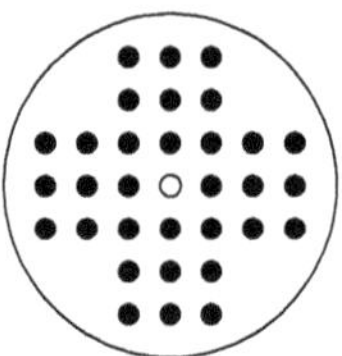

On peut enlever une bille du plateau en effectuant un saut par dessus cette bille avec l'une des quatre billes adjacentes, pourvu que le trou d'arrivée soit vide. Voici deux premiers coups possibles à partir de la position initiale.

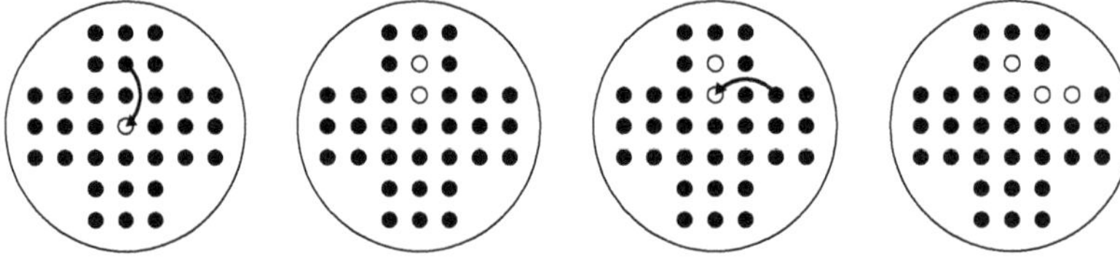

Le but du jeu est de parvenir à une situation où il ne reste qu'une seule bille, occupant la position centrale.

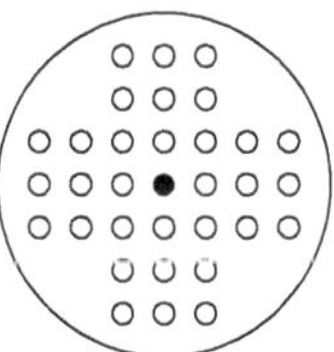

On peut résoudre facilement ce problème à l'aide d'un parcours en profondeur, dans un graphe où chaque sommet représente une configuration du plateau.

- Une configuration du plateau peut être facilement représentée par un entier dont le bit $i + 7j$ indique la présence d'une bille à la position (i, j) pour $0 \leq i, j < 7$. En supposant une machine 64 bits, on pose `type state = int`. Définir deux constantes `initial` et `final` représentant respectivement la configuration initiale et la configuration finale du jeu.
- Un mouvement peut être représenté par deux configurations, la première indiquant les deux billes impliquées (celle qui est déplacée et celle par dessus laquelle on saute) et la seconde indiquant la position finale de la bille déplacée. Voici par exemple comment est représenté le premier mouvement effectué plus haut.

  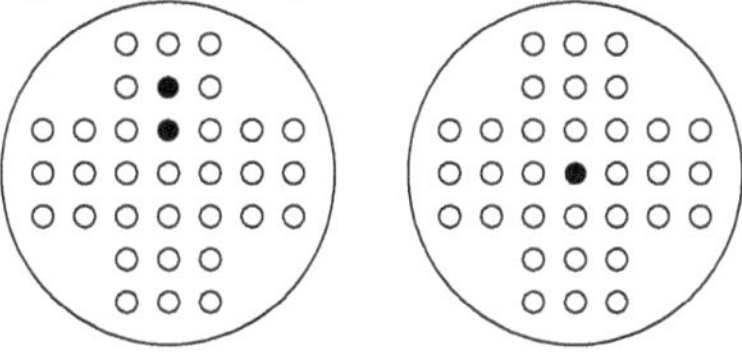

  On pose `type move = state * state`. Construire une liste contenant les 88 mouvements possibles sur le plateau (indépendamment de toute configuration).
- Écrire une fonction `possible_move` qui teste si un mouvement est possible dans une configuration donnée et une fonction `move` qui effectue un tel déplacement, le cas échéant. En déduire une fonction `iter_succ` qui parcourt tous les mouvements possibles dans une configuration donnée.
- Modifier le code de la fonction `iter_dfs` du programme 100 pour interrompre le parcours dès que la configuration `finale` est atteinte et pour renvoyer le chemin trouvé comme proposé plus haut dans l'exercice 13.6.
- Enfin, écrire une fonction `print` qui affiche à l'écran une configuration et l'utiliser pour afficher la solution trouvée sous la forme de 32 configurations successives.

Note : le problème du solitaire est l'un des problèmes abordés dans le livre de Cousineau et Mauny *Approche fonctionnelle de la programmation* [8, page 239].

13.15 Dans l'exercice précédent, le parcours en profondeur est une très bonne solution car tous les chemins sont de même longueur. Lorsque ce n'est pas le cas, et que l'on cherche un chemin de longueur minimale, il faudrait se tourner alors vers un parcours en largeur, mais ce dernier peut nécessiter beaucoup de ressources en mémoire. La *recherche itérative en profondeur* (en anglais *iterative deepening search* ou IDS) offre alors une solution, avec peu de mémoire utilisée et un chemin de longueur minimale. L'idée est d'effectuer des parcours en profondeur successifs, limités à des profondeurs maximales de plus en plus grandes.

- Expliquer pourquoi on ne peut plus mémoriser les sommets déjà visités pendant ces parcours en profondeur. On pourra considérer le graphe suivant et supposer qu'on le parcourt à partir du sommet 0.

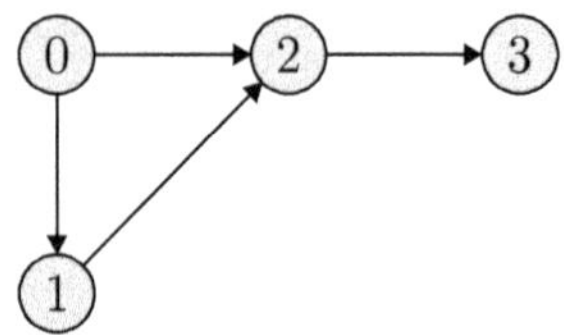

- Écrire la recherche itérative en profondeur, par exemple sous la forme d'une fonction `ids: (vertex -> bool) -> graph -> vertex -> unit` qui s'interrompt dès qu'elle atteint un sommet qui satisfait la fonction passée en argument.
- Dans le cas du parcours d'un arbre binaire complet à partir de sa racine, montrer que la recherche itérative en profondeur n'est pas plus coûteuse que les parcours en largeur et en profondeur.

Plus court chemin

13.16 Généraliser la fonction `dijkstra` pour des distances d'un type quelconque, par exemple sous la forme d'un foncteur.

13.17 Reprendre l'exercice 13.2 dans le cas de l'algorithme de Dijkstra. Attention : lorsqu'un chemin est amélioré, il faut mettre à jour la table correspondante.

13.18 Reprendre le déroulement de l'algorithme de Bellman-Ford illustré figure 13.6 en supposant que le poids de l'arc $0 \rightarrow 4$ vaut -3.

13.19 L'algorithme de Warshall (exercice 7.6) peut être facilement adapté pour calculer *tous* les plus courts chemins dans un graphe ; c'est l'algorithme de Floyd-Warshall. Supposons $V = \{0, \ldots, N-1\}$. Initialement, la distance $d_{i,j}$ entre les sommets i et j est égale au poids de l'arc correspondant, le cas échéant, et à ∞ sinon. L'algorithme calcule alors la distance minimale $d_{i,j}$ de i à j en temps N^3 de la façon suivante :

pour k de 0 à $N-1$

  pour i de 0 à $N-1$

    pour j de 0 à $N-1$

      $d_{i,j} \leftarrow \min(d_{i,j}, d_{i,k} + d_{k,j})$

Écrire une fonction qui réalise cet algorithme. Comment traiter le cas général de sommets qui ne sont pas nécessairement les entiers $0, \ldots, N-1$?

13.20 Bien qu'il permette de trouver le chemin de coût minimal, l'algorithme de Dijkstra peut explorer inutilement de nombreux sommets dans le graphe. Supposons par exemple qu'on utilise l'algorithme de Dijkstra pour trouver le chemin le plus court (en distance) entre deux villes d'un réseau routier. L'algorithme de Dijkstra va explorer les villes en cercles concentriques de plus en plus grands autour de la ville de départ, jusqu'à parvenir à la ville d'arrivée. Si on prend l'exemple du réseau routier français, et si on cherche le plus court chemin entre Paris et Nice, il est probable que presque toutes les villes de France auront été visitées avant que Nice ne soit atteinte.

L'algorithme A* permet de remédier à ce problème en contrôlant plus finement l'ordre dans lequel les sommets sont visités. Ce contrôle prend la forme d'une heuristique qui estime la distance restante entre un sommet et la destination. L'algorithme A* est identique à celui de Dijkstra, si ce n'est que la file n'utilise plus la distance à la source comme priorité, mais la somme de cette distance et de la valeur donnée par l'heuristique. Si l'heuristique ne surestime jamais la distance restante — l'heuristique est dite *admissible* — alors l'algorithme A* trouvera le plus court chemin. Un exemple d'heuristique admissible pour l'exemple du réseau routier est la distance à vol d'oiseau. Si l'heuristique renvoie toujours zéro, on retrouve l'algorithme de Dijkstra.

Prenons l'exemple d'une grille infinie, où chaque point est relié à ses huit voisins immédiats.

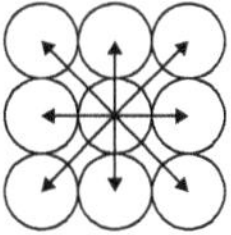

Le coût est ici la distance euclidienne, c'est-à-dire que quatre voisins sont à distance 1 et les quatre autres à distance $\sqrt{2}$. On peut utiliser alors comme heuristique la distance euclidienne entre le point considéré (x, y) et le point de destination (x_d, y_d), c'est-à-dire $\sqrt{(x - x_d)^2 + (y - y_d)^2}$.

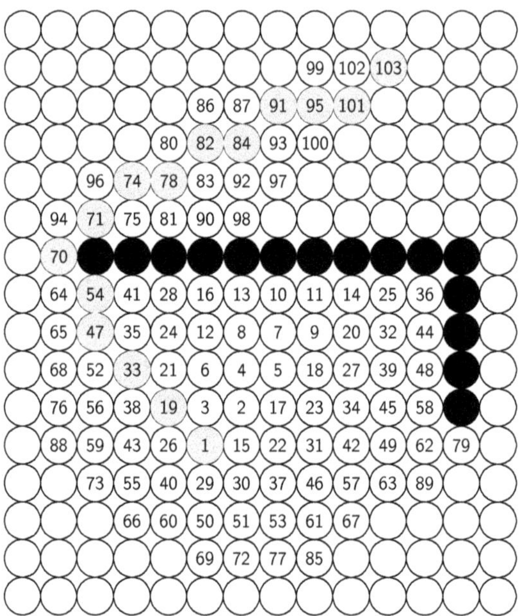

La figure ci-dessus montre alors le résultat de l'algorithme A* pour trouver un chemin du point $(0, 0)$, marqué 1, au point $(5, 10)$, marqué 103, les points noirs étant exclus de la grille. Comme on le voit, seuls 103 points ont été visités. L'algorithme de Dijkstra aurait également trouvé le plus court chemin, mais le nombre total de points visités aurait été bien plus grand (plus de 800).

En supposant donnée une fonction `heuristic: graph -> vertex -> vertex -> float`, écrire l'algorithme A* en modifiant le code du programme 101. L'appliquer à l'exemple précédent et vérifier qu'on retrouve bien le résultat de la figure ci-dessus.

13.21 Le « solitaire français » diffère de celui que nous avons étudié plus haut (exercice 13.14), dit « solitaire anglais », par la présence de quatre billes supplémentaires aux emplacements $(1, 1)$, $(5, 1)$, $(1, 5)$ et $(5, 5)$.

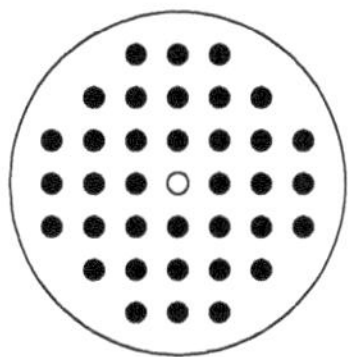

D'une manière surprenante, le solitaire français est beaucoup plus difficile à résoudre que le solitaire anglais. De plus, il existe des configurations départ/arrivée qui n'admettent pas de solution. C'est notamment le cas pour la configuration où la bille centrale est enlevée au départ et où la dernière bille doit se retrouver également au centre [3]. Nous allons donc relâcher les conditions sur la case initialement libre et sur la position de la dernière bille.

Une bonne façon de résoudre le problème du solitaire français consiste à utiliser l'algorithme A* proposé dans l'exercice précédent. Modifier le code de l'exercice 13.14 dans ce sens, c'est-à-dire :

- Modifier la liste de tous les mouvements possibles pour y ajouter les 8 nouveaux mouvements liés aux 4 nouvelles billes.
- Écrire une fonction d'heuristique qui évalue le caractère compact des billes sur le plateau. Étant donnée la représentation de la grille sous forme d'un entier, on peut en calculer une approximation grossière en comptant simplement le nombre d'inversions de bits, *i.e.* le nombre de fois que l'on passe d'un bit 1 à un bit 0 et inversement.
- Enfin, remplacer le parcours en profondeur par l'algorithme A*. Voici un exemple de configurations initiale et finale pour lesquelles il existe une solution.

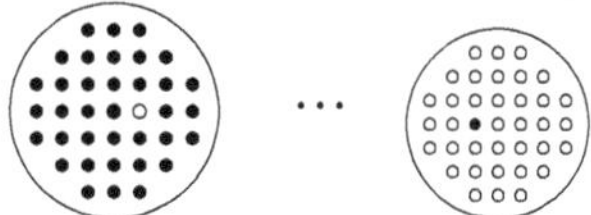

Comme pour l'exercice 13.14, on présentera la solution en affichant toutes les configurations successives du plateau.

13.22 Il est possible de combiner les idées de la recherche itérative en profondeur (exercice 13.15) et de l'algorithme A* (exercice 13.20), pour obtenir un algorithme connu sous le nom d'IDA* (*Iterative Deepening A**). L'idée est la suivante.

3. Ce n'est que récemment qu'on a redécouvert comment le solitaire français était joué au XVIIIe siècle. Initialement, *toutes* les cases contiennent une bille et on retire au départ une bille de son choix. On peut alors remettre cette bille en place à n'importe quel moment de la partie. Avec ces règles, il existe alors une solution où la bille centrale est enlevée initialement et où la dernière bille se retrouve au centre. Cependant, nous nous en tenons ici aux mêmes règles que le solitaire anglais.

À chaque itération, on effectue un parcours en profondeur de tous les états dont l'heuristique ne dépasse pas une certaine valeur limite, sans chercher à mémoriser les états déjà visités. Une fois le parcours terminé, on prend comme nouvelle valeur limite la plus petite valeur de l'heuristique obtenue pendant ce parcours. Dit autrement, chaque itération repousse la valeur limite de l'heuristique un peu plus loin, jusqu'à ce qu'un chemin soit trouvé ou qu'aucun sommet ne prenne plus de valeur plus grande que la valeur limite. Pour initier le processus, il suffit de prendre comme limite initiale la valeur de l'heuristique pour le sommet source. Comme pour l'algorithme A*, une heuristique admissible, c'est-à-dire qui ne surestime jamais la distance restante, permet à l'algorithme IDA* de trouver le plus court chemin. L'algorithme IDA* a été introduit en 1985 par Korf [17].

En supposant donnée une fonction `heuristic: graph -> vertex -> vertex -> float`, modifier le code de l'exercice 13.15 pour réaliser l'algorithme IDA*. L'exercice suivant propose une application de cet algorithme.

13.23 Une bonne application de l'algorithme IDA* proposé dans l'exercice précédent est le jeu du *taquin* (en anglais *fifteen puzzle*). Ce jeu est constitué d'une grille 4×4 contenant 15 pièces numérotées de 1 à 15. Le seizième emplacement est vide et on peut y faire glisser l'une des pièces adjacentes. Dans la situation initiale, les pièces sont mélangées, par exemple de la manière suivante.

14	1	9	6
4	8	12	5
7	2	3	
10	11	13	15

Le but est alors de remettre les pièces dans l'ordre croissant [4].

	1	2	3
4	5	6	7
8	9	10	11
12	13	14	15

Pour résoudre le taquin, on va utiliser l'heuristique suivante. Pour chaque pièce, on calcule la distance qui la sépare de sa position finale, en terme de nombre de colonnes et de lignes. C'est ce que l'on appelle la distance de Manhattan. Sur l'exemple précédent, la pièce 7 est initialement à distance 4 de sa position finale,

4. Certaines situations initiales admettent une solution et d'autres non.

car il faut la déplacer d'une ligne vers le haut et de trois colonnes vers la droite. Pour une configuration donnée, on fait alors la somme des distances de Manhattan pour les 15 pièces, qui est un minorant du nombre de déplacements restant à faire. Cette heuristique est admissible et on trouvera donc la solution la plus courte. Résoudre le taquin en utilisant l'algorithme IDA*. L'exemple du taquin est donné dans l'article de Korf introduisant l'algorithme IDA*.

Arbre couvrant de poids minimal

13.24 Justifier que l'ensemble des arcs renvoyés par l'algorithme de Kruskal forme bien un arbre.

13.25 Justifier que le résultat de l'algorithme de Kruskal est bien un arbre couvrant de poids minimal.

13.26 Améliorer le code du programme 103 pour qu'il s'arrête dès que $N - 1$ arcs ont été ajoutés dans l'arbre couvrant.

13.27 Réécrire le programme 103 en utilisant une file de priorité plutôt qu'un tri. Quelle différence y a-t-il, notamment au regard de l'exercice précédent ?

Bibliographie

1 Stephen Adams. Functional pearls : Efficient sets – a balancing act. *Journal of Functional Programming*, 3(4) :553–561, October 1993. Expanded version available as Technical Report CSTR 92-10, University of Southampton.

2 G. M. Adel'son-Vel'skiĭ and E. M. Landis. *An algorithm for the organization of information*. *Soviet Mathematics–Doklady*, 3(5) :1259–1263, September 1962.

3 Alfred V. Aho, John E. Hopcroft, and Jeffrey Ullman. *Data Structures and Algorithms*. Addison-Wesley Longman Publishing Co., Inc., Boston, MA, USA, 1983.

4 Henry G. Baker. Shallow binding makes functional arrays fast. *SIGPLAN Not.*, 26(8) :145–147, 1991.

5 Hans-Juergen Boehm, Russell R. Atkinson, and Michael F. Plass. Ropes : An alternative to strings. *Software - Practice and Experience*, 25(12) :1315–1330, 1995.

6 John Conway. Doomsday rule. `http://en.wikipedia.org/wiki/Doomsday_algorithm`.

7 Thomas H. Cormen, Charles E. Leiserson, Ronald L. Rivest, and Clifford Stein. *Introduction to Algorithms, Second Edition*. The MIT Press, September 2001.

8 Guy Cousineau and Michel Mauny. *Approche fonctionnelle de la programmation*. Ediscience International, 1995.

9 Guy Cousineau and Michel Mauny. *The Functional Approach to Programming*. Cambridge University Press, 1998. Traduction anglaise de [8].

10 Jeremy Gibbons and Oege de Moor, editors. *The Fun of Programming*. Cornerstones in Computing. Palgrave, 2003.

11 Jr. Henry G. Baker. Shallow binding in Lisp 1.5. *Commun. ACM*, 21(7) :565–569, 1978.

12 Gérard Huet. The Zipper. *Journal of Functional Programming*, 7(5) :549–554, September 1997.

13 D. E. Knuth. *The Art of Computer Programming. Volume 1 : Fundamental Algorithms*. Addison-Wesley, 1968.

14 D. E. Knuth. *The Art of Computer Programming. Volume 2 : Seminumerical Algorithms.* Addison-Wesley, 1969.
15 D. E. Knuth. *The Art of Computer Programming. Volume 3 : Sorting and Searching.* Addison-Wesley, 1973.
16 Donald E. Knuth. *The Art of Computer Programming, volume 4A : Combinatorial Algorithms, Part 1.* Addison-Wesley Professional, 1st edition, 2011.
17 Richard E. Korf. Iterative-deepening-A* : An optimal admissible tree search. In *IJCAI*, pages 1034–1036, 1985.
18 Donald R. Morrison. *PATRICIA—Practical Algorithm To Retrieve Information Coded in Alphanumeric. J. ACM*, 15(4) :514–534, 1968.
19 Chris Okasaki. *Purely Functional Data Structures.* Cambridge University Press, 1998.
20 Chris Okasaki and Andrew Gill. *Fast Mergeable Integer Maps.* In *Workshop on ML*, pages 77–86, September 1998.
21 Robert Sedgewick and Kevin Wayne. *Algorithms, 4th Edition.* Addison-Wesley, 2011.
22 Daniel Dominic Sleator and Robert Endre Tarjan. *Self Adjusting Heaps. SIAM J. Comput.*, 15(1) :52–69, February 1986.
23 Robert Endre Tarjan. *Efficiency of a Good But Not Linear Set Union Algorithm. J. ACM*, 22(2) :215–225, 1975.
24 Henry S. Warren. *Hacker's Delight.* Addison-Wesley Professional, July 2002.

Index

C

D

E

F

G

H

I

K

L

Imprimé en Allemagne par BoD

www.ingramcontent.com/pod-product-compliance
Ingram Content Group UK Ltd.
Pitfield, Milton Keynes, MK11 3LW, UK
UKHW051110230726
13924UKWH00010B/2254